朱德纪事
1886-1976
上

李新芝 谭晓萍 ◎ 主编

中央文献出版社

图书在版编目（CIP）数据

朱德纪事 / 李新芝，谭晓萍主编. — 北京：中央文献出版社，2012.8（2024.1重印）
（开国领袖纪事）

ISBN 978-7-5073-3606-1

Ⅰ.①朱… Ⅱ.①李…②谭… Ⅲ.①朱德（1886~1976）—生平事迹 Ⅳ.①K827=7

中国版本图书馆CIP数据核字(2012)第174526号

朱德纪事

主　　编 / 李新芝　谭晓萍
责任编辑 / 李庆田

出版发行 / 中央文献出版社
地　　址 / 北京市西四北大街前毛家湾1号
邮　　编 / 100017
网　　址 / www.zywxpress.com
销售热线 / 83089394
经　　销 / 新华书店
印　　刷 / 三河市华阳宏泰纸制品有限公司

889mm×1194mm　16开　58印张　650千字
2013年1月第1版　2024年1月第4次印刷
印　数：20001-35000套

ISBN 978-7-5073-3606-1　　　定价：998.00元（上下册）

本社图书如存在印装质量问题，请与本社联系调换

版权所有　违者必究

※ 1922年时的朱德。

※ 1937年8月，朱德赴南京参加国防问题座谈会途经西安时，和叶剑英（中），博古（左）在红军驻西安联络处。

※ 1945年，朱德和毛泽东在中国共产党第七次全国代表大会主席台上。

※1949年3月，朱德在北平香山。

※ 朱德和儿童。

CONTENTS / 目录

上 册

第一编 01
年少有志 奋发图强

家世 / 002

　　1886年12月1日，在四川省仪陇县马鞍场李家湾一户贫苦农民的家中，一个幼小的生命呱呱坠地，来到了苦难的人世间。婴儿的父母根本想不到，这个孩子就是后来举世闻名的中华人民共和国元帅——朱德。

母亲 / 008

　　母亲，是朱德一生中最崇敬的人。他在悼念母亲时满怀深情地说："我应该感谢母亲，她教给我与困难作斗争的经验。我在家庭中已经饱尝艰苦，这使我在三十多年的军事生活和革命生活中再没感到过困难，没被困难吓倒。母亲又给我一个强健的身体，一个勤劳的习惯，使我从来没感到过劳累。"

老织匠的故事 / 013

　　老织匠讲的太平天国的故事，深深打动了朱德幼小的心灵。后来，他曾不无感触地说过："我做小孩子的时候，太平天国的故事给我很大影响。"

这是一个吃人的世界 / 016

　　朱德不到四岁就上坡打猪草，拾柴火。他不明白，为什么穷人没日没夜地干，还是穷；富人不干活，却能吃好的穿好的。他仔细观察所发生的一切，渐渐地，一种新的认识在他心中扎下了根。

入私塾读书 / 019

　　入私塾是朱德难忘的记忆。他曾回忆说："入学那天，天还没亮，全家都起来了，看着要上学去的孩子洗好脸穿好整齐的衣服，又谆谆告诫说，要绝对服从先生，不许有二话，因为师生关系仅次于父子关系。吃过早饭，老大、老二、老三随着大伯父像执行神圣的任务一样出了家门。全家老小直送到家门口。"

不屈的孩子 / 022

　　朱德兄弟二人在丁家私塾读书，经常受到地主少爷的辱骂、挑衅。他们奋起反抗，受到先生打戒尺的惩罚。朱德想不通，为什么惹是生非的人反而受到保护，自卫还击的人倒要遭到惩罚？朱德的眼里充满燃烧的怒火。

三岔河口 / 025

朱德在三岔河口制服了地主张少爷。小伙伴们亲眼观看了一场精彩的以弱胜强的战斗。在他们眼里，朱德是一位智勇双全的大英雄。

"明修栈道，暗度陈仓" / 027

朱德的小伙伴二娃子，被地主家的大黑狗咬伤了。朱德和其他小伙伴商量，用"明修栈道，暗度陈仓"之计，把地主整治一番，大黑狗也被他们吃掉了。

年关催租逼债 / 031

朱德曾回忆说："那一年，地主欺压佃户，要在租种的地上加租子，因为办不到，就趁大年除夕，威胁着我家要退佃，逼着我们搬家。在悲惨的情况下，我们一家人哭泣着连夜分散。从此我家分两处住下。"

"先生，永远是我的老师" / 034

朱德的老师席聘三对朱德说："你我两个，是师生又是兄弟，都是'珍'字辈嘛！我叫国珍，你叫代珍。"朱德说："先生，永远是我的老师，永远是我的长辈，我只能是先生的子侄。"

水 / 038

仪陇，无雨天旱，水田龟裂，河沟干涸，庄稼枯萎。一个偶然的机会，朱德发现了水源。他破除迷信，带领村里的青少年，打了一口井。清凉甘甜的水，给大湾的村民带来了福音，使久旱的禾苗有了恢复生机的希望。

科举之路 / 041

朱德按照朱家老人的希望参加了科举考试。他顺利通过了县试和府试。省试考期即将临近，清政府发布废止一切科举制度的诏令。这正合朱德的心意，因为他向往的是顺庆府的新学堂，新学堂就像一块磁石一样吸引着他。

读书救国 / 046

朱德在顺庆府中学一年苦读中最主要的收获，就是实现了从旧学到新学的转变，接受了"读书不忘救国"的思想。

当体育教习 / 048

朱德回家乡任体育老师，遭到家人和亲友的反对。朱德耐心地向他们解释："我们这些农家子弟，在当今社会里是没有什么官好做的。回到家乡当老师，办教育，是个正道。体育教习，就是教学生练操、练跑、练武艺，强健身体，保国卫民……"

与保守势力的斗争 / 053

朱德决心推行新教育，遭到保守势力的反对，他们对朱德恶意中伤，并不断挑起事端。朱德极其愤慨，用铁一般的事实戳穿保守派的谎言，并愤然辞职，以示抗议。

投笔从戎 / 056

朱德决定到云南去报考讲武堂，老师和好友为他饯行。朱德非常感动，当场奋笔疾书，写诗言志：志士恨无穷，只身去西东。投笔去从戎，刷新旧国风。

千里跋涉赴云南 / 059

朱德和敬镕结伴去云南，因不知去云南的路线，他们就与贩盐的马帮和"足客"同行。经过70多天的艰难跋涉，他们于1909年4月到达昆明。从此，新的生活开始了。

第二编 02
投笔从戎　参加革命

考入讲武堂 / 064
朱德经过考试，如愿以偿，被讲武堂录取了。这是他一生中的重要转折，也是他成为中华人民共和国元帅的起点。从此，他开始了那漫长而又辉煌的军旅生涯。

"模范二朱" / 070
在讲武堂里，朱德和朱培德不论学科还是术科均名列前茅，常常受到褒奖，两人被称为"模范二朱"。

深厚的友谊 / 073
朱德和蔡锷在短短的几十天里，因共同的追求与理想而产生的共鸣，使他们之间建立起深厚的友谊。朱德感到在蔡锷的身上，潜藏着一种深远的韬晦大略。他说："蔡锷当时对讲武堂的革命活动，作了很好的掩护。"

担任司务长 / 075
司务长，在连队里除了管理军械之外，主要管全连百十号人的"吃喝拉撒睡"。这为朱德接触士兵提供了很好的机会。

打秋操 / 078
朱德回忆说："那时候，有一个很好的机会，正是打秋操，上面要考，不得下台。那些连长又不行，带不了。我带起来，那就好得很，带来带去，兵就带熟了。"

重九起义，有勇有谋 / 080
1911年农历九月九日重阳节，辛亥昆明起义发动。朱德带兵主攻云贵总督衙门。朱德冲进总督衙门，却不见云贵总督李经羲的影子……

小庙受命 / 085
袁世凯公然宣布恢复帝制，引发了全国性的护国讨袁爱国运动，正在云南蒙自、个旧一带的朱德如约来到城外小庙，来人呈上蔡锷的亲笔手令："按传令人的命令行事。"

纳溪大战，出奇制胜 / 087
纳溪是主战场，一旦失利，护国军将全军崩溃。朱德亲率80名敢死队员潜伏在敌人阵前，待护国军总攻时，敢死队员如猛虎下山，杀得敌人四处逃窜，护国军大获全胜。

护国之役的先锋队 / 092
吴玉章在祝贺朱德60寿辰时说："你是护国之役的先锋队，泸州蓝田坝一战，使张敬尧落马，吴佩孚、曹锟手足失措，袁世凯胆战心惊，终将袁氏帝制倾覆，保存了中华民国之名。"

逃亡和追捕 / 095

唐继尧回到昆明，为报朱德倒唐之仇，重金悬赏捉拿朱德。朱德日夜兼程，风餐露宿，而追捕者也马不停蹄，星夜赶路。一场逃亡和追捕战在滇北的崇山峻岭中进行着。

天无绝人之路 / 098

朱德一行被追到金沙江渡口，只见白浪滔滔，不见渡船和人影，他们陷入了走投无路的绝境。天无绝人之路，这时，一只乘风破浪的小船奇迹般地出现了。

路遇"袍哥" / 102

朱德对"哥老会"里通行的一套礼节、规矩、手势和暗语，虽然已多年不用，但仍谙熟于胸，一旦做起来，还是地地道道的"袍哥"。

抉择 / 105

朱德婉言谢绝了杨森以"师长"的职位邀请其留下共事的"盛情"，决心出国寻找新的革命道路。这是他从资产阶级民主革命向社会主义革命的一次转折，是他走向共产主义的起点。从此改写了他的一生。

第一次游览上海和北京 / 109

游览了北京和上海，朱德说："北京就像一个臭气熏天的粪坑，封建主义的味道特别浓厚。旧官僚、军阀正在这里玩弄权术，把中国待价而沽。""北京和上海之区别，就在于一个是封建的没落的腐朽的，一个是殖民地式的丑陋的罪恶的。"他心情十分沉痛地说："中国已破烂不堪了！"

晋见孙中山 / 112

孙中山握着朱德的手，说："你就是蔡锷麾下的勇将朱德！早已闻名，你们都是讨袁护国的有功之臣！"朱德答道："作为革命军人，忠于职守，讨平国贼，理所当然！"

与陈独秀会面 / 115

朱德要求加入中国共产党，陈独秀没有同意。但是，朱德要求入党的决心没变，他说："我一定要争取成为共产党员。今年不行，明年；一年不行，两年，三年。我深信最终会有那么一天到来的，我会成为共产党员的！"

难忘的航行 / 117

从上海到巴黎，在这次难忘的航行中，朱德目睹了一幕幕的惨状，他深有感触地说："看来悲惨的事情，不单单是中国有，在这个世界上到处都有。这算什么世道？"

入党 / 121

1922年11月，朱德经周恩来、张申府介绍，被批准加入中国共产党。朱德回忆说："从那以后，党就是生命，一切依附于党。"

独特的学习方法 / 123

朱德回忆说："我硬是用走路来学习德文的日常用语和地名的。几个月后，我的德文程度达到可以出去买东西、旅行，上街可以坐车了。"

与国民党右派学生作斗争 / 125

朱德怒斥右派学生，右派学生不敢再胡闹。他们私下里传说：朱德力大过人，武艺高强，浑身是胆，真是惹不得的将军！

"朱将军"名扬柏林城 / 128

朱德因声援五卅运动而被捕入狱，并被驱

逐出德国。朱德无限悲愤地说："此地我已不想久留，'驱逐'正合我意。我们到苏俄去，那才是一块自由的天地！"朱德虽然离开了柏林，但"朱将军"却名扬柏林城。

在莫斯科学习 / 133

朱德在莫斯科比较系统地学习了辩证法唯物论、政治经济学、军事学等。刘鼎回忆说："教官在讲授军事课时，我们不懂的地方，朱德就帮助解释，因为他是有亲身体会的。对于游击战术的问题，他懂得多，理解得也透彻。"

回国参加革命 / 135

朱德坐火车走了14个昼夜，在海参崴等了一个多月，才搭上一艘海轮，经过日本门司，于1926年7月12日，到达吴淞口，终于回到祖国，开始了新的斗争。

"九五惨案" / 137

1926年9月5日，英国兵舰突然向万县县城猛烈地开炮。顿时，县城里火光四起，一片喊声。在炮火的尘烟下，许多无辜平民倒在血泊中，一排排房屋轰然坍塌。这就是震惊中外的万县"九五惨案"。

争取杨森易帜 / 146

朱德通过大量工作，迫使杨森于1926年11月21日，发表通电，正式就任国民革命军第二十军军长。朱德担任二十军党代表。但是在同一天，杨森又致电吴佩孚，表示他对吴佩孚的"忠诚"，充分暴露了他的反革命两面派的本性。

质问朱培德 / 157

四一二反革命政变爆发以后，国民革命军第五方面军总指挥朱培德亲自出马导演了一出"礼送"共产党人的丑剧。朱德得知后，极为气愤，立即上门质问。

向中央汇报 / 160

朱德秘密到武汉，把南昌发生的情况向中央报告。中共中央作出在南昌举行暴动的初步决定。由于朱德在南昌有便利的工作条件，对各方面的情况比较熟悉，被派到南昌做准备。

第三编 03
南昌暴动 创建红军

南昌暴动立头功 / 166
朱德回南昌的重要任务之一，就是要弄清敌情。他精心绘制了一份敌军分布图，仔细地标出了火力的配备位置。周恩来满意地说："这份兵力分布图绘得好极了。你为南昌暴动立了头功！"

会昌之战 / 175
朱德在战斗动员时说："这次的仗是很要紧的。打不赢就不能往前走，我们一定要打胜仗才行。这次要我来指挥，可主要还是靠大家……"

保留革命火种 / 178
朱德说，三河坝战斗后，我们寄希望于前线主力部队，现在前方的主力军已完全失利。我们只有另想办法，另找出路。我是共产党员，有责任把起义的革命种子保留下来。朱德的话激励着每个干部的革命热情。

在百侯演讲 / 180
1927年10月，朱德率领的起义军进入百侯。在百侯地下党组织召开的欢迎大会上，朱德发表重要演讲。

留得青山在，不怕没柴烧 / 182
南昌起义军主力全军覆没，整个部队情绪低落，思想混乱。朱德激昂地说："主力失败了，我们也吃了败仗，但是，革命没有完，革命仍然有希望。留得青山在，不怕没柴烧。"

与滇军范石生"合作" / 186
1927年底，朱德、陈毅率领部队穿梭在湘、赣、粤交界的崇山峻岭之中。当部队行进到韶关时，发生了一段朱德与滇军范石生第十六军短期"合作"的插曲。

湘南暴动 / 188
1928年，在朱德漫长的革命生涯中是极不平凡的一年。这年上半年，他与当时的中共湘南特委共同领导了土地革命战争时期的一次重要起义——湘南起义；紧接着，他率领起义军在江西省宁冈县砻市与毛泽东率领的秋收起义队伍胜利会师，从此开始了建立井冈山革命根据地的峥嵘岁月。

朱毛井冈山会师 / 197
朱德为纪念井冈山会师写下诗篇：革命雄师会井冈，集中力量更坚强。红军领导提高后，五破围攻固战场。

三占永新城 / 204

"朱毛会师在井冈,红军力量坚又强。不费红军三分力,打败江西两只'羊'。"这首歌谣传颂着朱德在井冈山领导红军三占永新城的故事。

朱德的扁担 / 215

40多岁的朱德和战士们一起挑粮。战士们把他的扁担藏起来,他就换了新扁担,并在扁担上刻上:"朱德的扁担"五个字。

鏖战赣南 / 216

在粉碎敌人对湘赣两省的第三次"会剿"中,军情紧急,险象环生。朱德号召大家干一仗,把敌人消灭掉!

"红山红水红满天" / 221

朱德和毛泽东自1929年1月率领红四军下井冈山,在短短半年的时间里,开辟了赣南、闽西两大革命根据地。广大群众以"红山红水红满天"等民歌来描述当时火热的斗争情景。

大破宁都 / 225

敌人在宁都城大兴土木,加固城池,妄想用高墙壁垒和大炮坚守城池。朱德决定运用"三十六计"中的"无中生有"之计,摆下迷惑阵,来破宁都城。

攻占上杭 / 230

朱德对林彪说:"声东击西,是兵家常用战术,这次我们也不例外,只不过不是声东击西,是声西击东罢了。你们在那排山头上,摆上几门迫击炮,照西门放上几炮,把敌人的注意力吸引过来。那时,我们就可以从后面登城进攻了。"

与毛泽东的争论 / 233

朱德对毛泽东的意见有不同的看法,他和毛泽东一样,君子坦荡荡,有话说在当面。

"过去的那些我收回" / 238

为了消除毛泽东对自己的隔阂,尽快地使毛泽东回到红四军主持前委工作,朱德很坦率地对陈毅说:"过去的那些我收回,我们请他回来。"

巧取中川 / 242

朱德指挥红军和赤卫队打下中川,拔掉了闽西苏区边上这颗钉子,老百姓拍手称快,到处传唱:"铁打朱毛军,巧取中川村,攻下兵工厂,团兵逃广东……"

"老伙夫" / 246

朱德为聋婆婆挑水,聋婆婆误以为他是"老伙夫",送去几个鸡蛋给朱德。朱德拒不收。当聋婆婆知道他就是朱军长时,自言自语地说:啊!难怪他这样爱护穷人!

一条绷带 / 248

朱德遇到一个受伤的红军战士,左腿伤口正溢着鲜血。朱德从自己腿上解下一条绷带,小心地给战士把伤口包扎好,并派了两名红军把伤员抬到红军医院。

欢度端午节 / 250

端午节这一天,朱德和战士们一起抓田螺,他们早晨动手,准备中午会餐。朱德说:过去有句古诗,里面有一句说:"寒夜客来茶当酒",看来茶能当酒的。

"我就是朱德" / 252

朱德对俘虏兵说:"你们天天叫喊要抓朱德,我估计你们连朱德也不认得。今天我们有幸在此相会,我就是朱德!"

一双草鞋 / 253

在行军路上，朱德见一个小战士的草鞋破了，就把自己亲手编的一双新草鞋给他换上。

白区红区两重天 / 255

朱德在百忙中抽空到医院看望由国民党起义军组成的红五军团的伤病员。伤病员感动得流下了眼泪。一个士兵感慨地说："真是白区红区两重天呀！"

挑炸药 / 257

红军战士朱开明十个脚趾都磨起了一个个血泡，还挑着两大箱炸药，走在战士行列里。由于伤势过重，他摔倒在山路旁，被朱德发现了。

总结反"围剿"斗争的经验 / 259

吕黎平回忆说：朱德"深入红军部队，作调查研究，并且经常到瑞金的红军大学和几所红军专科学校讲课，主要是讲红军粉碎敌人前四次'围剿'的成功经验……他讲得生动具体、活灵活现，听课的同志们全神贯注，无不深受鼓舞"。

借道长征 / 262

在朱德、周恩来的策划下，红军同陈济棠的秘密谈判取得了成功，达成"互相借道"的协议。在红军开始长征时，较为顺利地通过了第一道封锁线。

化险为夷 / 269

在四渡赤水之前的土城战斗中，朱德亲临前线指挥作战。毛泽东有些担忧。朱德笑着说："莫啥子关系，敌人的子弹不会打中我朱德的。敌人怕我，子弹也怕我。你没听说吗？子弹会拐弯，碰见我就躲着走了！"

"丰盛"的午餐 / 276

朱德到部队去检查工作，该吃午饭了，端上饭桌来的是一盘黑色青稞饼，一小碟酥油，还有两碗白开水，炊事员心里怪不是滋味的。朱德和彭德怀有说有笑地共进了这顿"丰盛"的午餐。

临大节而不辱 / 277

长征路上，张国焘大肆污蔑攻击党中央，并要挟朱德表态反对毛泽东。朱德说："朱毛朱毛，人家外国人都以为朱毛是一个人，哪有朱反对毛的！"

你这个"中央"不是"中央" / 279

张国焘公然宣布另立"中央"。朱德严正声明：你这个"中央"不是"中央"，"你不能另起炉灶"。"要搞，你搞你的，我不赞成。我按党员规矩，保留意见，以个人名义做革命工作。"

"国焘同志你莫要溜边边呀！" / 280

朱德和张国焘半开玩笑半认真地说："四川军阀打仗是溜边的，碰上敌人绕弯弯，见到便宜往前抢。国焘同志你莫要溜边边呀！我们长征是要到抗日的前方阵地，红军要成为抗日先锋军、模范军。"

"没有棒身体，草地过不去" / 284

朱德很爱运动，他经常和青年人一起打球。他对不爱活动的同志说："红军战士要活泼，要有生气，你们可晓得哟，没有棒身体，草地过不去！"

特别展览会 / 285

红军在准备第二次过草地前，在大操场举办了一个特别展览会，展品全是野菜，足有六七十种。朱德说："同志们，野菜也是宝，红军少不了啊！现在，我就给大家介绍介绍这些宝。"

"都是阶级兄弟，何必讲客气" /286

在过水草地途中，一个红军战士脚上裂开六、七个大口子，慢慢地掉队了。朱德发现后，把自己的马让这个战士骑。小战士再三推辞，朱德亲自扶着他的胳膊上了马。

对周素园的关怀 / 288

这里介绍朱德关怀起义军领导人周素园的三个故事。在朱德无微不至的关怀下，周素园和全军同志一起，历尽艰辛，终于到达陕北。

空城计 / 290

敌人突然偷袭总部，总部只有一个警卫连和机关工作人员，还有大批伤病员。怎么办？朱德运用"空城计"，下达了命令。

草地晚餐 / 294

红四方面军第三次过草地时，前面的部队给他们留下了一头牦牛。为了解决部队面临的严重的粮食困难，朱德说："把牦牛杀了，留下牛皮牛肉做干粮。牛骨头炖野菜，营养好得很，是我们今天最好的晚餐。"

第四编 04
运筹帷幄 领导抗日

挥师出征 / 300

卢沟桥事变爆发以后，朱德亲笔写下了著名的抗日誓词："我们誓率全体红军，联合友军，即日开赴前线，与日寇决一死战。复我河山，保我民族，保卫国家，是我天职。"

打破日本"皇军"不可战胜的神话/ 305

朱德指挥武器装备比较差的八路军，与有飞机、大炮、坦克等现代化武器装备的日军作战，在平型关大败日军，打破了日本"皇军"不可战胜的神话。

寄语家乡父老 / 312

朱德在抗日前线写给家乡好友的信，讴歌了在艰难岁月里英勇杀敌的抗日将士，对于全国军民齐心抗战起着巨大的鼓舞作用。

和卫立煌促膝长谈 / 319
朱德和卫立煌在一次长途行车中的促膝交谈，谈得很投契。朱德所讲的抗日救国道理，给卫立煌留下非常深刻的印象。

"为国捐躯"之谜 / 321
日本侵略军以为朱德和八路军总部在屯留县的"故县"，立即命令十几架飞机在故县上空一通狂轰滥炸。他们以为朱德被炸死，各报也刊载了朱德"为国捐躯"的消息。

响堂铺伏击战 / 326
朱德邀请友军观看了响堂铺伏击战。国民党第三军军长曾万钟无限感慨地说："朱德、彭德怀、刘伯承、徐向前个个都是身经百战的战将。正因为他们敢打敢拼，日本鬼子才会闻风丧胆！响堂铺伏击战，令人钦佩，可敬可贺！"

面对日军的"九路围攻" / 330
1938年4月，日军共三万人对八路军发起了"九路围攻"。朱德和彭德怀根据敌情，采用运动战和游击战相结合的作战原则，制定了粉碎敌人"九路围攻"的作战方针。

团结卫立煌抗战 / 335
朱德在不同场合赞扬卫立煌积极抗日的态度和英勇作战的精神，使卫立煌倍感亲切和深受鼓舞。他表示："今后我要继续和八路军合作，向八路军学习，和八路军一道坚持华北抗战，决不退过黄河。"

对杨得志的嘱咐 / 338
杨得志到八路军总部受领任务。朱德叮嘱：冀鲁豫三省边区对确保太行山，沟通山区与平原的联系，扼制日军南下和西进，起着很大作用。无论如何要牢牢地控制在我们手里。

惜别恩师 / 341
朱德回延安参加党的六届六中全会，途经西安，在此期间，他两次前去看望正在西安养病的老师李根源。他即将离开西安时，与老师依依惜别，祝恩师早日康复，期望师生能再相见。

跃马太行建奇功 / 345
朱德转战太行山区达两年多，在以山西为中心的华北敌后创建了南北两线不同类型的根据地，造就了广大的华北敌后解放区战场，造成了对敌战略反"包围"的初步态势，使八路军部队得到迅速发展。

节衣缩食，开荒劳动 / 350
朱德指挥作战的杰出才能，和蔼可亲平易近人的品格，艰苦朴素的生活作风，广为军民钦慕。

关心百姓疾苦 / 354
朱德带领八路军为老百姓打了一口水井，解决了老百姓的吃水问题。老人们唱道："抗日井啊抗日井，红砂甜水清凌凌；吃水不忘八路军呀，日夜想念朱总司令。"

指挥反顽斗争 / 357
针对国民党反共顽固派的进攻，朱德和彭德怀部署和指挥了华北抗日军民的反顽斗争。整个斗争，可概括为四打：一打张荫梧；二打阎锡山；三打石友三；四打朱怀冰。结果四战四捷。

特殊的生日 / 360
朱德53周岁时，广大干部群众纷纷写来贺信为朱德祝寿。康克清以简短的文字表达了心中不尽的祝福。《华北日报》也发表社论，热情洋溢地为朱德祝寿。

《出太行》/ 364

朱德在《出太行》一诗中写道:"群峰壁立太行头,天险黄河一望收。两岸烽烟红似火,此行当可慰同仇。"

授计七贤庄 / 369

八路军西安办事处的同志,向朱德请教"如何来对付敌人盯梢?"朱德沉思了片刻,对大家说,要懂得声东击西,懂得佯攻、迂回。给他来个明修栈道,暗度陈仓。

与华侨的交往 / 373

在抗日战争战火纷飞的年代里,朱德一面指挥千军万马与日本侵略者鏖战,一面在戎马倥偬之际做了许多侨务工作,留下一段段令人难忘的佳话。

屯田军垦,开辟南泥湾 / 379

朱德说:"由于敌人的围困封锁,边区遇到了严重的经济困难。摆在我们面前的是两条路:一条是坐以待毙;一条是自己动手,克服困难。走哪一条路呢?我看应当走自己动手,克服困难的路。"

"宝贵意见" / 385

陕甘宁边区政府主席林伯渠说:"朱总司令最近曾到过我们边区各地、各工厂参观,贡献给我们很多宝贵意见,对于我们明年的生产建设是有很大作用的。"

领导军事高级干部的整风学习 / 387

1942年2月,全党整风正式开始后,朱德作为军事高级学习组的负责人,为领导好军事高级干部的整风学习,他不断深入了解情况,广泛听取党外各界人士的意见。

点名批评王明 / 391

朱德总结了在党领导下近二十年来的经历,批评抗战以来的王明路线的错误,指出:王明路线错误的实质,是要不要领导权,投降大地主大资产阶级。

参加延安文艺座谈会 / 395

延安文艺座谈会先后开了三次,朱德都参加了,并在最后一次会议上发了言。毛泽东很赞同朱德的讲话。他做总结发言时说:"其实总司令已经作了结论了。我的意见是和他的差不多的。"

讲解《论持久战》/ 398

在八路军总部给大伙讲毛泽东的《论持久战》时,朱德生动地把抗日军民比做灯芯,把日本侵略军比做灯油,说:"别看日本鬼子貌似强大,最后总是灯芯把灯油熬干!"

与文艺家的交往 / 403

何其芳有幸在朱德身边工作了一段时间,他感慨地说:"那真是一段终生难忘的经历,我学到了许多许多书本上学不到的东西。"

支持文艺活动 / 404

1943年春节,延安数十支秧歌队上街演出,朱德坐在广场上和群众一同观看。他说:"今年的秧歌才像个为工农兵服务的样子,我喜欢看!"

创作抗战诗歌 / 407

抗战期间朱德写了不少七言诗。七言诗中既有绝句、律诗,也有七古。他的诗用字造句极富功力,对仗韵律都很讲究,象征、比拟也很贴切形象,堪称精品佳作。

"南泥湾政策" / 408

南泥湾变成了陕北的好江南,朱德赋诗一首:"屯田仅告成,战士粗温饱。农场牛羊肥,马兰造纸俏。小憩陶宝峪,青流在怀抱……熏风拂面来，有似江南好……"

一座墓碑和一段佳话 / 411

北京八宝山革命公墓。

郁郁葱葱的松树林中，矗立着一块青灰色的大理石墓碑。这座墓碑，记载着一段动人的往事。

"他简朴得像个农民" / 416

"他浑身沾满尘土，穿着蓝灰色的衣服，简朴得像个农民。"这就是斯特朗初次见到朱德时的印象。

"我曾期望与您联合作战" / 420

史迪威去世前几个月曾对女儿史文思说："我真想扔掉手中的铁锹，到那边去找朱德，扛起来福枪，和他并肩作战。"史迪威的遗言情真意切。

纪念柯棣华大夫 / 423

朱德为柯棣华陵墓题词："生长在恒河之滨，斗争在晋察冀；国际主义医士之光，辉耀着中印两大民族。"

给远方女儿的信 / 427

朱德在信中写道："你在战争中应当一面服务，一面读书，脑力同体力都要同时并练为好。中日战争要比苏德战争要迟些结束。望你好好学习，将来回来做些建国事业为是。"

下 册

第五编 05
坚持斗争 走向胜利

针锋相对的斗争 / 432

抗战胜利了，蒋介石国民党在美国政府的支持下，采取一切措施抢夺抗日战争的胜利果实。朱德同中共中央其他领导人一道与他们进行针锋相对的斗争。

提出向东北发展的战略 / 438

朱德说："我们要积极向东北发展，东北大有文章可做。蒋介石的部队大部分在南方，到东北要走半年。即使他到了东北，顶多是他占城市，我占乡村，像日本占领东北那样。"

与张澜的师生情 / 441

张澜是朱德的老师。毛泽东在重庆谈判期间，亲自去张澜寄居的特园拜访。毛泽东转告张澜："你的学生朱德同志向你致以亲切的问候！"毛泽东还赞扬张澜，"曾经教育过朱总司令这样的抗日报国的当代英雄"！

祝寿 / 444

在朱德60寿辰前夕，《解放日报》发表祝词和《朱德将军年谱1886—1946》。祝词说："人民庆祝你的60年生活，因为你是中国人民60年伟大奋斗的化身"，"你的60大寿是中国共产党的佳节，是中国人民解放军的佳节，是全解放区和全国人民的佳节。"

与陈毅的诗交 / 450

朱德和陈毅是自南昌起义后并肩战斗的有着几十年革命情谊的知交，他们既是战友，又是诗友。

"志坚如铁" / 454

朱德60寿辰之际，刘伯承对记者说，朱总司令"志坚如铁，从无失败情绪"。

美国制造的卡宾枪 / 457

朱德说："蒋介石这个'运输大队长'还真行，前次在上党战役中，不但给我们送来好多枪，还把美国的山炮、榴弹炮也给运来了，连张收据都不要。"

"我就要这个小土布的" / 458

被服厂给朱德做衣服，问他要什么布料，他指着厂长的衣服说："我就要这个小土布的。"

关注军工生产 / 458

在1947年春，朱德就着手抓军工生产，并给予具体指导和帮助。朱德说："我们就要开始战略大反攻，前线需要炮兵，需要炮弹，兵工生产要抓紧，多生产一些炮弹，越多越好！"

确定"打大歼灭战"的战略思想 / 462

1947年3月31日，朱德到达晋察冀军区所在地，河北省阜平县城南庄。很快就确立了"打大歼灭战"的战略思想。朱德说："打歼灭仗，是红军传统战略思想。我们历来是靠歼灭仗来壮大自己，你们一定要贯彻打歼灭仗的思想。"

亲临前线指导石家庄战役 / 468

清风店战役消灭敌第三军主力后，驻守石家庄的敌人减去了一半。晋察冀野战军在分析敌情我情基础之上，认为攻打石家庄的条件已经成熟，提出攻打石家庄的建议，并得到了朱德总司令和聂荣臻司令员的支持。为了保证战役的胜利，朱德亲临前线指导。

与敌同行 / 473

朱德要到濮阳视察和动员，路上前后都有敌人，随行人员问朱德：是否避一避？朱德说："前后的敌人都不要去管它，我们继续前进就是了！"

下决心钓一两条大鱼 / 477

1948年5月，朱德向华东野战军生动地讲述重要的战术原则，针对中原地区的国民党几个主力部队，他形象地说："我替你们想了一个办法，就是用钓鱼的办法。"

可亲的解放军"老战士" / 483

朱德在濮阳期间，有时候到集市上调查，有时候到田间、地头帮助农民干活，老乡看着这位慈祥、可亲的解放军"老战士"都非常感动。

提出攻打长春的建议 / 485

林彪认为夺取长春，条件尚不成熟，准备暂时放弃。朱德经过周密思考，认为夺取长春还是有取胜的可能。他提笔给毛泽东写了封信。

分析战局发展趋势 / 487

当淮海战役第一阶段胜利结束，平津战役即将开始的时候，朱德兴奋地指出：我们正以全力与敌人进行决战。20年来的革命战争，向来是敌人找我们决战，今天形势变了，是我们集中主力找敌人决战。

赔鸭子 / 491

朱德误伤老百姓的两只鸭子，他忙给老百姓赔礼道歉："老人家，实在对不起！我以为是野鸭子呢。我们赔你钱，赔你钱！"

"我就在这里吃面条" / 492

朱德下去视察机关工作，大家要留他吃饭，想把最好的东西拿出来，让他吃得好一点。朱德说："今天我就在这里吃面条，但不许炒菜，不搞特殊招待。"

对儿子的教诲 / 494

朱德告诫儿子朱琦和儿媳赵力平说："全国要解放了，要依靠你们去建设。要听党的话，重要的是学好政治理论，弄懂马列主义，学好毛主席著作，这可是终生受用的啊！"

鞋的故事 / 499

1949年，党中央决定迁往北平，供给部门给朱德补发了一双棉军鞋，被他拒绝了。朱德就是穿着那双补过的旧棉鞋走进了北京城。

与陈明仁的交情 / 500

1949年9月,朱德宴请陈明仁将军,他亲手做了一大盘热气腾腾、辣味冲鼻的炒菜。陈明仁激动异常,他满怀感慨地说:"谢谢总司令,我陈明仁今天吃了总司令亲手炒的辣子,定将革命进行到底!"

第六编 06
艰苦奋斗 开国创业

第一任纪委书记 / 506

早在1950年5月,朱德就说:"如果党内没有纪律,或者不坚持执行党内纪律,那我们的党就会成为一盘散沙,也就无法率领千百万群众去进行胜利的斗争,取得像今天这样巨大规模的胜利。"

"要时刻警惕和约束自己" / 510

朱德与一位领导干部谈话,发觉这个同志有个人名位思想,便严肃地告诫他:"你这个同志不要想做大官,要时刻警惕和约束自己。要当心呐,弄得不好将来会砍脑壳的哟!"

为军队建设指明方向 / 513

朱德总是利用一切机会发号召、做指示,为中国人民解放军的正规化、现代化建设指明方向。

多军兵种建设 / 517

朱德提建议、出主意、抓落实,为不断加快多军兵种建设的步伐,立下了汗马功劳。

"朝鲜人民在等着你们" / 523

朱德到兖州慰问赴朝作战的十九兵团。他说:同志们,朝鲜人民在等着你们,等着和你们一起消灭美国侵略者;祖国人民也在等着你们,等着你们和朝鲜人民并肩作战胜利的消息!

一张借据 / 530

解放初期,在地主出身的傅德辉家里查出一叠借据,其中有一张借得傅德辉名下大洋100元的借条,署名朱德!这件事上报党中央,朱德很快回了信。

处处以身作则 / 532

朱德身为中央纪律检查委员会书记,处处

以身作则，始终保持着共产党人的优良传统，为全党做出了表率。

踏遍钢城情未了 / 536

在北京西隅石景山脚下的十里钢城，每当人们提起朱德关心首钢生产建设的事，都会津津乐道。老人家生前先后莅临首钢视察多达二十次。在那热火朝天的工地上，铁水奔流的高炉前，金花飞舞的炼钢炉旁，火龙穿梭的轧机边……都曾经留下朱德的足迹。

不留情面 / 542

对于党员干部违犯党的纪律问题的处理，朱德始终坚持严肃慎重。但在重大原则问题上，他同样是不留情面。1952年2月，朱德惩治了一起"利用职权压制民主、诬陷好人、侵犯人权的严重事件"。

"植树节"的倡导者 / 545

1952年3月5日，朱德致函周恩来，建议在清明节，动员全国党政军民都种一天树，特别是种果树。这既可增加财富，换取外汇，又可美化环境，防风防旱。

军中两老帅 / 547

朱德和彭德怀是军中两老帅。他们下棋有自己的特定方式，他们互相欣赏对方的耿直和痛快，在生活中也相互理解。

强调发展手工业 / 549

朱德指出："手工业是地方工业的一个重要组成部分，发展大工业的同时，对手工业必须予以足够的重视。"

"钢铁工业是一切工业的骨干" / 551

辽宁，是新中国成立后最早建立起来的重工业基地，它在我国国防工业、能源和原材料工业的社会主义现代化建设中占有举足轻重的地位。朱德多次到辽宁视察，深入工厂、矿山，与干部、工人亲切交谈，叮嘱大家要努力发展钢铁、能源等重要的基础工业。

重视武器装备现代化 / 556

新中国成立初期，朱德分管军工生产，他想办法、解难题、探新路，为军队武器装备现代化建设作出了重要贡献。

鼓励女儿到农村锻炼 / 562

在50年代的一天，朱德对女儿说："你对农业上的事情知道得太少，应该拜农民为师。中国现在工业还不发达，百分之八十的人口是农民。不了解农村，不了解农民，就不了解中国。"

大风大浪练意志 / 564

生命不息，奋斗不止。朱德说："一个人只要不运动也就不能工作了。"他把早年养成的游泳爱好，一直坚持到晚年的最后岁月。

精心指导手工业生产 / 567

朱德说："要树立起信心，把手工业工作做好，要把广大的个体手工业者组织起来，这样才会有力量，才能克服各种困难，才能发展生产，更好地为农业生产和人民群众服务。"

不吃对虾 / 575

朱德最爱吃鲜鱼虾。一次，厨师邓林给他做了一盘对虾，朱德却不愿意吃。

工资·开支·积蓄 / 576

朱德的秘书郭仁回忆说："1955年我国实行军衔制以来，委员长从来没有拿过元帅的工资，委员长逝世后大家才知道这件事。"

出访东欧五国 / 580

1955年12月至1956年4月，朱德出访东欧五国和苏联、蒙古，历时四个月。不负使命。

崇尚简朴 / 590

朱德的保健医生顾英奇回忆说："朱德同志的美德之一是崇尚简朴。他一生和旧势力、旧观念作斗争,为受剥削、受压迫的人民大众谋解放,一生中过的都是普普通通的百姓生活。"

与董必武的诗交 / 594

朱德与董必武的诗交始于抗日战争时期。解放以后,朱德、董必武两人都已年近古稀,但来往颇为密切,时而也有酬唱之作。

"你要有信心,努力争取进步" / 599

朱德与李云鹄是同窗,两人曾结为金兰之交,感情很深。建国后,朱德对李云鹄的儿子李师弼十分关心。

情系兰花 / 600

这里讲述朱德为什么酷爱兰花,酷爱到什么程度,为发展兰艺作过什么努力,他如何采兰集兰,如何养兰护兰,他的兰艺、兰品,他所结交的兰友,以及围绕着兰花所发生的故事。

"差一分也是不及格" / 625

朱德的小孙子算术考了59分,老师给朱德写了一封信。朱德批评小孙子,小孙子不服气。朱德说:"不及格就是不及格,差一分也是不及格。"

"不要搞特殊化!" / 628

"不要搞特殊化!"这是朱德教育子孙的一句名言。他说到做到,言传身教。

革命到老,学习到老 / 631

解放以后,朱德已届老年,但他始终保持旺盛的革命斗志。孜孜不倦地学习。经常用"革命到老,学习到老"激励自己。

第七编 07
调查研究　曲折探索

关心北京工艺美术业 / 634

朱德十分关心工艺美术事业。他曾先后七次亲临北京工艺美术行业视察指导,帮助解决实际困难。

邕城的偶遇 / 641

朱德亲临广西视察,在南宁偶遇当年的警卫员潘少洲。潘少洲在南宁园艺场任场长。短暂叙旧,两人都非常高兴。

"要积极开发海南岛" / 644

朱德说："海南岛的地上和地下资源十分丰富，许多物资都便于出口，极有发展价值和发展前途……这样好的地方，我认为只要财力所及，即应积极组织力量从速进行开发工作。"

重返故地昆明城 / 651

1957年2月，朱德重返故地昆明。他去拜望了老师李鸿祥，并宴请当年参加过辛亥革命的40多位老人。

在四川游览 / 655

朱德在西山寻访蒋琬墓，北山凭吊宋哲元。他一路欣赏碑铭，一路夸书法。在三苏祠，朱德说："苏家三父子真是了不得，唐宋八大家，他们一家就占去三把交椅，难怪后人那么敬仰他们。"

"粗茶淡饭最相宜" / 660

朱德到云南昆明视察工作，坚决不让超出自己的伙食标准，提出吃野菜。他幽默地说："几十年不吃了，别有风味啊！还是粗茶淡饭最相宜。"

真情依旧 / 662

李根源是朱德的老师，他们的交往长达几十年。1960年，李根源病重，朱德和周恩来曾先后到北京医院看望。1965年7月，李根源逝世，朱德亲临嘉兴寺主持追悼会。

与王葆真的往来 / 666

王葆真是朱德的老朋友，他思想进步，热爱祖国，与朱德共事多年。1957年，王葆真被错划为右派，蒙冤20多年。在王葆真遇到困难时，朱德总是尽力相助。

深入实际，调查研究 / 671

朱德对四川的经济建设十分关心。解放后，他多次到四川视察工作，调查研究。从一个厂矿到又一个厂矿，深入到生产现场，亲切地与工人、农民交谈，细心地听取各方面的汇报，掌握第一手材料。

站得高，看得远 / 677

朱德到兰州视察，他攀登到千佛阁，无限感慨地说："还是站得高，看得远！王安石不是有一首《登飞来峰》的诗吗？他说'不畏浮云遮望眼，只缘身在最高层'。这话也是很有道理的。"

情系新中国石油工业 / 679

自1950年起至1966年"文革"前夕的16年里，朱德视察石油工业的足迹遍及全国。就发展新中国的石油工业，向中央提出了一系列意见和建议。

视察东北三省 / 683

1959年，朱德和董必武、林枫赴东北三省视察。沿途了解到"大跃进"和人民公社化运动中出现了许多"左"的错误。他们对当地领导反复强调要纠正错误，并向党中央和毛泽东写报告反映。

在庐山会议上 / 687

在庐山会议期间，为了纠正"大跃进"中"左"的错误，朱德不断地同各地负责人谈话，了解情况，并发表了很多意见。这些意见，大多是针对"大跃进"和人民公社化运动"左"的错误提出来的。

名重不骄，待人平等 / 693

总司令以普通一兵、一般公民身份生活，是贯彻始终的，他名重而不骄，一贯平等待人。

师生情谊重如山 / 695

刘寿川是朱德的老师，朱德对他关爱有加。1959年9月，刘寿川的儿子刘长征从北京调回成都工作。临行前，朱德叮嘱他好好工作，照顾好老人。

保健医生的规定 / 697

保健医生根据朱德的健康状况，作出了一个规定：只吃鸡蛋清，不能吃鸡蛋黄。可是他下去视察工作时，蛋清蛋黄都要吃。

"高山不可怕" / 700

朱德终生酷爱爬山运动。他说："高山不可怕，怕的是停滞不前。"

普通的伙食标准 / 700

朱德每顿饭都是一小碗米饭，三小盘菜，一个汤。三小盘菜中，一盘是带点鱼和肉的荤菜，其余两盘都是普通的素菜，汤就是普通的鸡蛋或青菜汤。

"我们的责任" / 703

朱德把培养接班人看做是自己的责任。他对孙子们说："要尽到我们的责任，把你们培养成为无产阶级革命事业的接班人！"

"内行的菜农" / 707

朱德到外地视察，每到一地，只要是有时间，他都会去寻野菜，去看看当地生长什么样的野菜，尤其是别的地方所没有的野菜。由于长期的积累，他关于野菜的知识相当丰富。

给后人留下一片绿荫 / 710

朱德说："俗话说'靠山吃山，靠水吃水'，山区要从实际出发，想山区的办法。在山区就要发展林木，多种树……这是条富裕之路。"

视察三明市 / 711

朱德在视察途中，看到昔日关押革命者的集中营，变成了规模宏伟的工业基地时，触景生情，诗兴大发，当场挥毫写下了一首感情深厚的诗篇《三明新市》。

在宝鸡军工厂 / 715

朱德在宝鸡视察了宝成仪表厂，他听完厂领导的汇报后说："古有'家贫出孝子，国难见忠臣'的说法，这话有道理哟！你们当领导的一定要和工人同志同甘共苦，为国分忧"。

"我回家看看" / 719

朱德来到阔别33年的"第二故乡"——井冈山考察访问。他来到井冈山宾馆，与前来欢迎的井冈山党政军负责人握手，并动情地说："井冈山是我第二故乡，今天我回家看看。"

视察武夷山 / 725

朱德兴致勃勃地欣赏武夷山风景。看山时，他说千古奇峰，神话传说；看水时，他说天落玉带，人间仙境；看茶时，他说武夷岩茶，名满天下……然而，他最关心的还是当地的生产、当地的老百姓。

"元帅柏"巧遇元帅 / 732

朱德看到一棵帅大的树，非常高兴地叫它"元帅柏"，并再三叮咛："要好生保护这株树中的元帅！"从此，"元帅柏"与元帅的故事传为佳话。

登峨眉山 / 733

朱德到四川乐山市视察时去登峨眉山，陪同人员考虑到朱德年岁很大，为了安全，特意请当地百姓准备了一副滑竿。朱德说："共产党员是不应该坐滑竿的。"

再赴海南岛 / 735

朱德说:"海南岛是我们祖国的一块宝地,要抓紧开发,并优先发展热带经济作物。从战略上和长远规划上来看,海南岛必须做到粮食自给,但从目前开发阶段来看,国家必须在粮食、人力、物力等方面予以支援。"

读诗谈诗 / 738

朱德和臧克家谈诗歌创作,朱德说,诗要表现战斗生活,为革命服务。不要写得太深奥,叫一般人看不懂。那样,就会失掉它的作用。

三个"勤俭" / 742

1963年12月26日,朱德给女儿亲笔题词:"努力学习马列主义毛泽东思想,坚决反对修正主义,发愤图强,自力更生,勤俭建国,勤俭持家,勤俭办一切事业,做一个又红又专的接班人。"这里面的三个"勤俭"体现了朱德自己的生活态度和对儿女们的要求。

"学习日"和"劳动日" / 745

节假日是家庭团聚的好日子。而在朱德家里,节假日却被赋予了另外一种新的含义——"学习日"和"劳动日"。每逢节假日,孩子们从四面八方回来,朱德都要求他们学习、劳动。

第八编 08
革命到底 忠贞不渝

突然袭来的惊涛骇浪 / 752

朱德的秘书回忆说:"1966年冬的一天,我去给朱总送文件时,看到他仰靠在沙发上,紧闭双目。直到我走近前,他才睁开眼睛,好像是在对我说,又像是在自言自语地说:'看来这次要打倒一大批人了,连老的也保不住了。'"

同甘共苦的伴侣 / 757

"文化大革命"掀起的造反狂潮,使康克清忧虑万分。她回忆起三十多年来与朱德共同走过的坎坷道路。康克清谈到和朱德的关系时说:"我们相互间的真正了解、相互体贴和爱情是在结婚以后逐渐发展起来的。"

"打倒朱德"的黑风 / 763

1967年1月,朱德在中南海的住所,被铺天盖地贴满了"打倒朱德"、"朱德滚出中南海"等内容的大字报,地上也有用石灰刷的"炮轰朱德"、"朱德是黑司令"等大标语。朱德看了这些大字报后说:"是我的,我承认;不是我的,谁写的谁负责。"

忧虑与困惑 / 766

"文革"中的一系列事件,使朱德陷入了深深的困惑和不解之中。面对这纷乱的世界,他的心更加忧虑。他不理解,为什么党内斗争非要用"打倒"这个偏激的词?他多次反映过自己的不理解。

"历史就是历史" / 770

"文革"时期,井冈山革命纪念馆陈列物的说明中,把朱德挑粮的扁担说成是林彪的。萧华私下向朱德说起这件事,朱德淡淡地说:"历史就是历史,他们胡闹是不行的!"

留江渭清吃饭 / 772

"文革"期间,江渭清到北京朱德家中看望他。谈话后,已近午饭时间。江渭清怕留下吃饭会给朱德带来麻烦。朱德哈哈大笑,说:"吃顿饭就会牵连到吗?"

下放从化 / 776

1969年10月,朱德被疏散到广东从化软禁起来。朱德不在意地笑着对康克清说:"平常我们工作忙,难得有机会休息一下,将来回去可以更好地工作。在这里不也很好吗?不进城,也是一样生活。"对这段经历,康克清有如下回忆。

一把椅子 / 778

朱德办公室的椅子,坐着不方便,工作人员要给他买新的。朱德不同意,他说:"修理一下花钱少,要买新的花钱太多。"这把椅子一直用到朱德去世。

除夕相聚 / 780

王震约了王稼祥、廖承志等去看望朱德。朱德看到劫后余生的老同志,心里十分高兴。

陈毅来访 / 781

陈毅受周恩来之托到北戴河看望朱德。朱德对陈毅说:"我们这些人为革命干了一辈子,现在为了顾全大局,作出这样的容忍和个人的牺牲,在国际共产主义运动史上也是少有的。将来许多问题都会清楚的。"

"历史是公正的" / 783

"九一三"事件以后,谈起林彪,朱德说:"恶有恶报,天理难容。"

接见延安的劳动模范 / 786

1971年底,85岁高龄的朱德在接见延安的劳动模范杨步浩时,深有感触地说:"我很想念延安的父老乡亲们,明年你再来,来看看我。"

"你是红司令啊!" / 788

毛泽东对朱德说:"老总啊!你好吗?你是红司令啊!人家讲你是黑司令,我总是批评他们,我说你是红司令……"朱德听了心情激动,眼圈都红了。

对晚辈严格要求 / 789

朱德对子女们说:"干什么都是为人民服务。不管干什么,都要安心自己的工作,干哪一行,就要把哪一行搞好。"

退回贝雕画 / 792

朱德到秦皇岛工艺美术厂视察。工人们为了感谢朱德对他们劳动的赞扬与关怀,送他一幅《山峡夜航》贝雕画。朱德知道了这件事,安排退了回去。

"为啥子不让我去看彭老总？" / 794

彭德怀临终前请求见朱德一面，可谁也不告诉朱德。彭德怀逝世后，朱德才知道彭德怀的临终心愿，他顿时老泪纵横，泣不成声。

"革命到底" / 796

"革命到底"4个大字，表达了朱德为共产主义事业奋斗终生的坚强意志和决心，这是他一生的光辉写照。1975年3月，他又重新写下了这4个大字，与大家共勉。

天伦之乐 / 800

和所有的老人一样，晚年的朱德对儿孙们有一种依恋的心情。和孙子们在一起生活，成了他十年闲居生活中的慰藉和乐趣。

做操、散步 / 806

做操，是朱德晚年主要的体育活动。他说：做完早操，我就感到浑身舒畅，工作起来精力充沛。朱德还坚持每天散步。早上和晚饭后，总要到外面去走，在住所周围走上几里路，即使刮风、下雨、落雪，也不例外。

老骥伏枥，壮心不已 / 809

1976年元旦，毛泽东的两首词公开发表。朱德怀着对毛泽东深厚的感情，挥毫写下诗二首，抒发自己内心的感情。

最后一个军礼 / 812

周恩来逝世，90岁高龄的朱德参加了全部吊唁活动。在撕心裂肺的哀乐声中，朱德左手扶着手杖，举起颤抖的右手，努力站得笔直，向静卧在鲜花和翠柏丛中的周恩来，行了一个庄严的最后告别的军礼。

看望成仿吾 / 815

朱德看了成仿吾新近翻译的《共产党宣言》，不顾年老体弱，专程去看望成仿吾。对他说："这是根本性的工作，做好这一工作有世界意义。"

"他的德行与日月同辉" / 816

在朱德百年诞辰纪念大会上，党中央高度评价了朱德的一生，称："他功盖千秋，更令人怀念的是，朱德同志既是伟大的统帅，又是普通士兵，堪称楷模，他的德行与日月同辉。"

附录 / 833

后记 / 839

风采 / 841

★★★ 第一编 ★★★

年少有志　奋发图强

第一编 01
年少有志　奋发图强

家　世

　　1886年12月1日，在四川省仪陇县马鞍场李家湾一户贫苦农民的家中，一个幼小的生命呱呱坠地，来到了苦难的人世间。婴儿的父母根本想不到，这个孩子就是后来举世闻名的中华人民共和国元帅——朱德。

在中华锦绣山河的西南腹地，有一座大巴山，它的西北从嘉陵江的源头起，向东南沿着川、甘、陕、鄂四省的边界绵延千里，直至长江边的巫山；北面与高耸入云的秦岭相望；南面呵护着素有"天府之国"之称的四川盆地。

大巴山横亘在"天府之国"北部的边缘，犹如一道天然屏障，不仅隔绝了巴蜀古国与外部世界的联系，也使我国唐代大诗人李白的"蜀道之难，难于上青天"成了千古绝唱。它又是一块人杰地灵的宝地，不仅气候温和、物产丰富，巴山蜀水还养育了一代又一代英雄儿女，造就了许许多多名人贤士。

在大巴山南麓的重山叠峦之中，隐没着一个鲜为人知的仪陇县。据史书记载，仪陇县古称"方州"，建立于南北朝时期的梁武帝天监元年（502），由于城址建在山顶部的平地上，故得名"仪陇"。唐高祖武德三年（620）在仪陇设方州，将州、县治所迁至金城

※ 1886年12月1日，朱德出生在四川省仪陇县马鞍场的一个佃农家庭。图为朱德故居。

山上。唐玄宗开元二十六年（738），又将县城迁至金城山山腰，依金城山的天险为城，直至今天。

仪陇县城是典型的山城，位于四川盆地的北部边缘，境内山峦起伏，沟壑纵横，土地贫瘠，是"天府之国"的穷乡僻壤。

在仪陇县城的东南方有一座形状酷似马鞍的大山，人称"马鞍山"。山前有一个平坝子，每逢农历的初一、初五和初八，四乡八邻的农民都聚集在山前的坝子里赶场。所以，人们就称这里为"马鞍场"。

马鞍场的西南耸立着一座小山，叫"琳琅山"。这里满山苍松翠柏，绿竹成荫，盛开着各种山花。从上空俯视，琳琅山形似一个大五角星。秋末冬初，琳琅山枫叶满山红遍，犹如红色的海洋；晴天，琳琅山在和煦的阳光照耀下，就像一颗闪闪的红星。到了春天，琳琅山到处盛开着血红血红的映山红、紫蓝紫蓝的牵牛花、雪白雪白的山桃花，层层梯田里是深黄深黄的油菜花，显得五彩缤纷，琳琅满目。

琳琅山西麓有一个只有几户人家的小山村，叫"李家湾"。村里有一个叫丁邱川的大地主，方圆十几里的田地都是他家的。这李家湾曾改名为"丁家湾"。李家湾西头有一座丁家的米粮仓，已多年不存放粮食，只放些柴草。后来，这破旧的小仓房成了丁家佃户的栖身之地。

1886年12月1日（农历丙戌年冬月初六），在寒风刺骨的大雪天里，一个幼小的生命呱呱坠地，来到贫苦的佃农家里。他，就是朱德，就是后来举世闻名的"中国红军之父"、中华人民共和国十大元帅之首。

朱德祖籍广东韶关，客家人。"湖广填四川"时移民到四川。

早在明末清初，由于连年战乱，瘟疫流行，四川遭到百年不遇的天灾人祸，百姓大量死亡，赤地千里，田园荒芜。封建王朝为了巩固其统治，从湖北、湖南、广东、江西等地大量移民至此，到清康熙年间前后持续有百年之久。当时，从湖广道管辖的湖北、湖南、广东一带移居四川的人最多，所以有"湖广填四川"一说。

朱家入川的第一代人是朱仕耀。他携儿带女，千里跋涉，一路艰辛来到四川。先后在广安、营山一带以经营小本生意维持生计。到了第三代朱文先时，才在营山落了户。乾隆末年，朱文先带着第四个儿子朱自成从营山迁到仪陇县的马鞍场，开荒种地，养家糊口。传到朱德这一辈，已经是第八代了。

朱德的家谱按照中国的传统习惯，以二十八字韵文（"发福万海从仕克，友尚成文化朝邦。世代书香庆永熙，始蒙纪述耀金章"）排列。朱德的曾祖父是"朝"字辈的，叫朱朝星。祖父是"邦"字辈的，叫朱邦俊，排行第三。大祖父朱邦楷，二祖父朱邦举，四祖父朱邦兴，幺祖父朱邦久。父亲是"世"字辈的，叫朱世林。他家祖祖辈辈都是憨厚、朴实、勤劳的农民。在朱德父亲朱世林的墓碑上明文记载着："籍起粤东，分支蜀地，自先世文先公移居兹土，世业为农。"

朱德出生后，祖母担心他不能存活，按照当地农民的习俗，以家中饲养的动物命名，取名叫"阿狗"，大家都叫他"狗娃子"。说这样就可以骗过那些残害小孩子的妖魔鬼怪，保他一生平安。按朱氏家谱，朱德是"代"字辈的，所以正式取名为代珍。入私塾时，先生为他取字玉阶；后来，参加县的科举考试，改名朱建德；再后来，报考云南讲武堂，才改为朱德。这些都是后话。

朱世连是朱德的伯父，也是朱德的养父。他为人忠厚老实，治家严谨，精明能干，识字虽然不多，但持家有方。手头有几个钱，该怎么用，家里需要添置哪些用具，他都能算计得省了又省。他目光远大，所以竭尽全力支持朱德读书上学。平时，他常常为朱德的祖

※ 朱德的卧室。

母出谋划策，安排全家大小十多口人的生计。伯父给朱德留下了很深的印象，对朱德成长道路的选择起着极重要作用。朱德的伯母刘氏，是善于操持家务的农村妇女。她和伯父恩恩爱爱，和睦相处，从不吵嘴打架。他俩没生儿女，朱德一生下来就招他们喜欢，两岁那年由长辈们做主，过继给他们抚养。他们待朱德如同亲生骨肉，十分疼爱。这对朱德的成长有着重要影响。

朱德的祖父朱邦俊，在世九十四年。朱德在《回忆我的母亲》一文中写道："我的祖父是一个中国标本式的农民，到八九十岁还非耕田不可，不耕田就会害病，直到临死前不久还在地里劳动。"朱邦俊上一辈还有祖业田三十挑（五挑合一亩），但到了他这一代，

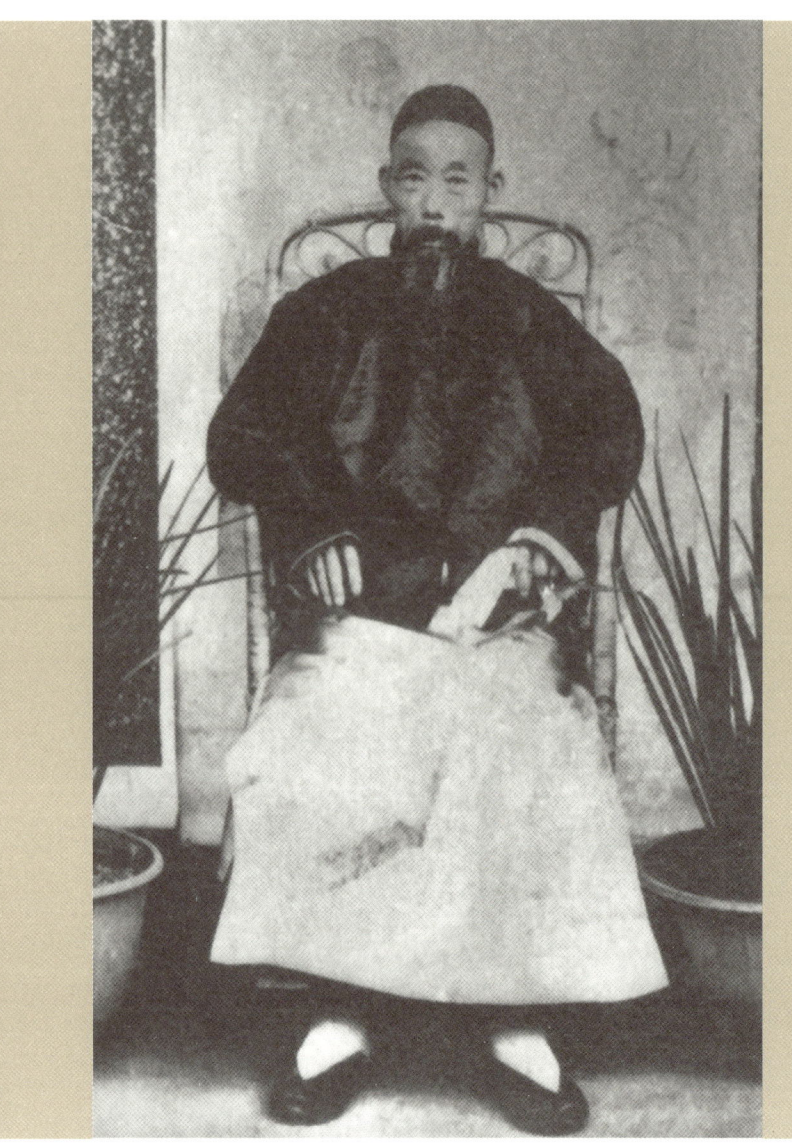

※ 朱德的父亲朱世林。

兄弟四人，全家二十多口，仅这一点土地已无法养家糊口。到了1882年，他便把七挑多土地和三间茅草房典了三百吊钱，租下琳琅山下李家湾地主"丁阎王"丁邱川的八十挑田地耕种。从那以后，朱家便沦为苦难深重的佃农。

在朱家掌握统领权的，不是朱德的祖父，而是祖母潘氏。潘氏十分勤劳肯干，善于操持家务，既有组织指挥才能，又有经济头脑，在全家上下威信很高，男女老少都听她的。她打破了封建社会里男尊女卑的旧传统，掌管着全家生产和生活上的大事小事，实际上是全家的主持者。每年的除夕，朱家再穷，也要图个祥和吉利，阖家团圆。她把全家老少男女召集在小屋里，围坐在一起，一边守岁，一边吃炒花生，算是团聚，辞旧迎新。在这除夕的夜里，她会把下一年每个人的活计安排停当。平日里，全家男女老少都很认真地按照她的安排，分工劳作，没有一个偷懒的，也没有一个讨价还价的。她说的话都是算数的，谁也不会违抗。

潘氏安排生产，既有长计划，又有短安排，全家每个人对自己在一年里负责做些什么事都清清楚楚的，一天里负责干哪些活儿也都明明白白的。男人和身强力壮的妇女都得下地干活，剩下的妇女和小孩在家里干活，如喂猪、割草。就连煮饭，她也立有规矩：四个儿媳，按顺序排，一人煮一年，轮流转，谁也别挑拣。小孩子除了砍柴、割草，还得放牛，大的带着小的相互帮助。每天早晨，她一声吆喝，全家人就迅速起床，各就各位，从早晨天色微明，便面朝黄土背朝天，不停地劳动着，只有吃饭时才停一下，直忙到夜色苍茫，才去休息睡觉。日复一日，年复一年，他们还得不到温饱。

潘氏安排饭食是按劳动的情况定的。每顿饭都是男人先吃，然后才轮到妇女和小孩吃。至于吃多吃少，则根据年龄大小和干活轻重来定。贪吃的孩子还觉得没有吃饱就被撵下饭桌了，孩子们总觉得肚子是饿的。仪陇产水稻，即使风调雨顺好年景，收下的稻谷除了交租外，已所剩无几了。平时，朱家的早饭是高粱稀饭，还得加上豆子、红苕和青菜，再加上一小碗咸菜；午饭是高粱加少许大米掺和着红苕煮成的干饭，加上一小盆青菜汤或南瓜汤，但就是这种饭也不是一年到头都能吃到的；晚饭基本和午饭差不多，但农闲时只有两餐，晚饭就不吃了。朱德曾回忆说："我从小就是饿着肚子长大的。因此，后来搞革命运动时，好像根本不知道饿。讲起干活，也是一样，我从小到大都干活，所以后来做体力劳动时，从来不觉得面子难看。走路也是一样，成年以后，虽然有时有马骑，可是一生中，差不多都是走路，经常几个月、几年长距离行军，同我并肩的士兵走来走去。习惯了那种清苦生活，走遍世界也就不觉苦，长征过毛尔盖时觉得也不过我们那样子。"

潘氏很会精打细算，全家人谁的衣服补一补还可以穿，谁该添置新衣新裤了，她都心中有数。因为不是人人每年都能做新衣，全家大小都很珍惜自己的穿戴，都知道每一件衣服、每一双鞋子来之不易。一件衣服总是老大穿了老二穿，老二穿过老三穿，破了补，补了破，破了再补、补丁一层又一层，直到无法再补、无法再穿时才不要。祖母的勤劳和组织才能，给朱德留下了极深的印象。朱德不止一次地讲道：祖母是全家的组织者。

幼年的朱德就是生活在这样一个环境里。

（刘学民）

母 亲

> 母亲，是朱德一生中最崇敬的人。他在悼念母亲时满怀深情地说："我应该感谢母亲，她教给我与困难作斗争的经验。我在家庭中已经饱尝艰苦，这使我在三十多年的军事生活和革命生活中再没感到过困难，没被困难吓倒。母亲又给我一个强健的身体，一个勤劳的习惯，使我从来没感到过劳累。"

朱德一生中最崇敬的人，是他的生身母亲钟氏。

母亲，是朱德的第一位老师，教给他爱，教给他恨，还教给他如何去做人。母亲，给予了他博大的母爱，并用自己的言行引导他成长。母亲，是他走上革命道路的奠基人。

朱德的母亲钟氏的的确确是伟大的母亲。

钟氏生于清咸丰十年（1860年）。祖上是何许人已无法考据，只知是四方漂泊，到处流浪的卖艺人家。钟家一直靠卖艺为生，跑码头，走江湖，摆地摊，围场子卖艺，全家男女老少齐出场，说古道今，吹拉弹唱。在封建社会，三教九流中的卖艺者社会地位十分低下，几乎等同于乞丐，终年难得温饱，时常遭人白眼，要是碰上了独霸一方的地头蛇，还会倾家荡产，甚至遭到杀身之祸。后来，钟家的先辈们在仪陇落户，但仍然保持着卖艺人家的传统，在耕作之余仍然靠卖艺来补贴生活。每逢乡间有人家丧葬、嫁娶，或店铺开张志喜，钟家常被请去吹吹打打、热闹一番，以此挣几个小钱，吃一顿饱饭。逢年过节或赶场时，钟家便搭台唱几个折子戏或小曲，为乡亲们增添点欢乐，也挣点微薄的收入。有钱的大户人家都瞧不起他们，穷苦百姓却与他们很亲近。后来，钟家在仪陇这块土地上站住了脚跟，勉强可以糊口度日。

钟氏身材高大，体格健壮，精力过人，特别能吃苦耐劳。自从嫁到朱家以后，长年累月都在干活，浑身像有使不完的劲儿似的。每天天不亮，她就起床干活了，煮饭、喂猪、养蚕、挑水、挑粪、种菜、劈柴、纺织……放下这样，拿起那样，终年忙个不停。就在朱德出生前的一刻，她还在灶台上煮饭，饭还没有煮熟，朱德就降生了。她为朱家再苦再累，也从没有半句怨言。

钟氏一生共生了十三个儿女，因家境贫穷，没法全部养活，只留下了六个儿子和两个女儿，后来再生下来的，都被迫溺死了。这对她来说是非常惨痛悲哀而没有办法的事。天下的母亲哪个不疼爱自己的儿女？那可是自己身上掉下来的肉呀！她含辛茹苦，一手把八个儿女养大成人，可不是容易的事情。她的大部分时间都用于耕作和家务，没有时间和

※ 朱德的母亲钟氏。

精力去多照顾自己的孩子，只好让孩子们自己在地上爬。她的孩子虽多，但她从不嫌弃他们。她尽其所能地给予孩子以母爱，不管事情再多再忙再劳累，每天她总要挤出时间把最小的孩子搂在怀里几次，让他们感到母亲的亲切和温暖。晚上，她总要和孩子们睡在一起。朱德一直记得，他小时候，每当明月当空的夜里，他们兄妹总是围坐在母亲的身边，在淡淡的月光下，一面看母亲摇纺车纺线，一面听母亲讲太平军和白莲教的老故事。每听到伤心处，朱德都两眼泪汪汪地说："我长大了要练一身武艺，要把那些坏蛋斩尽杀绝。"有时，母亲抱起睡眼蒙眬的小朱德，小声地哼着那首古老的摇篮曲："月如眉，月如弓，月如镰，月如……宝宝快睡觉……"直到朱德安然地入睡了，才又去摇那架老纺车。通常到了深更半夜，全家人都入睡了，她才拖着疲倦的身子走进小仓屋。

钟氏非常温柔而贤惠，从不发脾气，更不打人、不骂人。在人口众多的朱家，她对上孝敬长辈，对下爱护子侄，与同辈的叔伯、妯娌和睦相处，关系十分融洽，大家都很敬重她。

钟氏自幼生长在一个江湖艺人家庭，从小就跟着父母跑码头，饱尝了人间辛酸，懂得世态炎凉。她从不嫌贫爱富，对穷苦百姓特别同情，遇到比自己更穷的人有困难时，总是尽力相助。遇到叫华子上门，她总设法给点吃的，说上几句安慰的话。朱德认为，"母亲同情贫苦的人——这是朴素的阶级意识"。钟氏这种宽厚仁慈的态度和勤劳俭朴的习惯，对朱德有着深远的影响。

朱德虽然自幼过继给了大伯，但母亲仍对他十分关爱。朱德说："我是在两个母亲的疼爱下长大的。"当他长到六岁可以读书的时候，朱家的老人下决心节衣缩食，甚至借贷，也要培养出一个读书人来支撑门户。钟氏虽然是没有文化的妇道人家，但眼光远大，坚决支持孩子去读书，并主张把朱家三兄弟一同送去。她说："靠娃儿们干的那点活计，我来干。"后来，朱德去顺庆府和成都上学，父亲都持反对态度，但她始终是支持的。在母亲的支持下，朱德一步步走上了革命的道路。母亲是了解儿子的，她说："我相信儿子走的路是正道！"

钟氏一生没有脱离过劳动。朱德说，父母是"离开了土地就不舒服"、"不劳动就觉得难受"的人。钟氏到了晚年，仍然热爱生产，坚持劳动，尤其喜欢纺纱。她那种吃苦耐劳，不畏强暴，敢同命运抗争的顽强精神，对朱德产生了极大的影响。朱德在悼念母亲时满怀深情地说："我应该感谢母亲，她教给我与困难作斗争的经验。我在家庭中已经饱尝艰苦，这使我在三十多年的军事生活和革命生活中再没感到过困难，没被困难吓倒。母亲又给我一个强健的身体，一个勤劳的习惯，使我从来没感到过劳累。"

1927年，蒋介石发动"四一二"政变，背叛了革命，疯狂屠杀共产党人和革命群众。朱德遵照中国共产党中央委员会的决定，和周恩来、贺龙、叶挺、刘伯承等发动了八一南昌起义。抗日战争爆发后，国共两党重新合作，建立起抗日民族统一战线，红军改编为八路军，朱德被任命为国民革命军第八路军总指挥。1937年8月底9月初，八路军三个师先后开赴华北抗日前线。在十年内战中，他与家人关山阻隔，杳无音信，对家中的情况一无所知。

在陕西富平庄里镇召开誓师大会那天，朱德一夜都未睡着，他辗转反侧，难以成寐。这一夜，他想得很多也很远。十年了！十年的阻隔，十年的思念，家乡的一草一木、亲人的音容笑貌在他的脑海里不断地闪现，许多往事历历在目，恍如昨天。而最让他思念和牵挂的，还是母亲。明天就要踏上征程了，他怎能不思念远在千里之外的母亲呢？每当处在人生转折的关头，朱德总是想到家乡，想到母亲，仿佛看到母亲站在琳琅山的垭口上盼他

※ 朱德青少年时期使用过的石磨。

归去！想到此，朱德翻身下地，在灯下提笔给前妻陈玉珍写去十年来的第一封信："别久念甚。我以革命工作累及家属，本属常事。但不知你们究竟受到何等程度（的连累），望你接信后将十年情况告我是荷。理书、尚书、宝书等在何处？我两母亲是否在人间？你的母亲及家属如何？统望告。"

1937年9月27日，在山西抗日前线平型关取得首战告捷的第二天，朱德在山西五台南茹村八路军总部驻地收到了陈玉珍的来信，他立即回信："9月12日的信于9月27日在前线作战区收到。知道你十年的苦况如同一日。家中支持多赖你奋斗。我对革命尽责对家庭感情转薄亦是常情,望你谅之。我的母亲仍在南溪或回川北去了?川北的母亲还在否?川北家中情况如何?望调查告知。"信中,朱德首先惦记的是母亲,急于想弄清的是母亲的下落。

11月初,朱德在转战途中,收到侄儿朱理书从仪陇寄来的一封长信,信中概述了家中的苦难,历数了十年中家破人亡的惨痛。唯一使朱德感到安慰的是两位母亲都健在。11月6日,朱德又给陈玉珍写去一信:"由南溪来信数封均收到,悉一切情形,又家中朱理书来信亦悉。许明扬近到我处,见面亦谈及家中情况。十年来的家中破产、凋零、死亡、流亡、旱灾、兵灾,实不成样子。我早已看到封建社会之破产,这是当然的结果。尚书死去,云生转姓,后事已完,我再不念及。惟两老母均八十,尚在饿饭中,实不忍闻。望你将南溪书籍全卖及产业卖去一部,接济两母千元以内,至少四百元以上的款,以终余年,望千万办到。"赤子之心跃然纸上。

朱德的外甥许明扬、刘万芳等受家人重托,从四川老家风尘仆仆赶到山西前线看望朱德。这真令朱德喜出望外,格外高兴。在与他们的彻夜交谈中,朱德得知,十年中,家已被国民党残害得不像个家了,死的死,散的散,活下来的挣扎在饥饿之中。朱德心情极为沉重,使他最放心不下的是:又逢荒年,两位母亲终日不得温饱,难以维生。这时,他想起了好友戴与龄,便寄去一封求救信,希望他能捐助二百元作为救命钱。信中写道:"昨,邓辉林、许明扬、刘万芳随四十一军来晋,已到我处,谈到家乡好友,从此话中知道好友行迹,甚以为快,更述及我家中近况,颇为寥落,亦破产时代之常事,我亦不能再顾及他们,唯家中有两位母亲,生我养我的均在,均已八十尚健康,但因年荒,今岁乏食,恐不能度过此年,又不能告贷。我十数年实无一钱,即将来亦如是,我以好友关系向你募二百元中币,速寄家中朱理书收。此款我亦不能还你,请你作捐助吧。望你做到复我。"从字里行间,可以看出朱德为了救助母亲的急切之情和殷殷之心。

1944年3月初,朱理书怀着十分悲痛的心情,把老祖母不幸病逝的消息写信告诉了他的三叔朱德。

朱德为了悼念母亲,挥笔写了2700字左右的《母亲的回忆》(收入《朱德选集》时,题目改为《回忆我的母亲》)一文,于4月5日清明节发表在延安《解放日报》的第一版,借以寄托对母亲的怀念。文章一开头就说:"得到母亲去世的消息,我很悲痛。我爱我母亲,特别是她勤劳一生,很多事情是值得我永远回忆的。"

4月10日下午2时,延安各界代表一千余人集合于杨家岭大礼堂,以空前隆重的仪式沉痛悼念朱总司令的母亲钟氏。毛泽东及中央、边区党政军各方负责同志也参加了追悼会。

(刘学民)

老织匠的故事

老织匠讲的太平天国的故事,深深打动了朱德幼小的心灵。后来,他曾不无感触地说过:"我做小孩子的时候,太平天国的故事给我很大影响。"

朱家的房后,有一条通往山外的大路,它是古时驿道的一条支路。这条大路,可以通达仪陇县城,它给儿时的朱德带来了重大影响。

在大路上过往的行人中,有背着器械的匠人,有走江湖的艺人,有运送货物的商人,也有身穿长衫的读书人,还有乘坐肩舆、轿子的地主、官吏……朱德蹲在路边的山坡上,好奇地观察着从眼前经过的各式各样的行人。有时,过往的行人也在朱家房前的树阴下歇脚喝水。从这些人的谈话中,朱德才知道大山外面有仪陇县城,有成都、重庆、西安和皇

※ 马鞍场大垮通往远方的小路

帝驾座金銮的北京城，还有比四川更大的中国国土。他也听说洋鬼子一再打败中国军队，朝廷腐败无能，却对老百姓实施暴虐。这些闻所未闻的新鲜事，开阔了他的眼界，使他对外界产生了兴趣。他后来回忆说："我时常在大路上跟着人走，直到人家赶我回去。我希望到外面走走。"

在过往的匠人中，有一位令朱德神往和钦佩的老织匠。每年入冬以后，他都要来到朱家。母亲和婶婶们把一年里纺出来的线交给老织匠，织成布，再拿去染上颜色。这样，全家人的穿盖就都有了。

老织匠也是广东客家人，这时已年过六旬，早年曾参加太平军，跟着翼王石达开南征北战。他的到来，总是给孩子们带来欢乐，他那永远也讲不完的故事，紧紧吸引着孩子们。

朱德7岁那年，一入冬，他有空就跑到大路边，翘首眺望着大路的尽头，期待着老织匠的出现。

老织匠终于来了，还带来一个十余岁的小徒弟。老织匠额头上的皱纹更深了，背也弯了许多。孩子们兴高采烈地拉着老织匠的手把他迎进家门。从此，朱德每天一放学，把分配给他的家务做完，就和兄弟们挤在织机旁，请求老织匠摆一段龙门阵。每次都是大人们来催促好几遍，他们才依依不舍地离去。

一天，老织匠给孩子们讲起了太平军的故事。他一面熟练地摆弄着织机上的梭子，一面述说起来：

"四五十年前，中国和外国打仗打败了，洋鬼子闯进了中国，朝廷怕得要命，洋鬼子要什么就给什么。这下子可苦了老百姓，苛捐杂税多如牛毛。穷人被逼得活不下去了，就拿起家什和官府拼命。"

"那阵子，闹起了太平军，穷人们都跟着天王洪秀全打官府的军队。天王手下有许多智勇双全的将领，像石达开、李秀成、李开芳、林凤祥……官军见了他们的旗子，吓得就跑。太平军杀贪官、杀财主，把粮食和土地分给穷人……"

老织匠眉飞色舞地说着，又兴奋地唱了起来：

日头出山亮又明，乡里来了太平军。
财主恶霸挨捆绑，推去杀头民欢心。
……

※石达开（1831—1863），广西贵县（今贵港）客家人，太平天国名将，近代中国著名的军事家、政治家、武学名家。石达开是太平天国最富有传奇色彩的人物之一，十六岁"被访出山"，十九岁统帅千军，二十岁封王，英勇就义时年仅三十二岁，有关他的民间传说遍布他生前转战过的大半个中国，在当年深得各地民众爱戴。

孩子们听着，高兴得手舞足蹈。在朱德的心目中，太平军的将士们不怕官府，不怕朝廷，不惜用自己的性命为穷苦人打天下，都是英雄好汉。

"织布爷爷，您也是太平军吗？"朱德好奇地问。

"是啊，"老织匠笑着说："我跟着翼王石达开从西打到东，从东打到西，闹得可红火了！"

"后来呢？"朱德迫不及待地追问道。

"后来，"老织匠的神色顿时暗淡下来，他充满深情地说道："官军人太多了，我们打了败仗，退到大渡河边。可是，官军又紧紧追了上来，一场血战，打得真惨呢！河里漂满了尸体，水都被血给染红了。后来，我装扮成山民才侥幸跑了出来，四处漂泊……。"

老织匠放下手中的梭子，伤心地流下眼泪。

"织布爷爷，石达开死了吗？"朱德拭去眼眶里的泪水，又问道。

"他是不会死的。听说不久前有人还看见他头戴银盔，身披银甲，骑着一匹大白马，身子骨可硬朗了，还像当年那样威武。"

朱德也不愿意相信石达开已经死了，他多么希望石达开再拉起一支队伍，为穷人报仇，让穷人都过上好日子。

……

布织完了，老织匠要离开这里到别的地方去。朱德和兄弟们把老织匠送上大路，他盼望老织匠再来时，能带来太平天国英雄们的好消息。

来年冬天，老织匠没有再来，以后朱德也再没有见到老织匠。然而，太平军将士的英雄业绩，却深深打动了他那幼小的心灵。直到几十年后，朱德仍然对老织匠所讲的故事记忆犹新。他曾不无感触地说过："我做小孩子的时候，太平天国的故事给我很大影响。"

（姚建平、刘本良）

这是一个吃人的世界

> 朱德不到四岁就上坡打猪草，拾柴火。他不明白，为什么穷人没日没夜地干，还是穷；富人不干活，却能吃好的穿好的。他仔细观察所发生的一切，渐渐地，一种新的认识在他的心中扎下了根。

穷人的孩子总是早早地告别了金色的童年生活，为大人分担起一部分生活的担子。不到4岁的"狗儿"，就跟哥哥一起，背上一只几乎能装得下他自己的背篼，拿着一把弯弯的薄镰儿，上坡打猪草，拾柴火去了。

天真的孩子第一次背上背篼，他觉得自己已经俨然是个劳动者了，于是按捺不住欢喜得直跳的心，做出一副庄严的样子，迈开大步，头也不回地跨出院坝，踏着石板路跟着哥哥上山去。傍晚，他们背着打来的猪草，吭哧吭哧地回到家里，心里有说不出的高兴。

在这个佃农的家庭里，没有一个人不劳动，劳动与生活一样重要，生活也就是劳动。人们似乎也相信，只有这样，才能过上幸福的生活。而所谓幸福的生活，不过就是不至于饿死或冻死。虽然年复一年，代复一代，没日没夜地干，而碗里装的却越来越稀，身上穿的也越来越破。但他们毫不在意，他们听人说，这是老天爷的安排，这是命。对那个无形的老天爷，他们深信不疑。

然而，那个并不存在的东西是不容易在孩子们的心中站住脚的，何况"狗儿"是一个爱动脑筋的聪明的孩子。初次劳动的新鲜感很快就消失了，瘦弱的身躯背起沉重的背篼，大颗大颗的汗珠从头上、背上冒出来，湿透了汗衫——"狗儿"开始尝到这辛酸的滋味儿了。他发现，经过一天繁重的劳动，大人们晚上回到家里，个个精疲力竭。年老的爷爷端起盛菜稀饭的土碗时，手还不住地发抖，甚至连筷子都捏不大稳。就这样拼命地干啊，干啊，可是到了秋天，金色的稻谷被收回晒干、风净以后，大人们都不敢自己煮一锅来吃顿饱饱的干饭，而是大挑大挑地朝地主丁家的大院送去。屋后圈里的两头大肥猪，是"狗儿"一镰一镰割来的猪草喂大的呀，可是腊月间却让大伯和爸爸抬到马鞍场卖了，把大部分的钱送进丁家，只留很少一点来买几斤盐，而自己连猪油星儿也沾不上。吃饭的时候，桌子中央总放一大碗盐，大家就用筷子夹起菜叶子，在盐碗里擦一下来吃。而作为饭的，就是红苕、苞谷、菜叶加少量的米煮成的混合稀饭，往往清得能照见人。逢年过节，家里的男人女人还得到丁家去帮工。遇到丁家有红白喜事、生朝满日，还要上街去称几斤红糖，割一块肉，或捉两只鸡当礼品献过去。

卧狗山下，有一条石板路，那是古时驿道的支脉，南达重庆，西通成都。对于生长在这偏僻山乡的孩子来说，这条路简直可以说是一扇"世界之窗"。每天，"狗儿"上山打草拾柴，累了，就坐在山上朝这条路眺望，看世界的流转。

在这条路上来来往往的，自然是各色人等都有：挑着担子的小贩啦、背着背篓的农民啦、走江湖的艺人啦、摇铃铛的郎中啦、穿长衫的先生啦、骑在骡子上的客商啦，等等；还有躺在滑竿上摇着羽扇的绅粮，坐在轿子里后面跟着兵丁的老爷，等等；也有扛着长矛，挎着腰刀，背上印着个大圆圈的"丘八"。然而，给人印象最深的还是那一队队背盐巴篓子的人。他们一个个像柴棍架起来的架子，只穿一条烂裤子，背上和脚上都有很多疖疮，流着脓，盐粒漏下来，滚进伤口，疼得他们直咬牙。还有那些颈项上戴木枷，被兵丁押着，不知解到什么地方去服苦役的犯人。有时，上午是一家绅粮送亲的队伍，大花轿、大担箱，喇叭吹得呜啦啦响，红红绿绿，浩浩荡荡，喜气洋洋地从这里过去；下午却是两个男人抬着一口薄棺过来，后面跟着一位麻衣麻冠的女人，呼天抢地地哭，再后面是一群戴孝的孩子……

有一天，"狗儿"正坐在山上出神儿，忽然，从路的那头传来一阵又一阵"喝……喝……"的喊声，而且喊声越来越近，住在这幽静山村里的人还没有听到过这种惊天动地的声响。这使"狗儿"有些发呆，也有点儿害怕，但更多的则是好奇。他想看个究竟，看看到底是什么怪物来了。

这时，田里的农民们早已一窝蜂奔回了家里，关门插锁，一家人战战兢兢地听着外面的动静，仿佛一场灾难就要降临。大哥代历发现弟弟没回家，又连忙跑上山来，大喊道：

※ 朱德在马鞍场旧居的卧室。

"快下来,狗儿!"

"不,我要看,看老虎。""狗儿"听大人摆龙门阵时说到过老虎,只知道那是一种凶猛的大野兽,吼声也很令人恐怖,他把刚才听到的声音同老虎的吼声联系起来了。蓦地,他又害怕起来,于是放开喉咙,哇地一声大哭起来。

大哥三步并作两步窜上山坡,拉着他就往近旁的竹林里跑。他俩刚躲进竹林,一队黑衣黑裤黑包头的人马便出现了。这是清朝的军队,兵弁们拖着长长的辫子,挺着长矛或火枪,有的腰上还别着一根一尺多长的鸦片烟管。他们吆喝着,簇拥着一个骑马的军官。这个军官头戴黑色翻边的帽子,顶上插着花翎,垂着红缨,穿着有马蹄袖的战袍。他们一路如狼似虎地嚎叫,为的是吓唬沿途的老百姓,给自己壮胆助威,这叫"喝道"。来不及躲避的农民或过路人,往往就会被打一顿,还要被抢去身上的财物。

几年以后，一个大旱的夏天，李家湾又过了这样一队兵马。他们去追杀前一天从这里路过的一群"吃大户"的饥民。由于天旱，农民活不下去了，就自发组织起来，去抢地主的粮食，叫"吃大户"。

不几天，一位过路人来朱家门前讨水喝，他说："听说了没？官兵杀了好几百饥民呢！但是，饥民也吃了许多家大户，还和官兵干了一场，官兵也死得不少。"

渐渐地，一种新的认识在"狗儿"的心中扎下根来了。在他的眼睛里，世界不再只是阳光、春风、鲜花、绿叶所织成的绮丽的彩带了，而是充满血与泪，剑与火，充满罪恶与黑暗，痛苦与辛酸，一些人吃另一些人的，不公平的，可怕而又可憎的地狱了。

（余炽、余纪）

入私塾读书

> 入私塾是朱德难忘的记忆。他曾回忆说："入学那天，天还没亮，全家都起来了，看着要上学去的孩子洗好脸穿好整齐的衣服，又谆谆告诫说，要绝对服从先生，不许有二话，因为师生关系仅次于父子关系。吃过早饭，老大、老二、老三随着大伯父像执行神圣的任务一样出了家门。全家老小直送到家门口。"

在那个灾难深重的年代里，朱德一家受尽了地主豪绅的剥削和欺压，祖祖辈辈没有一个读书人，深知没有文化的苦衷，于是，宁愿勒紧裤腰带节衣缩食，也要培养一个读书人来支撑门户。

有远见的伯父朱世连对自己的父母和兄弟说：

"要想不受欺压，要想出人头地，要想光宗耀祖，就得勒紧裤带，供几个识文断字的人，没别的路子可走。养儿不读书，就像养头牛，顶多只能把田耕地卖蛮力，一辈又一辈，还是穷光景。为了这个家，为了子孙后代，我们再苦再累，也要撑着点，送几个娃儿去读书，就是成不了气候，能识几百个字也算，还可帮家里记个账，写个啥子，总比都是睁眼瞎子强些嘛！"

朱世连积半世经历所发的高论，家里的大人们都觉得是个理。但是，这毕竟是关系到全家命运的大事，一时大家还下不了决心。那些日子里，大人们半夜半夜地在议论这件

※ 仪陇县马鞍场药铺垭小学曾是朱德少年时代读书的私塾。

事，全家都觉得是该送娃儿去读书，就是家底太穷了，没有钱怎么办呢？最后，大人们都下决心，生活更加节俭，不乱花一分钱，甘愿倾其所有，甚至借贷，也要供出一两个读书人来支撑门户。

这样，朱德成了子弟中的幸运者，终于有了读书的机会。这成了他人生道路的新起点。

1892年，朱德6岁。朱家的老人们把朱氏三兄弟送进本姓家族办的药铺垭私塾馆就读。打那以后，朱德走进了知识的海洋，渐渐地认识大千世界，直至最后走上了无产阶级革命的道路，成为伟大的马克思主义者。

朱氏三兄弟入私塾那一天，朱家格外忙碌，像过喜庆的日子一样，非常隆重，又非常欢乐。三兄弟都穿着一身只有逢年过节或走亲戚时才穿的干净整洁的衣服，那一双双常打赤脚的脚上也都穿上了新打的草鞋，天门上的头发剃了个精光，后面的头发洗得干干净净的，编成清清爽爽的辫子，还戴上了特地买来的黑瓜皮小帽。

吃过早饭，朱氏三兄弟端端正正地站在堂屋的正中，面对上方坐着的祖父、祖母。全家围着这三个穿戴整齐的孩子喜笑颜开，有说不出的高兴。是啊，这是朱家三个孩子新生活的起点，也是全家人的希望所在，是朱家头一桩天大的喜事。

祖父朱邦俊面对三个孙儿，非常严肃地指着神龛上的"天地君亲师"牌位，说：

"我这一辈子没有读过书，也不识几个字，但这五个大字我认得也背得。'天地君亲师'最后一个字是'师'。这'师'远一点指的就是孔老夫子，近一点说的就是你们的先生。历朝历代都尊重先生。俗话说，'一日为师，终身为父。'从今天起，你们都要认认真真听先生的话，好生生地读书，不能有二心。要为我们朱家争口气，为我们祖先争个光。今后，我们朱家就靠你们了！"

祖父的话语重心长，刻骨铭心。走出家门去读书的那一刻，朱德终生难忘。

五十多年后，他回忆起那一天的情景时，说：

"入学那天，天还没亮，全家都起来了，看着要上学去的孩子洗好脸穿好整齐的衣服，又谆谆告诫说，要绝对服从先生，不许有二话，因为师生关系仅次于父子关系。吃过早饭，老大、老二、老三随着大伯父像执行神圣的任务一样出了家门，全家老小直送到家门口。"

药铺垭私塾馆的先生叫朱世秦，算起辈分来，是朱德的远房堂叔。此人读过几年书，初通文字，还在县城的中药铺里当过两年学徒，懂得一点中医之道。后来，他在琳琅山的半山腰盖了一栋茅屋，正房做了私塾馆，旁屋的一间开了个中药铺。所以，乡亲们把他住的地方叫"药铺垭"，把他开的私塾馆叫"药铺垭私塾馆"。

大伯父带着朱氏三兄弟拜过师后，朱世秦先生按照朱氏家谱的辈分，给老大牛娃子取名为朱代历，老二马娃子取名为朱代凤，老三狗娃子取名为朱代珍。"朱代珍"成了朱德最早的大名。

当时的学生中，朱德的年龄最小，还不足6岁，但他聪明、刻苦，学习特别专心。那时，私塾里没有数、理、化一类的书，遵从的是中国传统的教学方式，从《三字经》、《百家姓》、《千字文》开始，然后读《大学》、《中庸》、《论语》和《孟子》，循序渐进，读完一本再读一本。教授的方法也很简单，一天学几段，老师读一句学生跟着读一句，读几遍后学生能自己读了，就由学生自己去读，直至能背诵下来为止，然后每天都要朗读和背诵前一天学的。日复一日，直到学生把一本书能全部背诵下来了，先生才开讲，讲解书内的意思是什么。此外，就是写字。那时写字用的是毛笔，墨要自己在砚台上磨。

写字也是从描红开始学，然后临摹。

朱世秦先生很忙，教书、看病、抓药，都是他一个人干。有人来看病或者抓药，他就放下书去做他的营生。这样，难免影响教学质量。朱氏三兄弟在药铺垭读了一年书，确有长进，除读了《三字经》、《百家姓》、《千字文》外，还读了《大学》、《中庸》、《论语》等。朱世秦先生不是秀才，已很难满足他们的求知欲望。于是，朱家决心把朱代历和朱德送到丁家私塾去就读，因为那里的先生是秀才，颇有学问。至于代凤，则由于不爱学习，再说朱家供三个娃儿上学也确实够困难的，他就回家务农了。

（刘学民）

不屈的孩子

> 朱德兄弟二人在丁家私塾读书，经常受到地主少爷的辱骂、挑衅。他们奋起反抗，受到先生打戒尺的惩罚。朱德想不通，为什么惹是生非的人反而受到保护，自卫还击的人倒要遭到惩罚？朱德的眼里充满燃烧的怒火。

中国有句古话，叫做"民可使由之，不可使知之"。千百年来，封建统治阶级始终奉行着这一条原则。劳动人民一代一代被剥夺了学习、受教育的权利。在统治阶级中的人们看来，农民的孩子生来是种地的料，读书不是他们的事。因此，当朱家的两个儿子跨进丁家私塾的大门时，私塾中原有的十六个富家子弟全都吃了一惊，这岂不是癞蛤蟆想吃天鹅肉吗？于是，奚落和侮辱在朱家两兄弟走进来的同时，就在酝酿之中了。

老实的朱家两兄弟自然并不知道这些，他们肩负着全家人的使命，一头扎进书本，读起"圣贤"书来。可是，"圣贤"书并不培养圣贤。很快，他们就发现自己十分孤立，那些"学兄"们根本不理睬他们，不理就不理吧，朱家两兄弟不是来搞社交活动的，他们各自埋头学业。然而事与愿违，挑衅一次接着一次，先是有人从后面扯扯辫子，或是在他们读书的时候故意发出怪叫来打扰。两兄弟看在眼里，却视若无睹，因为大伯曾一再告诫他们不要同人家"角力"（打架），但心里却燃着一股怒火。

终于有一天，一个地主儿子趁先生不在，故意大叫：

"啰啰啰……猪儿啰啰啰……两条猪到处乱跑，潲水不吃，跑来吃书……"

跟着就是哄堂大笑，有的还边笑边拍桌子。

※ 朱德当年用来装书籍、衣物的背篓和读书时用的桐油灯。

代历嚯地站起身，一步冲到那家伙跟前：

"你骂哪个？"

"你管老子的？老子想骂哪个就骂哪个！"

"啪"，一记响亮的耳光打在那家伙脸上，引起一阵嚎叫。其余地主家的孩子仗着人多势众，一齐涌上来。代珍也冲上前去，十几个人扭成一团。虽然朱家弟兄只有两人，但是从小就劳动，力气很大，很快就占了上风。这时，一个家伙抓起一只砚台对准代历的头掷来，被代珍看见，大喊一声："哥哥！"代历低头一让，结果正好打在对方一个领头的家伙额上，顿时肿起了一个大青包。那家伙痛不可支，哇地一声大哭起来。其余的见头头现了熊相，全都傻了眼。一个家伙大喊一声："快跑！"于是，纷纷夺路而逃。

霎时，教室里只剩下了朱家两兄弟。定睛看时，代历的脸被抓破了，牙齿缝里浸出血来，衣服也被撕开一个大口子。

这时，先生出现在教室门口，他的身后是那群刚才逃出去的败将。从先生那恶狠狠的眼光里，朱家两兄弟知道事情不妙。

果然，等挑衅者一个个就座以后，朱家两兄弟被叫到先生面前。先生也不问事情的原委，喝令他们伸出手来，在两兄弟的手上重重地各打了二十戒尺，他念代珍年幼，只打了十下，也不很重。但是，代珍伤心地哭了。他真想不通，为什么惹是生非的人反而受到保护，自卫还击的人倒要遭到惩罚。他还小，他不知道先生的饭碗是端在地主老爷手里的，得罪了地主少爷，饭碗就会被打碎。少爷们的身后，有整个统治着中国的阶级在为他们撑腰啊！

那帮家伙从胜利中尝到了甜头，新的挑衅仍然不断地向朱家两兄弟袭来。事隔不久，代珍见那些少爷们都带着点心到学堂来吃，并故意边吃边向朱家弟兄炫耀，就从自家的梨树上摘了几只小梨子带到学堂。等少爷们拿出点心的时候，代珍就拿出梨子来。不料这下却激怒了少爷们，他们想，农民的孩子上学读书已经够大胆的了，居然敢吃水果来让我们眼红！于是，一把抢过梨子就朝嘴里送。代历一拳打在那家伙的胸口上，代珍也扑上去又抓又咬，梨子终于夺回来了。

这次事件是当着先生的面发生的。先生明知是那个少爷不对，但还是叫朱家弟兄伸出手来挨戒尺，说他们扰乱了学堂的秩序。这次代珍连一滴眼泪都没流。他直挺挺地站在先生面前，平伸着手等着挨打，眼睛里却射出愤怒的光，直逼着刚才寻衅的少爷，把那家伙刺得几乎矮了半截。

打完后，先生厉声说道："拳头大不是好汉，孔夫子不是打成圣贤的。今后谁要打架闹事，绝不轻饶！"这话既是对朱家弟兄说的，也是对其他人说的。大家都怕先生的戒尺，所以再也没人敢挑衅了。尤其是想起小代珍那怒火燃烧的目光，那帮地主少爷就不禁胆寒。

小代珍却从先生的话里听到了更深的意义：对，拳头大不是好汉，看谁读书读得好！

不久，先生就发现，这个又黑又瘦的农家孩子，有着一颗特别聪明的脑瓜儿和一股一往无前的韧劲，多么难读的书他都能背诵，什么困难也吓不倒他。渐渐地，他给小代珍加重了课程。小代珍的学业很快就遥遥领先，当其他人还在念《千字文》的时候，他则向"四书"、"五经"进军了。

先生哪里知道，在这颗幼小的心灵中，埋藏着一颗仇恨的种子，从那里发出无穷无尽的动力，鞭策着小代珍拼命啃他的书本。

（余炽、余纪）

三岔河口

> 朱德在三岔河口制服了地主张少爷。小伙伴们亲眼观看了一场精彩的以弱胜强的战斗。在他们眼里，朱德是一位智勇双全的大英雄。

大湾附近，有一条小溪，名叫新河。那新河从山间流出，两岸悬岩峭壁，水声淙淙，水势湍急。但流至三岔河口，顿然平坦，河水也像跑累了一样，安安静静地躺在宽阔的河床里。那水呀，清冽冽、平滑滑的。偶尔漂来一片竹叶，缓缓地朝下游移动，只有这时，你才会感到河水还在流动。真是一个洗澡游泳的好地方。来到大湾后，代珍就发现了这个天然游泳池。他想，等到夏天，一定要下去痛痛快快洗个澡。

芒种一到，田里的活路就多起来了，犁田、耙田、栽秧田，忙得不可开交。家里人手不够，代珍就向先生请了假，回家帮大伯抢季节。

栽了一天秧，腿上、身上、脸上都溅满了泥浆，加上汗水出得多，使人浑身上下不舒服。于是代珍邀约了邻家的几个孩子，一齐朝三岔河口奔去。来到河边，他三五两下扒下衣裤，跃进水里，一个猛子扎下去，直到河中心才冒出水面。他用手抹掉脸上的水，得意地回头一看，心想我这一个"迷头"扎这么远，小伙伴一定会羡慕我的游泳技术。可是，偌大的河里只有他一个人，几个同来的孩子全都站在河边发愣。

"喂，你们咋不下来？"

"我们，等一会儿……"

"等啥？太阳要落坡了。"

代珍见大家还站着不动，就游回岸边。那几个孩子吞吞吐吐地告诉他，他们之所以没下河，是因为张家地主的少爷还没来。张少爷曾经说过，三岔河口在他家田土的地界之内，所以，这段河是他家的，凡是来这儿洗澡的人都得按他的规矩行事。他规定，在他洗完澡以前，谁也不许先下河，否则，把水搅浑了，他是决不轻饶的。这些农民的孩子也觉得，既是张家的河，人家让咱们洗澡已经开了大恩了，谁还敢不按他的规矩办呢？

代珍一听，气冲脑门儿。

"岂有此理！谁说这河水是他家的？他拿得出凭据来吗？这河水山里来，海里去，山里人共享之，哪有一家人独占之理！下来，都下来，看他今天把我们怎样。出了事有我姓朱的顶着。"

小伙伴们听代珍说得头头是道，想他是个读书人，懂道理，又见他生得高大结实，心

※ 朱德少年时读书用具和课本。

想有他的保护，也就不怕了。于是，纷纷脱下衣服跳进了水里。

不一会儿，张家少爷带着几个富人家的孩子来了。他们一看有几个穷小子居然敢破坏老章法，先一步下了水，顿时火冒三丈，破口大骂起来：

"是哪个狗娘养的在河里滚水？老子还没洗，你们就把水搅得这么浑！"

代珍在河里听得清楚，高声喝道："你骂什么人？"

"老子骂你，还不给我赶快爬起来。"

"姓张的，有本事下来，你朱爷爷请你喝凉水。"

张少爷听了这话，心里一惊。他没想到这新来的穷小子竟敢对他这般无理。只见那黝黑的胳膊在水里一扬一扬的，发达的肌肉使他有几分害怕。几个同伙在这种情况下也傻了眼，面面相觑，谁也不敢下去。张少爷觉得在这个穷小子面前实在丢不下这个面子，就鼓了一口气，叫道：

"好！姓朱的，你等着。"一面又对同伙命令似的说道："走，都下去，揍他。"

代珍见虚胖的张少爷走在前面，下了河，直向他扑过来。他想，看来我的几个伙伴还有点怕张少爷，一定不敢为我帮忙，而我一个人寡不敌众，我得来个"擒贼先擒王"，先制服这个领头的胖子少爷。他又想起古书上常说英雄打胜仗多采用诱敌深入的战术,于是装出害怕的样子,朝河中间游去。

张少爷见对方害怕了,立刻得意起来,大把地划着水,率先追来。代珍故意慢慢逃跑,进入深水区,眼看就要被抓住,他忽然一沉,从水面上消失了。张少爷正在得意,忽然不见了"逃兵",心里有些着慌,不料脚下被人揪住,还没回过神来,水已淹没了头顶。他咕噜咕噜地喝了两口水,挣扎着冒出水面,身后的辫子却被人死死拽住,动弹不得。背后的那个人问道:

"喝够了没有?还想不想喝?"

张少爷这时哪里还答得出话来,他早已吓得魂不附体了,只是不成声地说:

"饶……命,朱大爷,饶……"

"滚吧!"

张少爷急忙爬出水面,笼上衣裤,也顾不得等一等同伙,撒开脚丫逃走了。

小伙伴一齐朝代珍围了上来。他们亲眼观看了一场精彩的以弱胜强的战斗。现在,在他们眼睛里,朱代珍真不啻一位智勇双全的大英雄了。

(余炽、余纪)

"明修栈道,暗度陈仓"

> 朱德的小伙伴二娃子,被地主家的大黑狗咬伤了。朱德和其他小伙伴商量,用"明修栈道,暗度陈仓"之计,把地主整治一番,大黑狗也被他们吃掉了。

这是一个"春日载阳,有鸣仓庚"的日子。下午,琳琅山被太阳照得暖洋洋的,满山的野花散发着醉人的香气。代珍放学回家,忙背上他的大背篼,拿起草镰,急匆匆上山去了。每天放学后,他都要上山割一背篼牛草。

山上早已有一群割草的孩子在等着他了。自从在三岔河上取得胜利以来,孩子们就自然而然地把朱代珍当成了自己的领袖。所以,每天他们都要在山上等他。当代珍上山后,大家就七手八脚地帮他割满一背篼青草,然后拉着代珍给他们摆龙门阵。

这天,大家和往常一样,帮助代珍割完草又围着要他摆龙门阵。

"摆啥子呢？"代珍抓了抓后脑勺。

"摆武松打虎。"一个孩子说。

"听都听臭了！"一个孩子不同意，"讲个别的吧。"

"摆个'明修栈道，暗度陈仓'要得不？"代珍问。

"要得！"小伙伴们齐声欢呼。

于是，代珍就从"话说当年汉军元帅韩信"起，把樊哙如何按韩信的盼咐故意大张旗鼓地抢修栈道，以麻痹敌人；而韩信自己又如何带领大批军马暗地里杀出汉中，一举拿下陈仓的故事，绘声绘色地讲给了小伙伴们听。

"这就叫声东击西。"代珍最后说。

"声东击西是啥子？"

"这是为了打败敌人，想的一种巧妙的法子。比如，你想夺取一座城池，"他拿一坨泥巴放在地上，指着它说，"敌人防守很严，不容易打进去，怎么办？想个办法。分一些兵去假装攻打东边，其实并不真打，只是虚张声势。敌人见你从东边打来，势必要把重兵调到东边，而西边也就自然减弱了。这时，你再从西边出兵，打他个措手不及。不等敌人回过神来，你就一锅端了他的城池。"说着，代珍一脚把那坨泥巴踢出老远。"懂了吗？"

"咳！真是个好办法。"小伙伴们齐声笑道。

这时，弯弯的山路上走来一队挑着担子，呼哧呼哧喘气的脚夫。

"丁家地主又要上山了，"一个孩子说，"每年这个时候，他们就把夏天用的东西搬上山。那边有一座丁家花园，漂亮得很。夏天一到，丁家的人都到那里去歇凉呢。"

果然，那队人朝丁家花园走去。

"走，我们也去看看。"代珍说。

当他们走到丁家花园门口时，那又厚又重的黑漆大门早已关上了。小伙伴们站在门外，打量着这个乡间别墅。院子不算很大，但也不小，周围筑着高高的土墙，墙里面露出一排瓦屋顶和一些高大乔木的树梢，其余就什么也看不见了。青石门柱上刻着一副似通不通的对联：

清风吹来财源茂

夜雨洗过五谷香

这样的气派，在那小小的山镇边上，已是很威风的了。不过，它从里到外都溢散着一股土俗之气。

大家正望着院子出神，忽然，从门边的墙洞里窜出一只又肥又大的黑狗。那黑狗"唰"地冲到一个叫二娃子的孩子的脚边，一口咬住他的小腿，疼得二娃子哇哇地大声哭叫起来。伙伴们被这突如其来的攻击惊呆了，不知怎么办才好。这时，只见代珍一个箭步冲上去，对准大黑狗的肚子就是狠狠的一脚，把那畜生踢得在地上连翻了几个滚，哀叫着，夹起尾巴逃回墙洞里去了。

大家看二娃子的小腿，已被黑狗尖利的牙齿撕下了好大一块肉，鲜血直流。忽然，门开了，一个家丁冲出来，看见一群割草的穷孩子站在门外，就恶狠狠地骂了起来。

"哪来的贼娃子！滚远点。这是丁老爷的别墅，你们莫想来这里占便宜。小心打断你们的脚杆！滚开！"

说着，又唤大黑狗出来撵人。那畜生虽然仗恃有了主人，胆子比先前壮了一些，但一看到孩子群中那个黑壮少年铁铲般的腿，就怕得不敢出门槛了，大概这时，它的五脏六腑都还在痛哩！

代珍白了家丁一眼，扶起倒在地上的二娃子，对一个伙伴说："帮我背一下青草。"说完，放下背篓，蹲下身子，把二娃子背起，说声"走"，便带着伙伴们下山了。一路上，谁也没说话。分手的时候，代珍停下来，对大家说："我送二娃子回家，你们都回去吧。明天早点在山上等我。"说完，背着二娃子蹬蹬蹬朝前走去。

第二天下午，当大家割完草，急忙赶到集合地点时，见代珍早已坐在那儿等着大家了。代珍叫大家把草背篓放好，然后说：

"今天我们玩个新花样，好吗？"

大家因昨天二娃子被丁家大黑狗咬伤了，现在还躺在床上，谁也没有心思玩什么新花样，所以，都不吭声。代珍见没人开腔，就说：

"这个新花样啊，就是为二娃子报仇！"

一听到为二娃子报仇，孩子们就来劲了。

"怎么个报法？"

"丁家的人和狗都凶呀！"

"不怕，"代珍说，"我们也来个'声东击西'。"

经过一番布置，孩子们分两头出发了。代珍脱下衣服，打着赤膊，只身走向丁家别墅的正门，其他的都朝别墅后院走去了。

代珍来到正门，一边用力打门，一边高喊："丁家的，拿汤药钱来！"

※ 青少年时期的朱德。

大黑狗呜呜地叫着冲出来，一见是昨天踢它的人，就不敢走近，只是远远地站在一旁干叫。不一会儿，那个家丁开门出来，气势汹汹地问：

"啥子汤药钱？"

"你家的狗昨天咬了我家兄弟，你装啥子嘛？"

"滚你妈的汤药钱！哪个叫你兄弟要到我们老太爷家门口来？"

"大路朝天，各走半边。我们过路，犯了什么王法？你无故放狗咬人，伤害良家幼子，该当何罪？我要上县里告你。"

"哈哈哈……告我？县大老爷跟我家老爷是拜把兄弟，你晓得不？"

"那你们就是勾结官吏，残害庶民！"

"放屁，老子打死你！"

说着，家丁就朝代珍扑过来。代珍朝旁边一闪，家丁扑了个空。转身又扑，这下碰到了他的胳膊，可是他赤着上身，身上滑溜溜的，一丢臂又跑了。于是，一场追逐战就在丁家别墅大院门口展开了。代珍边跑边骂，但又不跑得太远，还一个劲儿叫家丁付汤药钱。几个回合过去，那家丁累得满头大汗。他恼羞成怒，返身回到院里，抓起大门后面的抵门杠冲出来。这时，树林里传来几声斑鸠叫。代珍一听，拔腿就跑。家丁以为是他害怕杠子，于是就跟着追了出来。可是跑了不远，就什么也看不见了，心里觉得不解恨，回到门口还在高声骂街。

代珍穿出树林，回到集合地点。这时，小伙伴们也都回来了。

"嘿，真来劲儿！"

"我们从后院翻墙进去，听到你们在前院对骂。我和黑三儿把房檐下的两担生石灰全倒进鱼池里去了。"

"我在堂屋里太师椅上屙了一摊屎，嘻嘻……"

"我从窗口拽了好多稀泥巴扔在老爷的床上。"

代珍笑了，小伙伴们也笑了。火红的晚霞映在孩子们的小脸上，像一朵朵红云。

几天以后，丁家别墅的大黑狗不知去向。后来一个打柴的人在树林深处发现了一堆被啃得精光的骨头。

（余炽、余纪）

年关催租逼债

朱德曾回忆说："那一年，地主欺压佃户，要在租种的地上加租子，因为办不到，就趁大年除夕，威胁着我家要退佃，逼着我们搬家。在悲惨的情况下，我们一家人哭泣着连夜分散。从此我家分两处住下。"

连年的灾荒，整个川北一带的穷苦农民都叫苦连天。朱家的生活也更加困难了，全家人只靠两顿稀饭维持，以野菜、豆叶、树叶和米糠掺和在一起充饥。直到夏末秋初，才下了一场雨，给农民带来了一线希望。朱家全家老少齐下地，抢种了点秋粮和瓜菜，总算熬到了年关。但是，夏粮颗粒没收，实在无法向丁家交租。狼心狗肺的丁阎王不但不减租反而还要加租，三天两头派狗腿子来逼债催租。

农历腊月二十三，丁阎王家的管家又闯进了朱家。一踏进门就板着脸说：

"我家老爷有话交代，你们朱家欠下的租，新账老账，连本带利，分文不能少，就是卖儿卖女，也得结清了。至于今年是荒年，那只能怪老天不帮忙。租子嘛，老爷有话，颗粒都不能减免。你们听清楚了没有？"

朱家老小听到这里，恨得直咬牙，没敢吭声。最后，反抗还是从老祖父朱邦俊那里爆发了，他气愤地对丁管家说：

"你家老爷也太狠毒了，那是要遭报应的。回去告诉你家老爷，今年要租子没有，要命有一条！"话音刚落，他就摔倒在地，晕了过去。

丁管家看到如此情景，只好收场，临出门时，撂下一句话："你装死也没用。年前你交不出租子还不了债，就莫想过年！走着瞧吧！"

1895年除夕，琳琅寨里下起了少有的鹅毛大雪，松树白了，竹林白了，田野白了，整个琳琅山白雪皑皑，一片银白。不时传来"劈里啪啦"的鞭炮声，那是丁阎王在丁家大院里关着大门欢度除夕。这时，朱家老小围坐在小仓屋的火盆旁，默默地送走一年中最后的一个寒夜，企盼来年风调雨顺能有好年景。

年迈的祖父朱邦俊依门站着，望着漫天飞舞的雪花，思绪万千。他转身对火盆旁的子孙们说："俗话说，'瑞雪兆丰年'。旱了一年多，这场大雪不易呀！"他像是看到了来年的丰收，看到了希望。突然，他又叹了一口气，接着说："明天，就是大年初一了。我们全家二十多口，老的又老了一岁，小的又长大了一岁，老老小小都盼着年年有个好收成，盼着全家平安，六畜兴旺，万事如意。可是，我们朱家不顺心的事年年有，今年又特别的多……"

老祖父的话还没说完，朱德的父亲朱世林是急性子，接过话茬搭腔了："这回过年下大雪，是好兆头，转年该是丰收年。可是，我今天晚上这右眼总是跳。人们常说，'左眼跳财，右眼跳灾。'"

老祖母极不高兴地瞪了他一眼说："你那个脏嘴就不会说句吉利话？是火盆把你烤的，还不快离开！"

朱世林刚从火盆旁站起来，丁管家就提着灯笼，带着打手闯进了朱家。

"你们姓朱的全家都在这里，好好听着，我们丁家老爷传话，你们欠下的租债一定要还清，你家租的田全部收回，已另外招客了。限你们明天就搬出李家湾！"

年关催租逼债，对佃户来说已难以忍受，现在丁阎王狠毒到了极点，竟然下了毒手要抽田，要赶朱家搬家。这硬是往绝路上逼呀。老人们气得长吁短叹，小的恨得摩拳擦掌，要去和丁阎王拼命，女的急得在一旁哭泣，几个大男人实在忍无可忍了，站起来冲着丁管家七嘴八舌地吼道：

"你们回去告诉姓丁的，你们这样歹毒，这样狠心，是要遭报应的。善有善报，恶有恶报，不是不报，时辰没到，时辰一到，一定会报！"

"你们把穷人往死路上逼,是要遭到雷打火烧的!"

"你们要断子绝孙!将来都不得好死!"

愤怒的反抗吓坏了丁管家,他觉得这朱家可不是久留之地,弄不好动起手来,这二十多口子也是不好对付的,他立马喝道:

"怎么?你们都吃了豹子胆了,要造反?要打架?咱们明年见。这田是抽定了,你们家也是搬定了。你们自家合计吧!"丁管家甩下这么几句大话,赶快溜走了。

为了寻求一条生路,朱氏全家商议到半夜。

最后,老祖父悲愤地站起来,挺直腰杆说:

"哪怕家破人亡、骨肉分离,也不得去乞求丁阎王。我们朱家人要有这个骨气,这是从老祖宗那里传下来的。我们做后人的,不能辱没了祖宗。"

他们决定分家。祖父、祖母带着大伯等回大湾,朱德的父母带着朱德的哥哥、弟弟、妹妹去陈家湾佃种新田。

伯父朱世连,正月初二起了个大早,就去找亲戚,找朋友,好不容易才借到了200吊钱,又把妻子刘氏从娘家带来的一副银饰,典当了100吊钱,并用这300吊钱赎回了由大湾迁居李家湾时典当出去的三间茅屋和七挑祖业田。

朱德的祖父朱邦俊、祖母潘氏带着伯父朱世连、伯母刘氏、三叔朱世和、幺叔朱世禄和朱德迁回了大湾的老屋居住。

正月初四,朱德含泪依依不舍地告别了慈祥的母亲和勤劳的父亲,告别了朝夕相处的兄弟姐妹,告别了他生活了9年的琳琅寨。此后,朱德在大湾一直生活了14年,度过了他难忘的青少年时代。

就这样,除夕夜里,一个好端端的和和睦睦的家庭被拆散了。地主豪绅为富不仁的狠毒心肠,贫苦农民生离死别的悲惨情景,在幼年朱德的心田里,留下了深深的烙印,种下了仇恨的种子。

朱德曾回忆说:

"那一年,地主欺压佃户,要在租种的地上加租子,因为办不到,就趁大年除夕,威胁着我家要退佃,逼着我们搬家。在悲惨的情况下,我们一家人哭泣着连夜分散。从此我家被迫分两处住下。人手少了,又遇天灾,庄稼没收成,这是我家最悲惨的一次遭遇……我亲眼见到的许多不平事实,启发了我幼年时期反抗压迫,追求光明的思想,使我决心寻找新的生活。"

(刘学民)

"先生，永远是我的老师"

> 朱德的老师席聘三对朱德说："你我两个，是师生又是兄弟，都是'珍'字辈嘛！我叫国珍，你叫代珍。"朱德说："先生，永远是我的老师，永远是我的长辈，我只能是先生的子侄。"

朱德到大湾后失学了。家里的劳动力少，农具也少，只种了几挑田，生活十分困难。朱德只好在家里帮着大人锄地、种菜、挑水、劈柴，有空闲的时间也读读书、写写字，但没有去上学。

有远见的伯父朱世连，觉得朱德是好苗苗，不忍心就此让他失学，也不忍心看着刚刚点亮的为朱家支撑门户的希望之火熄灭。于是，在迁回大湾的第二年，又把朱德送到马鞍场附近的席家碥私塾馆继续读书。在这里，朱德度过了八年的私塾生活，受到了席聘三先生的悉心培养。

私塾馆的先生姓席名国珍，字聘三，号伯谷，是年过半百的读书人。席聘三知识渊博，具有远见卓识，为人刚正不阿，敢于仗义执言，犀利幽默，经常猛烈抨击旧制度，讥讽帝王将相和达官显贵。他时常把当地的官僚豪绅骂得狗血淋头，当地的豪绅既恨他又怕他。他不阿谀奉承当权者，不在仕途上下功夫。他年轻时，曾两次去考秀才，都未中榜。自此，他淡薄仕途，立志在家设馆教书，并种几亩薄田聊以为生。早年，他和弟弟席国瑞同住在马鞍场，租了丁阎王家的五间房屋。后来，也是因为丁阎王逼债，他们兄弟二人才搬出来分了家。席聘三先生迁到席家碥，盖了几间草屋，设馆教书。他很愿意接纳穷人的孩子，收费也很少。那些实在交不起学费的，还可以缓交或者免交。当朱世连向席聘三先生讲到他家是被丁阎王逼出李家湾的佃户时，席聘三先生深表同情，当即答应收朱德入塾读书。

入学那天，伯父带着朱德去见席聘三先生，席聘三先生十分亲切而又幽默地说：

"你我两个，是一条藤上的两个苦瓜。只不过我是老苦瓜，你是嫩苦瓜罢了。我们朱、席两家都受尽了丁阎王的气。娃儿，记到心里就是了！"

席聘三先生又说："你我两个，是师生又是兄弟，都是'珍'字辈嘛！我叫国珍，你叫代珍，对吗？"

朱德深深地鞠躬后，说：

"先生，永远是我的老师，永远是我的长辈，我只能是先生的子侄。我家的老人都是

※ 朱德10岁至18岁时，在离大塆不远的席家砭私塾就读，深受老师席聘三的影响。图为席家砭私塾旧址。

这样教诲我的。"

席聘三先生拍了拍朱德的肩头，十分满意地说："听你伯父说，你很懂事，有志气，全家人都喜欢你。今天第一次见面，你给我的印象很好，我也很喜欢你。好吧，我给你起个学名，就叫'玉阶'吧。希望你用功读书，像白玉那样清清白白地做人，扎扎实实地做事，立志沿着玉石砌成的阶梯步步登高。你看如何？"

"我决不辜负先生的厚望！"朱德回答说。

朱德到席聘三私塾读书的时候，正值中国在甲午战争失败后的第二年——1896年。这时，中国面临着被世界列强瓜分的严重威胁，清政府在日本军国主义的打击下，可耻地屈服了。它的腐败和软弱无能完全暴露出来了。四万万中国同胞义愤填膺，纷纷要求抵抗侵略，拒绝签约，全国各地掀起了救亡图存的政治运动。

改良派的首领康有为正在北京参加会试，他于5月2日联合在京会试的举人一千三百余人，联名向光绪皇帝上呈万言书。这就是历史上有名的"公车上书"。万言书中要求拒和、迁都、练兵变法，强烈要求光绪皇帝"下诏鼓天下之气，迁都定天下之本，练兵强天下之势，变法成天下之治"。特别指出变法为"富国自强"的根本大计，主张推行"富国"、"养民"、"教民"、"练兵"之法，要求实行"议会制"。

地处川北山区的仪陇，得到《马关条约》签约的消息很晚。席聘三先生好不容易才秘密地弄到了一份"万言书"的手抄本，他如饥似渴地读了一遍又一遍，在上面圈圈点点，还批注了"良策"、"新法"、"拥护"等词语。他还广泛地联系历史和现实，一字一句，有板有眼地讲解"万言书"，并把听来的关于甲午海战的惨败经过和《马关条约》的情况告诉学生。他一开讲就忘记了时间，忘记饥渴。时而声泪俱下，时而激昂怒骂，朱德等听得义愤填膺，热血沸腾。席聘三先生精彩动人的讲述，使朱德受到了深刻的爱国主义教育。

朱德在家里，帮家里割草、劈柴、喂猪、挑水。晚上，一家人坐在一起，他常给大家讲从席聘三先生那里听来的故事和道理，什么"甲午海战"，什么"公车上书"，什么"变法维新"，都是他津津乐道的。家中的父老都听得有滋有味，觉得很新鲜，句句在理。他们既为朱德懂得了这么多天下大事而高兴，也为朱德有席聘三先生这样学问渊博、知晓天下事的老师而庆幸和放心。

伯父朱世连说："席先生的话很有道理，如今不实行新法，朝廷官府不换，苛捐杂税不减，国不富，民不强，中国人就永远要受洋人的气，老百姓就永远受地主豪绅的欺压。"他还再三叮嘱朱德："席先生是最正直坦诚的人，他讲过的话，千万不要出去乱说，要是传到衙门里，就会给他带来麻烦的。"

朱德连连点头，表示赞同。

从此，朱德对他的老师更加敬重和爱护。每天总是提早赶到塾馆，帮席聘三先生挑水、烧饭、清扫院子，还给同学们烧茶水。席聘三先生有病了，他就跑到药铺垭去请他当年的老师、堂叔朱世秦来给席聘三先生治病。席聘三先生家里的重活、轻活，他都帮着干。席聘三先生看到学生来到家里，不论是请教，还是帮他干活，他都很高兴，有时还要留学生在家吃饭。高兴时，他喜欢喝两盅水酒，酒兴一上来话就多了，常把学生留下来摆龙门阵。

朱德最喜欢听席聘三先生摆龙门阵了，也了解席聘三先生有时爱喝点酒，酒后讲起故事来既生动又感人。他问伯父，能否送壶米酒给席聘三先生，伯父满口答应。伯父小时候曾在酒店里当过两年学徒，特地向酒店老板要来了一壶米酒。

朱德提着一壶米酒，笑嘻嘻地走进席聘三先生家。

还没开口，老师就知道了他的来意，笑盈盈地说："这是你大伯让送来的吧！我和你大伯那可是老相识了。这份情我领了。晚饭，同我一起吃吧！"席聘三先生从朱德手中接过酒壶，示意他去帮师母做饭。

这天，席聘三先生特别高兴，多喝了几盅米酒，酒兴大发，情绪特别兴奋。他边喝边说，给朱德摆起了龙门阵。他先给朱德讲了唐末的黄巢农民起义，接着讲了明末的李自成农民起义，又讲了清朝太平天国的故事。

故事讲完了，席聘三先生仍然万分激动，他一只大手拍在小饭桌上，愤怒地说："现在的世道太坏了，是大鱼吃小鱼，小鱼吃虾米，老百姓就好比是小虾米。老百姓太苦了，他们多盼望有多几个黄巢、李自成、洪秀全起来造反呀！"他一边叹息，一边继续自斟自饮地说："为民除暴，才有光明世界；富国强兵，才不会任列强宰割啊！"

朱德听了席聘三先生的一番惊世之言，如同酷暑炎日下迎来阵阵凉风，寒冬风雪之中遇到了送炭人，心中充满了激动和温暖。直到夕阳西下，他才告别席聘三先生跑步回家。回家后，他又把席聘三先生所讲的故事和那番道理都告诉了伯父。

伯父看着眼前的朱德，觉得他长大了、长高了，知道了世上的许多大事，领悟了许多道理，非常满意地说："一壶米酒换来了这么多金钱都买不来的学问。值得，太值得了！席先生真是难得的好老师！你可得用心地向他学习啊。"

席聘三先生虽然十分痛恨外国列强对中国的凌辱和侵略，虽然没有学过西方的科学，但是从科学使西方许多国家成为强国的事实出发，他再三告诫自己的门生：要使中华民族强盛起来，不再受列强的欺辱，就要学习西方的科学，美国、法国、日本之强盛，就是依靠先进的科学技术。

朱德从10岁到18岁（1896—1904），在席聘三先生的私塾里整整读了八年书。他不仅读完了"四书"、"五经"，还读了一部分史籍，看了一些中国古典小说名著，如《三国演义》、《水浒》、《东周列国志》等。

10岁到18岁，是一个人成长过程中的重要阶段。少年朱德在席聘三先生启蒙和教导下，迅速成长起来，席聘三先生那种对封建势力深恶痛绝，对平民百姓无限同情，以及痛恨列强、热爱中华的强烈民族感情，深深地感染和熏陶着朱德，使朱德的眼界开阔了。朱德从狭隘的读书为了支撑门户的小圈子里跳了出来，懂得了读书是为救国，晓得了"做'富国强兵'的事，没知识不行"的道理。

（刘学民）

水

> 仪陇，无雨天旱，水田龟裂，河沟干涸，庄稼枯萎。一个偶然的机会，朱德发现了水源。他破除迷信，带领村里的青少年，打了一口井。清凉甘甜的水，给大湾的村民带来了福音，使久旱的禾苗有了恢复生机的希望。

1900年夏天，又一次特大的伏旱袭击了四川全境。仪陇也是受灾较为严重的县份之一。

从旧历五月起，直到立秋，没下过一滴雨。清早，太阳就从东山背后探出头来，一张怒气冲天的红脸恶狠狠地对着大地，向无辜的人们发着淫威。水田龟裂了，河沟干涸了，庄稼枯萎了。本来就饥肠辘辘的佃农们，眼看着生命线的崩溃，一筹莫展。心中的焦虑呀，比干渴的土地还厉害。

新河下游还有一点水，方圆十多里的人都到那里去挑。

代珍向老师告了假，停了学，每天跟大人一起，跑七八里山路去挑水回来保秧苗。一天三趟跑了回来，人早就累得精疲力竭了，但是还得割两背篼草回家喂牛。

这天，天已擦黑，代珍背着半背篼青草，拖着沉重的双腿，一步一步挨下山来。在离家约几百步远的地方，他突然眼前一黑，栽了下去。不一会儿，他觉得额头上清凉清凉的，很舒服。他从地上爬起来，靠着土坎坐着，抬头一看，发现自己刚才是从一丈多高的土坎上滚下来的，幸好下边没有什么石头，除脸和手上擦破了一点儿皮以外，还没什么大的伤。这时，一阵热风吹来，把他刚刚清醒了的头又烘得晕眩起来。他用手撑着地，想站起来，可是不行，身子一软，又倒了下去。一股湿润的、带着草根味儿的气息灌进了他的鼻子。呀！好久没闻到过这种味儿了，真香。他贪婪地呼吸着，头也渐渐清醒了。猛地，一个问号出现在他的脑际。到处都干裂，这里怎么会有这种气息呀？睁眼一看，自己的头是埋在一小丛野草中的。草的根部，泥土湿润而松软，跟周围的泥土迥然不同。

水！这里一定有水，一定有水！

代珍兴奋极了，一骨碌爬起来，三脚两爪把散在地上的青草拾起来，然后又把新发现的这一小丛野草全割了，塞进背篼，大步流星跑了回去。

吃晚饭时，他把自己的新发现告诉了家里的人。开始家里的人也跟他一样兴奋，可是，当他们听说所谓的水，不过就是一丛没死的野草时，那暂时的兴奋也就烟消云散了。大伯说：

※ 1900年夏，天旱。朱德与小伙伴们在大湾旧居东边山坡上挖了一口小井，后经乡亲们的扩建，取名为琳琅井。图为琳琅井前立的碑记。

"莫非把那几挑湿土挖来，倒在自家田里，就能保住庄稼吗？"

"不是那个意思。我是说下面有水源才没干。既然有水源，我们何不打口井呢？"

全家人听了这话，都睁大眼睛望着他，惊讶得说不出话来。他们想，三娃子是疯了吧！打井可不是一般人干的活呀。首先，得请看水师来看龙脉，还得问风水先生这根龙脉能不能动，要是不能动而动了，得罪龙王老爷，那就惹下死绝全家的大祸事了。天！这是我们随便动得的么？于是，全家人把头摇得像拨浪鼓一样，否定了代珍的提议。

天黑了。代珍从屋里搬出一只马扎，躺在上面，仰头望着天上清晖朗朗的月亮。要是在平时，他会一躺下就呼呼大睡到天亮。然而今天他却睡不着，脑海里翻腾不已。他不相信关于龙脉风水的说法，但又无法说服家里的老人。眼下这天还没有一点儿要下雨的迹象，这样下去，今年说不定会颗粒无收的。那么，来年的日子怎么过呢？挖口井不是就能解决这一问题吗？当然，自己也不敢保证那下面一定有水，但不妨试一试，如果有水不很好吗？即使没水，也犯不了什么王法。对，挖，你们不挖我去挖，白天不挖晚上挖。可是，我一个人单枪匹马行吗？

这时，有人顺着田坎朝这边走来，快走近时，那人叫了一声："三哥。"

代珍听出这是一个远房的本家，平时常来摆龙门阵。他叫代珍"三哥"，完全是出于敬意，其实，他比代珍大两岁。

代珍见他走过来，拉了条板凳让他坐下，忽然灵机一动，劈头就问：

"喂，想不想吃饱饭？"

"啥子？你说的啥子？"

"我问你想不想吃一顿饱饭？怕不怕饿死？"

"三哥，你今天怎么了，涮哪样坛子哟！"

"你听我说，眼下这阵仗，天把天是没雨的，对吧？如此下去，明年你我都该饿死，与其饿死，不如找条活路。这就是今天我要和你摆的龙门阵。"

"活路？咋个找法？"

"挖口井。"

"挖井？！"

二十分钟以后，那个本家跑着走了。不一会儿，住在附近的几个朱姓的青年扛着锄头来到了代珍家门口。大家会意地笑笑，没出声，悄悄地跟在代珍身后朝那野草地走去。

天蒙蒙亮时，他们已经挖出了一个一丈多深的大坑来，可是水却一点也没有，而且越往下挖，土质越硬，也越干。累了一整夜的青年们，沮丧极了，一屁股坐在土堆上，再也起不来了。

"这一夜算是白干了。"一个青年说。

"白干是小事，要是真的犯了龙脉，那才糟糕呢。"又一青年说。

代珍没吭声，他站在坑边，抓着一把坑底的干泥发呆。过了一会儿，他说："大家先回家去歇一歇，吃了早饭，各干各的去。这井的事，让我再想想。"

青年们各自回家去了。从他们离去时的神情看，心中是有着不少埋怨和不满的。代珍待大家离去后，又重新跳进坑底，他想好好观察一下坑里的情形。这时，太阳快要出来了，先前黑洞洞的土坑在曦微中现出了本来面目。原来，土坑靠高坎一面的壁上，从地面往下五尺多点是湿润的泥土，再往下就是干土了，其他三面和底部则全是干的。看来，水是从坑的侧面浸过来的。新的发现使代珍高兴得跳了起来，他抓起锄头，狠着劲儿朝湿土挖去，一夜的疲劳全抛到九霄云外去了。

渐渐地，那块湿土的面积越来越大，渗水终于浸湿了坑底。再挖过去，一股几乎看不见的水流从侧壁冒了出来。代珍连忙用鸳箕装泥土倒出坑外，还没等他把泥土倒完，他的脚板已经被清凉的水淹没了。他俯身掬起一捧来，一口气喝了下去。这浑浊发黄的水带着一股泥腥味，但他却觉得是那么的清香。他喝了一捧，又喝了一捧，激动的泪水也像坑里的泉水一样，止不住地往外涌。

朱老三找到水源的消息，像长了翅膀很快传遍了大湾，人们纷纷跑来观看。那几个昨夜一起挖井的青年自然也都返回来了，他们一起抬来石板、石条，帮着代珍砌起井沿来。

经过一天一夜的整治，一口漂亮的简易水井打成了。这清凉甘甜的水，给大湾朱家老屋附近的人们带来了福音，使久旱的禾苗有了恢复生机的希望。从此，这一带的人们不再为吃水用水的困难发愁了。每当大家来到井边汲水的时候，都不由得想起那个打井的少年。

（余炽、余纪）

科举之路

朱德按照朱家老人的希望参加了科举考试。他顺利通过了县试和府试。省试考期即将临近，清政府发布废止一切科举制度的诏令。这正合朱德的心意，因为他向往的是顺庆府的新学堂，新学堂就像一块磁石一样吸引着他。

1905年，朱德已年满19岁。

朱德在穷乡僻壤的私塾里已度过了12个寒暑。旧的私塾已不能满足他的求知欲望，他已读腻了"子曰"、"诗云"，渴望寻求新的知识，一心想到外面去看看。

这时，席聘三先生和朱家的老人都支持他去参加科举考试。按照清朝科举考试的规定：先通过县试，再通过府试，然后通过院试，才能成为秀才。在当时，这是读书人步入仕途的唯一出路，别无选择。十年寒窗，实在不易，何况全家人还指望他支撑门户呢！所以尽管席聘三先生和朱德都十分厌恶科举考试，但朱德拗不过家中大人的意愿，更不能违背当年家人送自己去读书的初衷。朱德决定去考一考，也试试自己到底学到了多少知识，同时出去见见世面。

※ 青年时期的朱德。

大湾距离仪陇县城37公里。上路的那天，父母和兄弟姐妹都赶来为朱德送行。临行前，老人们一面再、再而三地叮咛他路上多加小心。

老祖母最疼爱孙子，把朱德叫到跟前，叮嘱说："你人长大了，书也读了不少。这个不易啊！全家都盼着你'金榜题名'，我们三代人都没进过城。这次，你出远门，要好生照顾自个儿。"

朱德频频点头，并对祖母说："记住了！记住了！"

全家人除了老祖母外，一齐走出家门，直把朱德送到去仪陇的驿道上。朱德一再请家人回转去，但大家坚持目送他远去，直到再也看不清他的背影时，才恋恋不舍地回家去。

朱德肩挎着一个小布包袱，里面装着几件换洗的衣服和从亲友那里借来的一吊钱路费，同席景荣、吴绍伯等七八位同窗学友离开了大湾，沿着盘山驿道向仪陇走去。傍晚时分，他们来到县城，找到一家最便宜的小客栈住下，七八个人挤在一间小屋里还算热闹。朱德第一次深切体验到"在家靠父母，出门靠朋友"这句谚语的含义。

全县有千余名考生，其中大多数为富豪人家的子弟。他们不仅穿着绸衫、戴着礼帽、坐着滑竿、带着书童而来，而且目空一切，不可一世，好像他们立马就会"五子登科"似的。朱德把这一切都看在眼里，不卑不亢。他对同伴们说：

"别瞧他们个个趾高气扬，等发榜时才能见高低。俗话说，'出水才见两腿泥'。等着瞧吧！"

第二天，朱德一行先到县署礼部，检查身体合格后，又去文庙报了名。报名时，他改名为"朱建德"。然后，学友们相约一同去逛街。

仪陇县的街道狭窄而且崎岖不平，高高低低的石板路弯弯曲曲地向前延伸。街市上倒还热闹，沿街的店铺挑出了五颜六色的幌子，长的方的圆的三角的，五花八门。朱德从乡下来，第一次见到这些招牌幌子，感到有些眼花缭乱。附近的农民挑着水果、蔬菜、鸡鸭和各种竹器，摆在路边叫卖。空场上还有几个卖艺人在耍把戏，人群中不时传出喝彩的声音。朱德最感兴趣的要数圆通阁了。圆通阁坐落在建于后周的古刹西龛寺内，后因战乱，寺院被焚毁，仅留下了圆通阁。朱德进了阁门，拾级而上，来到顶层，凭栏眺望，远处群山叠翠尽收眼底，山河壮丽，一览无余。顿时，朱德心旷神怡，感到天地如此之大，人在天地间如同沧海一粟，又是如此之渺小。登高远望，使他产生了无限遐想，他多么想知道群山之外的世界是啥样子啊。

县试经过几场笔试，很快就考完了。朱德感到比较轻松。考试中他结识了一些新朋友，听说距仪陇仅八十里的南部县盛产井盐（当年，在川北的山区，盐像银子一样贵重），还听说那里是用机器打井制盐的。朱德觉得很新奇，非常想去亲眼见识一下。于是，他约了几位同窗好友，翻山越岭，步行到南部县去看盐井。

朱德在盐井的现场看到的却是一幕非常悲惨的情景：在星罗棋布的盐井上，竖立着一个个支撑着辘轳的竹绞车架，根本没有看到什么机器。每个盐井旁边都有两三个只在腰间系着一块遮羞布、全身赤裸着在那里不停地摇动绞车的盐工。他们面容憔悴、瘦骨嶙峋，如同乞丐一般。住的小茅屋里，除了几块破烂席子和破棉絮之外，别无他物。他们吃的是清汤糊糊，而且每天起早摸黑劳动十多个小时。

朱德在这里看到了天底下有人过的日子比自己的还要苦。

朱德从南部县回来那天，正赶上县试发榜，在千余名考生中，朱德名列第二十名，这是他没有料想到的。他立即动身赶回大湾告诉家人。开始时，伯父还有点不大相信，不久"喜报"送到家门，全家才完全相信梦已成真。这是朱家的头等大喜事，全家人都十分高兴，左邻右舍也来道喜，好一番热闹。

从这以后，朱家的老人更坚定了信心：出头的日子就要到了。

伯父说："狗娃子，你就专心去参加府试吧！再穷，就是没米下锅，典房当地，你也得把科举考下来！"

然而，这时的朱德对考试已没有多大兴趣了。他明白，即使能考上个秀才、举人，那又能怎样？没钱没势还是做不了官的。考生中有人觉得科举制度迟早也得取消，提出想去成都考新学。但朱德觉得自己已经走到这一步，为了不使家人失望，也为了报答老人们的养育之恩，打算硬着头皮考下去。他又认真地投入了府试的准备。

朱德与几位同学结伴赶到顺庆府（今南充市）参加府试。

顺庆府，是川北仪陇、营山、蓬安、南充、西充、邻水、岳池、广安八县的府治所在，是川北政治、经济、文化的中心，地处嘉陵江畔，有一条古驿道直通南北。

朱德在顺庆府见到了更大的世面，宽阔的街道，琳琅满目的各种商店，还有那奔腾不息的嘉陵江，江面上来往的船只，一切都是新奇的。过去听别人说嘉陵江有多大有多宽，远远望去，那江就在山上哩！朱德不相信，现在他走近了嘉陵江，举目望去，的确像是在山上。当再靠近些，走到江边时，他发现那嘉陵江还是在山沟里流淌的呢。后来，朱德回忆说，这是"第一次看到大河，见到了大世面"。这时，顺庆府已经开始兴办小学堂、中学堂了。朱德的远房舅父刘寿川是留日学生，就在中学堂里当老师。朱德从刘寿川那里知道了小学堂、中学堂就是新学，是公费办的，用的是新教材、新教具，用的是新方法教学。他多么想进入新学堂里学习一些新的科学知识呀。

朱德由顺庆府回到大湾的那天，正好府试中榜的喜讯也传到了马鞍场和大湾，这无疑又为朱家带来了一片欢声笑语。亲朋好友又是一番贺喜。

这些日子以来，朱家老少都是喜笑颜开，欢喜异常。有人向伯父道喜时，伯父不无得意地说："要是省里中榜，就是秀才了。要真的中了秀才，就请你来喝米酒！"

乡亲们七嘴八舌地祝贺道：

"中了秀才，就可以去做官了！"

"那时，你们朱家就光耀门楣了！"

伯父宽慰地笑了：培养出一个读书人来支撑门户的愿望就要实现了。

可是，这时朱德想的却和伯父不一样，他一心惦记着的是顺庆府的新学堂，新学堂就像一块磁石一样吸引着他。

考期即将临近，家人正忙着为朱德准备行装。突然，传来了朝廷的诏令：

自丙午（1906年）年始，废止一切科举考试。这是清政府标榜推行"新政"的举措。科举制度一废止，省试当然就不可能举行了。这一消息，对朱家说来，无疑是一个沉重的打击。十多年来，全家节衣缩食，四处借贷来培养一个读书人的愿望立马变成了泡影，他们哪能不伤心呢？

但对于朱德来说，他却得到了一次极好的机会。他对伯父述说了想上新学读书的心愿：

"因为实行'新政'，才取消了科举，开办新学，诏令中提到进学皆由学堂出身。上新学堂，将来更有作为。我想去读新学。"

伯父不停地摇头。看得出来，他不相信新学堂能长久办下去，坚信千百年的科举制度早晚是要恢复的。

朱德再三苦苦哀求，说："到如今，也只有这条道可走了！"

伯父咬死不松口，说："这一次再不能依你了！我们家眼看到手的功名，就这样丢掉了，谁不痛心！"

这一夜，朱德和伯父都没有合眼，他们各自想着自己的心事。朱德翻来覆去睡不着，一再反问自己：伯父一向通情达理，一贯支持自己读书，为啥不支持自己去上新学堂呢？怎样才能说服伯父？……他豁然开窍：明天就去找席先生，他一定会助我一臂之力，去说服伯父的。

天还未亮，朱德就悄悄起床去找席聘三先生，说明原委。席聘三先生听后满口答应。他把朱德的伯父请到家中，推心置腹地长谈了很久。说：

"你我都是老相识、老交情了。我早已把玉阶当成自己的孩子看待了。我们两家都盼望着他有个出头之日。我虽然一生没考上秀才，但一心想要玉阶考上。可是，现在把考功名的这条路堵死了，我们怎能怨孩子，逼孩子呢？我说呀，要想玉阶有好的前程，还是让他去上新学堂吧！你听我一句话，不会错的。"

伯父朱世连听从了席聘三先生的一番劝说，终于同意朱德去上新学堂。伯父又去东挪西借，好不容易才凑了一笔钱，供朱德去顺庆府读书。

（刘学民）

读书救国

> 朱德在顺庆府中学一年苦读中最主要的收获，就是实现了从旧学到新学的转变，接受了"读书不忘救国"的思想。

1906年的春天，朱德兴致勃勃地离开大湾，第二次去顺庆府。三天的路程，他徒步两天就赶到了。

朱德先考入了顺庆县高等小学堂就读。这所学校是由嘉湖书院改办的。他在这座学堂里读了六个月，除国文课外，又学习了一点地理、历史知识和英文。一个学期后，在这年的秋季，他考入了顺庆府官立中学堂（现为南充市职业高中）。那里的课程设有：国文、数学、物理、化学、历史、地理、英语、修身、格致（生物）、图画、体育等。物理、化学没有课本，也没有实验室，只凭老师口授，学生们记点笔记。学习内容丰富，一改旧式书院式的教学，深受学生欢迎。朱德在这里第一次接触到如此丰富的知识，眼界大开，懂得了世上的知识多得很，不仅仅是"子曰"、"诗云"。

顺庆府中学堂里，聚集着一批具有科学知识和维新思想的有识之士。学堂的监督（校长）就是后来著名的爱国民主人士、中国同盟会的创始人之一的张澜先生。在1903年顺庆府筹办新学时，张澜先生被选送到日本东京宏文书院师范科学习。当时，世界列强对中国的欺凌以及日本明治维新带来的富强，大大激发了他的爱国思想。他在中华留日学生会上倡议慈禧退朝，还政光绪，变法维新。清廷驻日公使对此视为大逆不道，立即取消了他的留学资格，将他押送回国。张澜回到四川后，先在成都任四川留学预备学堂学监，后返回家乡顺庆府主持教育。他主张革新教育，提倡妇女读书。在教学中，重视爱国维新思想的灌输和科学知识的传授，深受学生欢迎。

学堂的理科教师刘寿川先生是仪陇人，朱德养母刘氏的堂兄弟，算是朱德的远房舅父。刘寿川先生十九岁中秀才，后留学日本，在日本加入同盟会。他博学多才，讲授物理、化学时，经常带来一些仪器，给学生们演示。

一次上物理课，讲火车原理时，有学生问："为什么中国不能造火车？"刘寿川先生万分感慨地讲述了日本的明治维新。最后，他十分激动地说："日本的明治维新，使日本从落后迈向先进。科学给日本带来了生机，惟有科学才是救国之本，而只有变法维新才能发展科学。这是国富民强的唯一之路。"

刘寿川先生的这一番话，朱德听来并不陌生，席聘三先生不是也这样讲过吗？

※ 1906年，朱德先后进入南充县高等小学堂、顺庆府（今南充市）中学堂学习。在老师张澜、刘寿川等影响下，接受爱国救国思想。图为顺庆府中学堂旧址。

张澜先生讲课更具有鼓动性。他在课堂上曾大声疾呼："要亡国灭种了，现在什么都不要管，就是牺牲身家性命，也要救国家！"

张澜先生和刘寿川先生宣传资产阶级改良主义的思想言论，在朱德的脑海里打下了深深的烙印。朱德与刘寿川除了师生关系之外，还有一层亲戚关系，所以，朱德经常邀请好友戴与龄去刘寿川先生的寝室，向他请教。刘寿川先生除了向他们介绍亲眼在日本看到的明治维新的成就外，还介绍了孙中山先生在日本创建同盟会，出版《民报》等革命活动，并秘密地借给朱德一本革命党人邹容写的《革命军》。

朱德第一次接触到"革命"这一字眼，尽管他并不理解革命的真正含义和内容，但他从自己的亲身体验中领悟到应像张澜先生说的那样，革命就是要不惜牺牲个人的身家性命去拯救民族、去拯救国家。

朱德在顺庆府中学堂苦读了一年，他如饥似渴地博览群书，与师生广泛交往，不断地丰富自己的知识。他各科学习成绩都很优秀，并能写一手好诗文，博得师生的好评。1907年在顺庆府中学堂毕业时，他赠同窗好友戴与龄诗一首：

> 骊歌一曲恩无穷，今古兴亡意计中；
> 污吏岂知清似水，书生便应气如虹；
> 恨他虎狼贪心黑，叹我河山泣泪红；
> 祖国安危人有责，冲天斗志付飞鹏。

这首诗，反映了朱德在顺庆府中学堂一年苦读中最主要的收获。这一年，朱德不仅学到了科学知识，而且学到了许多救国的道理。这一年，他实现了从旧学到新学的转变，接受了"读书不忘救国"的思想，他的读书目的也从为"支撑门户"、"光宗耀祖"转变为"读书救国"。这是他一生中思想发展的一个重要转折点。

（刘学民）

当体育教习

朱德回家乡任体育老师，遭到家人和亲友的反对。朱德耐心地向他们解释："我们这些农家子弟，在当今社会里是没有什么官好做的。回到家乡当老师，办教育，是个正道。体育教习，就是教学生练操、练跑、练武艺，强健身体，保国卫民……"

在"科学救国，教育治国，强身卫国"思潮的鼓动下，朱德接受了刘寿川先生的建议，决心去成都求学，以学得更多的知识，更开拓自己的视野。

伯父朱世连为了朱德能去成都求学，又去多方求情借贷，终于东挪西借凑了50块大洋。

1907年的初春，朱德再次挎着去仪陇参加县试时用的那个蓝布包袱出发了，包袱里面装着一套新衣服和一双新布鞋，还有那五十块大洋。成都离仪陇370公里，朱德硬是凭着那双铁脚板，起早贪黑，一路快走，只用了五天，就赶到了省城成都。

成都比顺庆府热闹多了。它不仅是四川的省会，还是中国西南地区政治、经济、文化的中心。那时的成都正处在剧变之中：银元局、铜元局、机器局、兵工局等新的工业机构相继成立，手工业也比较发达，商业也较繁荣，涌进了不少洋货，还办起了洋教堂；荷枪实弹的新军和警察，在人群中穿来闯去；古老的滑竿、轿子和新式的东洋车（人力车）满街奔跑；沿街叫卖的报童不停地叫喊着："哪个看报？新出的《四川日报》！"这一切对朱德说来，都十分新奇。朱德到达的当天，刚刚在一个小客栈住下，就不顾路途的疲劳上了大街。街头巷尾到处都张贴着五颜六色的广告，朱德看到四川省师范学堂和武备学堂招生简章后，久久没有离去，直到把全部内容都能背下来为止。回到小店，他经过反复比较，觉得应该去投考武备学堂：学习时间只一年，吃穿都不花钱，这能给家里减少许多负担；何况新军正在发展，国家也需要军队。他决心一下，就去报考了，还真的考上了。他立马写信把这个喜讯告诉家里，谁知家里人在"好铁不打钉，好男不当兵"的旧思想影响下，坚决不同意他去上武备学堂。后来，经过刘寿川先生的劝说与协调，朱德又报考了四川省师范学堂附属体育学堂。这是专门为培养体育教师而开设的。

体育学堂里设置有教育、心理、生理、算术、修身、图画、体操、器械等课程。朱德对每一门功课都学得十分认真刻苦，总共13门功课，他考试的总积分为1070分，平均每门成绩82分，名列全学堂第10名。

在学习中，他特别赞同学堂的"学生一律剪掉辫子"的规定。那时，清政府仍然把剪辫子视为大逆不道的违法行为，轻者坐牢，重者杀头。学堂为了对付官府的检查，要求学生把剪下的辫子缝在瓜皮小帽上，戴在头上仍像是长着一条长长的辫子。可是，每当上体操或操练时，学生们一摘掉那顶瓜皮小帽，个个都是光头了。每当这时，朱德摸着光头，觉得一身轻快，练起单杠、双杠、木马、徒手体操来，分外干净利索、灵活准确。

体育学堂，虽然是一所不大的学校，师生总共也就二百来人，可却分为两派。一派是拥护康有为、梁启超的君主立宪派，一派是追随孙中山的革命派。拥护孙中山的同盟会会员在师生中展开秘密活动，散发传单，传递信息，发展组织。同盟会，在当时被清廷定为禁党，是叛逆，抓住了就得坐牢，甚至杀头，所以，只能秘密活动。

一天晚上就寝之前，朱德突然发觉在自己的枕头底下塞有同盟会的机关刊物《民报》。他如获至宝，立马收藏起来，悄悄地躲在无人处，读了一遍又一遍。他觉得，革命派的主张正是自己想说的，而立宪派的实质是维护腐朽透顶的腐败朝廷。他读完《民报》后，焦急地盼望有人来与他接头、交谈，他相信那个来接头的人必定是同盟会会员。可他盼了几天，也没有出现他所想象的情况。后来，他如法炮制地把《民报》藏在一位自己认为可能是同盟会会员的同学的枕头底下,并暗中观察他的举止言行,等他与自己联系,但毫无结果。

朱德在体育学堂学习的一年中,一直同刘寿川先生保持着联系,常有书信往来。通过刘寿川先生牵线搭桥,他在成都结识了许多新朋友,特别和来自仪陇的同乡敬镕、张四维、李绍沆、田玉如等人交往密切,情同手足,无话不说。他们在学习中相互帮助,在生活上相互关心。假日里,他们常聚在一起,谈论毕业后的打算和抱负,谈论救国之道,而谈论得最多的是怎样改变家乡的贫困落后面貌,使父老乡亲们再不受穷。

不久,刘寿川先生回到仪陇任视学(督学)。他了解到在成都读书的仪陇籍学生有"毕业后回仪陇办学校,报效家乡"的志愿,便在仪陇筹办一所高等小学堂时,给朱德、张四维、李绍沆、田玉如四个仪陇籍学生去信,邀请他们毕业后回乡共同创办县立高等小学堂。朱、张、李、田四人接信后欣然同意,尤其是朱德感到最合心愿。在朱德的心目中,教师是崇高的职业。朱德非常拥护"教育救国"的主张,何况这是在家乡教书,离家很近,可以照看父母;还可以赚钱还那为了读书欠下的两百多块大洋的债(事实上,这笔钱直到他在滇军当上旅长后才还清)。

1908年初,朱德和张四维、李绍沆、田玉如三位好友一块儿到仪陇县立高等小学堂任教。朱德任体育教习兼管庶务,其他几位朋友分别担任文科或理科的教员。

仪陇县高等小学堂,建在原来官府办的金粟书院里。金粟书院就在城内,依着山势修建了三座院落(前院是操场,中院是教室,后院是宿舍),环境幽美,绿树成荫,是读书的好地方。书院原为一班举人、秀才所把持,现在虽然改成了新学,他们仍然想维持旧的教育制度,极力反对朱德等一批新来的教师。

这时,朱德面临着来自家庭和社会的双重压力和反对。

朱德从成都回到仪陇后,先去高等小学堂报了到,然后回到马鞍场去看望父母。

那天,家里比过年还热闹,亲友们听说朱德学成归来要在县里做事了,都来道贺。家里杀鸡、宰鸭、做豆腐,招待前来道贺的亲友们。席间,亲友们你一言、我一语地问起朱德的学习和工作:

"你在县里做啥子官哟?"

"我们这种跟泥巴打交道的人,是做不了官的,能做点事就不错了。"朱德没有正面回答。

"那,做啥子事嘛?"亲友们紧追不舍,非弄个明白、探个究竟不可。

朱德考虑再三,觉得还是如实地告诉亲人们为好,便实话实说:"在学堂里当体育教

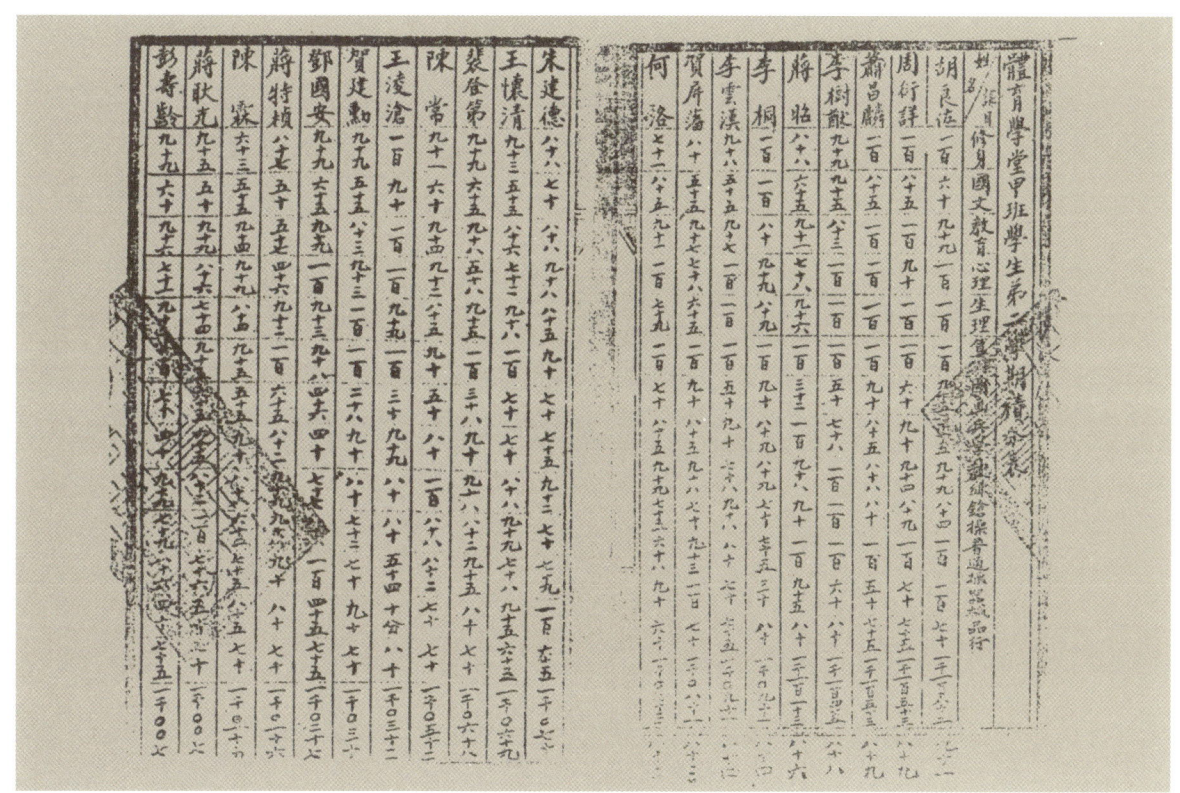

※ 体育学堂甲班学生第二学期积分表，表中的朱建德即是朱德。

习，就是教体育的老师。"

大家一听是当老师，还是教什么体育的，似懂非懂，也不便再问。屋子里顿时鸦雀无声。

朱德的父亲朱世林生来就是急性子，急忙追问："你再讲讲，你在县里干啥子？"

"当体育教习！"朱德一字一顿地说。

"这个体育教习，到底是搞啥子的？管多少人？挣多少钱？"父亲紧紧地追问。

面对着父亲的一连串盘问，朱德不知如何回答是好。他沉默片刻，决心耐心地向父母和亲朋好友说清楚。他说："我们这些农家子弟，在当今社会里是没有什么官好做的。回到家乡当老师，办教育，是个正道。体育教习，就是教学生练操、练跑、练武艺，强健身体，保国卫民……"

素来脾气暴躁的父亲再也听不下去了，一拍桌子气愤地说：

"全家老小20来口子，一年360多天，起早贪黑不要命地干，十多年来省吃俭用，为的啥子哟？还不是为我们朱家能出个读书人，能谋个一官半职，免得再挨饿，再受气！你可好，说得那么轻巧，当啥子体育教习。跑呀，跳呀，哪个不会？是人都会，还要得着你教。你的书统统白念了，我们的血汗也统统白流了！"平时爱发脾气但话不多的父亲，这天却发了大脾气，讲了一大篇压在心底十几年的话。然后，他怒气冲冲地跨出家门，直到朱德离开马鞍场时还没回来。

一桌饭菜摆着，大家不欢而散。

母亲既疼儿子，也想着全家。她很想劝劝儿子去县府里说说情，话到嘴边又咽了下去。她搬了一把矮竹椅，独自坐在屋里的小角落里，默默地用衣襟擦着泪水。

第二天，朱德告别母亲和家人去大湾看望大伯。没料到父亲也在，那是前一天生气后跑来的。他又耐心地向父亲和大伯做解释，说：

"世道在变化，一天一个样子。就是不废除科举，穷人家的子弟考上了秀才，又能怎样？没钱没势的人家，是进不了官府做事的。做官要花钱去买，我们花不起这种钱，也决不能去做这种贪官，干那种伤天害理的事。"

两位老人沉默了，父亲没再像昨天那样发火。因为，昨天夜里，两个老兄弟躺在床上翻来覆去想过了：孩子读书回来能做官吗？不能做官，又能干啥？指望他为朱家做啥？每年能挣来多少钱？……每道题都解不开。但有一点像是想清楚了：朱家无权无势，那只好认命了，命里注定你是四两，那就不会有半斤；何况，孩子回到县上还有一份事做，好歹有碗饭吃，还能挣几个钱，也该满足了。这也算是自我安慰吧。如今听朱德这么一解释，两位老人觉得也不是没有道理：人穷志不穷，穷也得有骨气，当个老师总比当贪官强百倍，毕竟当老师是行善，当贪官是作恶。想来想去，两位老人终于决定支持朱德去当老师，去行善事。朱德终于说服了家人。

第三天，朱德离开大湾去仪陇县立高等小学堂任教。临走时，全家人没有像他去参加县试、府试那样喜气洋洋地送他上路，只有伯父一人去送他。伯父送了一程又一程，走了好几里，最后还是在朱德再三劝说下才停下了脚步。

伯父眼里噙着泪花，很动感情地说：

"乡下人晓得的事不多，不晓得的事，过些时日也会慢慢明白过来的。你就放心地去吧！你要照顾好自己，把学堂的娃儿们都教好。常捎信回来就是了！"

朱德非常感激伯父对他的理解与支持。他热泪盈眶地对老人说："放心吧！我会回来看你们的。"

伯父站在大路口上，一直望着远去的朱德，好久，好久，才转身走回大湾。

（刘学民）

与保守势力的斗争

> 朱德决心推行新教育，遭到保守势力的反对，他们对朱德恶意中伤，并不断挑起事端。朱德极其愤慨，用铁一般的事实戳穿保守派的谎言，并愤然辞职，以示抗议。

朱德任体育教习时，正处在变革的年代，新旧势力的矛盾与冲突十分激烈。仪陇虽然是一座偏僻的山城，也未能例外。废科举办新学的强劲东风吹到仪陇后，金粟书院改成了高等小学堂。名目虽然改了，但教学内容和授课方式仍然是老一套，实际上代表着顽固势力的那一帮举人、秀才仍然把持着学堂，并对新学堂千方百计地破坏。

朱德回到县城后，同刘寿川、张四维、李绍沆、田玉如等人决心推行新教育，为家乡做点有益的事。他们宣传新学，革除旧科目，设立新课程，提倡学生好好学新课、认真参加体育锻炼，反对把学生培养成"四体不勤，五谷不分"的腐儒。这遭到保守势力的反对。开学时，学堂只招收到十二名学生。这一下，保守势力便得意洋洋地写了一首打油诗："十二学生五教员，口尽义务心要钱；未知此事如何了，但看朱张刘李田。"保守势力在全城张贴这首打油诗，并进行恶意中伤。朱德他们面临着一场严峻的挑战，尤其是朱德出身寒门，更成了众矢之的。

朱德除了教授体育外，还兼管着学堂里的庶务，这是个管钱、管物的差事。不少保守势力对这个位置垂涎三尺，所以对朱德更加嫉恨，总是千方百计地诋毁他。

在上体育课时，为了操练方便，朱德要求学生脱下长衫，穿上短褂、短裤。没想到这一下捅了马蜂窝，遭到了来自校内校外保守分子的强烈反对。一时间，谣言四起，恶毒中伤，说"新学有损国粹"，说"体育是猥亵的课程"，骂学堂里的新教师是"假洋鬼子"，闹得小小仪陇满城风雨。一张张状纸飞向县衙，守旧派状告朱德等人煽动学生剪辫子，犯了"反叛朝廷罪"；教唆学生脱去长衫，穿短裤，犯了"流氓罪"；还诬陷朱德兼管庶务，犯有"贪污罪"。他们妄图用这三条罪状，置朱德于死地而后快。

知县不问青红皂白，立即下令关闭学堂，把朱德等教师带回县衙。知县升堂责问朱德等人，欲以治罪。朱德在知县面前昂首挺胸，据理争辩。

知县摆出县太爷的架势，劈头问道："朱建德，你可知罪？"

"皇上废科举，办新学。县府将书院改为学堂。我等响应号召，在新学教书，何罪之有？"

※ 1908年，朱德任教的仪陇县立高等小学堂（今金城小学）。

"大胆。你唆使学生脱长衫、穿短裤，伤风败俗。这难道不是事实？"知县一看朱德不但不低头认罪，还竟敢顶撞他，气得拍起了桌子上的惊堂木。

"上体育课，穿着长袍、马褂怎个操练？"朱德反问道。

"胆敢狡辩！你掌管庶务，有无多报少领、损公肥私的贪污行为？"

朱德听到这里，气得直咬牙。他大声答道："庶务账目一清二楚，一切开支有据可查，按时公布。朱建德做事，光明磊落，走得正，行得端，不怕任何人检查。"

知县在众目睽睽之下，被朱德反驳得张口结舌。

这时，突然有人来报："大人，衙门口聚集了许多人，他们要求释放……"

知县清楚这件事本来就理屈，更又怕事态扩大，只得把朱德等新派老师当天释放了，学堂立刻复课。保守势力受到了一次沉重的打击。

这样一来，支持新派老师的人越来越多，报名上新学堂的学生，一下增加到七八十

※ 朱德在仪陇县立高等小学堂任教期间亲手栽植的桂花树。

人。但是,新旧两派的斗争并未就此停止。保守势力鼓动流氓、雇用打手来对付新派老师,他们故意把粪尿倒在学堂门口,在街头、巷尾殴打学生。朱德对保守势力进行了针锋相对的斗争,为了不让学生受到伤害,便教授学生武术,以便防身自卫。

一天,朱德得到可靠消息说,保守派雇用了几个流氓埋伏在学堂附近,等待学生放学回家,届时在半路上下毒手。他便带着几个高年级的学生,拿着棍棒,跟在放学回家的学生后面,以防万一。果然,流氓在半路上下手了。正当流氓下手之际,朱德带着学生赶到了,经过一场棍棒和拳脚的较量,抓住了其中几个流氓,其余的逃散了。后来,朱德等人把那几个流氓扭送到县府,那些家伙为了保全自己,把出钱雇用他们的人供了出来。朱德联合学生家长,逼着县府把流氓的供词公布于众,彻底揭露了保守派收买流氓殴打学生、破坏办新学的阴谋。

一波刚平一波又起。保守势力不甘心他们一次又一次的失败,继续玩弄卑鄙手段。

一次，茶房的工友招呼大家去打开水，有一个学生不依次排队，在锅台旁推来挤去的打闹中摔倒了。这本来算不上什么大事。保守派却借题发挥，大做文章，诬蔑是"小工打学生"，煽动一些不明真相的老师和学生吵闹不休。朱德坚持实事求是的态度，再三向大家说明真相，指出"小工打学生"是讹传不实。可是，那些保守派岂肯善罢甘休，又去鼓动学生家长闹事。朱德为了工友免受皮肉之苦，让他连夜出走，远避他乡。保守派乘机把攻击矛头指向朱德，说朱德唆使工友殴打学生，并策划工友逃跑，是这一事件的幕后策划者。朱德一方面对此事表示极大愤慨，一方面耐心地说服那摔倒的学生站出来说明真相，在场的学生也都站出来作证，用铁一般的事实戳穿了保守派的谎言。后来，朱德愤然辞职，以示对保守势力的抗议。

通过任教于仪陇县高等小学堂的一年社会实践，朱德学到了许多书本上、课堂里学不到的东西，开阔了眼界，经受了锻炼。这一年来，他受尽了代表封建势力的保守派的欺压和排挤，亲身体验到了中国封建社会的黑暗与腐败，深刻认识到新旧社会力量的矛盾与斗争是无法避免的，"教书不是一条生路"，他决心抛弃曾经向往的"教育救国"思想，走出山村，到外面去探寻新的救国救民之路。

（刘学民）

投笔从戎

朱德决定到云南去报考讲武堂，老师和好友为他饯行。朱德非常感动，当场奋笔疾书，写诗言志：志士恨无穷，只身去西东。投笔去从戎，刷新旧国风。

朱德经过再三考虑，下定决心到云南去报考讲武堂。

这个决心是怎么下的？为什么一定要到云南去呢？朱德在自传里说："问题就是非救国不可。那时候，云南靠近边疆，是一个重要的国防地带。"当时，在外国列强加紧掠夺中国边疆的形势下，人们都认为最危险的地区是东三省和云南。东三省离四川那么远，朱德自然不可能去，于是就决定到云南去。

朱德在离开仪陇高等小学堂的前夕，曾同恩师刘寿川先生彻夜长谈，受到了极大的鼓舞。

※ 甲午战争后,帝国主义列强在中国划分势力范围,中国面临被瓜分的危险。这是反映列强瓜分中国的原版本的《时局图》。

刘寿川先生说:"我支持你去云南投考讲武堂。你有着强烈的救国救民志愿,又具有军事天才,还能吃苦,走从戎救国之路前程无量。"

听了刘寿川先生的这番肺腑之言,朱德极为感动,说:

"好男儿志在四方。既然走出家门去投军,决不当怕死鬼。说不上建功立业,但忠心报国,血洒疆场,还可以做到。我会对得起父老乡亲的!"

刘寿川先生知道朱德家境贫寒,特赠给他几十块大洋作为盘缠,并再三叮嘱说:

"要去云南从军之事,暂时千万不要告诉家里。等到了云南后,再告诉家里为妥。到时，我会去向你的家人劝解一番的。你就放心地去吧！"

朱德要去云南了，他的好友张四维、田玉如、李绍沆和老师刘寿川先生聚在一起，为他饯行，并凑了一点路费。

朱德非常感动，当场奋笔疾书，写诗一首以言其志：

志士恨无穷，只身去西东。
投笔去从戎，刷新旧国风。

云南与四川接壤，在云南的四川人一向很多，就连生活习惯也差不多。原四川总督锡良改任云贵总督后，在云南编练新军，从四川调了不少人去，其中包括四川武备学堂弁目队的一批学生。这也是朱德去云南的另一个重要因素。

朱德从仪陇高等小学堂辞职回家后，一天，收到一封成都来信，是体育学堂的同学敬镕写来的，告诉他云南陆军讲武堂夏季招生的确切消息，并相约一同去投考。这更加坚定了朱德到云南去投军的信心。

在当时，中国受到日本明治维新的影响，特别是在中日甲午海战和日俄战争的刺激下，爱国青年中流行着一种观念——"强兵救国"论，认为中国要强盛，必须从军事入手。朱德是这一观念的积极拥护者。

朱德在离家前告诉伯父："成都的同学来信说，如今成都有官费学堂，上学不收学费，还管吃管穿，毕业了有事做，我想去报考。"

莫非世上真有这种好事？伯父听了有些不大相信，本想阻拦，但转念一想，娃子大了，经过世面，如今想出去上学，看来拦也拦不住。于是，他不大情愿地说："那你就去吧！可家里……"

"我知道，家里为我读书欠下了许多债，今后我一定负责还。这次出去的盘缠，我有了，是三叔给的。"他三叔做小本生意攒了几个钱。

1909年的春节刚过，朱德就告别亲人上路了。

离家那天，天还未亮，朱德就起来收拾行装，仍旧背上他两年前第一次去成都时背的那个小蓝布包袱，怀里揣着伯母为他煮的几个鸡蛋，双眼满含着泪水，告别了伯父、伯母，走上了那条出山的大道。

日行夜宿，起早贪黑，经过十二天的长途跋涉，朱德赶到了成都，找到了同学敬镕。

（刘学民）

千里跋涉赴云南

朱德和敬镕结伴去云南，因不知去云南的路线，他们就与贩盐的马帮和"足客"同行。经过70多天的艰难跋涉，他们于1909年4月到达昆明。从此，新的生活开始了。

1909年2月初，朱德和敬镕结伴，迎着早春的寒风，踏上了漫漫的旅途。这次千里跋涉奔赴云南，确定了朱德一生所走的道路。

朱德从成都动身时，身上除了从仪陇带来的那个小蓝布包袱外，就是一捆草鞋了。他就是凭着这捆草鞋去走天涯的，一路上经过嘉定（乐山）到了叙府（宜宾）。

朱德和敬镕在城里一家小客栈住下后，就忙着打听去云南的路线，寻找路上的伙伴。这天，朱德结识了两个贩运盐的"足客"。这两个"足客"原是南部盐井的盐工，朱德曾去南部盐井参观过，对那里的情况知道一些，话题便多了个内容。从交谈中得知，这两个"足客"是因为在南部闹工钱，老板勾结官府要抓他们，他们才不得已改名换姓流落到此，做起了贩运盐的生意。一来二往，他俩和一些跑云南的马帮混熟了，为了有个照应，每次去云南，总是跟着马帮走。敬镕说他也是南部人，双方越讲越投契。"足客"主动约朱德和敬镕同行，说：跟我们走既不会走错路，也不会在路上吃亏。"足客"还出主意说，最好装扮成做小本生意的，一路上就不至于引人生疑。

朱德觉得"足客"的话很有道理，扮成做小本生意的人，完全是为了一路上安全，何况还可以赚几个饭钱哩！他上街买了一只竹背篓，买了一些针、线、手帕、小镜子、小木梳、牙粉、牙刷、香皂等，还买了一块防雨的油布。

第二天清晨上路时，朱德头上缠着一条白布巾，背着一只竹背篓，手里摇着一个货郎鼓，已俨然是走乡串村的小货郎。

朱德和敬镕跟在贩盐马帮的后面，离开了叙府城，沿着金沙江，在五莲峰的原始森林里，踏着那条古老的马帮商道，艰难地向云南行进。

这条古商道，自古就是中国西南边陲与越南、老挝、缅甸进行文化、经济交流的通道。它盘桓在高耸入云的大凉山与乌蒙山之间，蜿蜒在金沙江畔，一边是陡峭的悬崖峭壁，另一边是望不到底的万丈深渊。古商道的两旁古树参天，路上常年都不见阳光，布满了青苔，又湿又滑，行人稍不小心就会滑到山涧里去。适逢初春雨季，阴雨连绵。朱德穿

※ 中日甲午战争后,清廷决意自强,练新军是清末新政的重要内容之一。

着草鞋,背着背篓,紧跟在马帮后面,跋山涉水,在深山老林里转来转去,只有到了晚上住店时才知道走了多少里,到了什么地方。头一天,他和敬镕都像哑巴一样,只是低着头一声不吭地跟着马帮赶路,从天不亮走到天黑,足足走了十多个小时。天黑了,马帮一行在一个熟悉的小客栈里歇宿。一到小客栈门口,那两个"足客"就去帮马帮卸货、卸鞍、遛马、喂草。朱德他们也学着"足客"的样子干了起来。

马帮的老板上前问道:"老弟,是第一次出远门吧?以前在哪儿发财?"

"原来在家种田，没有做过生意。一路上还望老板多加关照！"朱德很客气地回答。

"听老弟说话，确实不像长跑江湖的人，念过书吧？"马帮老板又问道。

"读过几天书，也没读出个名堂来。为了混口饭吃，出来做点小本生意！"朱德不紧不慢地答道。

"我看你这个人老实，又能吃得苦，今天一直能跟上我们，就不简单哟。日后一定能发财！好好干吧！"马帮老板觉得朱德、敬镕真不一般，第一次走长路，不但没有落下，到了客栈还帮着干活，不由得夸了他们两句。

第二天，仍然是天还麻麻亮就摸黑上路了。朱德他们依旧紧跟在马帮后面缓缓而行。就这样，日复一日，半个月过去了，才与马帮的人渐渐熟悉起来。朱德发现，与马帮同行好处确实不少，一不需要问路，二不用担心安全，他们人多势众，就是遇到三五个土匪，土匪也不敢下手。但是，他总觉得这队马帮很不一般，驮的货物也不都是盐。他不由得揣测，这些沉甸甸的箱箱包包里装的到底是啥子？

一天，朱德对敬镕说："我看这队马帮不是正经商人，驮的不都是盐巴。"

敬镕说："我正要对你说哩！我看到了那些箱子里装的是枪。好几次了，都不让我帮他们搬，都是他们自己人卸的。"

"我们找个机会摆脱他们，继续跟他们走下去很危险。"朱德说。

敬镕表示同意。

马帮的老板那方面又怎样呢？他们一路上都提防着朱德和敬镕，生怕他俩是官府的探子，退一步讲不是官府的探子，也担心他俩一直跟着走，时间长了会看出点眉目来。他们怕夜长梦多，打定主意甩掉这两个尾巴。到达会泽那天夜里，马帮和两个"足客"不辞而别，另路走了。

天亮后，朱德没看见马帮和"足客"的踪影，心里明白了几分，也算是一块石头落了地。他和敬镕会心地笑了："他们倒抢先一步了。"

经过前后70多天的艰难跋涉，朱德和同学于这年4月到达昆明。这次远行之后，朱德步入了军旅生涯，开始了从士兵到元帅的漫长跋涉。正是因为这次远行，他成了职业军人，叱咤风云的将军、统帅三军的元帅、伟大的军事家、人民军队的缔造者。

（刘学民）

★★★ 第二编 ★★★

投笔从戎 参加革命

第二编 02
投笔从戎 参加革命

考入讲武堂

朱德经过考试，如愿以偿，被讲武堂录取了。这是他一生中的重要转折，也是他成为中华人民共和国元帅的起点。从此，他开始了那漫长而又辉煌的军旅生涯。

从1909年1月底，朱德离开仪陇算起，至4月中旬到达昆明，朱德没有坐船，也没有骑马，硬是凭着铁脚板和草鞋，翻山越岭，涉水过江，走了三千里，历时七十多天。朱德幼年在家乡读书时，每天从大湾到席家碥（相距八里路）来回跑四趟，这双铁脚板是练出来的呀。朱德在《自传》中写到昆明投考讲武堂，却显得很轻松："我走嘉定（乐山）、叙府（宜宾）、昭通、东川到昆明，全是走路去的。"看上去只是淡淡的一笔"走路去的"，殊不知这一走就是三千里，这一走就是七十多天，这一走要过嘉陵江、金沙江，还要经大凉山、五莲峰，穿越原始森林……一路艰辛，难以想象。可以说，他真正饱尝了"吃尽云南苦"的滋味。

朱德和敬镕在昆明城内龙井街一个萧姓四川人开的小客栈里住下。

朱德做的第一件事就是给家里写信，把自己这次离家远行的真相告诉父母。他在信里

※ 云南陆军讲武堂（1912年改称云南陆军讲武学校）主楼旧址。1909年冬至1911年夏，朱德曾在这里学习军事，并且加入中国同盟会，参加革命活动。

说：这是自己平生第一次对家人说谎，但实在没有办法，为了你们不阻挠我，为了不使你们更伤心，也只能这样做了。他还写道：家里祖、父两辈人都指望自己支撑门户，指望自己能当官、挣钱，使全家从贫穷中摆脱出来，自己是明白的，老人们的心愿也是好的，但根本无法实现；眼下，国家都快要亡了，救国要紧，没有国，哪还有家呀！所以，无法顾家了；父母的养育之恩，只求来日报答；家里受旧的传统观念的影响，别说见到当兵的，就是听到当兵的都反感，总认为"好铁不打钉，好男不当兵"。其实，现在时代变了，好多热血青年都走上了"从戎救国"之路，是"好铁要打钉，好男要当兵"，自己选择的路，这次是走定了，义无反顾，决不反悔。

第二天，朱德和敬镕就去打听报考讲武堂的事情。别人告诉他们：讲武堂主要招收云南籍的学生，外省人若没有当地老住户和有权势的人担保，是不能报考的。后来，敬镕找到了一位四川同乡，请他担保他俩报考讲武堂。这位同乡在由四川人组成的步兵标（团）里供事。这个步兵标驻在巫家坝，归云南新军第十九镇（师）第三十七协（旅）管辖。这位四川同乡看在乡亲的分上，满口答应了。

云南地处西南边陲，与当时的法属印度支那和英属缅甸接壤，正处于法、英帝国主义侵略势力的争夺中：法国曾在宣统初年向清政府要求云南七府矿藏的开采权；英国伺机侵略我国边疆的片马等地；而滇越铁路的修筑，更使云南的局势岌岌可危。清政府为了维护其摇摇欲坠的统治，决心培养一批军事人才，建立新的军事力量。1909年，在云南昆明建立了陆军讲武堂，为新军及巡防劳培养骨干，同时，还编练新军一镇（师），定名为"暂编陆军第十九镇"。

夏天，云南陆军讲武堂开始招生，经新军中的那位四川同乡的介绍与担保，朱德和敬镕报名参加了考试，成绩都不错，他俩都很高兴。可万万没有想到，发榜时，敬镕被录取了，而朱德却榜上无名。朱德思前想后弄不明白到底原因何在，按理说，他考的成绩比敬镕还好，这一点敬镕自己也承认，要只录取一个的话，那也应该是朱德才对呀。一连几天，朱德陷入苦闷之中，百思不得其解。最后，敬镕实在觉得过意不去，便带着不安和歉意讲出了个中奥妙，原来他在报名时把籍贯改成了云南昭通。他解释说，听别人讲过讲武堂是为云南人办的，云南人比四川人更易录取。

朱德从家乡带来的盘缠已所剩无几，他那"从戎救国"之梦却仍未变成现实。朱德决心既已下定，岂肯言后退，前面就是刀山火海，他也要去闯荡闯荡，不达目的誓不罢休。他凭着从母亲身上学来的不怕困难的精神，准备去迎接一切困难。为了不改"从戎救国"的初衷，未能进入讲武堂的他降格以求，还是经那位新军中的四川同乡介绍，补入新军第

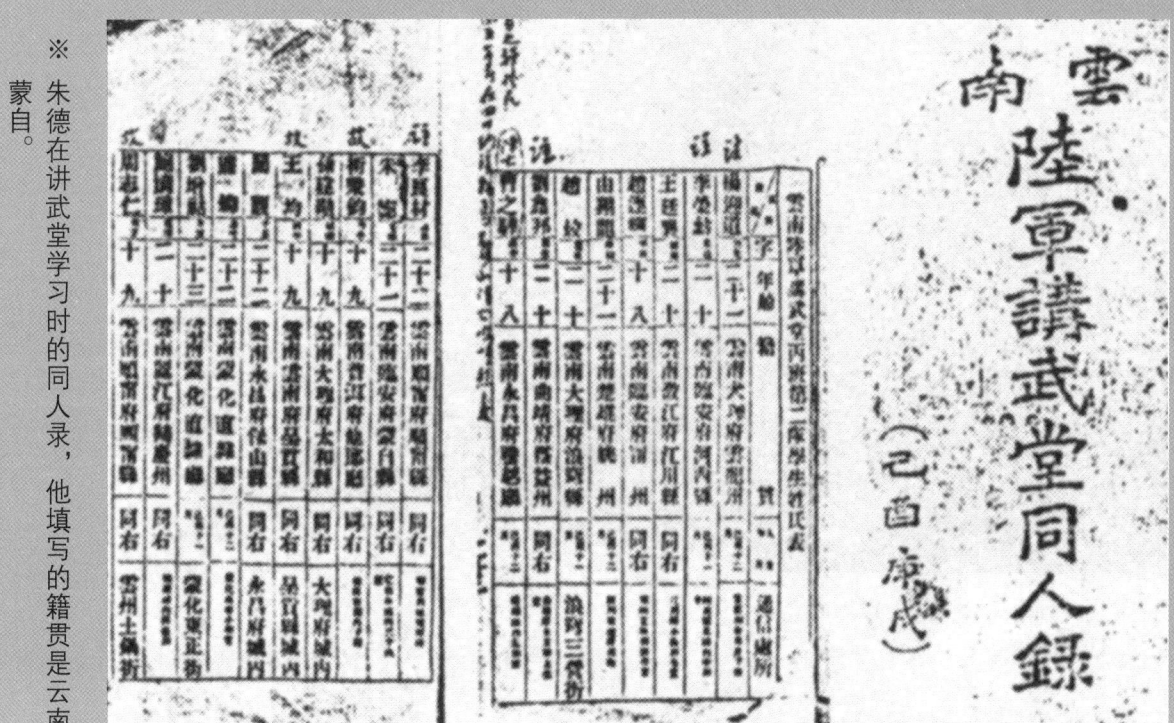

※ 朱德在讲武堂学习时的同人录，他填写的籍贯是云南蒙自。

十九镇（师）第三十七协（旅）步兵标（团）去当兵。在填写登记表时，他吸取了上次报考讲武堂的教训，把自己的籍贯改写成"云南临安府蒙自县"，把原名朱建德改为朱德，字玉阶。

在新军里，朱德由于文化程度高，上过体育学堂，有强健的体魄，在入伍后的基础训练中，取得了优异的成绩，很快就担任了队（相当于连）的司书（文书）。不久，因为训练成绩突出，工作努力，又能吃苦，得到标统（相当于团长）罗佩金的亲自推荐，他再次去投考讲武堂。

这一次，他终于如愿以偿，被录取了。这是他一生中的重要转折，也是他成为三军元帅的起点。从此，他开始了那漫长而又辉煌的军旅生涯。是云南陆军讲武堂把他塑造成为职业军人，是革命战争把他造就成为身经百战的名将。

云南陆军讲武堂，是清政府为培养军事人才扩建新军而建立的。当时是一所新型的军事学校，设有甲、乙、丙三个班。甲班学员，是从云南陆军第十九镇的管带（营长）、督队官（副营长）、队官（连长）、排长中选调的；乙班学员，是从巡防营的管带（营长）、哨官（连长）、哨长（排长）中选调的；丙班学员，是招收的青年学生，其中有贡生、廪生、秀才和中、小学生等。

讲武堂的军事教育和训练，都是近代化的，而且要求非常严格，设有步兵、骑兵、炮兵、工兵四个科。各科所用的，都是日本士官学校的教材。其中有战术学、兵器学、军制学、地形学、交通学、筑城学、马学，统称为"大教程"；有步兵操典、野外勤务、射击教范、阵中要务令，统称为"小教程"。为了培养学员的实际指挥作战能力，还设有图上作业、沙盘教育、实地测绘和野外作战实习等。在操场上，严格地进行班、排、连、营、团的队列训练。丙班学员除了学科和术科外，还要学习普通的文化科学知识，包括国文、历史、地理、伦理、算术、代数、几何、英文、法文等。前半年，主要是补习普通文化科学知识，以后就是学专门的军事科学。

讲武堂的监督李根源（后任总办）和教官罗佩金、方声涛、顾品珍、李烈钧、唐继尧、赵康时、刘祖武、张开儒等都是日本士官学校的毕业生。他们当中的绝大多数，在日本学习期间就参加了孙中山领导的秘密革命团体中国同盟会，坚决拥护孙中山的"驱除鞑虏，恢复中华，创立民国，平均地权"的革命主张，怀有强烈的反清情绪。这些人回国后，除一部分人到新军充任中级军官外，大部分人去办讲武堂。他们不仅参与了新军的建立和讲武堂的开办，培养了许多军事人才，而且在以后的辛亥革命中发挥了重要作用。

坐落在昆明承华圃的讲武堂，每天，嘹亮的军号迎来黎明，学员们在教官的带领下，开始了一天的训练。每逢这时，在广阔的操场上空，便响起那首激动人心的讲武堂堂歌：

风云滚滚，感觉它黄狮一梦醒。
同胞四万万，互相奋起作长城。
神州大陆奇男子，携手去从军；
但凭那团结力，旋转新乾坤。
哪怕他欧风美雨，来势颇凶狠。
练成铁臂担重任，壮哉中国民！壮哉中国民！
堪叹那世人，不上高山安知陆地平。
二十世纪风潮紧，欧美人要瓜分。
枕戈待旦，奔赴疆场；
保家卫国，壮烈牺牲。
要知从军事，是男儿本分。
鼓起勇气向前进，壮哉中国民！壮哉中国民！

※ 云南陆军讲武堂是中国近代一所著名的军事院校，原系清朝为编练新式陆军，加强边防而设的一所军事学校。建立时与天津讲武堂和奉天讲武堂并称三大讲武堂，后与黄埔军校、保定陆军军官学校齐名。

每当唱起这支歌时，朱德都感到格外的激动和自豪，觉得每一句歌词都唱出了自己的心声。几十年后，他仍能清清楚楚地记得这首令他终生不忘的战歌。

朱德进入讲武堂后，深深受到浓烈的反清情绪的感染。在资产阶级民主思想的影响下，教官和学生的思想极为活跃，他们开始组织社团，传播西方的科学与民主思想。朱德在班上结交了一些朋友：范石生、唐淮源、杨如轩、朱培德、李云鹄、王均、金汉鼎、杨蓁、曹之骅、庐焘、曾钦仲、兰馥等。不久，他就约范石生、杨如轩、金汉鼎、唐淮源、田钟谷、李云鹄等七八人组成一个社团，以"五华山"命名为"五华社"，以"互助互励，拯救中华"为宗旨。他们还结为"金兰之交"，立下"有福同享，有难同当，亲如手足，永不背叛"的誓言。

1909年9月，朱德在讲武堂秘密加入了同盟会。随后，他又介绍"五华社"的成员加入同盟会。在同盟会的各种秘密活动中，他们除了热烈地谈论军事外，主要是阅读当时的进步刊物武装头脑和交流各地的革命信息。当时，推翻清王朝的革命运动正在全国各地迅猛发展，各种鼓动革命的书刊应运而生，《民报》、《天讨》、《汉声》、《汉帜》、《革命军》、《警世钟》、《猛回头》、《夏声》、《新世纪》、《云南》等等，都秘密传入了讲武堂。许多青年争相传阅，从中吸取智慧和力量，其中有许多青年在这些书刊的直接影响下，参加了同盟会，走上了民主革命的道路。

同盟会在讲武堂分作两支，教官为一支，学员为一支。每七八个人为一个小组，各小组之间均无直接联系，每个小组仅有一人与上一级联络。这是为了防止发生意外时受到牵连。与朱德同在一个小组里的有范石生、庐焘等人。

讲武堂里的大小课程有二十多门。每天，除了有课堂上的讲授，还有操场上的演练，学习生活紧张而有序。学员的起居、饮食、操练都和士兵一样，过的是军营生活，生活很艰苦，管束特别严格。一些学员感到吃不消、受不了，而朱德是吃苦长大的，在家中饱尝了艰苦。所以，他觉得在讲武堂里学习很愉快。朱德在《自传》里讲到讲武堂的学习情况时，说："这时候我学习得很舒服，又没有什么挂虑，家嘛离得老远，也没有亲戚朋友，这可以说是一个特别专心学习的时期。"

朱德在学习中取得了优异的成绩。在讲武堂里，提起朱德，无人不知，无人不晓，上自总办李根源，下至伙夫，没有一个不夸他的。朱德胸怀壮志，勤学苦练，能文善武，乐于助人。

（刘学民）

"模范二朱"

在讲武堂里，朱德和朱培德不论学科还是术科均名列前茅，常常受到褒奖，两人被称为"模范二朱"。

1910年，夏。

这天，春城昆明晴空万里。云南陆军讲武堂的全体师生全副武装，排成整齐的方队，

※ 朱培德（1888—1937），云南盐兴人。早年入云南陆军讲武堂，与朱德同班。1925年率部参加东征。次年任国民革命军第三军军长，参加北伐。1927年任江西省政府主席。1937年病逝于南京。

集结在大操场上，等待日本和法国驻昆明领事馆官员的到来。

前几天，日本和法国的领事和武官向云南总督提出要参观讲武堂，"近闻贵省办了讲武堂，全部采用日式教练方式，成绩极佳。我们两国领事愿去观摩祝贺！"

话虽说得冠冕堂皇，但"司马昭之心，路人皆知"，那其实是黄鼠狼给鸡拜年——没安好心。因为，他们最怕中国建立新军，最怕中国强盛起来，此去不过是想探个究竟。

李根源得知外国领事要前来参观，对全体师生训话说："这次，不是一般的操练和表演。你们如同走上了战场，要以拼命精神去扬国威！让他们看看我炎黄子孙是个什么样子！"

检阅之后，由丙班一队学员朱培德指挥，表演了队形变换和各种步伐。学员们动作整齐划一，精神饱满，赢得了阵阵掌声。接着，由丙班二队学员朱德指挥学员进行刺杀表演，只听得朱德一声口令：

"散开！"

"杀！"众口一词，震撼长空，每个人朝着各自预定的方位和地点瞬间就散开到位了，150人形成了方队。从检阅台上向下望去，横竖成行，整整齐齐，就像一个布满棋子的围棋盘。

紧接着，又传来一声洪亮的口令：

"上刺刀！"

150个学员的动作整齐规范、干净利落，如同出自一人之手。"咔嚓！咔嚓！"两声响过，150把雪亮的刺刀，齐刷刷地上在步枪上，寒光闪烁，直指蓝天。表演还未正式开始，就引来一阵阵喝彩和掌声。

正式表演开始了。朱德精神饱满，怒目圆睁，犹如在战场上进入了白刃格斗拼刺刀的时刻。他下达口令：

"向前，突刺！"

"杀！杀！杀！"如同卷起一阵风暴，冲入敌阵，整个方队以排山倒海之势杀过去，锐不可当。

"防左刺！"又是一个洪亮的声音。整个方队猛回头，按照口令，一阵杀声，刺向左面。

"防右刺！"还是那个洪亮的声音。整个方队，脚下生风，"刷"的一声，调转方向，向右杀出。

……

检阅台上，日本领事看得目瞪口呆，觉得这些中国人太像日本士官学校的士官生了，心里像打翻了五味子瓶，总觉得不是个滋味。法国领事赞不绝口："太好看了！美极了！比在巴黎大剧院看歌舞还要饱眼福！"

李根源总办和各位教官对朱德的指挥口令和神态，对全体学员的成功表演，都十分满意。李根源非常感慨地说："这'模范二朱'，真是名不虚传！"

"模范二朱"是指在讲武堂里，不论学科还是术科均名列前茅的朱德和朱培德。因为他俩常常受到褒奖，所以统称为"模范二朱"。

杨如轩有这样的一段回忆：朱总在讲武堂时，给我印象最深的就是刻苦好学。哪怕休息时间，他都用来看书或锻炼身体。不论学科和术科，朱总都名列前茅。他的术科更是特别出名。比如在体操方面，他过天桥、跳木马都表现得特别勇敢，给人以非常英武的印象。他翻杠子，可以转大车轮。而他指挥队伍、喊口令，更是全校之冠，声音洪亮，动作干净，气宇轩昂，博得教官和同学的一致好评。日本领事、法国领事到讲武堂参观，李根源总办都是指定他和朱培德出来指挥。人称"模范二朱"。

1910年7月。随营学堂的二百多人并入了讲武堂丙班。

不久，为了扩充新军的需要，从丙班学员中，挑选出一百多名组成了特别班，把原来需要学习一年的课程，压缩在八个月里突击学完。朱德由于学习成绩优秀，与范石生、杨蓁、董鸿勋等人一起被选入特别班学习，并于1911年7月提前毕业。

（刘学民）

深厚的友谊

> 朱德和蔡锷在短短的几十天里，因共同的追求与理想而产生的共鸣，使他们之间建立起深厚的友谊。朱德感到在蔡锷的身上，潜藏着一种深远的韬晦大略。他说："蔡锷当时对讲武堂的革命活动，作了很好的掩护。"

1911年春，一个偶然的机会使朱德结识了蔡锷。他对蔡锷的最初印象是"典型的知识分子——体弱面白"。随着交往的增多和了解的加深，他从内心敬佩和尊重这位只比自己大4岁的青年将领。

蔡锷，原名艮寅，字松坡，湖南宝庆（今邵阳）人。曾师从樊锥、梁启超门下。在"军事救国"思想影响下，他先后进入日本陆军成城学校、士官学校学习。在日本士官学校期间，由于成绩优秀，他与同期的蒋方震、张孝准被时人推崇为"中国士官三杰"。1904年回国后，先后在江西、湖南、广西任职，督办军事学堂。1911年2月，应云贵总督李经羲之邀来到云南。这时他正在教练处（设在讲武堂内）等待派遣，并受十九镇镇统（相当于师长）钟麟同委托，编写一份向官兵进行"精神讲话"的文稿。

自从结识了蔡锷，朱德很快就为这位面颊清癯、表情冷峻、不苟言笑的青年将领所吸引。也许是出于对蔡锷那不平凡经历的兴趣，也许是出于对蔡锷那敏捷的思路和干练的能力的敬佩，他希望能有更多的机会接触到蔡锷。可是，他发现蔡锷很少在公开场合露面，一股强烈的好奇心促使他决意要到蔡锷的住处去看一看。

一天，吃过晚饭，朱德来到讲武堂主楼旁的一处院落，这里原是讲武堂第一任总办高尔登的住所。

在蔡锷夫人的引导下，朱德走进蔡锷的办公室，他看到屋里的几架书橱摆放着各种书籍，不禁羡慕不已。

※ 蔡锷（1882—1916年），原名艮寅，字松坡，汉族，湖南宝庆（即今邵阳市）人。遗著被编为《蔡松坡集》。蔡锷曾经响应辛亥革命，发动反对袁世凯洪宪帝制的护国战争，是中华民国初年的杰出军事领袖。

　　交谈中，朱德向蔡锷讲述了自己走出大山里的农舍，上新学堂，当体育教师以及千里跋涉投考讲武堂的经历，也讲述了自己从痛恨官府、地主的压迫到拥护变法维新；从立志"强身救国"、"教育救国"到决心改变中国政治制度，实现民主共和的思想过程。他的坦诚、质朴的谈吐使蔡锷甚为欣赏。

　　然而，朱德却感到蔡锷虽然对他所谈的一切，特别对时政的看法没有任何不同的表示，但蔡锷在谈话中从不表露对清廷的不满之意。

　　在谈话中，他了解到蔡锷也是一个贫寒人家的子弟，少年时期就立志要用自己的鲜血和性命挽救危难中的民族。1900年，他曾从日本返国准备参加唐才常领导的汉口起义，后因奉唐命赴湖南，才幸免于难。之后，蔡锷痛感枪杆子的重要，重返日本，学习军事。同时，将自己原来的名字"艮寅"改为"锷"，意思是砥砺锋锷、重整旗鼓。这些，使朱德感到在蔡锷的身上，潜藏着一种深远的韬晦大略。他后来回忆到："蔡锷虽然不是同盟会员，也从来不公开和讲武堂来往，可是他却是一个具有爱国民主思想的人，暗中和同盟会保持着联系。当时清朝政府对革命力量的压迫是极端残酷的。蔡锷当时对讲武堂的革命活动，作了很好的掩护。"

　　此后，朱德经常到蔡锷那里去看书报。有的报纸"是他的家乡湖南的，有的则是共和派的秘密报纸，其中有一些来自香港和东京。这些报纸大声疾呼，猛烈攻击各式各样的帝制派,并主张武力推翻清廷。"蔡锷虽然允许朱德在他的办公室里阅览这些报纸,但他自己从来不对此发表意见。有时,朱德还从蔡锷那里借几本书带回去阅读。他读过有关介绍美国第一任总统乔治·华盛顿生平的书,也读过18世纪法国思想启蒙家孟德斯鸠的《法意》,还有康有为的《日本明治变政考》、《俄罗斯大帝彼得变政记》、《意大利游记》和梁启超的《新大陆游记》等书籍。其中最使他感兴趣的还是康有为、梁启超写的游记。它为朱德展示了一个变幻多样的广阔天地:历史悠久的古罗马斗兽场,宏伟壮观的圣彼得大教堂,美丽繁华的威尼斯水城,庞大的托拉斯企业,洛杉矶的森林公园。更能吸引他的还是康、梁把游历诸国所了解的政治制度、经济状况、历史背景作了比较详细的介绍,使朱德大开眼界。

在蔡锷那里,朱德还看到了蔡锷编辑的《曾胡治兵语录》。文中辑录曾国藩、胡林翼治理部队的言论。蔡锷在每一章前附以按语,着重阐明章内的主旨和它的现实效用,从中可以看出蔡锷本人的治军思想。朱德知道,曾国藩和胡林翼都是效忠清廷、镇压太平天国运动的刽子手,但是,他们所讲的一些治兵的道理还是能够引以为鉴的。朱德细细地体味着文中的含义,同时,蔡锷也逐章地向他讲解,使他获益匪浅。直到三十年后,他已经担任了八路军的总指挥,还仍然认为蔡锷编的《曾胡治兵语录》对他带兵、作战有很多教益。

5月间,蔡锷被任命为新军十九镇三十七协协统(相当于旅长),离开了讲武堂前往巫家坝就职。在短短的几十天里,因共同的追求与理想而产生的共鸣,使朱德和蔡锷之间建立起深厚的友谊。朱德为能够结识这样一位有才干的良师益友感到欣慰。

(姚建平、刘本良)

担任司务长

司务长,在连队里除了管理军械之外,主要管全连百十号人的"吃喝拉撒睡"。这为朱德接触士兵提供了很好的机会。

1911年8月。

朱德作为云南陆军讲武堂的第三期毕业生,跨进了云南新军第十九镇第三十七协。他在《自传》里写道:我们由讲武堂毕业出来,也不过一两个星期就给分配到营盘里去了。

※ 在云南昆明时的朱德。

但是，营盘里就不敢要，知道不得开交。结果，还是每个团要了九个人。我们那时学步、骑、炮的都有。因为一方面人家怕你革命，另一方面人家怕你把地位占去。开始以见习生的资格去当副目（等于现在的下士班长，在学校时是正兵），我们毕业的还是最好的，算优等。副目没有当几天，就又当了司务长。

朱德被分到新军第十九镇第三十七协（相当于旅）第七十四标（相当于团）第二营左队（相当于连），见习期满后，被任命为左队司务长，授少尉军衔。这个第三十七协的协统（相当于旅长）就是在民国史上留下英名的蔡锷将军。

这次，能分配到蔡锷的第三十七协，他感到十分高兴，暗下决心一定要在蔡锷将军的麾下，带好兵、打好仗。

司务长，在连队里除了管理军械之外，主要管全连百十号人的"吃喝拉撒睡"。这为朱德接触士兵提供了很好的机会。平日里，他挑担上街买菜，在伙房里，帮着伙夫兵挑水、洗菜、烧饭，样样都干；连队收操后，他常去士兵的宿舍里查看，问寒问暖，拉家常，帮着士兵写家信，深受士兵拥护。新兵、老兵都愿意与他在一起。

士兵们戏谑说："朱司务长，你当官，怎么不像官？"

"官，是怎个样儿？"朱德问。

"你把威风摆起来，让弟兄们瞧瞧，看看是啥子样儿。"士兵逗他说。

"我朱德也是穷人的娃儿，吃黄连长大的，还摆啥子威风？"

"你现在可是当官的哟！"

"莫说这是丁点儿的芝麻官，就是协统、标统也得像兵，也得爱兵。要不然，怎个带兵打仗！"

那时，云贵川一带哥老会盛行。朱德在第七十四标当兵的三位同乡介绍他秘密地加入了哥老会。

哥老会，在云贵川又通称为"袍哥"，是清末民初的秘密民间的结社。最早，以"反清复明"为宗旨，号召力颇大，深得下层社会普通群众的拥护，参加者多为手工业工人、破产农民、遣散军人、江湖艺人以及社会游民，也有部分地主和工商业主。辛亥革命时期，哥老会接受革命党人的领导，多次参加武装起义，为推翻清王朝、创立民国起过积极的作用，可后来逐渐被社会邪恶势力、军阀和国民党反动派所利用。

朱德加入哥老会后，常和哥老会的人一起以"袍哥"的身份去做士兵工作。那时，新军里的士兵都是从乡村征调来的农民，他们对清政府的腐败统治和地主阶级的沉重剥削，以及旧军队中那种打骂制度、克扣军饷等等，都非常不满。他们在士兵中所做的工作，就是进行革命宣传，播撒革命种子。朱德在《自传》中讲到这一段经历时，写道：

"当司务长就做士兵运动。那时兵权操在北洋军阀手里。部队里也有一部分是讲武堂的人。做士兵运动，多半以家乡关系、哥老会关系，从反对军阀、反对打人等方面来进行。一个革命党人，在当时被捉住是会杀头的。可是那些从北方带去的士兵出身的军官又怕这些人。这中间有一个矛盾，他们想不要这些人，同时又少不了这些人。我当司务长一个月，士兵运动到手上来了。""我的任务是运动云贵总督李经羲的卫队和我在的那个团，其他部队不归我。卫队是四川同乡关系，原来在里面有些熟人，不大被注意防备，我可以随便来往。因为多年不打仗，听说要'革命'有些害怕。话不说穿，但是大家都知道：'反正要革命，要打了！'"

朱德只担任了一个月的司务长，但这段经历却给他留下了难忘的印象。

（刘学民）

打秋操

朱德回忆说："那时候，有一个很好的机会，正是打秋操，上面要考，不得下台。那些连长又不行，带不了。我带起来，那就好得很，带来带去，兵就带熟了。"

1911年的秋天，云贵总督李经羲为了炫耀武力，向革命党人示威，也为了安抚民心，下令驻滇的新军要进行秋季野外演练，并提出同时对新军的各级官佐进行考核，演练与考核不合格者，立即革职除名。这道命令，在新军里引起了骚动不安，那些本来就没有什么本事的军官，整日里惶惶不安。朱德所在的左队，队官不懂军事，下操时连口令都喊不好，更别说组织训练了。这队官眼看着这回要抓瞎了，突然想到刚从讲武堂分来的高才生朱德，高兴得直拍脑门："有了，让朱德去干，没错。俗话说'强将手下无弱兵'嘛！"他堆着笑脸来到伙头班，一眼看到朱德正帮着伙夫做饭，便走到灶旁拍了拍朱德的肩头说："老弟，你让我好找呀！我猜你准会在这里帮着伙夫干活呢！"然后，转过脸去对伙夫班长说："从明天起，上街买菜归你啦！"

朱德虽然一下没弄清队官的闷葫芦里卖的是什么药，但觉得他今天称兄道弟这般客气，一定是想在自己身上打啥子鬼主意。

队官示意朱德跟他走。朱德跟着他来到队部。队官特地搬来一把椅子让朱德坐下，然后滔滔不绝地夸起了朱德来："老弟，说实话，你人还没到，你那鼎鼎大名已经是如雷贯耳。听说协统夸你，总督也夸你；连日本人、法国人看了你指挥的刺杀表演都赞不绝口……"

"有那么一档子事，只是越传越玄乎了！"朱德谦逊地说。

"耳听为虚，眼见为实。你来到左队不久，士兵们便都夸你好，伙夫也夸你好，还给你老弟编了歌哩！你老弟真是少有的大好人呀！你这高才生屈尊来到敝队，我真三生

※ 1911年春,朱德(前排左一)和云南陆军讲武堂丙班步兵科部分同学合影。

有幸呀!"

朱德听着队官一再吹捧自己,身上直起鸡皮疙瘩,直觉得他有求于自己,便说:"队官,你不必夸我啦。我吃几碗干饭,自己最清楚。有啥子事要我去做的就直说吧!我可以办的,一定去尽力办。"

"老弟真是个痛快人。那好,有你这句话,我就一百个放心了!前天,上面下来命令,要搞秋季野外演练。老弟知道,我哪是那块料。这下,全仰仗你这科班出身的了。老弟,你带着全队好好练,老哥绝不会亏待你。"

"队官这般相信朱德,我一定尽心尽力。"

朱德曾回忆说:"那时候,有一个很好的机会,正是打秋操,上面要考,不得下台。那些连长又不行,带不了。我带起来,那就好得很,带来带去,兵就带熟了。"讲的就是这件事。

(刘学民)

重九起义，有勇有谋

> 1911年农历九月九日重阳节，辛亥昆明起义发动。朱德带兵主攻云贵总督衙门。朱德冲进总督衙门，却不见云贵总督李经羲的影子……

1911年10月10日。

一个振奋人心的消息传遍全国。湖北新军中的革命党人在武昌举行了武装起义，为清王朝敲响了丧钟。

九天之后，蔡锷和云南新军中的同盟会会员罗佩金、唐继尧、刘存厚、雷飙四人秘密商议，准备起义，并且相约"严守秘密，有泄者共殛之"。接着，他们又在10月22日、25日、28日三次秘密召集新军中的革命分子开会，歃血为盟，决定驻昆明的新军各部队在10月30日（农历九月九日重阳节）夜里十二时同时起义，由蔡锷任起义军临时总司令。

云南新军第十九镇编有两协人马，即第三十七协和第三十八协。而第三十八协的革命力量比较薄弱，部队又分散驻在滇南的临安和滇西的大理府。驻守省城昆明的新军第三十七协、炮标、机关枪营和讲武堂，则完全为革命分子掌握，昆明城里已再没有足以与他们相抗衡的军事力量。当时，议定起义的部署是：驻北校场的第七十三标，向省城的北门和东门进攻；驻城南巫家坝的第七十四标和炮标，向省城的南门和西门进攻；讲武堂的师生为开城门做准备；机关枪营分属于步、炮各队。

此时，云贵总督李经羲也得到了武昌起义的消息，不由得心惊肉跳，整天惶惶不安。为防止云南也发生不测事件，他下令巡防营和总督署的卫队要严加防范，并同第十九镇的镇台钟麟同秘密商议，拟定了一个捕杀计划：凡拥护共和者格杀勿论。他知道蔡锷不是同盟会会员，见他平时深居简出、很少交往，何况又是他请来的，所以就透风给蔡锷，说："看来为国家计，为云南计，亦为新军计，不开杀戒，已不能稳定军心、民心！"

蔡锷一听李经羲说此话，就知道他要下手了，于是，不慌不忙地劝道：

"使不得，使不得，万万使不得！杀戒一开，就逼上梁山了，昆明也就会成为第二个武昌了。"

在蔡锷的再三劝阻下，李经羲、钟麟同没敢大开杀戒，但还是把第七十四标的标统罗佩金撤换了。钟麟同又下了一道特殊的命令，各营的弹药除少数留作训练打靶用外，其余一律交回军械局。这一招还真够狠毒的。

至此，一场光明与黑暗的较量，一场生死的搏斗，将在西南重镇昆明展开。

※ 在昆明的总督府旧址。

10月30日，预定起义的日子终于来到了。这一天，突然发生了一件意外的事情。晚上九时左右，第七十三标三营管带李鸿祥派一个叫黄子和的排长带着士兵去本标军械库偷运子弹，碰巧被值班队官唐元良撞上了。唐元良是北洋派的军官，他不仅阻止搬运还大声斥责士兵，并扬言要追查是奉谁的命令。双方争吵起来后，唐元良被士兵开枪打死了。真是好事多磨，恰恰在回来的路上又遇到了标统丁锦。丁锦是总参议靳云鹏的亲信。他一看到士兵抢运弹药，知道形势不妙，立即回去拉卫队营追了上来，向正在北校场整装待发的起义战士开了枪。李鸿祥只得下令还击。丁锦一看不妙，拔腿逃命去了。这时，李根源赶到，立即下令带着全标起义战士离开北校场，火速向北门进发。

李经羲得知北校场开枪后，立即给蔡锷挂电话：

"城里的风声很紧。我这里已听到枪声，据说是北校场打枪。不知怎么搞的，我已下令去查了。你那里怎样？可得留点神呀！切不可高枕无忧！"

蔡锷来了个揣着明白装糊涂，回答说："刚才北校场是哨兵走火引起的一场虚惊，已经平息了。有我蔡锷在，你就放心大胆地睡个安稳觉吧！平安无事。"

李经羲还是半信半疑地说："宁可信其有，不可信其无。还是小心防范为好！"

"一定遵命。倍加小心，高度警惕！"蔡锷心里虽然十分焦急，嘴上却不得不应承着李经羲这只刁猾的狐狸。

这时，驻干海子的马标（骑兵团）、城内的云南陆军讲武堂、陆军小学的起义官兵，听到北校场的枪声，便开始了行动。

李经羲听到城里也响起了枪声，感到末日即将来临，又抓起电话找蔡锷：

"你立即派兵进城来镇守，不然就晚了，就完蛋了！"

"等着吧！我立即率兵进城！"蔡锷放下电话，来到早已集结在巫家坝操场上的队伍面前，庄严宣布："我们的起义提前了，现在立刻出发！"

就这样，辛亥昆明起义提前发动了。

起义部队出发前，朱德被指定接替左队队官（连长），参加主攻总督衙门。朱德带着左队直奔南门，半路上遇到了巡防营的管带（营长）领着二百多士兵前来投诚，说："我们愿意同你们一起参加起义。"

朱德当即表示欢迎，说："起义不分先后，哪个参加我们都欢迎。我们联合起来攻城去！"

蔡锷得知巡防营参加起义，立刻赶到现场，激励巡防营的官兵：

"欢迎弟兄们参加起义，希望你们英勇作战攻下南门，然后守住南门，绝不能让城内的敌人逃掉！"

朱德带着左队，逼近南门附近时，遇到马标（骑兵团），三言两语就混过去了。按照约定的计划，讲武堂的学生们打开了城门。朱德带着左队冲进南门，杀向云贵总督衙门。

云贵总督衙门，坐落在昆明城南门内五华山南麓，衙门四周高墙壁垒，两道铁门紧闭，围墙内外都构筑有碉堡、工事，易守难攻。有卫队营、机枪连和辎重营防守，是一座城中之城。朱德带着左队还未逼近总督衙门，守敌的机枪已经响了，吐着火舌射向四方，根本无法靠近总督衙门。几次搭梯子翻越围墙也未成功。朱德便到炮营去请求炮火支援。炮营轰开南门后，多数炮都调去攻打另一个据点军械局去了，剩下的只有一门重炮和三发炮弹。他对炮兵说："独门炮，是当头炮。三发炮弹足够了！"

"轰！轰！"两声巨响，震得大地颤抖，从渐渐散开的硝烟中看到，不仅第一道大门轰开了，连第二道大门也打了一个大洞。起义军战士们一阵欢呼。紧接着，第三发炮弹又炸响了，总督衙门的大门全被摧毁，连门口上的旗杆也炸断了。

在一片喊杀声中，朱德带着左队冲进了总督衙门的第一道大门。

※ 李经羲，安徽合肥人。1909年任云贵总督，云南起义中被捉，获释遣送出境。

奉命据守第二道大门的卫队营里，有不少四川人，起义前，朱德通过哥老会做了许多宣传工作。这时，他们纷纷起义，同首先冲进来的突击队一起，打开了第二道铁门。罗佩金率领的大批后援部队也赶到了。起义军立即占领了云贵总督衙门。

云贵总督李经羲，就住在第二道铁门内的一座楼房里。他刚刚得到五华山被攻破，钟麟同战死的消息，正心惊肉跳，不知所措时，衙门外已炮声隆隆，枪声不断，杀声阵阵。眼看着末日来临，便于深夜三时从地下通道爬出城，逃命去了。

朱德冲进总督衙门后，四下里搜了个遍，并不见李经羲的影子。他把左队的人集合起来，说：

"一定要把李经羲找到。活，要见人；死，要见尸。我是向蔡锷总司令下了保证的！"

后来，通过审讯俘虏，才得知李经羲已逃到城外四集城萧巡捕家去了。

朱德带着左队，赶到四集城，一下将萧家大院围了个水泄不通，然后喊话：

"萧巡捕，你听着：这个大院已被包围，赶快把李经羲交出来。不然，枪一响，火一烧，你这院子就全完了！"

大院里，既没有反应，也没有动静。

有的士兵等不得了，要冲进去，说：

"别跟他啰嗦，冲进去算了。不信捉不住老贼，他是能上天，还是能入地？"

"莫慌，再等等！"朱德一边制止欲冲上前的士兵，一边站在墙头上喊话道：

"李经羲，你只要下令云南新军都投降，就可以免你一死。有立功表现，还可赎罪！"

这一招，还真灵。没有多久，萧巡捕挑着白布条子站到院子当中，扯着嗓子喊道：

"各位长官，听着：只要不杀头，李总督啥子条件都答应！"

攻心为上，成功了。

朱德走进萧家大院，同李经羲谈妥。他当场答应立即分别写信给滇东的镇守使夏豹伯、滇南蒙自关道尹龚心湛，让他们立即投降。

朱德带着李经羲回到城里，向蔡锷报告：

"我看此事如能成功，就可减少许多不必要的伤亡，对国家、对百姓都有好处。到时，可以把李经羲送出境。"

平时，蔡锷和李经羲的关系不错。现在，李经羲又有这个立功赎罪的愿望。蔡锷再三权衡利弊，认为这是上策，欣然同意。蔡锷对朱德在重九起义中有勇有谋，倍加赞赏，认为朱德既有军事才能，又有政治才能。

昆明起义成功后，云南全省兵不血刃就改换了共和旗帜，夏豹伯、龚心湛所辖的40个巡防营，共一万多人，全部归顺了云南军政府。云南全省宣告光复。

11月1日。

大中华国云南军都督府成立，蔡锷被推为都督。

朱德在庆祝辛亥革命50周年时，曾写下诗作《辛亥革命杂咏》，生动形象地再现了当年的情景。兹摘录如下：

> 同盟领袖是中山，清帝推翻民有权。
> 起义武昌全国应，扫除封建几千年。
> 云南起义是重阳，下定决心援武昌。
> 经过多时诸运动，功成一夜好开场。
> 生擒总督李经羲，丧失人心莫敢支。

> 只要投降即免死，出滇礼送亦宜之。
> 靳逃钟死人称快，举出都督是蔡锷。
> 五华山上树红旗，出师两路援川鄂。

（刘学民）

小庙受命

> 袁世凯公然宣布恢复帝制，引发了全国性的护国讨袁爱国运动，正在云南蒙自、个旧一带的朱德如约来到城外小庙，来人呈上蔡锷的亲笔手令："按传令人的命令行事。"

辛亥革命推翻了清朝政府和统治中国几千年的君主专制制度，创立了民国。这曾经使许多人欢欣鼓舞，以为中国将要开辟一个新的纪元。然而，复辟与反复辟的斗争并未停止，一直在激烈地进行着。大卖国贼袁世凯窃取了革命胜利果实，当上了中华民国的临时大总统后，孙中山发动的"二次革命"失败了。袁世凯接受了日本帝国主义企图灭亡中国的"二十一条"，于1915年12月12日公然宣布恢复帝制，并准备登基。全国人民义愤填膺，奋起声讨，掀起了护国讨袁的爱国运动。

这时，参加过辛亥革命的云南新军的军官积极酝酿起兵讨袁。12月19日，蔡锷机智地摆脱袁世凯对他的严密监视，辗转日本、香港、越南回到昆明。蔡锷在云南有着很高的威望和号召力，他的到来，不仅坚定了唐继尧的讨袁决心，而且也壮大了讨袁军的声威。22日，蔡锷、唐继尧等一起召集上校以上军官及外地来滇的爱国人士开会，宣誓效忠共和。25日，蔡锷、唐继尧、李烈钧等联名通电全国，宣布云南独立，组成护国军讨伐袁世凯。推举唐继尧任云南都督兼第三军总司令，镇守后方；以蔡锷为第一军总司令，出兵四川，进而北伐；以李烈钧为第二军总司令，出兵广西，防备广东龙济光部进攻滇南。云南独立，誓师讨袁，各省纷纷响应。

蔡锷即刻派人给驻各地的滇军将领送去亲笔信，介绍全国反袁斗争的形势，要求他们做好准备，率部于25日和昆明同时起义，然后出师讨袁。

担任滇军步兵第十团团长的朱德，正在中越边境的蒙自、个旧一带剿匪平乱。当他得知袁世凯要做皇帝，一心要复辟帝制时，万分气愤地说："袁贼不除，祸害无穷！"

※ 1915年10月，参加反袁护国运动前夕，朱德（左）与同学在昆明合影。

12月下旬的一天，朱德在街头突然遇到一位从昆明来的老朋友。那人急忙凑上前来向他行礼，顾不得寒暄几句，就嘱咐他说："今晚请务必到城外的小庙相会，我有要事相告。"随即匆匆离去。

当晚，朱德甩掉帝制派的跟踪，如约来到城外小庙。来人已经等候在那里，他将一块碎布交到朱德手里。朱德展开碎布一看，一行熟悉的字呈现在眼前，那是蔡锷的亲笔手令："按传令人的命令行事。"

"将军的命令，我朱德坚决执行。赴汤蹈火，在所不辞。"朱德说。

来人告诉他，蔡锷已秘密回到昆明，议定于25日宣布云南独立，起兵讨袁护国，要求朱德届时务必率部返回昆明，参加起义。朱德当即表示坚决执行命令，请来人转告蔡锷将军，让他放心。

（刘学民）

纳溪大战，出奇制胜

纳溪是主战场，一旦失利，护国军将全军崩溃。朱德亲率80名敢死队员潜伏在敌人阵前，待护国军总攻时，敢死队员如猛虎下山，杀得敌人四处逃窜，护国军大获全胜。

1915年12月25日凌晨，朱德遵照蔡锷的命令，率部向师部发起进攻，帝制派的军官闻风逃遁。于是，他集合部队，讲述了全国讨袁护国的大好形势，揭露袁世凯祸国殃民想当皇帝的罪行，宣布执行蔡锷将军的命令。全体官兵纷纷响应，振臂高呼：

"拥护共和！"

"打倒大卖国贼袁世凯！"

起义部队浩浩荡荡开赴车站，登车向昆明进发。

1916年元旦，袁世凯准备庆祝登基的大典虽然告吹了，但他一心当皇帝的贼心不死，还启用了"中华帝国"的国号，改用"洪宪"纪元。

也就在这同一天，在中华大地的西南边陲，响起了惊天动地的春雷，昆明举行了护国军誓师大会，发布了讨袁檄文，历数了袁世凯"叛国称帝"的十九大罪状。万民欢腾，盛况空前。沿街张灯结彩，如同节日。护国军军容整齐，威武雄壮，士气高涨，战士们迈着整齐的步伐，高唱着《出征歌》：

滇军勇敢世界惊，护国扬成名；
誓擒袁逆兴义兵，民国我主人；
健儿之名我敢领，踊跃争前行；
宝刀在手霜刃横，杀贼如杀蛇；
快清八方光汉京，共和千万龄；
光焰万丈民权伸，看我华国扬威灵。

护国军第一军下辖三个梯团，相继向川南进发。朱德所部编为第三梯团第六支队。

22日，第六支队从昆明出发，朱德骑着一匹高头大马，身后一杆绣着"朱"字的黄底黑边的三角队旗迎风飘扬，好不威风，引导着这支威武的队伍开向护国讨袁的前线。

护国讨袁的消息传到北京后，袁世凯惊恐万状，坐卧不安，立即下令组成"征滇临时

军务处"，任命曹锟为川湘两路征滇军总司令，张敬尧为前敌总指挥，督率十几万大军从湘西、川南迎战护国军。

护国军第一军进入川南之后，最初进展顺利：由刘云峰所率第一梯团在云南宣布独立之前，已先期出发，经东川、盐津入川。20日渡过金沙江后攻占了叙府（今四川宜宾）。赵又新的第二梯团和顾品珍的第三梯团由贵州的毕节入川后，取道叙永（今四川永宁）向泸州进攻。

泸州，是川南重镇，既为云南入川的必经通道，又是重庆的重要门户，地理位置十分重要。

2月6日，护国军的董鸿勋支队与护国川军刘存厚部的陈礼门团合力攻克了泸州对岸的蓝田坝，袁世凯立即派曹锟的第三师、张敬尧的第七师、李长泰的第八师一部及周骏的川军第一师向泸州增援。双方兵力悬殊。

2月9日，北洋军偷渡长江。陈礼门所部由于麻痹大意，猝不及防，纷纷溃逃，蓝田坝、月亮岩相继失守。护国军一战而败，陈礼门自尽身亡，董鸿勋虽率队冲出包围，但已遭到严重损失。

2月15日，朱德率第六支队赶到永宁后，即得到董鸿勋失利的消息。这时，蔡锷发来急电，命令他立即日夜兼程急速前进，赶赴纳溪，接替董鸿勋的第三支队支队长职务。朱德率部经过两天的急行军，日夜兼程百余里，17日赶到纳溪前线。

此刻，阵地上仍在进行着激烈的战斗，第三支队的余部仍在顽强地抵抗着敌人的进攻。第三支队正是朱德在蒙自带出来的那支部队，战斗作风英勇顽强，尽管损失很大，但是士气仍很高昂，锐气不减。特别是看到他们的老团长又亲自来指挥他们战斗，更是充满了信心。

朱德在战场调整好部队后，立即宣布战场纪律，说："要消灭北洋军，打倒袁世凯，就得不怕死，勇敢冲锋。在战斗中，士兵退，班长杀；班长退，排长杀；排长退，连长杀；连长退，营长杀；营长退，团长杀；我朱德退，全军杀！这是铁的纪律，人人都得遵守！"

随后，朱德立即指挥队伍冲锋前进，将敌军击退约二三里，然后把部队布防在棉花坡正面高地上，与据守在红庙高地的北洋军形成对峙。

※ 护国战争结束后，朱德在四川泸州驻防，担任护国军团长。

棉花坡距纳溪城有五公里，是坐落在金沙江与永宁河之间的一脉高地，江河沿岸都是起伏的山峦，位置十分重要，是通往纳溪的大道，为两军必争之地，故双方争夺异常激烈。北洋军在这里集结有重兵，他们倚仗着弹药充足和武器精良，昼夜不停地轰击护国军阵地。朱德带领着全支队日夜坚守在阵地上。部队伤亡很大，营长曹之骅中弹穿肠，两天后牺牲，由副营长杨如轩代理营长指挥。

护国军分三路进行反击。朱德亲自率领两个营和一个炮兵连、一个机枪排，从棉花坡向菱角塘进攻。双方交火以后，北洋军凭借着居高临下的有利地形和坚固的防御工事，拼死抵抗。朱德采取迂回战术，以一个营在正面用猛烈炮火牵制敌人，而将大部分兵力迂回到敌人的侧面去攻击。北洋军突然遭到出其不意的打击，损失惨重，随即组织兵力向朱德部正面进行疯狂的反扑，并突破了几个缺口。朱德部在友军的支援下，经过殊死搏斗，才夺回失去的阵地。

护国军在激战中，虽然取得了很大战绩，但双方兵力毕竟十分悬殊，三天鏖战，部队伤亡很大，减员颇多。于是，蔡锷下令护国军从22日起暂时改取防御态势。

23日，蔡锷从永宁到达纳溪，约同刘存厚召开会议，商议作战计划。蔡锷认为，就实力而言，北洋军占有较大优势，而护国军的兵源、粮饷一时得不到补充，相持日久，实为不利，因此，必须在军事上采取速战速决，才能变不利为有利；同时，还要发动各省的力量共同讨袁，以达到再造共和之目的。最后，蔡锷特别强调纳溪是主战场。他说："纳溪一旦失利，护国军将全军崩溃。"这次会议决定，从叙府调一部分兵力前来纳溪参战，于28日发动全面进攻。

朱德回到第三支队后，立即集合官兵讲话，鼓励大家振奋斗志，勇敢杀敌。这天夜里，朱德辗转反侧，难以成眠。一直思索着用什么战术才能打败北洋军，夺取胜利……

第二天，朱德召集各营、连的军官，宣布了组织敢死队突袭敌军阵地的计划，并且布置了各营、连的具体战斗任务。

27日深夜，数百名官兵静悄悄地聚集在营地上，等待朱德支队长下达命令。

在寒夜里，朱德环视着衣衫单薄但精神抖擞的士兵们，高声说道：

"弟兄们，我们为了保卫共和远离家乡来到前线，同北洋军拼死作战。为共和而战，虽死犹荣。生为共和的人，死为共和的鬼。不推翻袁贼，我朱德死不瞑目。不打败北洋军对不起我们的父母兄弟……"

官兵们被朱德慷慨激昂的讲话所感染，振臂高呼：

"生为共和的人，死为共和的鬼！"

"不推翻袁贼,死不瞑目!"

"我们要血战到底!"

朱德更加严肃了,他瞪着两只大眼向士兵们喊道:

"我们现在挑选敢死队队员,不怕死的,愿意跟着我朱德去冲锋陷阵的,站出来!"

"哗啦啦"一阵声响,几乎全部士兵站到了他的面前。

"算我一个!"

"算我一个!"

"也算我一个!"

……

报名的呐喊声不断。朱德当场挑选了80名敢死队队员。

当晚,趁着夜深人静,朱德带着80名敢死队队员,神不知鬼不觉地进入了敌人阵前的开阔地,悄无声息地潜伏下来,就等护国军发起攻击的时刻到来。

拂晓,随着护国军总攻信号的发出,朱德带着敢死队突然跃起,插入敌阵,与敌人展开了白刃战。北洋军面对着突然袭来的护国军,还以为是天兵天将,早已吓得魂飞魄散,

※ 护国军重要成员合影。后排右一为朱德。

对这措手不及的突然袭击根本没有思想准备,他们为了逃命,只顾四处逃窜。敢死队的队员们个个如猛虎下山,在一片喊杀声中,越战越勇,跃过堑壕,冲向敌群。

后续部队上来了,那杆绣有"朱"字的队旗指向敌阵,敢死队的队员们紧紧跟着掌旗人,接连夺下北洋军的几处阵地,直冲到吴佩孚的司令部,大获全胜。

这一仗,朱德赢得了勇敢善战、忠贞不渝的盛誉。在当地老百姓中流传开了"黄(永社)柜盖,廖(月江)毛瑟,金(汉鼎)朱(德)支队惹不得"的歌谣,赞颂护国军英勇善战。

(刘学民)

护国之役的先锋队

> 吴玉章在祝贺朱德60寿辰时说:"你是护国之役的先锋队,泸州蓝田坝一战,使张敬尧落马,吴佩孚、曹锟手足失措,袁世凯胆战心惊,终将袁氏帝制倾覆,保存了中华民国之名。"

失利的北洋军又重新集结兵力,向护国军阵地反扑过来,形势依然十分严峻。

战事旷日持久,仗越打越艰苦。1916年3月3日,传来护国军左路军被迫放弃叙府的消息。3月4日,蔡锷下令暂时撤出纳溪,退至大河驿一线休整待机。朱德支队奉命担任后卫。

以棉花坡为中心的纳溪保卫战,在护国讨袁战争中占有极为重要的位置。那时,除云南、贵州以外,其他各省还没有宣布独立。袁世凯的北洋军声势浩大,而纳溪之战沉重地打击了北洋军,使其死伤三四千人。同时,还为全国的护国运动赢得了两个多月的宝贵时间,促使全国讨袁护国之声风起云涌。

朱德支队在这次战役中,从2月19日投入战斗到3月7日撤出,浴血奋战16昼夜,在生死搏斗中,始终坚持在第一线,表现出了英勇无畏的战斗精神和顽强的战斗意志。

全国反对袁世凯称帝的护国运动发展很快。3月15日,广西将军陆荣廷宣布广西独立,立即出兵湖南,并准备向广东进军。这对袁世凯又是一个沉重的打击。

在一派护国讨袁的大好形势之下,蔡锷决定对泸州发动第二次进攻。

进攻部队分三路向纳溪推进:顾品珍梯团为中路,何海清支队和刘存厚部为左路,金汉鼎、朱德支队和义勇军张煦、廖月江支队为右路。

由于朱德支队在右路中担负主攻任务，蔡锷于3月15日在大洲驿总司令部召见了朱德，向他说明了作战意图：

"逆军极无攻击精神。所以，我军只需在正面配置少数兵力，而用主力冲击其侧背，敌必然溃逃。千万要告诉各级将领，指挥官的手中一定要多留预备队，便于运用。"

18日拂晓前，朱德支队开始发起攻击。前方敌军为北洋军第七师吴新田旅的第二十七、二十八两个团，不仅武器好，战斗力强，而且兵力超过朱德支队的三倍以上。这一带地形复杂，山峦起伏，路窄林密，渠沟水网纵横，易守难攻，前进十分困难。经过五昼夜的激烈战斗，朱德支队连续突破了北洋军的几道防线，直插到距泸州只有十几里的南寿山附近。

作战中，朱德不仅注重战术的运用，同时还得到了当地群众的支援。农民们不仅为护国军送粮食，运弹药，抬伤员，还为护国军送情报，甚至直接参加作战。

一天，有一个牧童跑来找朱德，非

※ 1916年时的朱德。

常神秘地说:"我知道北洋军的大炮藏在什么地方。我带你们去!"

朱德抚摸着牧童的头,称赞说:"你真是好娃儿!敢冒死来报告敌人炮兵阵地,还要带我们去。要得,长大了也是个好样的。"说完,他立即吩咐左右快去弄点吃的来,吃饱了,好去执行任务。

然后,他同参谋们商量后决定:派一支突击队随牧童迂回到敌后的炮兵阵地附近隐蔽起来,当护国军进攻开始后,出其不意地进攻敌炮兵阵地,夺取后点火为号。

朱德看到敌人后方浓烟滚滚,腾空而起,知道是奇袭成功,立即命令部队发起冲锋。顿时,号角声、喊杀声震撼着山野。北洋军腹背受敌,根本弄不清后院是怎么失火的,这时,又遭到第三支队猛烈炮火的袭击,不禁阵脚大乱,纷纷夺路而逃。

从17日到23日,一周之内,护国军在绵延百里的战线上重创北洋军,毙伤敌人九百多人,缴获大炮七门,机枪九挺,步枪九百余支,炮弹二百多发,子弹十三万发。

在护国军节节胜利之际,袁世凯陷入了内外交困、众叛亲离的境地。他被迫于3月22日宣布取消帝制,并密令陈宧、张敬尧同蔡锷进行停战谈判。经过多次磋商,双方决定于3月31日起停战一周,后又延长为一个月,实际上北洋军的作战活动已经停了下来。

6月6日,袁世凯在忧愤中一命呜呼。消息不胫而走,举国上下欢呼雀跃。

朱德从护国军总司令部得到这一佳音后,立即召集他的部属开会,极其兴奋地告诉大家:

"兄弟们,好消息。大局已定。哈!哈!袁世凯被一副'二陈汤'送上西天了!气死了!"

大家听到袁世凯死了,当然高兴。可啥是"二陈汤"?是哪家的药?

朱德看出大家有点大惑不解,便不紧不慢地解释说:"这'二陈汤',本是中药里的一剂汤头方。但我们讲的'二陈汤',是指四川督军陈宧、陕西督军孙树藩和湖南督军汤芗铭。他们一个紧跟着一个宣布独立,袁世凯眼看着众叛亲离,大势已去,一气而亡了!"朱德的幽默引出一阵掌声。

第二天,黎元洪宣誓继任了中华民国大总统。张敬尧一看大势已去,立即率部撤出泸州。朱德的第三支队因为作战有功,受到总司令部的特别嘉奖,获得首先进入泸州的荣誉。

在护国战争中,朱德英勇善战,战功卓著,成为全国闻名的滇军名将。吴玉章在祝贺朱德60寿辰时说:"你是护国之役的先锋队,泸州蓝田坝一战,使张敬尧落马,吴佩孚、曹锟手足失措,袁世凯胆战心惊,终将袁氏帝制倾覆,保存了中华民国之名。"

护国战争中,力量悬殊的不利形势和艰苦卓绝的拼死战斗,磨炼了朱德的斗志,提高了他驾驭战争、指挥作战的能力。朱德后来曾说："打大仗，我还是从那时学出来的。我这个团长，指挥三四个团、一条战线，还是可以的。"

（刘学民）

逃亡和追捕

> 唐继尧回到昆明，为报朱德倒唐之仇，重金悬赏捉拿朱德。朱德日夜兼程，风餐露宿，而追捕者也马不停蹄，星夜赶路。一场逃亡和追捕战在滇北的崇山峻岭中进行着。

斗转星移，风云突变。滇军已渐渐失去了护国讨袁时的辉煌。

1920年10月，各路川军为了驱逐滇军出川，齐集川南，向滇军发起猛烈攻击，危在旦夕之时，滇军第二军赵又新部的参谋长杨森突然反水，投向川军。赵又新在泸州突围时，被杨森的部下击毙。形势急转直下，滇军一再败退，最后不得不放弃川南，退入贵州。唐继尧企图依仗滇军实力控制四川的美梦完全破灭了。

朱德率部退回云南后，开始驻扎在滇北的昭通。不久，顾品珍等积极策划"倒唐"，朱德非常赞同，原来留在云南的滇军将领叶荃、邓泰中等也表示反戈倒唐。

1921年2月6日，朱德等将领联名致电唐继尧："为大局计，为西南计，为吾滇计，为公自身计，实有不能不请我公暂避贤路。"逼迫唐继尧离开云南。唐继尧一看大势已去，立即于2月7日离开昆明，不久又去了香港。2月8日，朱德率部进入昆明。

倒唐的目的实现后，朱德即向滇军总司令顾品珍提出辞呈，要求辞去军职，离开云南，另谋出路。但在众多朋友和同事的再三挽留下，他答应暂时留在昆明，为新政权的建设尽一点绵薄之力。他被任命为云南陆军宪兵司令官，不久，又兼任云南省催收铁路局借款处专员及复查锡务公司账项委员长。他忠于职守，严格要求，彻底清理了官僚和奸商拖欠铁路局的欠款，惩治了贪官污吏，为新政权的建立努力工作。然而，云南的现实越来越使他失望，对所谓的新政权能否挽回战乱连年带来的损失、能否使老百姓安居乐业，他产生了怀疑，失去了信心。尤其使他感到不快的是，心胸狭窄的顾品珍在掌权之后非常专横，容不得别人对他有丝毫不恭，连学生们利用暑假演出宣传新思潮的活动都被严加禁止。这使朱德下决心离开云南。

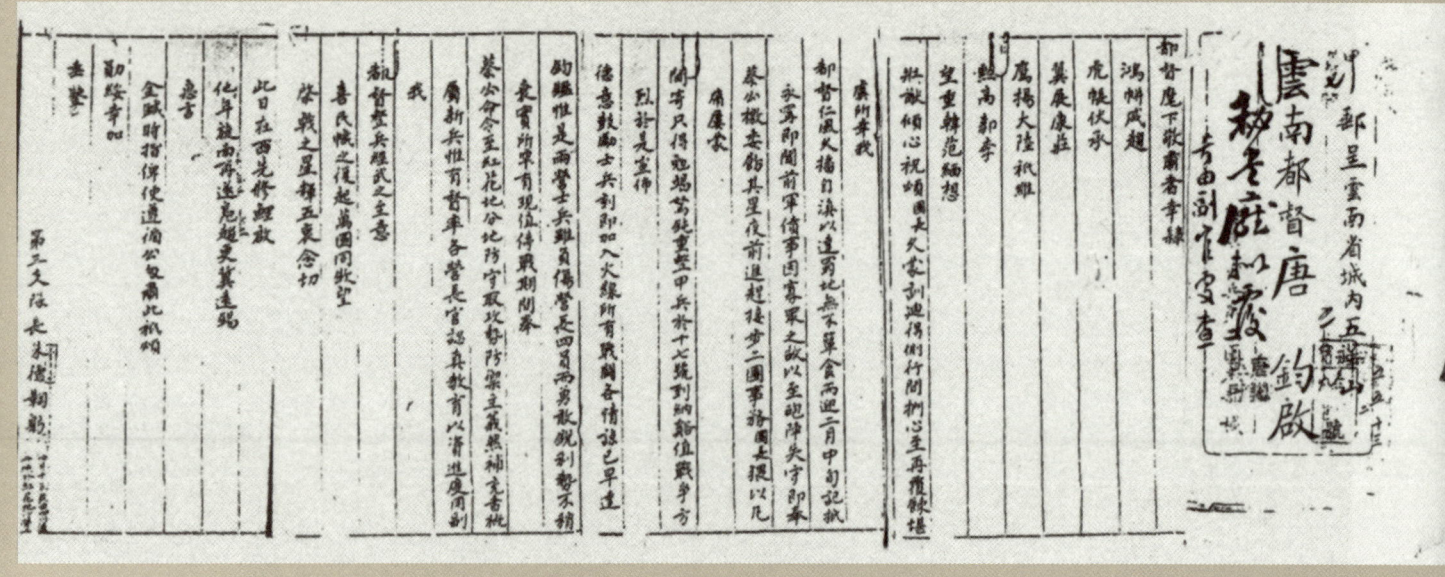

※ 朱德1916年4月15日致云南都督唐继尧函。

这一年的3月，云南的政局出现了再次动荡。孙中山先生命令滇军出兵讨伐北洋军阀，滇军总司令顾品珍将滇军调往宜良集中，准备出发，云南边境一带出现空虚。一直图谋称霸西南的"云南小皇帝"唐继尧觉得时机已到，秘密潜回云南，纠集旧部并收买了吴学显、莫卜等土匪武装，从蒙自发兵向昆明进攻。顾品珍率部仓促应战，由于判断失误，战略上处于被动，在小河口竹园战役中，被土匪武装吴学显所属之黄诚伯部偷袭时杀害。顾部的杨希闵、范石生、蒋光亮等率其主力一部败退广西。此时，流言四起，风声鹤唳，草木皆兵，败局已无法挽回。宁静的昆明城已乱作一团，人心惶惶，纷纷出逃。

唐继尧一回到昆明，就下令四处搜捕忠于孙中山、拥护北伐的原滇军将领。3月27日，对朱德等发出通缉令，一定要捉拿朱德等人，以报他被驱逐出云南的一箭之仇。滇军的代理总司令金汉鼎从未见过这种惨败局面，一筹莫展，找朱德商量对策。朱德再三为他打气："胜败乃兵家常事。"他们共同商定，先离开云南退到缅甸，再从长计议。

是夜，朱德和金汉鼎、刘云峰、唐淮源等带着一连人马打算经楚雄、大理出境去缅甸。当他们刚到安宁休息时，没想到罗佩金带着四十多人的卫队和二十多匹骏马也赶到了。患难之中故旧重逢，格外高兴。

突然，传来了驻楚雄的警备司令华封歌倒向唐继尧的消息。这无疑对他们是一个沉重的打击。

朱德说："去缅甸已是不可能的了。看来只能北上了，这也是逼上梁山啊。"

罗佩金却满怀信心地劝说大家："华封歌既是我的学生，又是我的老部下，我最了解他，还是很重友情的。看在我的面子上，会放大家一马的，会让出一条路来放大家过去的。"

朱德看人看事总是十分透彻、入木三分。他说："华封歌可是见钱眼开的人啊。他的友情和良心，早在银元的丁当声中消失了，他会把最后一个老朋友出卖给唐继尧来换取高官厚禄的。我们绝不能相信这种有奶便是娘的龟儿子，应该立即调头北上，渡过金沙江，沿着旧的马道穿过西康，到四川后就可顺江而下，由上海转广州，去投奔孙中山先生了。"

罗佩金却认为这是死路一条，坚决反对。他说：

"往北去，谈何容易。一路险山恶水，盗匪出没，凶多吉少。再说，就是能到了四川，那也是去送死。现在四川掌权的新军阀，是同滇军不共戴天的刘湘和杨森，他们不会放过我们的。"

各说各的理，意见难统一。

朱德最后非常感慨地说："人各有志。事到如今，只好分道扬镳了。但愿我们后会有期，能在云南这块土地上再次相见！"

罗佩金带着他的卫队直奔楚雄，朱德等一行日夜兼程，风餐露宿，疲于奔命。当罗佩金到达楚雄时，华封歌知道了朱德和金汉鼎等北上的路线后，为了向唐继尧邀功请赏，立即派出一营骑兵穷追不舍，并张贴榜文重金悬赏捉拿朱德、金汉鼎等人。

一场逃亡和追捕战在滇北的崇山峻岭中进行着。这里山势险要，森林密布，只有一条蜿蜒崎岖的古道，是马帮贩运所走的山间小道，隐没在丛林和杂草中。逃亡者快马加鞭，日夜兼程，只盼早日甩掉敌人，进入安全地带；追捕者马不停蹄，星夜赶路，一心只想捉到朱德等人好去领赏。然而，追捕者高兴得太早了，忘却了他们正在追捕的是滇军中赫赫有名的一批高级将领，特别是朱德有着在云南边界五次跋山涉水、穿越丛林的丰富经验。几天了，追捕者连个人影也没有见到，气已泄了一半，但还是追下去。

（刘学民）

天无绝人之路

> 朱德一行被追到金沙江渡口，只见白浪滔滔，不见渡船和人影，他们陷入了走投无路的绝境。天无绝人之路，这时，一只乘风破浪的小船奇迹般地出现了。

朱德、金汉鼎一行从大姚进入彝民区后，人生地不熟，更是困难重重。一天，他们冒雨赶到盐丰的桃花山。深夜，他们突然遭到普小洪土匪武装的袭击。土匪凭着人多势众、地形熟悉，打了他们一个措手不及。一连人在朱德的指挥下，经过顽强战斗，虽然打退了敌人，但人马损失过半。等到天明清点时，只剩下朱德、金汉鼎、刘云峰、唐淮源、谭兆福和副官周澎、汤玉清等十余个军官和卫队的几十名士兵了。

为了安全起见，朱德一行在每次出发之前，都先派出一个小分队，由刘云峰带领，提前先行，边探路边侦察，以防不测。在抵达金沙江边的前一天，刘云峰在前面中了埋伏，被桃花山上的土匪绑架而去，生死不明。当朱德在后面隐隐约约听到有枪声，飞兵赶到时，土匪早已逃得无影无踪。

第二天，朱德一行穿林海，攀悬崖，沿着山间马道，终于来到金沙江边的渡口。

这里两岸的大山如同刀砍斧劈一般，陡峭壁立，莽莽苍苍的林木遮天蔽日，金沙江活像一群被激怒的狮子咆哮着，在山涧里狂奔不停，白浪滔滔，涛声轰鸣。朱德牵着他那匹大黑马，站在江边，既看不见一艘渡船，也看不到一个人影。

朱德仰望南天，翻滚的白云不停地变换着形状，飘向远方。他思绪万千，长叹一声后，自言自语地说：

"难道，真是苍天无眼，人间无情。我们就没得法子渡过江去，非死在这里不成？我朱德自信现在还没有到去见阎王的时候。"

眼前的现实是需要一艘船，一艘救命的船，哪怕是一艘小船，就可以把这位将对中国命运、民族前途产生深远影响的伟大人物渡到彼岸。朱德把双手放在嘴边做喇叭状，面对着滔滔不停的金沙江呼喊着：

"有船吗？过江了！"

"船老板，过江了！"

回声在山间回荡。

朱德、金汉鼎、唐淮源这些滇军中的青年将领，当年在蔡锷将军的麾下，曾指挥过千

※ 1918年2月。朱德（后排左一）参加在四川自流井（今属自贡市）召开的滇军第二军军官骨干会议后，和与会的金汉鼎、杨如轩等8位将领的合影。

军万马，是身经百战的名将，有多少堡垒被他们攻破，有多少敌人被他们征服……然而，今天他们像是到了尽头，陷入了走投无路的绝境。此时，朱德瞪着双眼巡视着金沙江两岸，就像一把梳子，把滩头、江湾、江汊的犄角旮旯梳了一遍，仍未见船只的踪影。他又向江对岸扫视，顿时振奋起来：

"船，那边有一艘船！"他怕自己看错了，用手揉了揉眼睛仔细再看，那的的确确是一艘船。

这一奇迹的出现，使朱德极为兴奋，他高声喊道：

"有船了，快来看，有一个人从山上走下来上船了！"

"有希望了，他向我们划来了！"

顿时，朱德一行像列队一样，齐刷刷地一字摆开，站在江边向对岸招手、欢呼：

"船老板，过江了！"

"船老板，过江了！"

欢呼声在山谷中久久回荡。

小船乘风破浪，顺江而下，不久就靠岸了。朱德迎上前去，同船老板寒暄一番，希望能尽快把他们渡过江去，必有重谢。

船老板仗义豪爽，一听说他们是当年护国讨袁的滇军，站在面前同他讲话的正是血战纳溪棉花坡的朱德，更是倍感亲切。他非常激动地说：

"我在对岸观察多时了，觉得你们不像是土匪强盗，也不是坏人，看来定有急事要渡过江去。这不，我才冒死来了，没想到见到贵人喽！"

船老板名叫曾海若，是云南丽江永兴湾碧人，一直在江上摆渡谋生。前些日子听说唐继尧杀回昆明，到处悬赏缉拿原护国军将领，出的价码吓死人，高的十几万，低的也有几万，说定都给白花花的钢洋。

船老板气愤地对朱德说：

"唐继尧这个老贼，心都黑透了。他为了独霸云南，已经六亲不认了，花钱买人头的事，迟早是要遭报应的。我们再穷，也不去干那种丧尽天良的事。要是我遇到他要杀的人，一定摆过江去，让他们逃命！"

没想到在金沙江边，船老板真的遇到了唐继尧悬赏捕捉的金汉鼎和朱德等。他说这正是天公的巧安排，也是对他良心的考验。他把胸脯一拍，对朱德说：

"请放心，有我曾海若在，就有你们在，前面别说是金沙江，就是火海，我也要把各位老总摆过去！"

此时，乌云翻滚，眼看就要变天。在江边不能久留，船老板决定先摆一趟过江，留下的人等待去找船的人回来一块儿过江。

朱德、金汉鼎、唐淮源等带着几个贴身警卫，拉着战马，登上小船，直驶对岸。真是吉人天相，江上风向突然变换，吹起一阵东南风，船老板嬉笑着说："各位老总，你们真好福分，借来了东风，一路顺风，可以平安过江了！"

只见船老板借着风势，挥舞船桨，划向江心。小船被托上浪峰，转瞬间又滑向波谷，一高一低在波谷浪尖上颠簸，翻滚的巨浪劈头盖脑地泼向船中，朱德一行个个都被浇得湿透，像刚从江里捞出来似的。涛声哗哗，风声呜呜，演奏起悲戚雄壮的乐章，是送别曲，还是壮行歌？他们个个自有感受。面对此情此景，每个人的思绪均如同奔腾翻滚、呼啸而

※ 1918年，朱德（前排左二）与靖国军同事、云南陆军讲武堂同学金汉鼎（前排左一）、杨蓁（前排左三）、范石生（前排左四）、刘介眉（前排左六）、兰馥（前排左七）等在泸州合影。

下的金沙江。

花开花落，时势变化，一言难尽。这些滇军名将，把他们显赫的头衔总司令、参谋长、军长、旅长等等，连同滇军昔日的辉煌统统抛到了金沙江中。如今，成了败军之将，落荒而逃。这都是为什么？路又在何方。

过江后，朱德对船老板说：

"曾老板冒死摆渡，才使我们脱离险境，本该重金酬谢，只因我们是仓皇出走，没有贵重之物。相信后会有期，你的救难之情、救命之恩，来日一定相报。留下这一百钢洋，给你买点酒，暖暖身子，驱散风寒吧！"

船老板坚持不收。他说："要是为了钱，我曾海若就不摆老总们过江来了！再说，你们出门在外，这江湖上用钱的地方多了，还是留下吧！我只求朱旅长题几个字留作纪念。"

朱德满口答应，找来一张红纸，不假思索地挥毫写就"侠义可嘉"四个苍劲的大字，然后，在落款的地方写上："朱德题赠"。

曾老板如获至宝，高兴地说："这比什么都金贵，我一定好好保存起来！"

朱德一行拱手告别了曾海若老板，踏上新的征程。

（刘学民）

路遇"袍哥"

> 朱德对"哥老会"里通行的一套礼节、规矩、手势和暗语，虽然已多年不用，但仍谙熟于胸，一旦做起来，还是地地道道的"袍哥"。

朱德一行在大水井伍祥贞家借宿一夜。天微明，就由伍祥贞的弟弟带路赶往盐边。上路不久，突然走来一队人马，全是彝人装扮，拖枪挎刀，扬鞭跃马而来，朱德一行还未弄清是哪路人马时，已被团团围住。彝人把枪口直对着朱德等人，只要一扣动扳机，准有人去见阎王。

小头目瞪着一双大眼睛，操着四川话喊着："给老子都放下家伙，举起双手！哪个反抗，就先敲掉他的脑壳。"

其余的喽啰们也跟着嚷嚷起来：

"放下家伙！"

朱德心想，就你们这几条枪，哪是对手！枪一响，保准个个都上西天了；但如今不能作这无谓的对抗。常言道，"虎落平原被犬欺"。走到屋檐下不能不低头。他强压心头怒火，说道："来将不通报姓名，就要收枪，未免有点不尽情理了吧。弟兄们都是闯荡江湖的人，我先把话说在明处，如何处置，悉听尊便。"讲到这个份上，他觉得把滇军这块破烂招牌打出来也许可以抵挡一阵子，便用拇指往后一指，说："这位是滇军代总司令金汉鼎将军，那位是唐淮源将军，敝人是朱德……"

小头目本来就觉得同自己说话的人威严庄重，不卑不亢，毫无惧怕之色，绝不是等闲之辈，而讲的又是地地道道的川音，正在纳闷，一听说是让北洋军闻风丧胆的朱德，一下就慌了神，立即翻身下马，跪倒在地，说：

"不知是各位将军到此，失礼之处还望海涵！"

"我们是边防警备队的巡逻队，各位老总有何吩咐？"

※ 朱德（前排左三）和滇军部分将领在昆明合影。

朱德一听是四川边防警备队，心里的石头才算落了地。他预感到一场厮杀将会避免，可以平安抵达会理了，便说："有紧急军情，途经此地，望能借贵方一条便道前往。我等绝不会在此停留打扰。"

小头目犹豫片刻，回答说："此事实难做主，望能派一代表前去同我大哥雷云飞商量，各位可在这里休息两天，等候回话。"

朱德同金汉鼎商量之后，派出一位副官去同雷云飞谈判。

雷云飞，号星如，四川盐边（今四川攀枝花市盐边）人，原来也是贫苦的农家子弟，自幼上过几年私塾，读过一些四书五经，酷爱中国的古典小说，《三国演义》、《水浒传》和一些武侠小说对他影响极深。他崇尚忠义，辛亥革命前就参加"袍哥"（哥老会），从事反清活动。辛亥革命爆发，他在川康一带拉起一支农民武装，最多时有五千人马，不仅有汉族，还有彝族，在川、康、滇三省交界的金沙江畔，占山为王，其势力范围达五六百里，控制了南起金沙江，北到会理、盐边的整个川康地区，俨然一个小小的独立王国。他劫富济贫，专同官府作对，不论云南、四川的旧军阀还是新军阀，都拿他没有法子，说他是"大土匪"、"山大王"。后来，四川的新军阀只好把他收编为四川边防军，大小也算给了他一个"司令"当当。

两天后，朱德一行正在焦急等待消息的时候，突然有一支马队从北面挥鞭呼啸而来，等到可以看清来人面目时，朱德一眼就认出里面有派去的副官等人，看来交涉还算顺利。

马队来到朱德一行人面前，一个矮小精悍的汉子翻身下马，向朱德等人行了一个军礼，说："雷云飞特来迎接各位将军！"接着，拉开架势，用"袍哥"跑江湖闯码头时见面对试的办法，打着手势，用"袍哥"的暗语向朱德盘问"海底"。

朱德早就听说雷云飞是义胆豪情的好汉，早年参加了袍哥（哥老会），还是"龙头大爷"。朱德在辛亥革命前，也曾秘密参加了"哥老会"，"哥老会"里通行的一套礼节、规矩、手势和暗语，虽然已多年不用，但仍谙熟在胸，一旦做起来，还是地地道道的"袍哥"。他对雷云飞的盘底对答如流，应付自如，一问一答，高潮迭起。在一旁的金汉鼎、唐淮源，还有雷云飞手下的大小头目，个个目瞪口呆，惊奇赞叹。

最后，雷云飞倍感亲切，双膝跪地，泪流满面地对朱德说："久闻大名未曾相识，我们原来就是一家人。今日相见，算我雷云飞三生有幸！"

朱德说："常言道，'大水冲了龙王庙，一家人不识一家人。'弟兄们在患难中萍水相逢，既然是一家人，也就免礼了！"说着，便上前拉起雷云飞。

雷云飞把朱德一行接到乌拉山双龙村的山寨，按"袍哥"的规矩和当地的风俗举行了庆典。杀猪宰羊，大摆宴席，三百人出席作陪，好大的场面和气派。朱德与雷云飞同饮了结盟的鸡血酒，发誓"患难相顾，富贵同享，永世不忘"。朱德将刻有自己名字的一支勃朗宁手枪取下，连同八支长枪，赠予雷云飞，作为见面礼。雷云飞拿出三百钢洋和一些礼物回赠答谢。雷云飞穿行席间，频频举杯向客人祝酒。最后，他恳求朱德留下，为他出谋划策，以图共同发展。朱德再三说明他们遭到唐继尧的攻击和追捕，准备北伐的滇军已经四分五裂，土崩瓦解。一则要去南方向孙中山先生复命，再则他本人觉得国民革命已经无望，决心出国学习，寻求救国的良方，另辟新路。

朱德一行在山寨里休息了两天。扮作商人的便装做好后，朱德将六十名卫队和六十多支长、短枪和他心爱的坐骑大黑马都留给了雷云飞，嘱咐说："这些人马留下给你。一兵一卒，一枪一弹，都要用到正道上！"

朱德骑着雷云飞的"八百红"小矮马，唐淮源骑着大骡子，金汉鼎坐着凉轿，带着几个护卫，一律是商人穿戴。雷云飞挑选了六名枪法极好、勇猛过人的壮士把他们护送到会理。然后，朱德一行折转北上，经西昌过小相岭，渡大渡河，再翻越白雪皑皑的大相岭，一路艰险尽在不言中，又经越西、雅安、乐山、叙府，于5月中旬才抵达南溪家中。

这次极为悲惨的逃亡，在朱德的人生旅途中，是一次根本性的转折。朱德受尽磨难，九死一生亡命天涯，也真是"塞翁失马，安知非福"。眼前的现实和滇军的经历教育了他，他逐渐懂得了，在军阀混战、穷兵黩武的漩涡里，根本无法实现他当年"投笔从戎、强兵救国"的美好愿望，只能为军阀们卖命当炮灰。于是，朱德下定决心同新旧军阀决裂。

他在《自传》里说：

"最后还是借着唐继尧的毒手，将封建关系代我斩断。使我才进入了共产主义革命的阶段。"

朱德从黑暗中冲杀出来，继续去追寻光明大道。

（刘学民）

抉 择

朱德婉言谢绝了杨森以"师长"的职位邀请其留下共事的"盛情"，决心出国寻找新的革命道路。这是他从资产阶级民主革命向社会主义革命的一次转折，是他走向共产主义的起点。从此改写了他的一生。

朱德一路艰辛，经雅安、乐山、叙府（今宜宾），回到南溪家中，与亲人团聚。他向亲朋好友们讲述了劫后余生的经历，然后说他打算抛弃高官厚禄，走出巴山蜀水，顺江而下，经上海转往北京，去找孙炳文，圆他那个新的强国之梦。

亲朋好友听到他这个惊人的决定，如同晴空响起了一声炸雷，一下懵了，都大惑不解：

"玉阶兄，你这次受的刺激太大了，看来快把人气疯了。疯话，可以说说，可不能做疯事啊！"

"此处不留爷，自有留爷处。滇军垮了，还有川军嘛！你是护国名将，又是我们四川人。把你那'朱'字旗一打起来，保证立马就有千军万马归你指挥！"

"朱将军恨死了军阀唐继尧之流。他们置国家与民族于不顾，为了争夺地盘不停地厮杀，看来朱将军是决心不同他们为伍了。"

一位好心的朋友劝说道："大丈夫，能屈能伸。十年河东，十年河西。不必灰心丧气，你还可以东山再起！"

惟独他的妻子陈玉珍支持他的决定。她说：

"你的决定是对的。你就放心地去吧！家里老小的事，有我担着，别操心，我和宝书等你回来！"

陈玉珍，是个知书达理的人。她出身于书香门第，是南溪富商陈方舟的女儿，也是孙炳文的外甥女，毕业于南溪师范，是南溪中学的教员。她思想进步，参加过辛亥革命和讨袁护国运动。

1917年6月，朱德同她相识后结婚。当时，护国军改编，朱德所部改编为云南陆军第七师第十三旅步兵第二十五团，他任团长。在那个穷兵黩武的战乱年代里，他们家可以说是一个安全的港湾，是一个温馨的小天地。婚后生活，朱德十分满意。他和陈玉珍都很喜欢音乐，闲暇时，陈玉珍弹琴，朱德吹箫或拉胡琴，他们荡漾在音乐的海洋里，非常惬意。他们喜欢养花，还修整出了一个非常漂亮的花圃。为了读书，陈玉珍还特意布置了一间精致的书房，他们在那里读书或讨论读过的书籍。他们阅读孙炳文带来的《新青年》、《新潮》、《每周评论》等进步刊物。他们还读了陈独秀的《吾人之最后觉悟》，李大钊的《政治主义与世界组织》，达尔文的《进化论》，卢梭的《社会契约论》等书。特别是1919年，五四运动的风暴席卷了中国大地，把俄国的十月革命和马克思主义的信息传到了中国，唤醒了中国人民的良知。朱德的家里逐渐形成了一个学习小组，除了朱德、陈玉珍外，还有在朱德旅部任咨议的孙炳文和军事参议戴与龄等。他们常在一起，就世界流行的新思潮进行探讨和学习。

朱德身边有孙炳文这样一些思想进步的人物，对他不断追求真理，直至走上新的革命道路有着深刻的影响。所以，陈玉珍支持朱德抛弃高官厚禄，去追寻救国的新路，也就不足为奇了。

然而，这时许多亲朋好友并不理解朱德，总觉得像他这样既有地位又有权势的人，洋房、娇妻、股票、存款，样样都有（解放后，仅昆明市政府代为保管的财产就有：房屋两院二十三间，房契三张，股票二十四张，存折七本，息折四本，租约九份），生活在上等

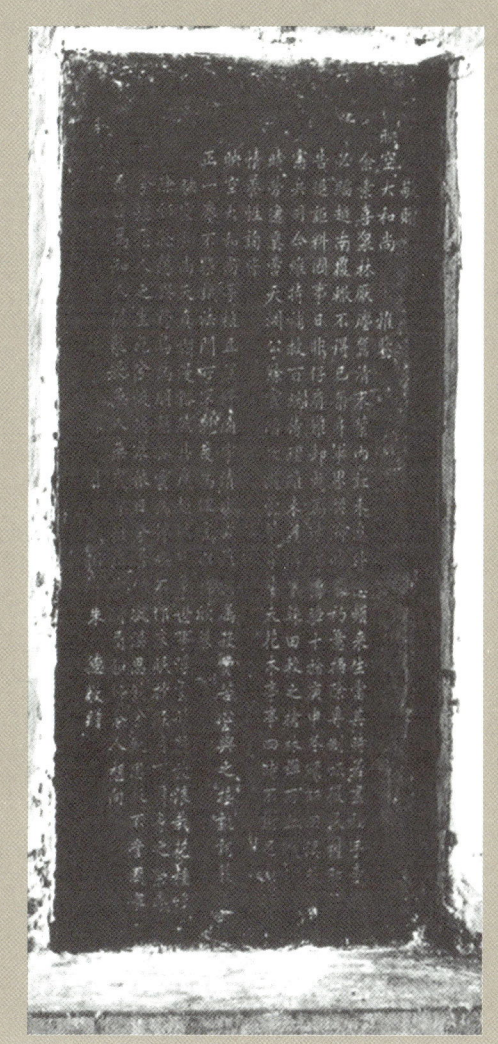

※ 朱德离开云南前，写信给昆明昙华寺住持映空和尚，流露出对军阀混战的厌恶情绪。此信被刻成石碑存在昙华寺。

社会里，怎么会来了个一百八十度的大转弯，放弃舒适富裕的生活不过，却要去找马克思主义，去找共产党，硬往下层社会里钻。

"玉阶兄，共产主义是穷人的主义，共产党是穷人的党。你为啥子跟着他们走呢？"

"我忘不了，我祖宗世代是农民，都是穷人堆里的人。"朱德说。

的确，此时朱德是名扬四海的护国名将，已不再是十四年前从巴山下徒步走出来的穷娃子了。但朱德没有忘本，没有忘掉自己的阶级，没有忘掉自己的国家。他不是为个人，正是为了他们，为了中国千千万万的穷人去找出路，才会这样义无反顾。朱德下决心戒掉了鸦片烟，抛弃了名利、地位，抛弃了股票、洋房，告别了妻儿老小，踏上新的征途。这绝非一件容易的事，是剧变，是决裂，是真正的革命。

朱德这一次的抉择，超过以往任何一次，是他从资产阶级民主革命向社会主义革命的一次转折，从此改写了他的一生。如果要对他的一生作一界定的话，这是他走向共产主义的起点。

没料想，几天之后，朱德突然接到杨森的电报，约他去重庆叙旧。朱德虽猜不透杨森的用意，但考虑再三，觉得重庆是非去不可。一则出川必经重庆，不见杨森，难以通行；再则若有请不去，说不定会惹出啥麻烦来。他同金汉鼎商量之后，决定立即动身，应邀赴会。

5月下旬，朱德同金汉鼎乘船沿长江而下，来到重庆，受到杨森的热情欢迎和款待。

杨森是四川广安人，当年广安与仪陇同属顺庆府管辖，因此可以算是朱德的小同乡。他早年曾就读于顺庆府中学堂，又算是朱德的同学。他于1913年离开川军投奔了滇军，在云南陆军讲武堂任过队长；护国战争时，随赵又新入川，任滇军第二军参谋长兼独立团团长，曾与朱德并肩战斗在川南一带。1920年，川军和滇军大战，他率部反水，转而投靠了川军。他与朱德是同乡、同学、同事，交情很深，对朱德的人品和才华都十分钦佩。当时，他在滇军里豪赌，输光了军饷，在万分焦急、走投无路之时，曾因得到朱德的资助才渡过难关。

可是，这时的杨森，远非当年，他刚刚接任了刘湘的川军第二军军长，并兼任着重庆警备司令，正踌躇满志，想争雄于四川，实现其独霸全川的野心。所以，他对朱德和金汉鼎的到来，喜出望外，格外高兴。他深深懂得"千军易得，一将难求"的道理，认为只要有金、朱二将相助，定能成其大业。他主意已定，便向朱德发出了邀请。

朱德和金汉鼎一到重庆，杨森便使出浑身解数，实施拉拢。他先是亲自迎接于朝天门码头，接着，陪他们去看赛龙舟，游览名胜古迹。每天都是美味佳肴，待如上宾，酒后茶余，就摆龙门阵，追忆往事。他们谈到了家乡顺庆府，谈到了顺庆府的中学堂，谈到了云南讲武堂，还谈到了纳溪大战。杨森为了套近乎，还乘兴吟诵了朱德当年写的一首七言诗：

> 重光祖国借余晖，万众同心用力微。
> 毳幕腥膻终寂寞，汉家子弟尽雄飞。
> 喜当年富兼身壮，时正秋高又马肥。
> 戎马少年半同学，倾心为国志无违。

杨森想用乡情、友情做纽带，把朱德拉得更靠近自己。

龙门阵摆得海阔天空。这一天，杨森终于谈到了正题。他说：

"玉阶兄，四川需要你，川军也需要你呀！衷心地希望你能留在家乡，助我一臂之力，把川军整饬得像滇军那样，成为一支不垮杆子的队伍。眼下，可先在第二军里弄个师长当当，将来队伍发展了，还可以弄个军长、司令当当，凭你的才干，绝不成问题！"

已决心不再与军阀为伍的朱德婉言谢绝了杨森的"盛情"，说：

"子惠兄，实话实说吧，我已厌倦了军旅生涯。十年戎马，出生入死，是为了支持革命。可是，革命却不知哪里去了！失望呀！一腔热血为国家，到头来，革命也夭折了，痛心呀！所以，我准备出国去留学，去看看人家的革命是怎么个搞法。"

杨森一听朱德想去留学，不禁哈哈大笑起来，说：

"玉阶兄真是奇人一个。我若没记错的话，仁兄今年已三十有六了，还漂洋过海，像娃儿学话那个样子，跟着洋人牙牙学语，不太累了吗？我真弄不明白，你到底图个啥子哟？"

杨森虽再三挽留，也无济于事，最后，只好不无惋惜地说：

"玉阶兄，一言为定啰！学成归来，望能重返故里。我这里是虚席以待！"

（刘学民）

第一次游览上海和北京

游览了北京和上海，朱德说："北京就像一个臭气熏天的粪坑，封建主义的味道特别浓厚。旧官僚、军阀正在这里玩弄权术，把中国待价而沽。""北京和上海之区别，就在于一个是封建的没落的腐朽的，一个是殖民地式的丑陋的罪恶的。"他心情十分沉痛地说："中国已破烂不堪了！"

江轮缓缓驶出朝天门码头，顺江而下。朱德站在甲板上，挥手告别了送行的亲朋好友，告别了故乡的山水，出三峡，过汉口，经九江到南京，改乘火车抵达上海。

上海，对朱德来说是非常陌生的，他只是在照片和年画上看到过，什么样并不清楚。他想象中的大上海是一座美丽文明的城市，但万万没想到，第一天踏入上海，上海给他的印象却是丑恶的、落后的。

朱德在肇家滨路一个同盟会的朋友家里住下，花了几天时间观光了十里洋场的大上海。从东到西，从南到北，从商业区到工业区，从租界地到棚户区，他亲眼看到了，在黄浦江上横行无忌的，是帝国主义的军舰和挂满万国旗帜的商船；他亲眼看到了，外滩上矗立的是高大的楼群，在棚户区里连成一片的却是贫民窟；他亲眼看到了，外国军队耀武扬威地走在中国土地上；他还亲眼看到了，"红头阿三"（英国人雇佣的印度巡捕）在租界里欺压中国人民。在外滩公园门口，他看到了挂着的"中国人和狗不得入内"的牌子，这位身经百战的将军一下子被激怒了，他气愤地说："上海，是哪个的天下？少数人花天酒地，穷奢极欲；多数人昼夜奔波，忍饥挨饿。上海是富人的天堂，穷人的地牢。上海已经不是中国人的上海，的的确确是冒险家的乐园！"

7月初，骄阳似火。

朱德匆匆离开上海，乘火车沿津浦路北上。在这个盛夏之季，大江南北和黄河两岸，本应都是收获的季节，然而，他透过车窗看到的，却是一片凄凉景象：由于连年内战，满目疮痍，田园荒芜，人烟稀少。面对此情此景，他忧心如焚，整个中国的劳苦大众都在受难呀！

朱德走出北京前门火车站，雇了一辆人力车，到宣武门外的方壶斋胡同去找孙炳文。

两人见面格外高兴，孙炳文对朱德如约而至尤为欣赏，说：

"玉阶兄，一路辛苦了！料定你是会来的，只是没有想到你来得这么快呀！为啥子这么突然，怎么连个电报也不打，我好去车站接你哟！"

"多谢了！我朱德说话，从来是作数的。与你相约出洋，是我梦寐以求的事。这次能迅速成行，还得感谢唐继尧呀。我是借着他的黑手斩断了同旧势力的联系。"

孙炳文把自己的妻子任锐和连襟黄志烜介绍给朱德认识。

朱德住下后，详细地向孙炳文介绍了唐继尧趁滇军响应孙中山先生的号召，出师北伐之际又杀回了云南，顾品珍战死，罗佩金出逃后被抓被处死，他和金汉鼎等一批滇军将领被追捕、抄家和通缉的情况。朱德极为愤慨地说："是唐继尧逼着我亡命天涯，去另谋生路的。"

第二天，朱德在孙炳文、黄志烜的陪同下，游览了古都北京。古老的北京紫禁城，随着清王朝的覆灭，已失去了昨日的辉煌，显得破败不堪，金碧辉煌的琉璃瓦已暗淡无光，到处是野草丛生，更加衬托出今日的凄凉。孙炳文告诉朱德，如今里面仍住着清朝的宣统皇帝。

北京街头仍旧弥漫着浓厚的封建气味，到处都可看到旧的王公大臣，国会里豢养着一批新官僚，其实都是"猪仔国会"的老人物。他们每逢初一、十五，仍然头戴顶子，身穿长袍马褂，乘着轿子去"上朝"。那些遗老遗少们照样拎着鸟笼子，摇着扇子，招摇过

※ 1918年2月，朱德（左）和孙炳文在四川泸州。

市。见面之后还是弯腰、打躬、下跪，搞那一套请安、问候的繁缛礼仪，昔日的威风虽已丧失殆尽，但仍摆出一副目空一切的臭架子。北洋军阀的达官贵人，整天在吃喝嫖赌中过日子。

孙炳文问朱德对北京的印象，朱德说："北京就像一个臭气熏天的粪坑，封建主义的味道特别浓厚。旧官僚、军阀正在这里玩弄权术，把中国待价而沽。"

孙炳文又问他："与上海有什么不同？"

"北京和上海之区别，就在于一个是封建的没落的腐朽的，一个是殖民地式的丑陋的罪恶的。"他心情十分沉痛地说，"中国已破烂不堪了！"

朱德还抽空拜访了在京任航空督办的李根源。师生相见，格外亲切。朱德说："老师，我打算去欧洲学习，看看别人是怎个革命的。"

"你这是鸿鹄大志，前途无量！"李根源不仅支持他去留学，还帮他和孙炳文办理了出国护照。

几天之后，在黄志烜的邀请之下，孙炳文陪同朱德乘上北去的火车到宣化、大同、归绥（今呼和浩特）一带旅行。

车过居庸关时，他看到中国铁路工程师詹天佑设计的"人"字形铁路，解决了火车在崇山峻岭中爬坡的难题，为中国人在铁路建筑史上重重地写下了一笔。他说："这使中国人扬眉吐气，值得自豪！"

当他们换乘汽车来到鸡鸣山煤矿时，在井下看到了矿工们干的是繁重的劳动，在昏暗的灯光下，满面黝黑的采煤工，浑身沾满煤屑，佝偻着身子把煤一篓篓背出矿井。矿工们的悲惨生活，如同他在四川看到的盐工和在个旧看到的锡矿工一样！干着重活，却终日不得温饱，过着牛马不如的生活。朱德说："这世道太不公平了！"

离开鸡鸣山，朱德与孙炳文继续北上，先后到了归绥和大同。他们凭吊了古战场，参观了王昭君墓和大同石窟。雄伟壮观的长城、星罗棋布的烽火台，这些历史悠久的文化古迹和广袤无垠的大漠荒原，给他们留下了极深的印象。

一路上，孙炳文向朱德谈起了铁路、煤矿工人不堪忍受资本家的残酷剥削和压迫，不断地闹工潮。工潮的声势越大，军阀和外国资本家就越恐慌。孙炳文还告诉朱德，他的朋友李大钊去年参与组织了一个新党——中国共产党。这个党的纲领是反对帝国主义列强，反对封建军阀，解放劳苦大众，建立无产阶级专政。朱德越听越感兴趣。他说："这是个好党，一定要找到。我也想加入，你能介绍我和李大钊见面吗？"

"很不巧，李大钊有事离开北京去南方了。据说共产党的领导人陈独秀正在上海。此人我也认识，我们找陈独秀去！"孙炳文说。

朱德非常赞同："这个主意要得！我们马上动身去上海找陈独秀去！"

（刘学民）

晋见孙中山

> 孙中山握着朱德的手，说："你就是蔡锷麾下的勇将朱德！早已闻名，你们都是讨袁护国的有功之臣！"朱德答道："作为革命军人，忠于职守，讨平国贼，理所当然！"

8月中旬，朱德与孙炳文顶着似火的骄阳，迎着炙人的热浪返回上海。恰巧这时金汉鼎也到了上海，他对朱德说："有个最新消息，中山先生最近从广州来到上海，听说我们

※ 19世纪末20世纪初上海滩旧景。

在这里,他很想见见面。你看如何?"

"当然要见。中山先生是我仰慕已久的革命领袖,一定要去晋见。你约个时间吧!"

孙中山比朱德大20岁,是朱德从青年时代起就十分景仰的革命先驱。所以,辛亥革命前,朱德就秘密加入了孙中山领导的同盟会。孙中山这次来上海,是因为6月间他所依靠的粤军将领陈炯明在英帝国主义和直系军阀的支持下,发动了叛乱。8月,他被迫离开广东经香港来到上海,当时他正处在十分困难的境地,正谋划着如何夺回广州,重建共和政府。

这天,朱德、金汉鼎等来到上海莫利爱路29号(今香山路七号)的一幢寓所,拜见仰慕已久的孙中山。

孙中山非常热情地接待了来客。各人自报家门后,孙中山同他们一一握手。他握着朱德的手,说:"你就是蔡锷麾下的勇将朱德!早已闻名,你们都是讨袁护国的有功之臣！"

朱德答道："作为革命军人，忠于职守，讨平国贼，理所当然！"

孙中山接着向朱德、金汉鼎、孙炳文等讲述了陈炯明在广州叛变的经过。他说：

"这是我在革命道路上遭受的最为惨重的失败。三十多年来，我虽屡遭失败，但从没有这样惨，这样使我痛心！过去失败，毕竟是败在敌手之中，而这次却败在自己长期信赖的人之手中，教训沉痛。因此，我想借助驻在广西的滇军和桂军去讨伐陈炯明，夺回广州，再造共和。我希望你们能尽快回到滇军中去，重振军威！为使部队能迅速调动，可以由香港先付十万大洋作为军费！"

朱德万万没有想到，孙中山会对他如此器重，能够在这危难之际，委以重任，真有点受宠若惊，但他很快就冷静下来。他从十多年的亲身经历中，对国内长期的混战已不抱什么希望，对孙中山依靠这个军阀反对那个军阀的老办法也不再相信，更不赞同。但他非常敬重孙中山，作为孙中山的学生和崇拜者，他不便当面去否定孙中山的做法。所以，他对孙中山说："我和炳文准备出国去，如今正在办理护照！"

孙中山听到"出国"，开始有些惊讶，沉思片刻后，说：

"你们一定要出国，就去美国吧！那是一个新兴的国家，有许许多多东西值得我们学习和借鉴。"

朱德觉得美国虽然是新国家，却是新的资本主义国家。美国，也许对美国人很好，可是美国对我们为共和国而进行斗争的人并不见得好。它不援助我们却去帮助我们的敌人。他想到欧洲去，因为在"十月革命"的影响下，欧洲的社会主义运动正在蓬勃发展。因而，他非常委婉地对孙中山说：

"我愿意到欧洲去。听说社会主义在欧洲最强大，很得人心。去研究这个新的革命理论和运动，也许对我们中国革命会更有好处。另外，我是军人，还想亲眼看看欧洲大战的痕迹，学一学那次大战的经验教训。"

时间过得很快，在亲切交谈中已度过了一个上午。

孙中山见劝说他们无效，只好作罢，默默点头表示赞同他们出国的做法。

临别时，孙中山还紧握着朱德的手，说："革命前程远大，虽然各人志向不同，道路不同，但都是为了中华民族的复兴和强盛。好自为之吧！"

金汉鼎则当场答应了孙中山的请求，并表示立即动身去广西，动员滇军参加讨伐陈炯明之战。

（刘学民）

与陈独秀会面

> 朱德要求加入中国共产党,陈独秀没有同意。但是,朱德要求入党的决心没变,他说:"我一定要争取成为共产党员。今年不行,明年;一年不行,两年,三年。我深信最终会有那么一天到来的,我会成为共产党员的!"

朱德和孙炳文在公共租界闸北的一所普通房子里,找到了中国共产党中央执行委员会委员长陈独秀。

陈独秀是安徽怀宁(今属安庆市)人,早年曾留学日本,参加过辛亥革命。1915年9月,在上海主编《青年》杂志(后改名为《新青年》)。1916年,任北京大学教授。1918年,与李大钊等创办了《每周评论》,提倡新文化运动,是五四新文化运动的主要领导人之一。五四运动后,接受和宣传马克思主义,发起组织中国共产党,是中国共产党的创始人之一。1921年7月,在中国共产党第一次全国代表大会上,被推选为中央局书记;1922年7月,在中国共产党第二次全国代表大会上,被选为中央执行委员会委员长。

经过孙炳文的介绍,朱德怀着殷切的希望,兴致勃勃地向陈独秀提出加入中国共产党的请求。他坦诚地谈了自己是怎样由佃农子弟到贫苦学生再投身军界,又是如何在新思潮

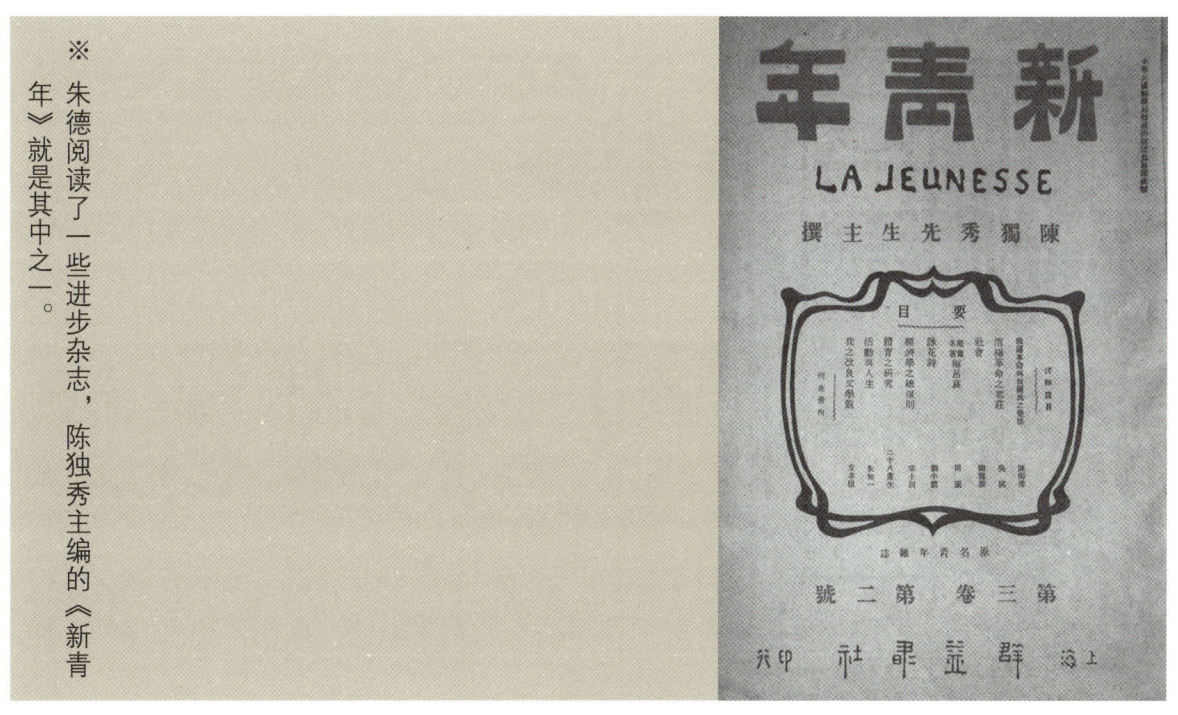

※ 朱德阅读了一些进步杂志,陈独秀主编的《新青年》就是其中之一。

的启蒙下加入同盟会参加辛亥革命，以及在滇军的经历。他还陈述了自己对中国革命的认识。他说：

"我从亲身经历中，认识到用老的军事斗争的办法，不能达到革命的目的。辛亥革命的成果已被反革命篡夺了，孙中山先生利用军阀反对军阀的办法也失灵了。这一切证明了建立资产阶级共和国的方案，在中国是行不通的，必须学习俄国的新式革命，从头搞社会主义革命。"

陈独秀是小心谨慎而又寡言少语的人。他侧着头倾听着朱德的陈述，两眼直盯着对方上下打量着，突然若有所思地发问道："你认为共产党和国民党有什么不同？你为什么要加入共产党？"

朱德对共产党和国民党作了比较分析，然后直截了当地说：

"为个人的升官发财和光宗耀祖，我可以在功名、利禄中选择，可以在滇军、川军中选择，也可以在旅长、师长中选择；而为国家和民族，我却要在国民党和共产党中选择，在资产阶级和无产阶级中选择。如今，摆在我面前的有两条路，但我要走的只能是后者，也可以说别无选择。我可以抛弃一切，只要求跟着共产党走。我认为共产党才是真正为了国家和民族的利益。我要求加入共产党，绝不后悔，也永不背叛。"

听完朱德的回答，陈独秀沉思片刻后，说：

"要参加共产党，必须以无产阶级的事业为自己的事业，并且随时准备为它献出宝贵的生命。"

"请相信我，我能做到。只要组织需要，就是肝脑涂地，也在所不辞！"朱德迫不及待地插话说。

陈独秀不以为然地摆了摆手，慢条斯理地说：

"不客气地说，像你这样身份的人，还需要经过长时间的学习和真诚的申请，再经过长期的锻炼和考验，共产党才会接受。所以，我奉劝你不要加入共产党，还是回到旧军队里去。那样对革命和自己都会有好处的。我看你是典型的军人，不适合搞政治。"

陈独秀的一席话，像一瓢冷水泼在朱德的头上。这分明是把他拒之于党门之外嘛！他拼死从旧营垒中冲出来，陈独秀不仅不欢迎，还要把他再推回去。他和孙炳文都像被污辱了人格似的，带着满腹的委屈和惆怅，慢慢地走出了陈独秀那间小屋。

朱德十分痛心，不明白像他这样的人为什么就没有资格参加共产主义革命？就无权信奉马克思主义？难道在革命的新秩序中，真的没有我朱德的立足之地？

朱德彻夜难眠。他问孙炳文："革命，为什么这么难？世界上为什么还有不准别人革命的人？我的一只脚虽然还在旧秩序中，但拔出的这一只脚却不能在新秩序中找到落脚之地。"

孙炳文劝说："革命，我们是革命定了，绝不能动摇。党，一时入不了，不要紧。我们还可以去争取！你已经迈出的这只脚，应该一直朝前走，不能退回去！"

"我有生以来一直都是朝前走的，从未后退过。放心吧！"朱德说。

陈独秀无情的拒绝，没有使朱德对共产党失去希望和信心。经过几天的思考，反而使他争取加入共产党的决心更坚定了。首先，他明白了共产党不是国民党那样的党，不是不论什么人只要提出入党申请就可以加入的；同时，也说明了共产党对自己还不了解。他从失望的痛苦中走出来后，对孙炳文说：

"我一定要争取成为共产党员。今年不行，明年；一年不行，两年，三年。我深信最终会有那么一天到来的，我会成为共产党员的！"朱德是意志坚定的强者，他的行动准则是：认定了的事就干到底，不达目的绝不罢休！一生都是如此。

（刘学民）

难忘的航行

从上海到巴黎，在这次难忘的航行中，朱德目睹了一幕幕的惨状，他深有感触地说："看来悲惨的事情，不单单是中国有，在这个世界上到处都有。这算什么世道？"

朱德同孙炳文商定，按照原计划到欧洲去，到马克思的故乡去学习革命的真理。

1922年，是朱德人生道路上的一个转折点，是他转轨的一年。他从笃信孙文学说转而笃信马克思主义，从为缔造共和拼杀疆场转变成为寻求真理而远走天涯。这里有他当年赠好友艾成庥的诗为证：

中山主义非无补，卡尔思潮集大成。
从此天涯寻正道，他年另换旧旗旌。

四年之后，朱德再次出现在陈独秀面前时，却是另一番景象。这时，陈独秀对他已刮

※ 1922年9月上旬，朱德离开上海前往法国。他认为，"在先进的欧洲可以找到救国救民的方法"。

目相看，不仅热情地接待了这位刚从苏联学习归来的共产党员，而且还委以重任。先派他在上海、南京一带搜集孙传芳、吴佩孚等军阀的情报；后派他去湖北、四川争取四川军阀杨森，支持北伐战争。此是后话。

1922年9月初。朱德乘法国邮船"阿尔及尔"号缓缓离开上海黄浦港，开始了漫长的海上航行。

"阿尔及尔"号行驶在浩瀚的大海上，水天一色，茫茫一片，偶尔有几只海鸥在蓝天上翱翔，伴着轮船。

大海，对朱德来说是陌生的。他生在大山中，长在大山中，最熟悉的是山。连绵不断的大巴山，高耸入云的大雪山，深邃莫测的大凉山，他都见识过。水，他也不陌生，孩童时期蹚过家乡的小河，长大了才见到奔腾的嘉陵江，后来又见过一泻千里的长江和万马奔腾的黄河，他知道了水要是发起怒来，比野兽还凶猛。江河虽然是雄伟壮观的，但比起大海来，那就渺小多了。看到大海，看到了中国大陆以外的世界，朱德的心胸和眼界更开阔了。他站在甲板上，面对大海，凝望着，沉思着，遐想着大海的那一边该是个啥样子。

在这次难忘的航行中，朱德结识了许多新朋友，与他同船的除老朋友孙炳文之外，还有房师亮、章伯钧、史逸、史尚宽、夏秀峰、李毓九、李景泌等十多人，大多是四川老乡，也有几位是福建、安徽的。这些将要步入异国他乡的华夏赤子，常常聚在甲板上"摆龙门阵"。他们各自作了自我介绍，畅谈个人的出洋打算和未来的抱负。当知道朱德曾是蔡锷麾下的将军，时年36岁，在同行者中是长者时，有位朋友怀着敬重的心情问道：

"玉阶兄，已过而立之年，放着将军不当，漂洋过海，不远万里，亦将有以利吾国乎？"

"何必曰利。吾将为国而上下求索。"朱德学着对方嬉戏腔调，用文绉绉的话语回答，逗得大家捧腹大笑。朱德却不紧不慢地接着说下去：

"年龄大点，有啥子要紧。我听说勤工俭学的先行者蔡和森的妈妈葛健豪是54岁时举家赴法去勤工俭学；徐特立是43岁、黄齐生是40岁才出国留学的……你们说，他们哪个比我小呀！"朱德扳着指头跟大家讲起从孙炳文那里听来的这些故事，还挺认真的。大家听得津津有味，对他也更加敬佩了。

邮船经香港、西贡、新加坡，穿过马六甲海峡，进入印度洋，过科伦坡、孟买入红海，再过苏伊士运河，进入地中海。邮船行驶得很慢，每到一个口岸，都要停留一两天，有时甚至三四天，以便补充淡水、燃料、食品和检修。朱德一行抓住这一个个难得机会，上岸去观光各地的风土人情。

一路上，朱德所看到的一切与他想象中的外国完全是两个样子。在南洋一带，他看到许多离乡背井去寻找生路的骨肉同胞，连一个栖身之地都没有，过着贫困不堪的日子，而花园洋房里住着的庄园主、资本家却过着穷奢极欲的生活。在西贡，有来自广东、福建的华侨约二十多万，他们在法国殖民当局的统治下，忍受着极不公平的苛捐杂税，每人每年仅人头税就得交十八元，而当地人只交五元。他非常感慨地对华侨说："这都是因为华侨没有强盛的祖国做后盾。所以，他们专门欺辱我们中国人！"在非洲，黑人的悲惨生活，更使他万分惊讶。他说："黑人世界是非人的世界，黑人是白人的奴隶。黑人苦力一贫如洗，没有一件衣服，身上只围个裙裙，太惨了！"

他目睹了这一幕幕的惨状，深有感触地对同行的朋友说："看来悲惨的事情，不单单是中国有，在这个世界上到处都有。这算什么世道？"

"阿尔及尔"号邮轮，经过四十多天的漫长航行，最后到达了法国名城马赛。

马赛，这座具有光荣历史的名城，因一支《马赛曲》而扬名于天下。朱德一进入马赛港，耳边就回响起早已成为法国国歌的《马赛曲》，那高昂激荡的旋律，促人奋进。关于《马赛曲》的故事，早在国内他就听说过，今天能踏上这块土地，他倍感亲切。

※ 巴黎公社社员墙纪念碑（浮雕局部）。1871年巴黎公社同资产阶级浴血奋战中，最后一批战士英勇献身的地方。对于法国左翼人士，特别是社会主义者和共产主义者来说，这座墙成为了人民争取自由和理想的象征。

当天，朱德和他的同伴换乘火车去巴黎。

巴黎，这个号称为世界"花都"的城市，经过第一次世界大战的摧残，已不再那么美丽动人了，到处是一派破败不堪的景象。法国虽然是第一次世界大战的战胜国，但战祸使其元气大伤，战争的阴影依然笼罩着这座文明古城，沿街有不少衣衫褴褛的寡妇、孤儿、伤兵和乞丐，向过路的行人乞讨。

朱德和孙炳文一起游览了巴黎的名胜古迹。他看到那凯旋门虽已斑驳陆离，失去昔日风采，但依然宏伟壮观，它上面的图案记录着法兰西光彩夺目的历史。当他登上塞纳河畔的埃菲尔铁塔时，巴黎的全景尽收眼底。他对铁塔的浩大工程和精巧结构，赞不绝口。大家特地在铁塔前合影留念。他们还参观了记录着法兰西文明和革命历史的卢浮宫、冈戈尔广场、共和国广场、拿破仑墓、拉雷兹神甫墓地的巴黎公社社员墙。

（刘学民）

入 党

1922年11月，朱德经周恩来、张申府介绍，被批准加入中国共产党。朱德回忆说："从那以后，党就是生命，一切依附于党。"

在巴黎期间，朱德和孙炳文寄居在一位中国商人的家里。那是一个在年轻时就到法国谋生的人，他依然眷恋故土，一有空闲，就请朱德介绍祖国发生的事情，他也给朱德他们讲一些巴黎的见闻。一天，他对朱德说，听说有一个中国留法学生团体是共产党，在宣传鼓动革命。说者无意，听者有心，朱德急忙追问这些人在哪里。那位商人说更多的情况就不清楚了，但答应第二天带他和孙炳文去找另一个朋友。朱德和孙炳文终于弄清了最近成立的是旅欧中国少年共产党，负责人是周恩来，不巧的是他已经离开法国去了德国柏林。那个朋友还把周恩来在柏林的地址告诉了他们。

这一意外的消息，又一次燃起了朱德找党的希望之火。他和孙炳文商量后，决定去柏林找周恩来。

这时，周恩来担任旅欧中国少年共产党（1923年2月改名为"旅欧中国共产主义青年团"，也称"中国社会主义青年团旅欧支部"）中央执委会宣传委员，正在柏林考察德国的劳工运动，但他的主要工作是在留德学生中建立和发展共产主义组织，就住在柏林近郊瓦尔姆村皇家林阴路的一幢寓所里。

这天，朱德、孙炳文来到周恩来的住处。当敲开房门时，站在他们面前的是一位面目清秀的年轻人。朱德有些吃惊，忙说："我们刚从中国来，想找一位叫周恩来的先生。"

那位年轻人非常热情地把他们引进房间，说："我就是周恩来，有什么事需要我帮助吗？"

周恩来的名字，朱德不仅听说过，还在新近出版的《少年》杂志第二号上，仔细地阅读过周恩来写的论文《共产主义与中国》。他非常欣赏周恩来所说的"资本主义的祸根在私有制，故共产主义者的主张乃为共产制。私有制不除，一切改革都归无效。"共产主义"在今日世界上已成为无产阶级全体的救时良方"。他曾对孙炳文说："周恩来的主张正是你我多年来所探索和追求的。"朱德万万没有想到眼前的这个年轻人就是周恩来。他想，作为共产党的领导人，又能写出那样文章的人，年龄总不会比自己小吧。但事实终归是事实，这时的周恩来才二十四岁。

"我，姓朱名德，字玉阶。"朱德先自我介绍，接着指一指孙炳文，说："他，姓孙

※ 1922年春，朱德的入党介绍人周恩来（左二）和张申府（右一），以及刘清扬（右二）、赵光宸（左一）在柏林万塞湖留影。

名炳文，字睿明。我俩是同乡、同志，这次又一同到欧洲学习。"

一番寒暄之后，谈话转入正题。朱德用他那浓重的川音一字一板地叙述他走过的道路和追求革命的经历：从他祖辈在"湖广填四川"时由广东韶关移居四川仪陇，讲到全家人节衣缩食供他上学；又从弃教从戎，投身军界，抱着军事救国的理想，讲到参加辛亥革命、护国战争；最后，讲到抛弃高官厚禄，亡命天涯，拒绝了杨森的挽留和孙中山的重托，一心想加入共产党，然而又被陈独秀拒之于党门之外……

"我决心争取加入中国共产党，不再回到旧的生活里去了，这次到德国来就是最好的证明。我一定努力学习和工作，派我做什么都行。"朱德结束了他长时间的倾诉后，歉意地笑了，说，"占去了你很多时间。"

周恩来一直聚精会神地听着，不时地在一个小笔记本上记着。朱德前半生的经历是丰富多彩的，其中有苦难艰辛，悲欢离合，也有厮杀拼搏，刀光剑影，人生道路上的酸甜苦辣都齐全。在周恩来的经历中，还未曾遇到过这样一个从旧营垒中冲杀出来的将军。他被朱德异乎寻常的经历和执著的追求深深打动了。他沉思片刻之后，说："玉阶兄，你们吃饭了没有？如果没有，那我们该吃饭去了！谈话有的是时间，吃完饭我们还可以接着谈。"

此后，双方又经过了几次交谈。他们就国内外形势、各种思潮以及对共产主义的认识、中国革命的道路，畅谈见解，气氛十分融洽。

周恩来向朱德和孙炳文表示：

"我愿意介绍你们加入中国共产党，在你们的入党申请没有得到国内批准之前，可以接收你们为候补党员。"

1922年11月，经周恩来、张申府介绍，朱德、孙炳文被批准加入中国共产党。

在把这一喜讯告诉朱德时，周恩来还特地叮嘱说：

"你加入共产党的事情，一定要严格保密，不能张扬，以免让人知道你是共产党员。这是革命斗争的需要，对外不要公开共产党员的身份。因为，像你这样具有社会背景的人便于团结更多的人。"

从此，朱德以国民党党员的身份在德国留德学生中开展工作，后来还当选为中国国民党驻德支部的执行委员，负责组织工作。

朱德后来回忆说："从那以后，党就是生命，一切依附于党。"

他用一生的奋斗，实践了1922年向党组织表示的决心："终身为党服务，作军事运动。"

（刘学民）

独特的学习方法

> 朱德回忆说："我硬是用走路来学习德文的日常用语和地名的。几个月后，我的德文程度达到可以出去买东西、旅行，上街可以坐车了。"

朱德刚到德国时，面临的最大困难是语言障碍。这对时年36岁，毫无德文基础的朱德来说，语言不通，既不能与当地人交谈，又不能阅读德文书籍，真是一种叫天天不应、叫地地不灵的处境。他没有被困难吓倒，而是知难而进，在柏林的半年时间里，他把主要精力放在学习德文和德语的会话上，比常人付出了加倍的努力，利用一切机会刻苦学习。

朱德学习的方法非常独特，他不是把自己关在房间里死啃书本，而是紧密联系实际，学用结合。他买了一本柏林市区图，请库尔提老师做指导，把柏林市区图上的地名，都用

※ 1924年,朱德在德国哥廷根。

中文注上读音和含义。他每天挤出时间,按照交通路线,由近而远,边走边看,边问边记,沿途的教堂、学校、博物馆、剧院、公园、画廊、商店,他都停下来仔细辨认着德文招牌,观察德国人的风俗习惯。有时,偶尔在公园里还同游人交谈。几个月里,他几乎走遍了柏林的大街小巷。他对这座世界名城,产生了浓厚的兴趣,不仅记下了街道和建筑物的名称和位置,而且也渐渐地学会了用德语进行日常生活对话。后来,他回忆起这一段有趣的学习生活时,曾说:"我硬是用走路来学习德文的日常用语和地名的。几个月后,我的德文程度达到可以出去买东西、旅行,上街可以坐车了。"这时,他多么希望能更多地走走看看,更多地去了解德国的文化和人民的生活。他除了参加中共旅德支部的活动外,还经常同一些中国留学生结伴去参观博物馆,考察第一次世界大战的遗址,访问工厂、农村和市民。资本主义制度下的社会情况,给朱德留下了深刻的印象。他对资本主义的认识从抽象到具体,又从具体到抽象,总算认识了它的本质。原来认为资本主义可以救中国的梦想,算是彻底破灭了。后来,他回忆起那一段访问德国工厂的收获时,说:"我开始放弃资本主义可以拯救中国的信念。"

朱德在同中国留学生的交往中,得知位于德国中部莱茵河畔的哥廷根,虽然是仅有四万多人的小城,但却有一所1737年创办的曾培养出众多学者的格奥尔格·奥古斯特大学，这座小城因此而闻名于世。法国的拿破仑曾赞誉格奥尔格·奥古斯特大学"不仅属于汉诺威，而且属于全世界"。当时，在这座大学里的中国留学生有四十多人，特别凑巧的是其中有十多人来自巴山蜀水。朱德于1923年的5月间，也迁居到了哥廷根。

朱德和孙炳文受到哥廷根中国留德学生会的欢迎。留德学生会的会长魏嗣銮与朱德、孙炳文是同乡，所以格外亲切热情。以后，朱德就在魏嗣銮的帮助下，继续学习德文。

朱德在哥廷根住在文德路88号。房子的主人是男爵，是曾参加过第一次世界大战的德国将军，战败后退役。为了深入了解世界近代战争，朱德买了许多德文的军事书籍，请那位男爵为他辅导，并请他讲解第一次世界大战的典型战例，研究其战略战术。朱德在男爵家里住了五个月，他利用这一有利条件，潜心研究了世界近代战争的历史和战法。

中共旅德支部哥廷根小组每星期三召开一次会议，进行学习和讨论。这是朱德在哥廷根的一项主要活动。这时，小组的成员有孙炳文、房师亮、高语罕、郑太朴等。后来，又增加了邢西萍（徐冰）、阚尊民（刘鼎）。他们把《共产党宣言》、《社会主义从空想到科学的发展》、《帝国主义是资本主义的最高阶段》、《唯物史观》，以及《共产主义ABC》等著作作为必读书。此外，还学习《向导》、《国际通讯》上刊登的有关世界革命与中国革命的文章，一起探讨中国革命和世界革命的具体问题。

1924年3月，朱德进入了格奥尔格·奥古斯特大学哲学系，专修社会学专业。他虽然每天都去听课，但大学里的课程并没有引起他多大的兴趣，他最感兴趣的是党的活动。在留学生中，朱德年龄最大，待人诚恳，学习刻苦，受到大家敬重。不久，他当选为哥廷根中国留学生会的负责人。当时，党组织的活动主要在留学生中进行，重点是团结中国留学生，进行共产主义和爱国主义的宣传。

（刘学民）

与国民党右派学生作斗争

> 朱德怒斥右派学生，右派学生不敢再胡闹。他们私下里传说：朱德力大过人，武艺高强，浑身是胆，真是惹不得的将军！

朱德于1924年12月下旬，在哥廷根市政局办了移居手续，乘火车回到柏林。翌年初，国民党召开第一次全国代表大会，进行改组，孙中山正式实行"联俄、联共、扶助农工"

的三大政策。不久，中国国民党在柏林成立了驻德支部，朱德被中共旅德支部派往国民党驻德支部工作。当时，他还没有公开共产党员的身份。后来，他被推选为国民党驻德支部的执行委员，负责组织工作，主要活动仍在留学生中进行。

国民党改组后，党内的右派极力反对国共合作。国民党左派和右派之间的斗争，也影响到留德的学生。所以，学生会分成了两派，展开了激烈的辩论，有时甚至动起武来。这时，在朱德主持下创办了一份《明星》报，向留学生宣传新三民主义和国共合作的政策，以争取中间立场的学生，同右派势力作斗争。

中国留学生总会设在柏林市中心繁华的康德大街122号。这是一座有阁楼的二层小楼，楼内有七八间明亮宽敞的房间。可说是闹中取静的一个极好的寓所。共产党和国民党左派的学生经常在这里活动，来往柏林的一些同志也常在这里暂住。这里成了共产党和国民党左派的活动中心。因为它是留学生总会，各派学生都有钥匙，可以自由出入。这时，国民党右派学生正在另立门户，打出了"青年党"的旗帜，妄想独占此楼。

一天，突然来了几个右派学生，把大门的锁换了，并宣布占领了留学生总会，贴出一张布告，声称"此楼过去被共党霸占，现在要收回失地"等等。

左派学生得知后，面对这种无理挑衅，毫不示弱，一致同意夺回来。于是赶来，用斧头劈开门锁，重新装了一把新锁，也贴出一张布告，严正声明："留学生总会受孙中山先生的国民党驻德支部领导，留学生都有权使用。任何个人和组织都无权独占。"

右派学生眼看着已夺到手的小楼又丢了，并不死心，企图再次抢回去。

这天，朱德、孙炳文、刘鼎等几个人，正在楼里整理刚刚编印好的《明星》报。突然间，从大门外涌进一群右派学生，个个挽着袖子，攥着拳头，瞪着双眼，摆出一副打斗的架势。领头一个冲着朱德嚷嚷道：

"我们要收复失地，限你们八小时内滚出去。不然，就不客气了！"边叫嚷边在朱德面前挥舞着拳头。

刘鼎看他们人多势众，担心真要动起手来，朱德吃亏，便对孙炳文说："是否去报警？"

还没等孙炳文回答，朱德就飞起一脚，挑起身边的一把椅子，趁椅子还未落地时，抓在手里甩在地上。"咔嚓"一声，一把好端端的椅子散了架。他顺手捡起两根椅子腿，立在墙根，冲着右派学生喝道：

"你们这些不要脸的东西，还奢谈'收复失地'，好啊！你们去收复台湾、琉球、香港、澳门，还有那些数不清的租借地。去呀！去找日本人、英国人、美国人算账去！在自

※ 1923年，朱德和部分留德人员在哥廷根合影。前排右起：朱德、贺治华、郑太朴、张申府。后排右起：孙炳文、高语罕。

己同胞面前逞什么威风，充什么好汉，可耻！滚出去，立即给我滚出去，否则别怪我手下无情！"

这时的朱德的确被激怒了。他一改平时对同胞、对同学、对朋友那种宽厚、和善、友好的面孔，一下变成了怒目金刚，吓得右派学生一个个灰溜溜地走了。那个领头的一面后退还一面虚张声势地叫着：

"朱德，你不要吓唬人。我们不怕你，这个事没完……"

一场风暴过后，小楼又恢复了平静。刘鼎开玩笑地说：

"玉阶兄，今天我才算领教了朱将军的威风。我想当年讨袁护国战争时，纳溪大战中把北洋军张敬尧打得落花流水，那可是真刀真枪，肯定会比今天更加痛快淋漓！"

朱德哈哈大笑：

"我也只是想吓吓他们。说实在的，这些乳臭未干的仔，哪是我的对手！不给他们点颜色看看，他们猖狂得厉害！"

从此，右派学生老实多了，再未敢来胡闹。他们私下里传说：朱德力大过人，武艺高强，浑身是胆，真是惹不得的将军！

（刘学民）

"朱将军"名扬柏林城

> 朱德因声援五卅运动而被捕入狱，并被驱逐出德国。朱德无限悲愤地说："此地我已不想久留，'驱逐'正合我意。我们到苏俄去，那才是一块自由的天地！"朱德虽然离开了柏林，但"朱将军"却名扬柏林城。

1925年5月30日，英国军警对上海抗议日本纱厂资本家枪杀工人领袖顾正红的游行队伍的工人和学生实行屠杀，造成震惊中外的五卅惨案。帝国主义的残暴行径激起全国人民的愤慨，全国各地展开了声势浩大的抗议示威运动。香港海员和各界工人总罢工，使英帝国主义霸占的香港一下变成了一座臭气熏天的死城。在欧洲大陆，许多国家的人民纷纷举行集会，声援中国人民的正义斗争。

当五卅惨案的消息传到柏林时，中国留学生群情激奋。中共旅欧支部立即发动留学生组织声援活动。朱德通宵达旦地编排了一期《明星》，除了介绍"五卅惨案"的经过外，还发表了揭露英帝国主义和日本帝国主义屠杀中国人民的滔天罪行的文章。他组织中国留学生上街游行、发表演说、散发传单，声援五卅运动。中国留学生的正义行动，还得到了德国共产党的全力支持，在他们的机关报《红旗报》上发表文章痛斥英帝国主义。

不久，中国政府派特使徐树铮到德国进行卖国活动。朱德得知这一消息后，立即带领留德学生包围了中国驻德国使馆，要求中国驻德大使出来接见，答复大家的要求。那个平时神气十足的大使魏宸祖，早已吓得躲藏起来。留学生们久久等候，但毫无音信。愤怒的留学生在朱德的带领下，冲过警察的警戒线，涌进了使馆的大厅。他们问遍了使馆的工作人员，但那些工作人员都说不知道大使在哪里。后来，有一个人悄悄透露说大使藏起来了，但不知藏在哪里。

朱德一挥手，说："搜，他能钻到地里去不成？"

留学生们一拥而上，从一楼搜到三楼，每一个房间都不放过，终于从一个衣柜里把大

※ 朱德（前排右三）在哥廷根与四川籍中国留德学生的合影。

使"请"了出来。留学生们当面向他表达了中国留德学生的爱国心愿，要他立下字据，担保特使徐树铮不向德国借债，不买军火，不搞卖国勾当，徐树铮立即离德回国。终于，徐树铮在朱德等中国留学生的驱赶下，灰溜溜地离开了德国。

这一爱国行动，不仅在留学生中产生了深远的影响，而且改变了德国人对中国人的看法。德国人称赞中国学生运动的成功，钦佩朱德的指挥才能，说："没想到原来领导中国留学生运动的是位将军！"

驻德大使魏宸祖对留学生的游行活动和占领使馆的行为耿耿于怀，他向德国政府提出建议，把参与活动的留学生驱逐出境。在被驱逐的留学生名单中，朱德的名字赫然名列榜首。

中国发生的"五卅运动"，也得到了德国人民的同情和支持。德国共产党支持中国的声援活动，持续了一个多月。

6月19日晚，德共在柏林市立陶乐珊中学的广场上组织演讲会，声援中国、南非和保加利亚人民的革命斗争。朱德带领着在柏林的一部分留学生应邀参加集会。数千名来自许多国家的留学生，集结在广场上，有不少人走上讲台发表演说，控诉帝国主义和殖民主义的暴行。当时，突然下起了滂沱大雨，但是丝毫没有影响与会者的高昂情绪，整个会场的气氛十分热烈。

集会即将结束时，突然间大批德国警察冲入会场，逮捕了35名外国与会者。朱德也是被捕者之一。在大雨中，他们被押上了敞篷汽车，关进了亚历山大广场旁的警察监狱。

这是一座古城堡式的监狱，建筑得十分古怪，五层楼高，看不到门窗，也没有走廊，只有一条狭窄的悬梯直通到楼顶，然后再从楼顶一层一层下到各层的牢房。显然是为了防止犯人逃跑和劫狱而专门设计的。

和朱德同时被捕的中国留学生还有孙炳文、房师亮、章伯钧、缪焕星、刘鼎等。他们被带进牢房的第三层，一人一间，单独监禁起来。坐在班房里，同外界隔绝了，大家都焦急不安，不知如何是好。

这时，突然从关押朱德的牢房里传出了德语的吼声：

"我抗议！你们逮捕中国留学生是非法的。"

"我要见你们的警官！"

"我要见中国大使！"

这一招，还真灵。立即打破牢房里的沉静，其他牢房立即响应，纷纷提出同样的抗议：

"抗议非法逮捕！"

"我们要见中国大使！"

"我们要见警官！"

抗议声，吵闹声，此起彼伏，不绝于耳。看守的警察来制止，也无效。

一阵抗议声过后，突然间，又传来了朱德的歌声，他唱起了《国际歌》，大家也跟着唱起了《国际歌》。一曲唱罢，朱德又唱起了《马赛曲》，那慷慨激昂的歌声，那无限的愤怒在牢房里回荡。虽然他们分别关在牢房里，但抗议声和歌声，却把大家紧紧地凝聚在一起，进行着顽强的斗争。这歌声鼓舞着大家团结战斗，这歌声搅得那些警察日夜不得安宁。他们知道带头的正是那位中国的"朱将军"。

第二天，德共中央的机关报《红旗报》发表消息，揭露德国当局对中国留学生的迫害，并质问德国社会民主党：中国留学生抗议英帝国主义，何罪之有？政府当局悍然出动警察逮捕中国留学生，岂不说明政府和掠夺德国的英帝国主义站在一边吗？这不表明它已背叛了德国人民？德共还要求社会民主党公开表态，究竟是站在英帝国主义一边，还是站在中国留学生一边？德共巧妙地把德国社会民主党推上了被告席，弄得他们狼狈不堪。迫

※ 哥廷根大学，德国九所精英大学之一，全称为乔治–奥古斯都–哥廷根大学，位于德国西北部下萨克森州南端的大学城哥廷根市，因英王乔治二世创建而得名。始建于1734年，于1737年向公众开放。1924年3月，朱德在入学哲学系，专修社会学。

于舆论的压力和人民的反对，三天后，柏林当局没作任何解释，悄悄地把中国留学生放了。但是，朱德等人的护照被无理吊销了，要把他们驱逐出德国。这当然又是中国驻德大使馆同德国当局做成的一笔肮脏交易。

朱德无限悲愤地对刘鼎说：

"此地我已不想久留，'驱逐'正合我意。我们到苏俄去，那才是一块自由的天地！"

7月4日，朱德等在国际红色救济会的帮助下，办好了去苏联的护照，抱着实现他那"终身为党服务，作军事运动"的宏图大愿，登上了开往列宁格勒的轮船。

朱德虽然离开了柏林，踏上了新的征途，但"朱将军"却名扬柏林城。柏林城里传颂着中国留学生中有位威名赫赫的将军叫朱德，是共产党人。

（刘学民）

入学登记卡

1924	1924—1925	1925	1925—1926	1926	1926—1927	1927
夏季学期	冬季学期	夏季学期	冬季学期	夏季学期	冬季学期	夏季学期
1927—1928	1928	1928—1929	1929	1929—1930	1930	1930—1931
冬季学期	夏季学期	冬季学期	夏季学期	冬季学期	夏季学期	冬季学期

新生注册号码： 780
登记时间： 1924年3月3日
科　　系： 哲学

由学生认真而清楚地填写

姓　　名： 朱德

用德文书写

出生年月： 1885年11月6日　生于中国
宗　　教：
专　　业： 社会科学
你是否曾在另一个大学读过书？
从前你是否在哥廷根上过大学？
读几年级？　第一学期
父母住址：　四川　仪陇
省（国家）：
街道和门牌号码：

在哥廷根的住所：　普兰克大街3号
中学学业证件（符合者在其下划一横线）　文科中学
　　实科中学　　高级实科中学　　女子中学
女子高级中学　　其它高等学校
　　　四川中学毕业
其它证件：（如无中学毕业证件）：
国　　籍：　中国
（只对医科学生）：医科预考你是否及格？
是否参加了社团？什么社团？
签字（姓名用拉丁字母书写）：　朱德

※　朱德在哥廷根大学的入学登记卡及其译文。

在莫斯科学习

> 朱德在莫斯科比较系统地学习了辩证法唯物论、政治经济学、军事学等。
> 刘鼎回忆说："教官在讲授军事课时,我们不懂的地方,朱德就帮助解释,因为他是有亲身体会的。对于游击战术的问题,他懂得多,理解得也透彻。"

在1925年6月被德国吊销护照后不久,朱德接到通知,他前往苏联的申请得到批准,近期内即可启程。

这时,国际红色救济会帮了他很大的忙,替他办理了护照,并买了船票。7月4日,朱德离开柏林,和李大章等一起乘船前往苏联。他后来回忆道:"我从德国这样被赶出来,非常痛恨。不过,在这几年中间,脑筋思想都大大改变了。坐在帝国主义家里来看帝国主义倒是清楚一些。在研究马克思列宁主义方面也有很大的进步,我读过了很多这种书籍。在这休养时期、重新准备时期里,我把自己的思想、行动,都重新检讨了。现在想起来,那时的确是有很大的进步。"

他乘坐的轮船是经过波罗的海前往苏联的。一踏上苏联的国土,朱德立刻感受到一种友善、热烈的气氛。在列宁格勒,朱德和他的同伴们被邀请到工厂、机关、学校去演讲、参观。他在演讲中揭露帝国主义在中国的罪行,宣传中国的革命运动。

那时,列宁去世还不久,苏联还没有完全从内战造成的破坏中恢复过来,物质生活相当艰苦。有些同伴拿西欧的生活条件作比较,感到有些失望。朱德就告诉他们:"在列宁格勒,可就没有游手好闲的人。每日节省了多少钱,做了多少事!经济困难,那是因为刚在激烈内战之后。我们从这一点来看,社会主义是正在一点点搞起来。这一点看不穿,那是资本主义的眼光。"

不久,中共旅莫支部根据朱德的请求,同意他留在苏联进入莫斯科东方劳动大学学习,他在这里比较系统地学习了辩证法唯物论、政治经济学、军事学,还有中国和世界的经济地理等,理论水平得到进一步提高。几个月后,朱德又到莫斯科郊外一个叫莫洛霍夫卡的村庄,这里是东方大学管理的几个农庄之一。朱德在这个秘密的军事训练班学习了六七个月。四十多名来自法国、德国的中国革命者在这里接受军事训练,学习城市巷战、游击战的战术。教官大多是苏联人,也有来自罗马尼亚、奥地利等国的革命者,朱德当队长。曾经同朱德在一起学习军事的刘鼎回忆说:"教官在讲授军事课时,我们不懂的地方,朱德就帮助解释,因为他是有亲身体会的。对于游击战术的问题,他懂得多,理解得

※ 苏联莫斯科东方劳动者共产主义大学教学主楼。

也透彻。"

这期间,在苏联教官讲课时,朱德负责军事教程解释等工作。他还经常给中国学员讲解如何利用地形、地物,如何使用机关枪、迫击炮、手榴弹,如何保护自己、消灭敌人,如何侦察,如何袭击敌人,如何攻占警察局等。在学习时,他注意研究苏联内战时期的游击战术。当教官问他回国后怎样打仗时,他说:"部队大有大的打法,小有小的打法。""打得赢就打,打不赢就走。""必要时拖队伍上山。"

朱德在苏联学习了将近一年的时间,他不仅学到了许多新知识,也开阔了眼界。

(金冲及)

回国参加革命

> 朱德坐火车走了14个昼夜，在海参崴等了一个多月，才搭上一艘海轮，经过日本门司，于1926年7月12日，到达吴淞口，终于回到祖国，开始了新的斗争。

1926年5月18日，朱德踏上了返国的旅途。与他同行的还有欧阳钦、秦青川、章伯钧、房师亮等二十多人。

火车行驶在横贯西伯利亚的铁路上。车窗外，晨雾遮掩下的山脉，形同一条巨龙俯卧在天际，朱德的心绪随着延绵起伏的群山，上下翻腾着……

三年半的国外生活，拓宽了他的眼界，他不但看到西方资本主义的文明与腐朽，而且也看到了社会主义苏联的活力与生机。在马克思主义的教育影响下，他开始用新的眼光去观察世界的问题，观察中国的问题。同时，马克思主义的学习，帮助他解开了以往对中国革命为什么失败的困惑，使他坚定地走上一条伟大的道路——在中国共产党领导下进行无产阶级革命的道路。

漫长的旅途，令人感到心焦。对朱德来说，尤其如此。自从他听到国内准备进行北伐革命的消息后，他的心就从未平静下来。他认真地回顾了自己参加辛亥革命、护国讨袁战争，乃至护法战争的经历，更加深刻地体会到这次回国的重要意义，他把希望寄托在即将开始的北伐革命上。

火车足足走了14个昼夜，终于到达铁路的尽头——海参崴。朱德一行人就在这里乘船返国。谁知海上不能通航，他们只好停留下来。在苏方的安排下，他们住进了郊外的一处别墅里。

风景优美的海参崴是苏联远东边疆的港口城市。这里山环水抱，在军事上具有重要的战略地位。向山上望去，一幢幢房屋依山而建，而树木却很少。据说，日本帝国主义占领这里后，为防止游击队的袭击，将树木都砍光了。但是，没过多久，日本人还是被赶了出去。城内只有一条大街，地势居中，从街上俯视下去，可以看到一条条下坡支路。尽管这时已有了电车，但并不像大都市那样，充满着喧嚣声。

朱德和他的同伴们饱览了阿冈时加亚海湾的风光。此刻他的心就像那海水撞击着石岸一样，难以平静下来。他们焦急等待着，希望早日踏上国土。在等了一个多月后，他们终于搭上了一艘海轮，经过日本门司，向上海驶去。

※ 1926年，国民革命军开始北伐。

7月12日，海轮驶入吴淞口。看到了祖国的大陆，朱德心里感到无比的兴奋。

朱德一行在交通员的引导下，来到远离闹市的一幢楼房里，见到了在军委负责组织工作的王一飞。朱德激动地握住王一飞的手，要求他尽早地分配工作。王一飞理解朱德此刻的迫切心情。他向大家介绍道：

"目前的形势很好，我党决定抓住时机，壮大力量，争取北伐革命的胜利。"

最近，北伐军已经从广东出发，进展顺利。按照预定方案，北伐军主力首先在湖南、湖北战场打击吴佩孚的势力，而后集结兵力向东，打击长江上游的孙传芳部队。最后，北上讨伐张作霖。

"目前，我党的主要任务是积极推动广东革命政府进行北伐战争，尽快在北伐军中健全政治工作。同时，还要防止杨森等地方军阀沿长江东下援助吴佩孚，以减轻湘鄂战场上北伐军的负担。因此，军委准备派一部分同志到广东去，一部分同志到四川或是北方去工作。"

王一飞的语音刚落，屋子里的气氛立即活跃起来，大家纷纷提出各自的要求。朱德向王一飞提出，自己和杨森曾有交往，到四川去比较合适。尽管四年没有来往，对杨森现在的情况不甚了解，但是，凭借过去的情面，还是有可能说服杨森的。而且自己对四川的情况也比较熟悉。王一飞听后，觉得有理，答应考虑他所提的要求。

回到上海后，朱德再次见到了时任党中央执行委员会总书记的陈独秀。两人的会面颇具戏剧性，陈独秀没有想到坐在自己面前的竟是四年前被他拒绝入党的朱德。他细细倾听着朱德向他叙述国外的经历，朱德后来回忆说："当时陈独秀谈有两件工作：一是去四川杨森处，杨当时要和我合作，向我们要人，我们如能抓住，可以迎接北伐；另一件是去广东，准备北伐。"朱德立刻表示，杨森曾同他在护国军中共事，素有交谊，在他出国前杨森曾许愿一定"虚席以待"，希望他回国后能到四川去。陈独秀同意了朱德的请求，并且要求他在上海停留期间利用他在滇军中的旧关系，去完成一项重要的调查任务。

当时，军阀孙传芳和齐燮元的部队部署在上海、南京等地，为了调查清楚孙、齐部队的实力，朱德找到了在上海的一些云南老朋友，他们向朱德提供了在孙传芳部队里一些关系。于是，他登上火车，来到了南京。南京是五省联军总司令孙传芳的总部所在地。他找的关系也是从前他在滇军中的旧相识，他们并不知道朱德的真实身份，因此，同他无话不谈。朱德很快就弄清了孙传芳的实力和军事部署，圆满地完成了任务。

7月26日，朱德和秦青川同船离开上海，前往杨森的驻地——万县。

（姚建平、刘本良）

"九五惨案"

1926年9月5日，英国兵舰突然向万县县城猛烈地开炮。顿时，县城里火光四起，一片喊声。在炮火的尘烟下，许多无辜平民倒在血泊中，一排排房屋轰然坍塌。这就是震惊中外的万县"九五惨案"。

1926年夏，北伐战争迅速向长江流域推进，位于长江上游的四川省，具有十分重要的战略地位。四川军阀的向背，对北伐战争是否能够在长江流域顺利发展具有重要的作用。

为了策动四川军阀易帜，配合北伐军在湖南、湖北作战，同时，在可能的条件下建立我党自己的武装力量，中共中央决定派遣得力干部入川工作。

朱德和秦青川是以广东国民政府的名义到杨森那里去的。30日，轮船抵达汉口。他们在这里下船后，看到码头、街口到处都有吴佩孚的北洋兵在盘查过往行人，如临大敌。朱德先与中共湖北区委取得了联系，而后又给杨森拍去一份电报，告知他已从德国回来，几日后即到万县。他们在汉口停留一天，又继续乘江轮西上。这时，天上下起了瓢泼大雨，江轮行驶得更慢了。船到宜昌，因遇水灾，又耽搁了四天，直到8月11日，他们才抵达万县。

朱德一到万县，立刻被迎进王家花园，这里是杨森的高级招待所，他们受到了热情的款待。

自从接到朱德发来的电报，杨森心头不禁大喜，自己又多了一名骁将。这几年，川军系统的大小军阀各霸一方，为了争权夺利，战事不断发生。5月，杨森联合刘湘把贵州军阀袁祖铭逐出四川后，刘、杨之间的矛盾日益扩大。杨森投靠吴佩孚，刘湘则以孙传芳为靠山。杨森盘踞在万县一带，刘湘则屯兵重庆，两人势不两立。

北伐战争开始以后，北伐军从广东进入湖南，相继攻占湖南的醴陵和浏阳。7月11日，又攻占长沙。随后继续北上，锋芒直指武汉三镇。善观风向的杨森抢先于四川各派军阀，派代表赴长沙进见北伐军总司令蒋介石，表示愿意接受其指挥。同时，他又派代表去找郭沫若、吴玉章联络，请郭、吴疏通北伐军政治部主任邓演达，请求给予国民革命军名义，不仅如此，他还派代表到北京去找中共北方区委负责人李大钊，请其派人赴万县协助工作。然而，他又同吴佩孚有较深的历史关系。5月下旬，吴佩孚离开汉口返直隶（今河北省）长辛店督师，准备联合奉军、直鲁军向冯玉祥据守的南口天险发动攻击。行前，他任命杨森为四川省省长。虽然当时杨森没有公开宣布就职，但是，他对吴佩孚还是寄予着很大的希望。他到北伐军四处活动，无非是为自己寻找一条退路而已，绝不是真心北伐。

朱德到达万县的第二天，杨森便兴冲冲地来到王家花园。

寒暄过后，朱德向杨森表明了自己的身份以及此次入川所担负的使命，杨森不动声色地听着朱德的劝告。

其实，朱德深知杨森的为人，有奶便是娘，是杨森的一贯信条，当初，滇军第二军军长赵又新十分器重杨森，杨森在赵又新面前也是极尽奉承拍马之力，曾有人劝告赵又新要提防杨森，赵却不以为然。可是，当滇军在成都龙泉驿一战大败后不久，杨森便投向川军，率部追击滇军。当赵又新在泸州被他的部下致成重伤，奄奄一息之际，杨森面对自己

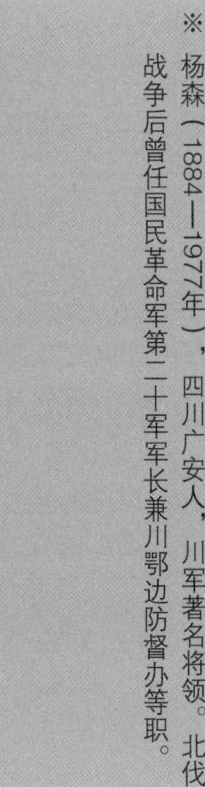

※ 杨森（1884—1977年），四川广安人，川军著名将领。北伐战争后曾任国民革命军第二十军军长兼川鄂边防督办等职。

原来的顶头上司，大言不惭地表白自己反水是出于无奈，对赵深感歉意。赵死后，杨森还亲自备棺厚殓，并撰挽联，以示"悼念之情"。如今，杨森看到北伐军势如破竹，击溃了吴佩孚的层层防线，打到了长沙、岳阳，心中不免忐忑不安，急忙向北伐军投诚。可是，他却不肯离开吴佩孚这座靠山，仍然与吴保持着密切的联系。朱德后来回忆说："杨森对我的接待，好像我是他最亲切、最老的朋友。我没有抱幻想，他像所有的军阀一样，哪一方给钱多，就愿意加入哪一方。"

在朱德讲完之后，杨森信誓旦旦，一再表示，他早就渴望参加北伐革命事业，愿为国家的统一效劳。可是，他又向朱德提出，他的部队需要钱发饷，国民革命政府可以向他提供多少钱？朱德针对杨森脚踩两只船的暧昧态度，明确指出，国民革命政府正在进行北伐战争，不可能提供钱饷，他也没有带钱来。"我能向你提供的只不过是一个确定不移的事实，即我们这方面必然得胜。你如果不参加过来，坚持要打我们，你就毫无前途。"一席话，说得杨森哑口无言。

8月25日，杨森的秘书长喻正衡从北京回到万县，跟随他一同返川的还有陈毅。陈毅是四川乐至人，在赴法国勤工俭学期间，因参加反对北洋政府出卖国家主权的活动，被法国政府押送回国。后来，他在李大钊的领导下，在北京从事国民革命运动。这次他是受李大钊的派遣，来到杨森部队进行兵运工作。

杨森见到陈毅后，毫不掩饰地说："李大钊是我的知交，要我参加国民革命是可以的，但我是吴佩孚提拔起来的，不便背信弃义去反对他。"杨森还把朱德介绍给陈毅。"温温不作惊人语，大度自然是真雄"，陈毅对朱德那充满传奇色彩的经历，敬意油然而生。两人一见如故，共同商议如何设法使杨森投向北伐军。

陈毅到达万县后没有几天，北伐军在农民群众的支持下，先后攻克了通往武汉的要冲汀泗桥和贺胜桥，歼灭吴佩孚的主力部队，将战线推向汉口外围。

杨森得知吴佩孚主力被歼的消息后，寝食不安，坐卧不宁，盘算着如何应付眼前出现的局面。然而，与此同时，一件更使他十分恼火的事又出现了。

8月29日，杨森所部官兵去云阳提取钱款后，准备搭乘英国太古轮船公司商船"万流"号返回万县。当他们分乘十余只木船，准备押款登轮时，"万流"号突然启动加速，将3只木船浪沉于江中。据报告："计损失8.5万银元，连长、排长各1名，士兵56名，枪支56支，子弹5500发。"

此前，英国轮船无视中国主权及有关规定，在江中任意加速行驶，浪沉中国船只、淹毙中国军民的事件屡有发生。不久前，杨森的师长郭汝栋在万县开完会，候船返回涪陵。适逢一只上驶的英轮，郭带弁兵上船后，该船护航英兵当即解除郭汝栋弁兵的武装。杨森知道后，虽然怒火中烧，却也无可奈何。这次人、枪、饷俱损，杨森更为恼火。可他知道英国人是吴佩孚的靠山，吴佩孚对英国人都惧怕三分，他又何敢轻易得罪英国人。但是，人员葬身鱼腹，特别是巨额军饷沉没江中，又使他不甘心就此罢休。此刻，他想到了朱德和陈毅，便来到王家花园，找他们商量如何解决这一事件。

事件发生后，朱德立即同陈毅和杜钢百（杨森的同乡，清华大学研究院毕业生，与陈毅一道赴川）进行磋商。他们经过分析认为，北洋军阀的背后，都有帝国主义做靠山，所以，反对帝国主义和反对封建军阀是一致的。要利用这次英轮浪沉中国船只的事件，迫使杨森转向广东国民政府，割断他与吴佩孚的联系。同时，人民群众对帝国主义无视中国主权、草菅人命的罪行早已恨之入骨。要抓住时机，广泛动员民众，领导民众开展起像"五卅"那样的反对帝国主义的政治运动。最后，三人商定，由朱德做杨森的工作，陈毅负责动员民众、组织民众，杜钢百携朱德的亲笔信去重庆向中共重庆地委（即后来的四川省

※ 1926年时的朱德。

委）书记杨闇公汇报情况。

朱德摸清了杨森的矛盾心理，便抓住他的弱点，力劝杨森扣留肇事英轮，他认为只有将英轮扣留，提出赔偿要求，才有可能挽回损失。陈毅也认为应当扣留英轮，任何软弱的表示，只能助长英帝国主义的嚣张气焰。

杨森沉思良久，他觉得朱德的话不无道理，除此之外，也别无良策，终于下决心扣留肇事英轮。

8月30日，当英轮"万流"号驶抵万县时，杨森即派人将它扣留。但是，就在轮船检查长偕同八名士兵登船询问该轮在云阳肇事经过时，停靠在一旁的英国兵舰"柯克捷夫"号上的英兵若干人也登上"万流"号，强行解除检查人员的武装。双方在纠缠中，英兵首先开枪重伤中国士兵二名，并将检查人员驱离轮船。接着，"万流"号在兵舰的掩护下强行离开码头，向上游驶去。

杨森得到报告后，又气又恼，下令凡是英国太古公司的船只要停靠万县时，一律扣留。

第二天，太古公司的"万通"、"万县"号货轮停泊万县，被杨森部士兵扣留。杨森派员通知该两轮船长，太古公司必须首先赔偿损失，方可放行，否则不予放行。同时，杨森派宪兵司令于渊率一排士兵登轮驻守。随后，又致电重庆海关监督季叔平，正式向英国驻重庆领事馆提出抗议，要求赔偿一切损失。

隔日，英国领事卢思德来到万县与杨森交涉，由于杨森坚持赔偿要求，以赔偿损失作为放船的条件。谈判毫无结果，卢思德只好悻悻返回重庆。

9月2日，万县图书馆内，来自工、农、商、学、兵、妇各界代表五十余人聚集在一起，共同商讨联合抗英的行动。会议由陈毅主持。他向各界代表报告了英帝国主义在九江、广州等地犯下的无视中国主权、杀害中国同胞的罪行。朱德在会上讲话时指出，帝国主义列强派兵舰、商船进入中国的内河就是对中国的侵略。他们无视中国人民的生命财产，杀害我同胞，浪沉我船只。这不是一件小事，而是关系到国家主权的大事，只有打倒封建军阀，把帝国主义赶出中国，国家才会有真正的独立，人民才会有真正的自由。他号召各界民众决不能等闲视之，大家联合起来，行动起来，抗议帝国主义的罪行。各界代表纷纷表示，为保卫国家主权，伸张民族大义，为死难的同胞雪耻，联合抵制英货，以示抗议。会场上群情激昂，气氛异常热烈。代表们议定，4日召开市民大会，声讨帝国主义的暴行。

与英方的交涉仍在进行，却毫无进展。英领事态度蛮横，拒不答应杨森提出的赔偿条件。与此同时，英国兵舰分别从重庆和宜昌驶向万县，企图进行武力恫吓，迫使杨森放行扣留的轮船。

这几天，杨森一直处在焦虑不安的状态中。他虽然采取强硬态度，坚持赔偿条件，不仅没有向英人让步，而且对北洋政府外交部催其释放扣留船只的来电也未予理会。但是，他也在担心，如果英国人真的动用武力，使事态扩大，他在吴佩孚那里也不好交待。况且，刘湘拥兵自重，对吴佩孚任命他当四川省长一直耿耿于怀，图谋联合其他川军将领搞垮他。到那时，他或是逼上梁山，投奔广东国民政府，或是出走四川，落得无处安身，别无出路。而这两条路都是他不愿走的。而若要在四川保留他的地位，没有吴佩孚的支持，他是很难维持下去的。左右为难之际，他只好来找朱德，想听听朱德的意见。

对于杨森的到来，朱德心中早已有所准备。他知道杨森目前顾虑重重，既想得到赔偿，保全自己的利益，又想息事宁人，早日了结此事，不使事态扩大。他现在所要做的，就是阻止杨森退让，以利于反英活动的开展。他劝杨森不要害怕英国人的兵舰政策，只要他们敢于来犯，唯有坚决还击，别无选择。接着，陈毅将他拟定的《万县雪耻会宣言》交给杨森，并且告诉杨森，在次日召开的市民大会上，把宣言公诸于众。

※ 北伐期间，英国军舰"柯克捷夫"号准备向万县射击。

宣言上写着六大主义和六大要求："（甲）六大主义：一、不供给英人油盐米炭；二、不做英买办水手领江及一切雇工；三、不与英人贸易往来；四、不装英货及接送英客轮；五、不买英人货物，也不卖货物与英人；六、不搭英轮。""（乙）六大要求：一、废除中英间的不平等条约；二、在中国内河不得行驶英军舰，并取消英在华内河航行权；三、惩办肇事各英轮祸首；四、抚恤历年英轮浪沉民船死亡的商民官兵及家属；五、为历年英人溺沉同胞立纪念碑；六、英政府须向中国政府道歉。"

杨森看罢，没有立即表示态度。朱德在一旁说，民意不可违，民怨不可欺，只要我们不向英国人屈服，坚决要求英国人赔偿损失，就一定会取得胜利。宣言提出的大部分要求，正是杨森所不情愿做的，这样下去，势必要影响他与吴佩孚的关系。可是，不同意这样做，又有什么其他的途径呢？迫于眼前的处境，他只好表示同意。

于是，在朱德的劝说下，杨森下令在沿江一线配置山炮，同时，加派了在"万通"、"万县"号上的守兵，以防不测。

9月5日午后一时许，平静的江面上突然掀起了波澜。一艘悬挂着英国旗帜的商船，在临近码头时，猛然开起快车，迅速向"万通"号靠拢。随即从船舱里涌出数十名手持快枪的英国士兵，冲上"万通"号，逼迫中国守军退出轮船。在争执中，英国士兵首先开枪，击毙两名中国守兵。中国士兵被迫还击，双方展开了激烈的枪战。

枪声惊动了万县的居民，他们纷纷涌向江岸，为中国守兵呐喊助威。枪声也惊动了朱德，他立即疾步赶往高笋塘杨森的官邸。

临近黄昏，枪声逐渐稀疏下来，英国商船吐着黑烟，离开"万通"号，仓皇向下游驶去，在沿江观战的群众禁不住欢呼雀跃，江岸沸腾起来。

突然，停泊在江中的英国兵舰"威警"号和"柯克捷夫"号扬起炮身，向县城方向猛烈地开起炮来。顿时，县城里火光四起，一片喊声。在炮火的尘烟下，许多无辜平民倒在血泊中，一排排房屋轰然坍塌。仇恨与悲戚笼罩着整座山城。

目睹到这一幕幕悲惨景象，朱德的心中燃起愤怒的火焰，他敦促杨森立即开炮还击。瞬时间，十几门山炮怒吼着，军舰周围掀起一个个水柱。

这时，停靠在江岸的法国兵舰也向英国兵舰开起火来。原来，英舰炮轰时，法国真原教堂也遭到了炮击。

"打中了！起火了！"有人兴奋地高声呼喊着。

"威警"号中弹后，拖着黑烟逃离了万县江面，"柯克捷夫"号也随之仓皇离去。

遭到炮击的万县城区，满目疮痍。中国军民死伤千余人，房屋倒塌千余间，城里最繁华的南津街、陈家坝一带成了一片废墟，到处可以看到倒毙的尸体，令人惨不忍睹。这就是震惊中外的万县"九五惨案"。

惨案发生的当天，朱德向杨森建议，应立即通电全国，报告惨案发生的经过，并吁请北洋政府向英国政府提出严重抗议，要求赔偿、惩凶、道歉。内伸民愤，外张公理，以重国权，以雪耻辱。当晚，朱德、陈毅拟好通电，以杨森的名义发向全国，控诉英帝国主义制造万县惨案的严重罪行。第二天，朱德委派孙壶东组织了"万县九五惨案后援会"，一面做好死难同胞的善后事务，一面开展抗英斗争。同时向全国发出通电，要求严厉制裁英帝国主义，为国雪耻，为死难同胞报仇。

当日，万县各界发出通电，痛陈万县惨状，通电称，万县在英国大炮的轰击下，"瓦砾遍野，血肉横飞，哭声震天，惨不忍闻"。呼吁"全国同胞一致奋起，抵抗力争，战彼凶焰，伸我同权，雪此奇耻大辱"。

万县惨案的消息通过电波传向全国，传向世界。

四川旅京团体通电："威逼吾华数十年之英人，蔑视公理，侮我国家，视我人民如草

※ "九五惨案"中部分受伤的中国军人。

芥,等我领土如殖民,猖獗横行,已达极点。"

上海学生联合会通电:"我全国民众,勿为彼所威吓,一致奋起,誓与英帝国主义反抗,以求中国民族独立之实现。"

中国共产党中央执委会在《向导》周报上发表《告民众书》,号召"民众起来,用自己的力量使用一切方法对付这个强盗的英国帝国主义。"

万县惨案,在海外华人中引起强烈的反响,纷纷致电国内,表示侨胞愿为后盾,呼吁万县事件坚持交涉,绝对不可让步。

在苏联和欧洲一些国家,工人、市民走上街头游行示威、举行集会,抗议英帝国主义采取的炮舰政策,声援中国人民的抗英运动。

在英国,人民群众对保守党政府在中国的政策表示极大愤慨,掀起了"不许干涉中国"的运动,各城市成立了七十多个保卫中国革命委员会。

万县惨案的发生激怒了中国人民,上海、北京、武汉、广州、天津、长沙、济南、成都、重庆等城市相继成立各种组织,掀起一场声势浩大的反对英国帝国主义的群众运动。

正当各地纷纷发出通电、宣言时,杨森却有些心神不定,他刚收到吴佩孚的来电,要其和平了结此事,怎么办呢?参谋长朱连元和季叔平在一旁劝他还是以大事化小、小事化了的态度办理此案,切不可使事态扩大。至于交涉一事,尚可坚持赔偿条件,按吴佩孚的意思,将扣留英轮放行。杨森觉得事情到了这种地步,恐怕以后不好收场,表示同意朱、季的建议,吩咐他们照此办理。

此时,北伐军攻克汉阳、汉口的消息传到了万县。这一消息,对杨森来说,无疑是雪上加霜,火上浇油。他不愿意看到这种局面的出现,可偏偏事与愿违,这种局面却出现在他的眼前。他思忖再三,决定先接受国民革命军的称号,再择退路。

恰好这时,朱德要去汉口向中共湖北区委汇报工作。行前来找杨森,劝他早日作出选择。这回倒是杨森爽快地答应了朱德的要求,他请朱德转告邓演达,他愿意接受国民革命军的称号,易帜参加北伐革命。朱德后来回忆说:"'万县事件'的一个'积极成果',是它迫使杨森投入了革命阵营。"

(姚建平、刘本良)

争取杨森易帜

朱德通过大量工作,迫使杨森于1926年11月21日,发表通电,正式就任国民革命军第二十军军长。朱德担任二十军党代表。但是在同一天,杨森又致电吴佩孚,表示他对吴佩孚的"忠诚",充分暴露了他的反革命两面派的本性。

1926年9月中旬,朱德来到汉口,他此行的目的有两个:一是向中共湖北区委汇报工作;二是与邓演达商议改造杨森部队的各项事宜。

汉口街头,到处洋溢着喜悦的气氛。学生们挥动着彩色的小旗,高唱着"打倒列强,打倒列强;除军阀,除军阀;国民革命成功,国民革命成功;齐欢唱,齐欢唱!"的革命歌曲,在街上向过往的市民宣传北伐革命。

朱德从中共湖北区委机关出来,便直接去找北伐军总政治部主任邓演达。两人自柏

※ 1926年，北伐军骑兵攻入汉口。

林分手，已经一年有余，如今在北伐战场上相逢，格外高兴。朱德向邓演达谈到，杨森目前的态度虽然回转，表示加入国民革命军序列，但是，此人心计颇多，稍有风吹草动，他就会见风使舵，选择有利于他的一方。何况，他与吴佩孚还保持着密切的联系，不可能真正的回心转意。不过，就当前形势而言，与其拒绝，不如因势利导，逼他就范。邓演达认为，像杨森这样反复无常的军阀，终究是靠不住的。尤其是目前武昌尚为吴佩孚所占据，杨森对吴仍抱有一线希望。只有集中力量消灭吴佩孚，才能使杨森彻底打消依赖吴佩孚的念头。同时，他也同意朱德的看法，鉴于杨森手中还握有数万军队，又有加入国民革命军的表示，还是应采取稳住他的策略为宜，并给予其国民革命军的称号。

在汉口期间，朱德还参加了旅鄂川人万县惨案后援会成立大会。他在会上发表演讲时说："此次开炮，兄弟亲与此役。英人之强横，可笑亦复可怜。他以为他的枪才可以杀人，我们川军，这回也不客气，为正当防卫，还他几枪，彼此都有伤亡。不过人民无辜，为他杀得太多了。""但是，我四万万民众为他打醒了，尽都知道帝国主义非打倒不可，总望军民一致，团结起来。"郭沫若等人也先后在会上讲了话。

9月下旬，国民革命军总司令部正式委任杨森为国民革命军第二十军军长兼川鄂边防督办，朱德为第二十军党代表。由于第二十军政治部主任陈启修还在汉口主持《民国日报》副刊，朱德暂时兼代军政治部主任一职。同时，决定由朱德带领二十余名政治工作人员入川，以加强对杨森部队的政治工作。

25日，朱德走进北伐军总政治部的办公大楼，邓演达把他带入二楼的一间会议室。此时，房间里已坐满了身着军装的军官们。朱德趁着邓演达向众人介绍情况的工夫，仔细观察了来开会的人，其中绝大多数都是二三十岁的年轻人，个个精神饱满，富有朝气。邓演达向朱德介绍说，在座的就是随他一同入川的政治工作人员。随后，邓演达又把杨逸棠介绍给他，总政治部委派杨逸棠担任朱德的秘书。通过邓演达的介绍，朱德知道这些人大多是黄埔军校的毕业生，也有从德国、日本回来的留学生。邓演达讲完之后，朱德扼要地介绍了杨森及杨森部队的情况，并且告诉大家，因目前宜昌还驻有吴佩孚的军队，所以，走的时候必须化装，到万县集中，一路上要谨慎从事。

28日，朱德和随行的政治工作人员登上开往万县的江轮。他们中有的化装成商人，有的是学生装扮，有的挑着担子……

这时，四川的革命形势发展得很快，工作进展得比较顺利。中共重庆地委加紧了军事起义的准备工作。地委书记杨闇公以国民党（莲花池）临时省党部名义召集黄慕颜、秦汉三等倾向于北伐革命的川军将领举行秘密会议，商讨"响应北伐，会师武汉"的部署，并且决定成立国民革命军川军各路总指挥部，以刘伯承为总指挥，黄慕颜为副总指挥，选择适当时机举行起义。

中共中央对四川的军事运动一直十分重视。1926年1月，参加国民党二大的四川代表吴玉章就在报告中提醒国民党中央，他说："四川居长江上游，人口有七千万，地大物博，实居南北最重要的地位。现在北方军阀正在内溃的时候，我们革命军要往北发展，要同西北革命军联合，四川实为一大关键。"会后，中共中央委派吴玉章、杨闇公以国民党（莲花池）临时省党部名义入川工作，旨在争取和策动川军易帜倒戈，发展共产党的力量，配合国民革命军北伐。朱德赴杨森部工作就属于这一方案的一部分。至8月间，四川各地的共产党组织迅速建立起来，工人运动、农民运动也得到广泛的开展，全省形成了相当牢固的群众基础。与此同时，党组织派到何光烈部（顺庆）、袁品文部（泸州）、黄慕颜部（合川）和黔军王天培部的吴玉章、童庸生、何绍先、潘崇阶等人，在策动何、袁等部参加国民革命运动的工作方面，也取得了相当的进展。中共重庆地委根据四川形势的变化，向党中央提交了《四川各派军阀动态》和《四川军事调查》两个报告，详细报告了四川各派军阀的政治态度、军事实力，以及他们之间相互勾结又相互争斗的错综复杂的关系，为策划起义提供了重要的依据。

中共中央在分析了当时的形势之后，对军阀的投机特点及利用这一特点开展工作的有利之处等问题，都作了认真研究。认为，在四川建立自己的军队或策动部分川军起义，可以推动四川军阀易帜，参加国民革命。但是考虑到运用暴力手段建立新的武装是一项重大行动，认为必须采取积极而慎重的态度，不能草率从事。不久，中共重庆地委又派地委委员童庸生前往上海向中央汇报。童庸生在报告四川情况时指出："在川中如果我们要扶起朱德、刘伯承同志，造成一系列军队是可能的。杨森现有委朱德为参谋长兼统一师之意。"中央在听取童的报告后，同意了重庆地委以国民党左派的名义组织武装起义的设想和初步方案。认为："在军事运动上，我们亦有造成自己的一种局面之可能。"因而对在四川发动武装起义寄予很大希望。

江轮在迷濛濛的晨雾中缓缓地穿行，晨霭中夹带着泥土的清香，沁人肺腑。朱德走上甲板，努力吸吮着清新的空气。杨逸棠也跟在后面踏上甲板。

"党代表，听邓主任讲，你从前是个将军，这到底是怎么一回事？"杨逸棠靠着船舷，好奇地问朱德。

"噢，那是十年前的事了，我在四川打仗，唐继尧给了我少将旅长的职务。那时，只想打出个名堂来，可是，打来打去才知道是为他们争夺地盘在打仗，后来，没得法子，就跑到国外去找革命的道路。"朱德颇为感慨地说。

"那你和邓主任是怎么认识的？"杨逸棠又问道。

"在德国认识的，我们都做过军人，又谈得拢，在一起什么都讲……"朱德向杨逸棠述说着他和邓演达相识的经过。

听了朱德一席话，杨逸棠很是敬佩，他顺手从口袋里掏出一张纸片，递给朱德。

朱德展开纸，只见上面写着："佳会深宵汉上逢，座中有客态从容。崎岖约共川东去，革命分劳一试锋。"

"唔，写得不错。"朱德赞许道。又问："这座中客是指的谁？"

"是指党代表。"

"噢，过奖了。"朱德谦逊地微笑着，说："北伐革命的形势于我们很有利，照此发展下去，胜利的日子是不会太远了。你说，我们大家都很从容吧？"

接着，朱德又和杨逸棠聊起诗来，他希望杨逸棠以后如作新诗，一定拿来给他看看。

江轮抵达万县，已经得到消息的杨森早在码头上等候。他一面吩咐参谋长朱连元给政治工作人员安排住处，一面即陪同朱德来到南津街的宝隆洋行，这里已改作杨森的招待所。

朱德将委任状交给杨森，并催促杨森早日宣布就职，而杨森却极力回避就职一事，一再询问朱德，国民政府是否答应给他调拨军饷。他以为，只要有了国民革命军的称号，就可以得到军饷了。朱德告诉杨森，国民政府正在进行北伐，财政上有困难，他和他的部下都没有军饷，只有最低限度的生活费。况且，杨森依靠在他的防区内所收的税是足够维持他自己的军队的。杨森听后，大为失望，极力向朱德表白，仅靠税收是不足以维系他的军队的，还是希望朱德代他向国民政府申诉其苦衷。朱德向杨森提及，随行的政治工作人员来万县的主要任务是向官兵及民众宣传三民主义的主张，宣传北伐革命，使民众了解国民革命的意义，与军队团结一致，共同奋斗，完成北伐革命大业。朱德后来在谈到杨森当时的态度时说："杨森听说这些政治工作人员是来按三民主义的原则教导他的军官和士兵时，大吃一惊。杨森宣称，他的士兵不需要政治教育；道理很简单，士兵的职责就是接受命令，战死沙场。这些文质彬彬的人，和士兵谈些与他们毫无关系的事，有什么用处呢？这些侈谈民主、改善人民生活的议论，只能惹出抗命或公开叛乱的事，别无其他效果。"

当朱德再次问到就职一事时，杨森只好向朱德交了底，他已经派兵东下武昌，为吴佩孚的部队解围。朱德尽管对杨森此举早有思想准备，但当他听到杨森已派兵东下后，对杨森这种翻手为云，覆手为雨的卑劣伎俩感到十分气愤。他规劝杨森不要执迷不悟，因为吴佩孚的垮台只是时间早晚的问题了，对吴佩孚的任何幻想都是不能成为事实的，希望杨森及早悔悟。杨森对朱德的劝说，却不以为然，仍要坚持观察一段再作抉择。两人的谈话不欢而散。

朱德和杨逸棠来到政治工作人员的住所，这里的条件很糟糕。他一进客店，政工人员们立即围了过来，有的询问朱德与杨森谈话的情况，有的骂杨森欺人太甚，有的说杨森仍然挂着五色旗，毫无易帜的表示。朱德压住心头的怒火，告诫大家不要忘记来到万县的主要任务，对杨森的工作不宜操之过急，像他这样的军阀本性难改，不用事实教训杨森，他是不会回心转意的。

10月10日，北伐军攻克武昌。消息很快传到万县，杨森的态度虽然有所改变，开始允许政治工作人员进行政治宣传，但仍没有把东进鄂西的部队撤回来。朱德布置政治工作人员做好准备，要把北伐革命的胜利消息向民众广为宣传。

没过两天，杨森即派人来通知政治工作人员搬到宝隆洋行去。在这里还住着孙传芳、张作霖等军阀的代表，以及国家主义派曾琦、李璜的代表。用杨森的话来说，人不

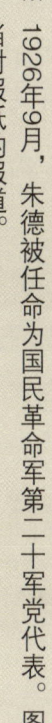
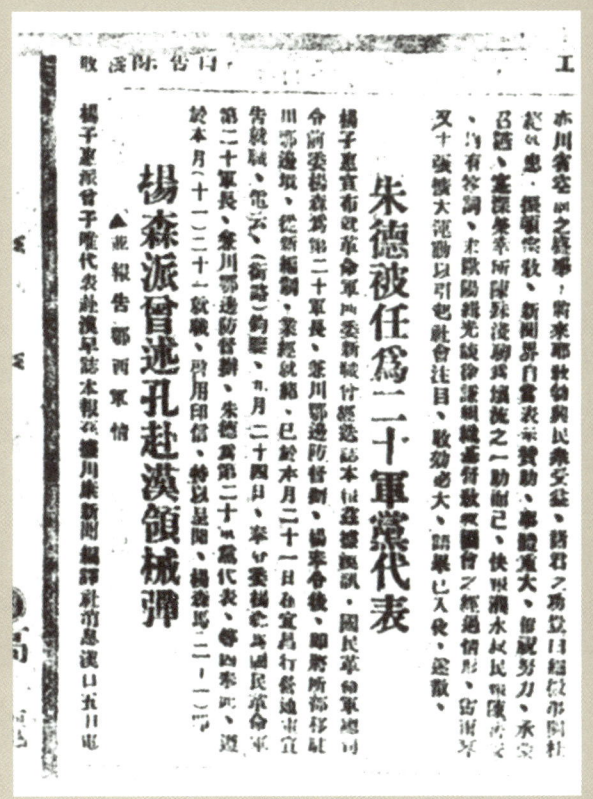

※ 1926年9月，朱德被任命为国民革命军第二十军党代表。图为当时报纸的报道。

分东西南北，只要能派上用场，对他有利，来者不拒。这就是他处理与各派政治势力关系的原则。

回到万县后，朱德就派杨逸棠前往重庆向杨闇公汇报杨森的情况。作为中共重庆地委书记的杨闇公，1925年以个人身份加入国民党以后，还担负着国民党四川省临时党部的实际领导工作。10月中旬，杨逸棠带来了中共重庆地委的指示，要求尽快在二十军中以国民党的名义建立组织，抓紧政治宣传工作，扩大国民革命的影响。为此，朱德决定首先建立国民党第二十军军党部，等待条件成熟时，即向各师、团及基层发展，建立分党部、支部。同时，朱德还和政治工作宣传队队长唐午园等商定，办一份小报，向万县民众进行北伐宣传。

不久，政治宣传队员按照北伐宣传大纲的精神创办名为《壁报》的报纸。

《壁报》的出版发行，深得市民的欢迎，但也引起国家主义派的仇视，他们惟恐国民革命的影响深入民众，便办了一份《快刀报》，想与《壁报》抗衡。在第一期上，他们极尽污蔑造谣之能事，攻击北伐革命是"作乱"、"祸国"，诋毁广东国民政府是"叛乱政府"。不仅如此，他们还跑到杨森那里告状，说政治宣传队的做法是"扰乱民心"。起初，杨森认为，自己已向朱德作过保证，不干预政治宣传队进行北伐革命的宣传，何况两张报纸争论的问题与他无大干系。因此，他对这件事睁一眼、闭一眼，并未理睬。可是不久，参谋长朱连元常在他耳边嘀咕，说《壁报》宣传赤化，蛊惑人心，等等。杨森生怕这样下去会出什么乱子，于是，干脆下令将两家报纸一并封闭。

朱德得知此事，立即去找杨森。起初，杨森以两家报纸一起封闭为借口，劝朱德不要再争论下去了。继而，他又把朱连元的话搬出来，说他不能允许在万县进行共产党的赤化宣传。其实，他自己根本就没看过《壁报》。朱德取出报纸，据理力争，说得杨森理屈词穷，无言以答，不得不同意《壁报》继续办下去。这一斗争，有力地打击了右派势力的猖狂气焰，鼓舞了人民群众支持北伐战争的信心。当时杨逸棠在欣喜之余，曾作诗一首："开基创业似开荒，《壁报》宣传动一方。三十同仁齐努力，居然开府宝隆行。"

10月底，朱德致信中共湖北区委，报告杨森的态度仍旧暧昧，迟迟不肯就职。每当提及就职一事，总是敷衍搪塞地说："只要走革命道路，迟早宣布就职没有多大问题。"

这时，杨森的确抱着一种侥幸的心理，希望局势能够按照他的估计而变化。从9月下旬，杨森接受了孙传芳的钱款之后，将四师之众集中于宜昌卢金山（吴佩孚所属的长江上游总司令）处，名为"北伐"，实为"援吴"，欲与孙传芳同时出兵，东西夹击北伐军，以解武昌之围。没想到，北伐军于10日攻占武昌，使吴佩孚的部队损失殆尽，从此一蹶不振。杨森又将希望寄托在孙传芳身上，仍令部队东下，并从北伐军手里夺得枝江、公安、石首等县。然而，形势的发展越来越使他感到担心。

11月初的一天，刘伯承和欧阳钦突然来到万县，朱德不禁喜出望外，连忙吩咐卫兵备足酒菜，为刘伯承、欧阳钦"洗尘"。

朱德和刘伯承初识于1918年川、滇军谈判期间。那时，刘存厚刚被驱逐出川，朱德代表滇军与川军熊克武谈判，商讨善后事宜，熊克武派出的代表就是刘伯承。1920年，川、滇军战事再起，朱德和刘伯承在战场上又成了对手。1937年，朱德在同史沫特莱谈到刘伯承时说："人们走着不同的道路，有的人做了军阀而不思悔改，有的人随军阀陷入泥潭，但最终找到了新的革命道路；也有人看到了新的道路，却因为过去中毒太深而不能自拔。许多国民党军人变成了新军阀。而刘伯承和我两个人则找到并走上了新的革命的道路。"刘伯承对朱德的为人十分敬佩，虽然他在抗日战争中，也曾当着众人之面戏称"朱德是他的手下败将"，但由此却可以看出两人的关系非同一般。他认为，朱德"志坚如铁，从无失败情绪。总司令参加革命以前，生活优裕，即使不升官发财，亦足以度其舒适之一生。

然当其一旦认识革命，即弃如敝屣，义无反顾。以后在任何国难之前，坦然如坐春风，尤足使人深深感动"。

"哈哈，朱玉阶，想不到泸州一面，已去八年，竟在这里见到你，怎么样，你不是代表滇军和我谈判的吧？"席间，刘伯承毫无顾忌地开着玩笑。

"那时咱们各为其主，谁还晓得今天能走到一条道上来。"朱德温厚地笑着说。

"唉，你可不知道，1920年我们俩在成都大打出手，我把他打得好惨，从川中一直追到川南。"刘伯承扭过脸得意地对欧阳钦说道。

"昔日是对手，今日成为同志，能在此相会实在是不容易啊。"欧阳钦感慨地说。

"伯承，过去的事不谈了，你说说这次到万县来有啥子任务？"朱德言归正题，急切地想知道刘伯承此行的目的。

刘伯承告诉朱德，他和欧阳钦是奉党中央的指示入川工作，马上要到重庆去。他在上海时，中央有关同志已向他介绍了杨森的情况。

朱德说，他对杨森要两面派手法，派兵进犯武汉一事颇为头痛。欧阳钦在一旁愤愤不平地说，杨森不听话，就让他把印交出来。刘伯承接着说道，中央决定在四川发动武装起义，并且决定在四川成立军委，由杨闇公、朱德和他负起责任，统筹策划军事起义。

临别时，刘伯承告诫朱德，对杨森要多加防范，如有不测，可先到重庆去。朱德要刘伯承尽管放心，无论策动工作有什么困难，他都有充足的信心去完成。待杨森这边的工作有了眉目，他立即去重庆商讨起义事宜。

刘伯承走后不久，杨森就急匆匆找到朱德，迫不及待地提出就任二十军军长的事情。并且一再向朱德表白，他派兵进犯北伐军实在是出于无奈，绝非其本意，他愿意派人赴武汉，向邓演达作出解释，请求宽大。他恳请朱德也为他向邓演达求情，不咎既往。

事后，朱德了解到，北伐军于11月初先后攻克九江、南昌，歼灭了孙传芳的主力部队。随之集中兵力向进犯武汉的杨森所部实行反击，杨森部遭到北伐军的围歼，余部逃回宜昌。前敌总指挥曾子唯做了北伐军的俘虏，被押往汉口。

杨森迫于形势，不得已表示加入国民革命军序列。这种不得已的决定，不仅是迫于北伐军方面的压力，而且他还顾虑到来自刘湘方面的威胁。

朱德早已料到杨森一定会采取委曲求全，以退为进的策略。他抓住这一机会，向杨森提出开办军事政治学校，对部队实行改造的建议。杨森被迫一一应承下来。朱德决定立即动身前往重庆，他嘱咐杨逸棠要密切注意杨森的动向，如有情况，尽快向重庆报告。

临行前，朱德把政治工作人员卢振纲、文强、滕代顺、江亚中等人召集来开会。在随他来万县的二十多名政治工作人员中，大部分都是共产党员，另有几人是国民党左派。因此，朱德他们一到万县，就在政治宣传队中建立起共产党支部，以协调各项行动。在会上，朱德把杨森决定就职一事告诉与会者，要大家趁热打铁，做好建立军事政治学校的准备工作。一切布置妥当之后，朱德启程前往重庆。

江轮驶近朝天门码头，已能清晰地看到码头上聚集着许多手持扁担的挑夫，他们在等待着江轮的到来。

此刻，朱德的心情是不平静的。四年半前，当他离开这座山城时，还站在人生的十字路口上徘徊，不知道他所要选择的道路在何方。可是今天，他已坚实地站在革命的土壤上，从事着解放全人类的无产阶级伟大事业。

朱德在浮图关刘伯承的家中见到了杨闇公。两人虽然是初次见面，却是神交已久。从杨闇公的来信中，朱德猜想出他是个精明、干练的领导者。见面之后，果然印证了朱德的判断。他没有想到，这次会面之后，仅仅过了四个多月，杨闇公便壮烈地牺牲在军阀刘湘的屠刀下。三十年后，他为缅怀这位四川卓越的党的领导人，亲笔书写了"永垂不朽"四个大字，镌刻在杨闇公的墓碑上。

会议开始后，杨闇公首先宣布了成立中共重庆地委军委会的决定，由杨闇公任军委书记，朱德、刘伯承任委员，三个人组成军委会。接着，杨闇公把组织武装起义的详细计划向朱德作了介绍，并告诉他，12月初在泸州、顺庆首先起义，由刘伯承指挥这次军事行动。而后，杨闇公和朱德、刘伯承又讨论了起义的各项具体问题。朱德的任务仍然是做争取杨森的工作。

按照军委会的部署，朱德一回到万县，立即敦促杨森就职。最后议定，朱德和杨森一同前往宜昌，于21日通电宣布就职，同时将五色旗换成青天白日旗。

11月16日，朱德和杨森登上开往宜昌的江轮。一路上，杨森强作笑颜，向朱德谈起易帜后的设想。言谈中，他仍然强调要"保境安民"的意图。朱德心里十分清楚，杨森所谓的"保境安民"，实际上还是想脱离国民革命，独霸一方。对此，朱德并不想表明自己的态度，总是把话题拉到易帜后如何改造部队上。杨森正处在窘境中，言不由衷，又无可奈何。21日，杨森发表通电，正式就任国民革命军第二十军军长一职，朱德担任二十军党代表。但是在同一天，杨森又致电吴佩孚，表示他对吴佩孚的"忠诚"，充分暴露了他的反革命两面派的本性。

朱德从宜昌返回万县后，在二十军设立了国民党军党部，自任主任委员。并且在杜家花园建立了二十军军事政治学校。政治宣传队的卢振纲、文强、熊荫寰、江亚中、滕代

※ 1926年12月初,由杨闇公、朱德、刘伯承组成的中共重庆地方委员会军事委员会发动泸顺起义,以策应北伐。图为泸顺起义总指挥刘伯承。

顺、谌杰分别担任军政学校教育长和五个大队的大队长。在学校成立的当天,朱德到校讲话,勉励学员说:"一个军人要有崇高品德的修养,要有坚强的革命方向,要为国家为人民做一些光辉事业。"在朱德的积极努力下,没用多长时间,政治工作人员的宣传工作迅速开展起来,革命的气氛越来越浓。此时的杨森有口难言,他恨不得朱德尽早离开万县。

12月初,泸州、顺庆先后爆发起义,以刘伯承为总指挥的六路起义军,计一万二千余人,打起了国民革命军的旗帜。尽管泸、顺起义最终是失败了,但是,它作为中国共产党为建立独立的革命武装力量的一次勇敢的尝试,提供了重要的历史经验。此后,中共中央将军事运动的重心从四川移向江西,领导泸、顺起义的朱德、刘伯承、吴玉章等陆续奔赴江西南昌,成为后来在南昌举行的武装起义的领导者和参加者。

泸、顺起义后,朱德曾到过泸州,顺便看望了他的一些旧友。恰逢原泸州团练局长艾承休60岁生日,朱德携圭碗一对前去祝贺,旧友重逢,百感交集,朱德当场赋诗叙情:

颂寿难忘脱难朝，携将玉碗赠单瓢。
公今六十身犹健，成甫知非鬓已凋。
血战疮痍嗟满地，操戈逐鹿睥群枭。
人皆可以为尧舜，誓救民生路一条。
一戎衣竟溃纷争，回首韬机尚自评。
鲁肃赠囷长者意，元璋留束故人情。
中山主义非无补，卡尔思潮集大成。
从此天涯寻正道，他年另换旧旗旌。
我本江南一鲰生，十年从事亚夫营。
身经沧海羞逃世，力挽狂澜岂为名。
别有良图酬壮志，难忘盛意问前程。
劳人鸟马空归去，大好河山创太平。
神州沉陆世沧桑，锦绣河山坏虎狼。
观变安居徒负负，乘时窃利正忙忙。
人生乱世心难测，我欲回天力自强。
水深火热民望救，安危度外不思量。

朱德回到万县后，即得到泸、顺起义军失利的消息，他急忙派人携款赴开江，援助撤至开江的刘伯承。

这时，国内的形势出现了新的变化。蒋介石竭力反对国民政府迁都武汉，企图在南昌另立中央，并开始同帝国主义、封建买办势力相勾结，准备公开反共。杨森看到蒋介石与武汉国民政府貌合神离的关系，开始与蒋介石派往四川的代表暗中来往，随时准备投靠蒋介石。同时，他和北洋军阀仍然保持着密切的联系。

不久，杨森主动找到朱德，说他准备派一军官考察团赴武汉参观考察，因朱德熟悉武汉方面的情况，希望朱德能率团前往。对于杨森的企图，朱德心中是清楚的。但是，他还是决定率团赴武汉。

12月底，朱德带领由杨森部中下级军官九十余人组成的军官考察团，登上了开往武汉的轮船。

（姚建平、刘本良）

质问朱培德

　　四一二反革命政变爆发以后，国民革命军第五方面军总指挥朱培德亲自出马导演了一出"礼送"共产党人的丑剧。朱德得知后，极为气愤，立即上门质问。

1927年1月，朱德按照中共中央的指示，利用自己同国民革命军第五方面军总指挥朱培德及其王均、金汉鼎等人的滇军关系，到江西省南昌市工作。被朱培德任命为国民革命军第五方面军总参议、第三军军官教育团团长，并着手筹办军官教育团。

南昌的5月，又热又燥。在这个不是"火炉"胜似"火炉"的城市过夏天，真是难受极了。不仅没有雨，连一丝风都没有，憋得人都透不过气来。人们像大旱盼雨一样，仰望着蓝天，企盼着来点风，哪怕是一场台风也好！大家知道台风一上岸，将会给江西带来一场大雨，大雨过后，会有一个晴朗的天空，那将是一个凉爽宜人的南昌。

蒋介石、汪精卫背叛了孙中山制定的国共合作和反帝反封建的政策，对外勾结帝国主义，对内依附大地主阶级和大资产阶级。他们竞相举起屠刀，杀向共产党人，杀向工农群众，人民在流血。

1927年是腥风血雨的年月，被中国人民的血染得鲜红鲜红。

4月12日，蒋介石在上海发动了反革命政变。

4月15日，李济深等紧跟蒋介石，一手制造了广州大屠杀，捕杀了共产党员和工人两千多人。

5月21日，何键、许克祥在长沙制造了"马日事变"。

……

反革命的阴风，很快吹到了南昌。

朱培德看风转舵，随着形势的突变，立即改变了他那种暧昧态度。在5月15日，公然以避免武装人员摩擦为由，突然遣散了在他部队里工作的一百四十多名政工人员。

一夜之间，南昌的大街小巷，到处都贴满了反动标语：

"欢送共先生出境！"

"制止过火的工农运动！"

转眼间，谣言四起。朱培德放出口风说："共产党员如果不离开南昌，就对他们不客气了！"

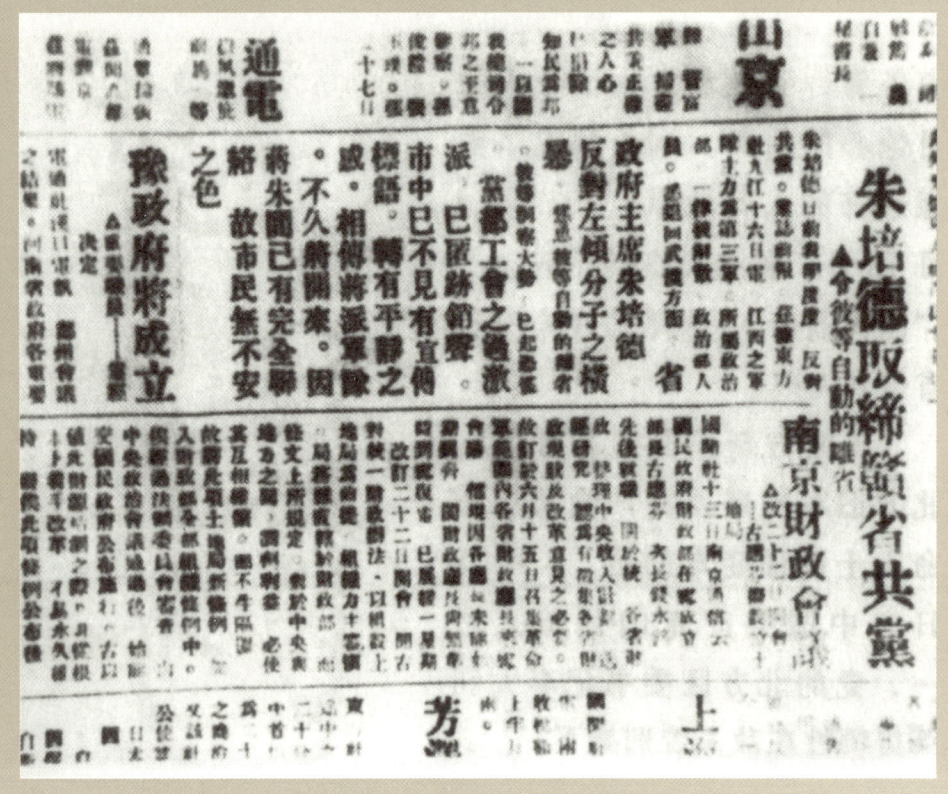

※ 1927年4月12日,蒋介石在上海发动了反革命政变。5月29日,朱培德下令"礼送共产党出境"。这是当时报纸的报道。

6月4日,端午节。

5日,朱培德秘密接受了蒋介石的指示,公开打出了反共的黑旗,悍然宣布:"礼送共产党出江西!"

就在这一天里,他调兵遣将,派出部队,实行全城戒严,三步一岗,五步一哨,断绝交通。接着就封锁了省工会、农协会、省市学联、南昌市党部等革命机关和团体,查封了共产党人办的报纸。然后,他亲自出台演了一出"礼送"共产党人的丑剧。

朱培德看出:武汉的国共合作还未最后公开分裂,在江西还蕴藏着强大的革命力量,如果用武力解决共产党,不仅没有足够的把握,弄不好还会引火烧身。所以,他没敢公开亮出屠刀。经过一番周密策划,他玩弄了一个圈套,以开会为名,用武装把省市机关里的共产党都"请"了去,假惺惺地说:

"南昌地处宁汉对立之前哨,情况复杂,为了避免流血事件和影响社会治安,你们要闹革命就去武汉闹吧,我这里以礼相送!"

他又是设宴饯行,又是赠送旅费,在军乐队的吹打声中,将共产党人押上火车。他就是用这种软硬兼施的欺骗手法，将20个共产党员和国民党的左派分子"礼送"出境的。

朱德得知这一事件后，极为气愤，立即赶到高升巷的原"张勋公馆"，上门质问朱培德。

朱德与朱培德可说是老相识了。早在云南陆军讲武堂时他俩就是同学，同期在丙班学习，在全班339人中，他俩品学兼优，学科和术科的成绩都很突出。操练时，他俩指挥队伍，下达口令，声音洪亮，气宇轩昂，动作干净利索，博得教官和同学们的一致好评。每次会操、检阅或者为日本、法国领事表演，总办李根源不是指定朱德，就是指定朱培德带队演练。所以，教官和同学们都称他们为"模范二朱"。后来，他们一起参加了昆明的"重九起义"，在滇军里，他俩均是滇军的"四大名将"之一。人世沧桑，各走一方。他们在人生轨迹上，各自朝着不同的目标运行着。但是，他们个人之间，总还是有过一段难以忘怀的友谊。

朱培德一见朱德到来，看他神色不对，就知道他是上门问罪来了。朱培德陪着一副笑脸，装出抱歉的样子，摊开双手，一字一板地说：

"玉阶兄，我也是不得已而为之呀！望能谅解弟的处境和难处……至于老兄……我看还是暂时回避一下为好！"

朱德没有开口，让他一直讲下去，为的是看看他的葫芦里卖的是啥子药。

朱培德接着劝朱德说：

"叫我看，玉阶兄最好能在三日之内离开南昌。不然，你的安全，我真难以保证了！"

这分明是在下逐客令嘛。朱德怒目相对，义正词严地说：

"凡是反共的人，是不会有好下场的，也是违背孙中山先生遗愿的，望你三思而行。至于我个人的安危，早已置之度外了。这一点，我想你是清楚的。当年追随孙中山先生革命时就是这样；今天，作为一个堂堂正正的共产党人，为无产阶级解放而斗争，更谈不上个人的生死安危了。但是，可以相告，我朱德在南昌的安全，相信还不会成为什么问题，请放心好了！"

朱培德立刻假惺惺地连连点头称是："那是！那是！我相信不会有人打玉阶兄的主意的！"

"但愿如此！"

两人的谈话不欢而散。

朱德出门前甩下了一句话："后会有期！保重了！"

（刘学民）

向中央汇报

> 朱德秘密到武汉,把南昌发生的情况向中央报告。中共中央作出在南昌举行暴动的初步决定。由于朱德在南昌有便利的工作条件,对各方面的情况比较熟悉,被派到南昌做准备。

为了尽快把南昌发生的一切报告中央,朱德决定立即离开南昌。

1927年6月7日下午,朱德派警卫员刘刚去牛行车站打听当天还有没有去九江的火车。那时,赣江上还没有桥,火车还没有通到南昌市区,往返南昌市区与牛行车站,都得坐船摆渡过江。

刘刚冒雨过江,到牛行车站一问,得知已没有去九江的客车,今天,只有一趟拉煤的列车去九江。他急忙赶回花园角二号,向朱德报告。

朱德在家里来回踱步,盘算了一阵,当机立断地说:"马上赶煤车,去九江!"

这时,朱德身边的几个随员虽然弄不清发生了什么事情,但感觉到情况紧急,赶忙收拾行装,随朱德冒雨过江,直奔牛行车站。

一叶小舟,在风雨里飘摇,一会儿已冲进了赣江的激流,搏浪前进。小船舱里的朱德透过濛濛雨幕,望着远去的南昌城楼,思绪万千。是啊!在南昌城里的岁月,虽然只有半年多,时光短暂,但留下的记忆却是终生难忘的。他在心底里暗自向南昌道别,向朝夕相处的战友道别:再见了,南昌!再见了,战友!我们迟早是要回来的!

上煤车时,又出现了麻烦,费了许多口舌也没用。好在,那是个"钱能通神"的社会,有钱能使鬼推磨嘛!朱德向随行人员递了个眼色,做了一个递钱的手势。当白花花的大洋拍在列车员的手上时,朱德立即被请进了列车后部的一节公务车厢。

火车在大雨中开往九江。

早晨到达九江时,又是另一番景象,已经雨过天晴,一片翠绿。

朱德和几个随行人员,在车站旁边的小饭铺里吃罢早饭,就去拜会金汉鼎。

这时,金汉鼎是第九军军长,并兼任赣北的警备司令。他虽然是名副其实的"光杆司令",但府第还是门禁森严。

刘刚向门卫递上一张朱德的名片,说:"请通报一下,我们长官要见军长!"

卫兵一看眼前这位长官威武庄重,又有这么多的随从,不敢怠慢,很快便把名片递了进去。

不一会，门里面一阵骚动，一位副官跑出来说："让长官久等了，军长出迎！"

金汉鼎随后跟了出来，亲自迎接朱德，说："玉阶兄，是什么风把你刮来了！大驾光临，有失远迎！抱歉，抱歉呀！"

"南昌刮起了九级台风，你不知道呀！"

朱德一语双关，道出了原委。

金汉鼎说："只听说，南昌的风声很大……"

两人握手寒暄之后，一同步入客厅。

朱德同金汉鼎是老相识了，他们在滇军中并肩战斗，生死与共，都曾立下赫赫战功，让敌人闻风丧胆。"金朱惹不得"的民谣，说的就是他俩大战北洋军，威震川南的事。1922年，唐继尧杀回昆明，他俩结伴出逃，历经艰险才到了上海。后来，朱德出洋去寻求救国的真理，金汉鼎则奉中山先生之命南下广东去参与重振滇军。他们虽天各一方，分道扬镳，但他们之间的情谊是很深的。金汉鼎接待朱德非常热情。

第二天，天气晴朗，蓝天如洗。

金汉鼎派人护送朱德上庐山，住进牯岭仙岩公寓对面的一幢西式洋房。这是杨如轩新造的别墅，落成不久，只有他的老父亲住在里面，其余房间大部分都空闲着。

朱德和杨如轩也是老朋友了，他们不仅是云南陆军讲武堂的同班同学、结拜兄弟，而且在滇军里杨如轩还曾是朱德的部下。由于这层特殊的关系，金汉鼎把朱德安排在杨如轩的别墅里，暂避风险和休息。

庐山，这是让多少人向往的风景如画的避暑胜地啊！然而，朱德无心久留，急于下山，他一直惦记着把南昌发生的一切尽快向中央报告。

他和随行人员做好了一切准备，悄悄换了便装，秘密地下了山。为了行踪不被人发现，到九江后，他再没去找金汉鼎，特地派人买了几张去武汉的外轮船票。

上船前，朱德非常机警地嘱咐随行人员，说：

"现在到处都是军警，对去武汉的人员盘查都很紧。你们把各自所带的武器都集中起来交给刘刚，让他设法先带上船去。我们看看动静，随后上船。"

刘刚把几支手枪和子弹放在一只盛洗脸用具的竹篮子底下，不动声色地拎着篮子，大摇大摆地向码头走去。

朱德一行站在码头外面观察动静。

九江码头上，军人、警察荷枪实弹，堵在码头的入口处，不分男女老少，个个都得盘问检查，码头入口处吵吵嚷嚷的乱作一团。箱笼、包袱摊开一地，吃的穿的用的，花花绿

※ 朱德在南昌的旧居——花园角2号。

绿，什么都有，像是南方"晒梅雨"、亮家当一样。外国的船员站在甲板上看热闹。

突然间，一位乘客的瓷花瓶被打破了，立即引起一阵争吵和骚乱，就在混乱中，刘刚机敏地躲过盘查，提着那只竹篮子上了船。他靠在船舷边向朱德招手。

"平安无事噢！我们上船！"

朱德像下令一样，大手一挥，随行人员马上跟着他走向码头。

轮船溯江而上。

朱德一到武汉，就向中央军委汇报了南昌发生的反共事件。

7月中旬，中共中央在武汉召开会议，作出在南昌举行暴动的初步决定。由于朱德在南昌有便利的工作条件，对各方面的情况比较熟悉，就派他先赶回南昌做准备。

朱德遵照周恩来的指示，乘船秘密离开武汉抵达九江。在九江警备司令部的大门口，他碰巧遇到了正准备上庐山的金汉鼎。金汉鼎急如星火地说：

"玉阶兄，我奉令上庐山，有话咱们在船上说吧！"

上船后，金汉鼎告诉他说：

"刚刚接到益之（朱培德）从庐山上打来的电话，说汪精卫、张发奎都到了牯岭，要我立即上山，说有要事相商。"

"有啥子要事？"

"我也猜不透，只是近来风声很紧，流言蜚语不断，像是要发生什么事变。"

"益之近来的态度如何？"朱德进一步地试探。

"在目前的形势下，他当然仍倾向于汪精卫。"

"铸九（金汉鼎），在这多事之秋，你有何打算？"

"我能有什么打算，还不是跟着益之一起干！"

"铸九，江西这帮子人马都是灰色的，不愿革命了。我们一同到广东去，建立新的革命根据地，重振北伐大业！"

金汉鼎对朱德的一席好言相劝无动于衷，反而劝说朱德：

"你刚到江西，对近来这里发生的一切不甚了解。我看凡事还是谨慎为好！"

显然，金汉鼎拒绝了朱德的相邀。

船到莲花洞，去南昌的火车已没有了。金汉鼎约朱德上庐山歇宿，待明天再去南昌。朱德谢绝了金汉鼎的邀请，留在莲花洞，等待翌日的班车。

此后不久，朱德便投入了一场新的战斗，开始了他一生中又一段不平凡的军事生涯。

（刘学民）

★★★ 第三编 ★★★

南昌暴动 创建红军

第三编 03
南昌暴动 创建红军

南昌暴动立头功

朱德回南昌的重要任务之一，就是要弄清敌情。他精心绘制了一份敌军分布图，仔细地标出了火力的配备位置。周恩来满意地说："这份兵力分布图绘得好极了。你为南昌暴动立了头功！"

朱德一回到南昌，首先秘密地去拜访了他的好友李团长。

李团长对朱德的突然出现非常惊奇，他带着十分疑惑的神色，提出了一连串的问题，等待朱德回答：

"玉阶兄，是什么风把你吹回来的？前些日子哪里去了？此次返回南昌，有何贵干？"

朱德不动声色，笑容满面地答道：

"我是身不在南昌心在南昌呀！老实说我虽不在南昌，却没离开江西一步，一直在铸九那里避暑。承蒙他盛情款待，这一段时光过的是神仙般的生活。在庐山上，我住的是杨如轩新修的小别墅。云雾缭绕的庐山，景色万千。云雾时聚时散，变幻莫测呀！这次，我算是初识庐山真面目了！"

※ 贺龙（1896—1969），湖南桑植人。1927年南昌起义时任起义军总指挥兼国民革命军第二十军军长。同年加入中国共产党。

"老兄，一定和总指挥（朱培德）在山上幸会了？"李团长意在试探朱德的真实行踪。

"那是当然了。他怕我产生误会，一见面就作种种解释，还再三提出，请我回南昌后担任新职。讲啥子虚席以待，任我选择；又讲啥子患难与共，同舟共济！唉！难哪，现在是事难做、官难当呀！"

"老兄突然离开南昌，行踪不辨。大家都在猜测，说这是总指挥特意安排的。这样，既能向上交待，又可不失兄弟和气，真是难能可贵啊！"

李团长一听朱德说离开南昌后，一直住在金汉鼎那里，这次在庐山上又见到朱培德。这来来去去，肯定都是朱培德特地安排的，足见朱德和朱培德、金汉鼎之间的关系非同一般了。他心里的疑团似乎一下解开了。所以，不断地为朱培德的"礼送出境"之举打圆场、说好话。

"总指挥的用心，人所共知。我当然是理解的，他还算够朋友。不过，也有那么一些人真不够朋友。他们见势而趋，失势而远，更有甚者是诬陷邀功，卖友求荣了。古人云：'广交天下士，知心能几人。'真是千真万确呀！"朱德也感慨了一番，有意试探一下李团长的态度。

"老兄不必过虑。我李某虽不是名士豪杰，但绝非负义之辈。你若不信，我可对天盟誓……"李团长惟恐朱德怀疑他会干出卖朋友的事，连忙再三表白。

"你我肝胆相照，何必言誓。这次重返南昌，无非是因为这里人地两熟，诸事都有个照应。最后，是去是留，我还得看看各方面情况再定。"

李团长一听朱德去留问题还未决定，便说：

"老兄的行踪未定之前，就住在舍下。我可以担保你不会有任何风险。若有什么三长两短，不仅对不起你，也无法向总指挥交待呀！"

"老弟盛情难却，实在感激。不过长住在这里打搅你，我也过意不去。何况你公事繁忙，迎来送往，彼此不便，还是麻烦你替我另找一个安静的住处为好。那样，我的家眷也可以接过来。"

李团长频频点头，觉得朱德讲的很有道理，就说：

"老兄既然有安家的打算，只好听便。房子不会有多大问题，你原来住的花园角二号，可能还空闲着。"他回头叫来副官说：

"你马上去花园角二号看看，告诉房东不要把房子租给别人，就说朱团长回来了！"

第二天，朱德又回到了花园角二号。

也就在这一天，中共江西省委在南昌市松柏巷召开了中共江西省代表大会，推选罗亦农为书记，陈潭秋负责组织工作，宛希先负责宣传工作，吴振鹏负责青年工作，许全珍负责妇女工作。大会分析了全省的革命形势，听取了代表们对各地工农运动情况的汇报。

朱德住下之后，立即同江西省委取得了联系，向省委的主要负责人罗亦农、陈潭秋、宛希先通报了中共中央关于举行南昌起义的决定，并同他们一起发动各界人民团体，成立"南昌市民欢迎铁军大会筹备处"，积极筹设接待站、运输队等，并为即将进入南昌的部队，预先筹划了适宜的驻地。

朱德受党的重托，夜以继日地开展着活动。这次回南昌的重要任务之一，就是要弄清敌情。所以，他不停地"拜访"各界人士，特别是驻南昌的高级军官。通过直接的交谈和派人秘密调查，弄清了南昌及其附近驻军的部署、人员、武器、装备以及设防与火力配备情况。

※ 南昌起义军第二十军指挥部旧址。

当夜幕徐徐落下以后,他在昏暗的灯光下,忍受着南昌夏夜里特有的闷热,挥汗伏案精心绘制了一份敌军分布图,仔细地标出了火力的配备位置。

7月26日,周恩来按照中共中央的决定,化装后秘密赴南昌领导武装起义。

27日,周恩来一到南昌就来到花园角二号朱德的寓所。两人相见,心情都非常激动。

"没想到你来得这么快!"朱德说。

"时间就是胜利嘛!现在必须争分夺秒!"

朱德接过周恩来手上的黑皮包,递上一把纸扇,一杯清茶。他还没等周恩来把水喝完,便开始汇报他回到南昌后的工作情况,并把事先买好的几张南昌市街道略图和自己绘制的敌军分布图摆在桌子上。

周恩来看到朱德绘的图上不仅有街道、地名和敌人的番号、兵力,而且还有碉堡、火力配置以及进攻路线等,非常满意地说:

"这份兵力分布图绘得好极了。你为南昌暴动立了头功!"

朱德继续介绍南昌地区的敌情：

"南昌城内外，现有六个团：第三军的两个团，即第二十三团和第二十四团；第九军的两个团，即第七十九团和第八十团；第五路军总指挥部的警卫团；第六军的第五十七团，是最近几天进驻南昌的。此外，还有一些零星的警卫部队。总兵力约万把人，都经过训练，有一定的战斗力。我办的那个官军教育团，第一、二营的学员已提前毕业，分配了工作；第三营还有三个连。我在南昌市公安局争取过来的保安人员和消防人员，约有四五百人，人数不算多，武器也不算好，但他们熟悉地形，了解情况，暴动时，可望成为一支可靠的力量！不过，前几天，朱培德派人把在南昌的军用物资全运走了。"

周恩来称赞朱德谈的情况为制定作战方案提供了可靠的依据。

朱德说："上层高级军官的工作进展不大。他们当中许多人长期追随军阀，多是趋炎附势、追名逐利之徒。有些人虽然对当前的形势颇多感慨，但是，当真要他革命时，那就对不起了，还是升官发财要紧。"

"不足为奇。他们的总指挥张发奎、朱培德，不就是这样吗？对他们不能抱有任何幻想，但对下面的将领和下级军官，我们还是要耐心地做说服工作，努力去争取。"周恩来拿过一条湿毛巾，擦去脸上的汗水，摇着纸扇兴奋地说：

"最新消息，完全为我党所掌握的武装力量，除了叶挺所在的第十一军、贺龙的第二十军外，还有国民政府卢德铭警卫团、武汉军校的部分同志以及周士第的第二十五师等，可望在暴动前夕赶到南昌。这样，我们的兵力多于敌人几倍。敌人虽在赣南、赣东有部队，但远水不解近渴，来不及增援。所以说，南昌暴动正如中央估计的那样，是稳操胜券！"

朱德腾出宽敞的中厅，在中厅摆上一张小圆桌、四把椅子，临时加了一架帆布行军床，让周恩来在这里歇息。他把警卫员刘刚叫来吩咐说：

"周先生今日才到此地，由你在家好好招待几日，处处多留心点。要听从命令，他叫你去做啥子，你就去做，不得怠慢！"

朱德又叫身边的随从王荣坤上街买来了各种应时蔬菜，亲自动手烧了几个富有川味的小菜，同周恩来一同进餐。

吃罢午饭，朱德按原计划要去赴约，临行前，他对周恩来说："你有

※ 1927年8月1日，朱德参加领导的在江西南昌举行的武装起义，打响了武装反抗国民党反动派的第一枪。图为八一南昌起义（油画）。

事，就叫刘刚去做。他是本地人，各方面的情况比较熟悉。"

周恩来看看刘刚，点了点头。

朱德出面租赁了南昌市中山路洗马池的江西大旅社，作为领导起义的大本营。这是一座土木结构的五层大楼，大小有近百个房间，又地处市区中心，设立指挥部非常适宜。

前敌委员会决定8月1日凌晨四时发动起义。前敌委员会组成了参谋团，周恩来任主任，参谋团的成员有贺龙、叶挺、朱德、刘伯承、聂荣臻等，参谋长为刘伯承。由周恩来签发了绝密的作战命令：

"我军为达到解决南昌敌军之目的，决定于明日凌晨四时开始向城内外所驻敌军进攻，一举而歼之！"

朱德部署好军官教育团和南昌市公安局参加起义的准备工作后，于7月31日晚上，遵照前委的指示，去完成一项特殊的使命。朱德曾回忆说："我被分配的任务是宴请朱培德下面的一些军官。"朱德举办了一个宴会，邀请第三军在南昌的两个团的团长和团副参加。这两个团是朱培德的主力，也是起义军的劲敌。如果在起义中把这两个团的指挥官拖住，使其失去指挥，将大大有利于起义军。朱德凭着他在滇军中的威望向第二十三团团长卢泽明和第二十四团团长萧日文等发出邀请，希望他们带着团副一起来赴宴。

受邀的军官拿到请帖，一看是朱德将军邀请，就有点受宠若惊，顿时感到身价百倍，飘飘然地赶来赴宴。

宴会设在城西大士院街口的佳宾楼上，而第二十三团和第二十四团的驻地都在城东，相距甚远。这也是朱德有意安排的，既是调虎离山计，当然离得越远就越好。

朱德在佳宾楼里悠闲自得地应酬着各位客人："我们虽然同在一座城市，难得一聚。好在同出一脉，都是滇军，不是外人。今天敬请各位光临，纯属叙旧，别无他事，各位随便畅饮！"朱德举杯敬酒。

"朱将军乃我滇军前辈！赐吾等如此殊荣，实在担当不起。能与将军同桌共饮，实为今生难得！今日北伐，相聚在赣，虽是异土他乡，但能同朱将军在一起，倍感亲切。今后，将军若有用得着部下之处，吾等当效犬马之劳！"萧团长代表几位来客表白感激之情。

"你我兄弟，都是一家人。当年，同属蔡松坡将军麾下；今天，同归朱总指挥领导，理应如此，不必客气！"朱德的大度、豪爽之气深深感染了客人。

他们边吃边饮，叙旧谈心，笑语不停。

一桌丰盛的酒席，从傍晚吃到夜里九时，眼看着就要打烊了，客人们才慢慢起身。朱德掏出怀表看了看，说："时间还早。各位今晚又无事，何不去打几圈麻将！这附近有一个极好的去处。"

酒足饭饱之后，再去打上几圈，真是难得的机会。客人们毫不推辞地随同朱德来到就近的大士院三十二号，去作"雀城之战"。警卫员刘刚按照朱德的吩咐，把客人的几个卫士也请到了旁边的小馆子里喝酒去了。

几个团长解带宽衣，相互推让了一番后，就入座开局，进入牌阵，如痴如迷。朱德在

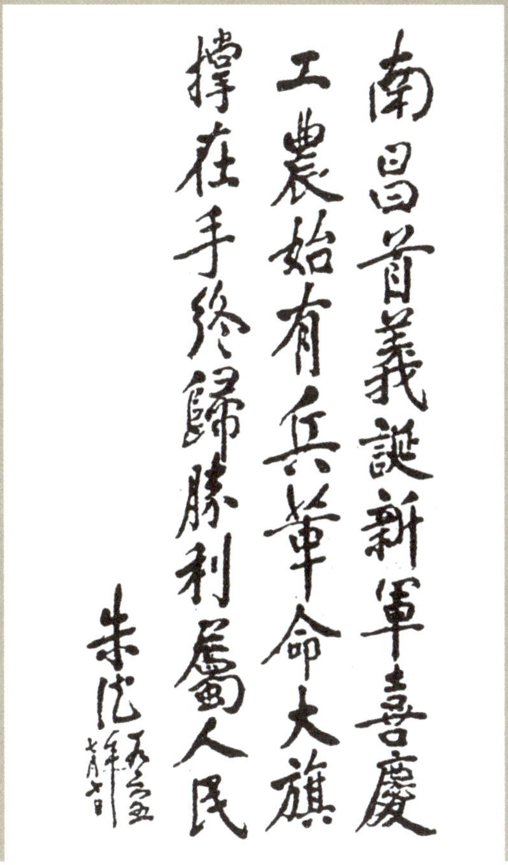

※ 朱德1965年7月7日手书。

南昌首义诞新军喜庆
工农始有兵革命大旗
撑在手终归胜利属人民
朱德一九六五

一旁观战。

"发财！""东风！""一万！"……

交替、轮番地呼唤着，赢家、输家轮流坐庄，正在酣战中，约莫快到午夜时分，四圈麻将还未打完，突然传来急促的敲门声：

"快开门！快开门！"

大门开启，闯进来的是第二十四团副官。他跌跌撞撞地冲进来后，喘息未定就向萧大胡子报告说：

"报告团长，九点接到指挥部通知，说贺龙的一个副营长密报，明晨四时共党要暴动……命令各团立即采取应急措施，严加防范！"

一听"暴动"二字，几个团长一下惊呆了，不知所措，半响还未回过神来。

萧大胡子知道这下子坏事了，马上向副官大发雷霆："混账东西！为何不早来报告？"

"接到指挥部的通知后，我就……出来，跑遍全城也未找到团长……刚才在小酒馆里，碰见了几个护兵，才知道团长在这里……"副官感到实在委屈，在小声申辩。

这时，几个团长已变成了热锅上的蚂蚁，在地上直打转转，面露惊恐的神色，难以镇定，预感到大祸临头了。

朱德见此情景，知道一定是走了风声，但他仍从容不迫，若无其事地说：

"各位老弟，不必惊慌。在这多事之秋，蜚短流长，什么谣传没有？'暴动'呀！'起义'呀！天天都能听到，未必可信。各位都是从大风大浪里闯荡过来的，何必大惊小怪？天塌下来，有一颗脑壳顶着，怕什么！来来来，各就各位，打完这四圈，尽欢而散！"

"朱将军，我们哪能同你相比呀！你同朱总指挥、王军长他们是啥子交情？我们不过是芝麻大的官，万一今晚出了事，脑壳还不得搬家？……谢谢今晚的款待了！好在都在南昌，改天再聚吧！"说罢，几个团长匆匆离去，各朝自己的营区奔去。

朱德也不便强留，以免发生意外，遂打着哈哈，送走客人。然后，他立即赶到贺龙的司令部，告诉他消息已经泄漏，第二十军第十师第一团的姓赵的副营长叛变了。

前敌委员会得知这一重要情况后，当机立断，决定把原定的起义时间从深夜四时提前两个小时。

8月1日深夜二时正，南昌起义的战斗打响了。

"叭！叭！叭！"清脆的枪声，击破了沉静的夜空。霎时间，枪声、炮声、喊杀声和爆炸声响彻南昌城。

起义军战士们，呼喊着从四面八方向敌人驻地发起了进攻，起义进行得十分顺利，第二十三团和第二十四团虽是敌军的主力，由于朱德实施调虎离山计，没有作过多的抵抗就被消灭了。仅用了三个小时，就解决了南昌城区的战斗。

由周恩来、朱德、贺龙、叶挺、刘伯承等领导的具有伟大历史意义的南昌起义胜利了。从此，在中国人民革命斗争史上，开辟了武装斗争的道路。"八一"成了人民军队的象征。

当东方出现曙光时，在洗马池江西大旅社的楼顶上，起义军的红旗高高飘扬，格外鲜红，格外耀眼。

市民们潮水般地涌向街头，敲锣打鼓，燃放鞭炮，欢庆南昌起义取得伟大胜利，欢迎成千上万的威武雄壮的起义军。

（刘学民）

会昌之战

> 朱德在战斗动员时说:"这次的仗是很要紧的。打不赢就不能往前走,我们一定要打胜仗才行。这次要我来指挥,可主要还是靠大家……"

南昌起义第二天,朱德被任命为第九军副军长。第九军的部队,由朱德先前任第三军军官教育团团长的第三营的学生和任南昌公安局长时的公安、消防警察组成,仅有四、五百人。

8月3日,朱德率部作为南昌起义南下先遣队先行出发。出发前,朱德致函驻抚州的护国军部属、现第二十七师师长兼赣东警备司令杨如轩,对他说:最近在南昌开了一个会,推举孙中山夫人宋庆龄为领导,揭起了反对独夫民贼蒋介石的大旗。现在决定到广东去开辟新的革命策源地,请你拉起部队跟我一起参加革命。杨如轩接信后不作答复。后来,朱德率部南下路过抚州时,杨曾让道,起义军得以顺利通过。

南下途中,朱德参与指挥的第一个大仗是会昌之战。驻守会昌之敌,为蒋介石嫡系南路军总指挥钱大钧部。钱部辖第二十师、第二十八师、新编第十一师及其补充团等部,共约十个团兵力。起义军无论走平远、寻乌线或走汀州、上杭、大埔线,都将受钱部很大威胁。前委决定:集中全力先消灭这股敌军。

起义军进攻会昌的部署是:以叶挺率第十一军第二十四、第二十五师为主力,向会昌西北之敌进攻;朱德指挥第二十军第三师和教导团,配合主攻方向攻击会昌城东北地域之敌;贺龙率第二十军主力第一、第二两师在瑞金至武阳司之间,策应各方,并向武阳方向严密警戒。总攻定于8月24日晨6时发起。

总攻发起前,朱德曾到教导团和三师作战斗动员。朱德身背草帽,脚穿草鞋,激昂地鼓动道:"你们就要上火线了,不要怕,敌人没有什么了不得的。东征时的教导团是很勇敢的,你们要继承东征时的传统。你们先休息,我到前面看看,你们随后跟来。"说完,又往山坡那边三师走去。

在三师六团阵地上,朱德对六团的团、营干部说:"这次的仗是很要紧的。打不赢就不能往前走,我们一定要打胜仗才行。这次要我来指挥,可主要还是靠大家……"他的话充满着信心。

三师和教导团等部陆续到达指定出击地域,但西北地区还没有动静。有些指挥员不禁埋怨起来:"总攻时间已过,部队为什么还没上来?"朱德非常冷静,他对这些指挥员

※ 南昌起义军在战斗中的机枪火力点——南昌水观音亭。

说:"这也好。我们能把敌人吸引过来,背在背上,等十一军各师一投入战斗,敌人就会溃败。"说着,他立即命令三师六团靠教导团左翼迅速展开。

战斗开始,敌人的压力便全部集中到三师方面。敌军整连整营向三师阵地发起冲锋,打垮一批,又冲上来一批。由于没有配备工兵器械,工事构筑也很简陋,战士们只能在平地卧倒射击,伤亡很大。

8月骄阳似火,酷暑炙人,时近正午,太阳把人晒得连气都喘不过来。而敌人的进攻丝毫不见松劲。三师的处境更困难了。

师参谋长袁仲贤负伤,教导团团长侯镜如、第六团一营营长陈赓身负重伤。师军需处长郭德昭、军需主任蒋作舟先后阵亡,营、连干部伤亡更多。前沿阵地有几处已被敌攻占。不得已,师司令部特务连也被拉上火线。当此激战时,朱德指示已负伤的特务连连长文强:"这是关键时刻,只能进,不能退,一定要顶住。"

不一会儿,朱德又深入六团指挥所。傅团长担心地说:"朱军长,敌人冲过来了,请你转移一下吧!"

"不要慌嘛！"朱德还是那样不慌不忙地说道："来了就打一下子！"说着，他走到一位牺牲的战士身边，捡起步枪，从容地拉开枪栓，推上子弹，卧倒身子就向敌人射击起来。

战士们都为朱德的镇定自若所感染，纷纷卧倒在他身边一齐射击起来。敌人的气焰顿时被压倒，团指挥所附近的连队又增援上来，冲到指挥所的敌军被打退了。

朱德站起身，搓着手上的汗渍，对六团团长、副团长说："我到教导团那边看看。十一军很快就要打响了，你们这边要全力坚持住！"说完，又交待了一些坚守阵地的事项，然后，弓着身子，冒着弹雨向教导团阵地奔去。

下午3时以后，叶挺部十一军夺下会昌西南的制高点，居高临下，以压倒之势击溃了敌军。4时许，敌全线崩溃。钱大钧只顾慌忙逃命，连轿子都丢了。

起义军南下广东大埔后，兵分两路，一路由周恩来、贺龙、叶挺、刘伯承等率主力直向潮汕进发；一路由朱德率第十一军第二十五师和第九军教育团共约四千多人，留守三河坝，以防敌抄袭进军潮汕主力的后路。

三河坝位于梅江、汀江、韩江会合处。二十五师驻在三河坝，如果发生战斗，便是背水作战，地形不利，为兵家大忌。于是，朱德提议将部队移往对岸东文部、笔枝尾山、龙虎坑、下村一带布防。第二十五师指挥所设在龙虎坑东边高地，朱德留在前沿指挥所，和师长周士第、党代表李硕勋一道，准备随时迎击敌人。

不出朱德所料，钱大钧率经过补充的十个团约两万人发起反扑。朱德电话命令各团指挥员："我们一定要沉着、勇敢、机智，发扬会昌战斗的精神，保持铁军的荣誉，坚守三河坝，为我主力进军潮汕，牵制住这股敌人。"在朱德的号令下，起义军坚守阵地，顽强抵抗，一次又一次地粉碎了敌人强行渡河的企图，打沉了许多载运敌人渡河的船只。但终因敌众我寡，敌渡河后又抢占了梅子岽一带有利地形，起义军未能击退敌军，伤亡很大。二十五师参谋长游步仁、七十五团团长孙一中、三营营长蔡晴川以下全体官兵，以及七十三团五连连长张子良等先后壮烈牺牲，表现出铁军英勇奋战、不怕牺牲的战斗精神。激战三昼夜后，东文部、笔枝尾山都被敌占领，起义军已处于绝对优势的敌军三面包围之中，于是朱德与周士第、李硕勋商议：退出战斗，拟经百侯圩、饶平到潮汕与主力军会合。

（汤静涛）

保留革命火种

> 朱德说，三河坝战斗后，我们寄希望于前线主力部队，现在前方的主力军已完全失利。我们只有另想办法，另找出路。我是共产党员，有责任把起义的革命种子保留下来。朱德的话激励着每个干部的革命热情。

参加南昌起义的部队于1927年8月5日全部撤离南昌南下，计划转到广东依靠海陆丰农民运动的基础及海港，取得外援，重整旗鼓，再行北伐。起义军打下会昌后进入福建，又经上杭进入广东，9月18日进驻大埔县茶阳，20日开赴三河坝。在三河坝，前敌委员会作出分兵决定：总指挥部率叶挺、贺龙主力约六千人沿韩江水陆并进，南下潮汕，朱德率第九军教育团和周士第的第二十五师约四千多人据守三河坝，牵制敌追兵。

三河坝扼梅江、汀江、韩江会合处，朱德考虑到据守三河坝是背水作战，犯了兵家大忌，于是当机立断，命令部队星夜东渡韩江，驻守东文部。朱德和周士第、李硕勋等连夜察看地形，在东文部、笔枝尾山、龙虎坑、下村一带布防、构筑工事。布防方毕，敌钱大钧部两万多人赶至三河坝，发起凶猛的进攻，起义军予以猛烈还击。第二天，钱大钧抢来十多条民船，趁着浓雾抢渡韩江，又遭到起义军的迎头痛击。10月3日，钱大钧再次利用浓雾掩护，调集大批船只，多路强渡韩江。一部分强渡成功后，抢占了起义军第七十五团防守的滩头阵地，双方反复争夺，僵持不下而伤亡很大。这时，朱德认为，经过三天三夜顽强阻击，大量杀伤敌人，掩护主力进军潮汕的任务已经完成，为了保存实力，必须撤出战斗与主力会合。4日凌晨，朱德率部从浓雾中撤出战场，经百侯圩绕到潮汕与主力会合。

还在据守三河坝时，朱德就曾通知饶平县委派人来领取在会昌战斗中缴获的枪支。饶平县委为配合三河坝战斗，组织了一千多各乡农军攻打县城，但是久攻不下。起义军到饶平后，县委书记杜式哲领导各乡农会发动群众为起义军做饭，还向朱德汇报组织农军攻打县城之事。朱德听了汇报后说："支援农军攻打县城，是我们的职责。"随即命令周士第率教育团三百多人前往支援，自己则率部队主力北上进驻茂芝。攻打县城的农军见有起义军前来支援。士气大振，人人奋勇向前。守敌弃城逃窜，起义军和农军得胜归来。

然而，南下潮汕的起义军却遭到了失败。消息传来，大家都感到心情沉重。局势是严峻的，第十一、第二十军失败后，敌人的目标必然会全力转向第九军，而第九军在三河坝战斗中损失近半，现在又和上级失去联系，只能孤军奋战。朱德作为全军最高指挥官，他

※ 三河坝战役烈士纪念碑。碑名为朱德题写。

坚毅、沉着，要将部队带离险境，在不利的条件下寻求发展。

朱德召集几位主要领导人商议对策。他说，据我分析，敌人知道饶平失守，黄绍竑部定会驰援饶平，但我军已于昨日连夜撤走，敌人不知我军去向，必暂停追赶，也不敢贸然进攻。根据各方情报，估计敌人今明两天不会来，我们乘机在此休息两天，收容前线打散了的人员。他强调，目前的关键问题是急需把情况向大家讲清楚。前途是光明的，但困难一定不会少。我们是共产党领导的革命队伍，我们的信念就是革命到底。

会后，朱德下令将部队撤到茂芝东北的麒麟岭上住一夜。指挥部仍设在原地。

7日上午，朱德在全德学校召开干部会议。参加者有陈毅、李硕勋、周士第等二十多人。朱德请二十军教导团参谋长周邦采将潮汕前线的情况向大家略述一下。接着，朱德以沉着而激昂的语气说，三河坝战斗后，我们寄希望于前线主力部队，现在前方的主力军已完全失利。我们只有另想办法，另找出路。我是共产党员，有责任把起义的革命种子保留下来，我有信心把这支革命队伍带出敌人的包围圈，和同志们一道把革命干到底！这一铿锵有力的话语，充满革命必胜的信心，激励着到会的每个干部的革命热情。陈毅第一个起身表示，愿为保存革命种子竭尽全力。朱德接着又说，现在我们失败了，我们和上级的联系也已经中断，我们要由自己选择今后的进军方向。大家都表示，一定要保存下革命火种，以求今后的发展。会议分析了当前面临的局势，讨论了下一步部队前进的方向和路线。

最后，朱德将大家的意见归纳成几点，作出决议：第一，要尽快找到上级党，取得联系，以便及时得到上级指示；第二，要保存这支军队，就要找到一块既隐蔽又有群众基础的立足点。湘粤赣边界地区，是敌人兵力薄弱的地方，是个三不管的地带。这一带的农民运动搞得早，支援北伐最得力，应以此为立足点；第三，据最新情报看，敌人已从南、西、西北方面向我靠拢，我们要从东北方向穿插出去；第四，要继续对全体干部战士做艰苦的政治思想工作，发挥党、团干部的先锋模范作用，坚决扭转对革命失去信心的混乱思想，安定军心，更要防止一些失败主义者自由离队，拖枪逃跑甚至叛变投敌的严重事故发生。会议否决了少数干部关于解散队伍的建议，也放弃了原来南下潮汕的计划，决定转战至闽、粤、赣边的群山中。

当天下午，部队即将出发，县委领导杜式哲等人前来送行，朱德将不能随队行动的伤病员分别交给饶平、平和两县地下党组织，并留下一百光洋作为医药费用。朱德向一百多名农会干部和赤卫军讲话。他志坚情切地说：同志们，我们在革命斗争过程中，不怕失败，最怕同志们灰心消极。希望同志们在革命斗争过程中，要有信心，要听从党的领导，为革命奋斗到底，日后的胜利是属于我们的。他赠给县委一匹白马和十二支枪，鼓励他们坚持斗争。朱德率司令部及参加会议的干部到麒麟岭与大部队会合后，离开饶平。地方党组织派出熟悉地形和道路的交通员作向导。部队连续行军，直奔闽、粤两省交界的柏嵩关。

（林益）

在百侯演讲

1927年10月，朱德率领的起义军进入百侯。在百侯地下党组织召开的欢迎大会上，朱德发表重要演讲。

朱德率部队与敌钱大钧部血战三昼夜，完成阻击任务后，于1927年10月4日率部队转移到今大埔百侯镇的侯南村。

10月4日上午，天气晴朗。从三河坝战场撤离的起义军横渡梅潭河，爬山越岭，途经五丰、密坑、禁山岗、河头，进入湖寮圩，再经黎家坪、宜洋坪、曲滩，行程30多公里，抵达百侯镇侯南村。

起义军进入百侯后，受到当地党组织与广大群众的热烈欢迎和慰问。起义军下令部队在百侯休整1天。

朱德与第25师师长周士第、党代表李硕勋等领导人被安排住在百侯中学（即当时侯南村市戈坪杨氏宗祠内）。朱德骑着马进入百侯，与随行人员商谈工作后，便休息了。

朱军长指挥三河坝战役，打了三个昼夜硬仗，又连夜率部到百侯，已经十分疲劳了，他在百侯寂静的山村，很快进入梦乡，安静地熟睡了一觉。醒来后，他在江公祠接见了当地党组织的代表张穆（新中国成立后，他曾任中国驻伊拉克大使）等人，然后，又出席了百侯中学的中共支部扩大会议。朱德拿出一张军事地图，询问了一些地方的路程，为部队往饶平、潮州等地行军作参考。

紧接着，百侯地下党组织在侯南村（市戈坪）召开了欢迎起义军的民众大会，朱德军长在会上发表了演说。他宣传了南昌起义的意义、目的，号召群众组织起来，拿起武器，推翻国民党反动派的统治，解放全中国，实行土地革命，解决农民问题，只有这样，广大民众才能过好日子。朱军长的演讲，鼓舞人心，不断激起民众一阵阵欢呼声和雷鸣般的掌声。会上，宣布成立百侯民主村政权，朱军长发给农军步枪30多支，以充实武装力量，有利于今后开展武装斗争。应农军之要求，朱德还派出一个分队协助农军抓捕一名反动分子。

5日，起义军离开百侯，迎着朝阳，经过九龙亭，到达枫朗后，兵分两路：一路从黄砂坑、大埔角、隔背、江头、海螺地到饶平县的新丰；一路从枫朗至双溪、和村到饶平县的上善。这两支队伍行程40多公里，在当天分别到达目的地——饶平县茂芝村。

1980年初春，朱德委员长的女儿朱敏与赵容（跟随朱德在南昌军官教育团任副官、书记长，曾参加三河坝战役）等一行十多人，沿着"八一"南昌起义军的路线，踏着起义军的足迹，行程千万里，翻山越岭，深入群众，查访革命史实来到大埔县。在中共大埔县委负责同志的陪同下，他们亲临三河坝和百侯镇侯南村查访当年朱德军长的革命史实。在那里，他们邀请当地老人座谈，听老人们畅谈当年耳闻目睹三河坝战役实况。随行摄影师拍下了当年朱军长指挥战斗的地方，留下了许多珍贵镜头，给人们留下深刻印象。

一天下午，赵容、朱敏一行乘车来到百侯镇侯南村查访时，朱敏见到了当年接待她父亲的肖宜南老人（时年74岁）。肖宜南老人站在当年接待朱军长的老校舍杨氏宗祠里，感慨万分，向朱敏一行讲述了当年"八一"南昌起义军从三河坝战场转移，途经百侯时，自己如何遵照组织的安排接待了朱军长,以及朱军长在百侯的一些革命活动情况。朱敏听后异常高兴,因为此次大埔之行,见到了她父亲路过百侯暂留宿之处的革命史实的直接见证人。她感谢当年百侯中共地下党组织和广大群众,对其父所率领的起义军路过百侯留宿时,给予的大力支持和热情接待,朱敏拉着肖宜南老人的手,在重新仿制的杨氏宗祠牌匾下合影留念。

肖宜南老人把当年朱军长盖过的毛毡一直保留着,1978年他把毛毡献给大埔县博物馆收藏,作为纪念物教育后代。

(罗斯城)

留得青山在,不怕没柴烧

> 南昌起义军主力全军覆没,整个部队情绪低落,思想混乱。朱德激昂地说:"主力失败了,我们也吃了败仗,但是,革命没有完,革命仍然有希望。留得青山在,不怕没柴烧。"

朱德率部至饶平以北的茂芝时,得到了起义军主力全军覆没的消息。从潮汕主力中突围出来的带队者、原第二十军教导团参谋长周邦采,见到朱德,泪流满襟,不能自已。末了,周长长地叹了口气说:"完蛋了,这回全完了!二十军只剩我们这几百人了,十一军也都失败了。"

主力覆没的不幸消息压抑着南昌起义余部每个战士的心,很多人长吁短叹:"革命的希望在哪里?""今后怎么办呢?"整个部队情绪低落、思想混乱。

当晚,朱德召开了排以上干部会议,针对干部、战士的思想情绪,在会上激昂地说:"主力失败了,我们也吃了败仗。但是,革命没有完,革命仍然有希望。留得青山在,不怕没柴烧。南昌起义的革命种子,我们一定要保留下来。"朱德的讲话,对稳定队伍起了十分重要的作用。

当时,敌大军压境,麇集于潮汕和三河坝地区的国民党军队共有五个多师,共约四万人,气势汹汹,企图完全消灭我军,扑灭革命火种。而起义军,除二十五师尚保留着师、团建制,从潮汕撤出来的部队,包括第二十军教导团、第二十军第三师等余部,总共不过二千六七百人。朱德和几个主要领导研究后决定:立刻出发,经平和、永定、象洞、上杭

※ 南昌起义军南下到达福建长汀后，朱德率部4000余人在广东省大埔县三河坝阻击敌军三天三夜，掩护主力进军潮汕。图为今三河坝。

向西北转移。10月下旬，经武平之战进入赣南山区，一路上遭敌不断拦截追堵。至此，全军不足一千五百人。

朱德是这支部队的最高领导人，但部队绝大部分都不是他原来领导的老部队，指挥起来相当困难。正如陈毅后来回忆所说：当时"人民军队虽然有了自己的领袖，但处境却是非常困难的。朱德在南昌暴动的时候，地位并不算重要，也没有人听他的话，大家只不过尊重他是个老同志罢了。"

部队在孤立无援和长途跋涉中，困难愈来愈多，情况愈来愈严重。为了避开地主、土豪、民团和土匪的袭击、追踪，起义军有意避开大道和城镇，专在山谷小道穿行，在山林中宿营。10月的赣南山区，气候寒冷，痢疾和疟疾始终纠缠着指战员。很多人受不了这种艰苦的考验和屡次失败的打击，不辞而别，中途离队。此时，人心涣散，士无斗志，部队面临着严峻的考验。

为了巩固这支起义军余部，保存革命火种，朱德、陈毅先后在天心圩、大余、上堡进行整顿、整编、整训。后来人们统称为"赣南三整"。

在安远县天心圩，朱德领导了第一次初步整军。全体军人大会上，朱德语重心长地对大家说："大革命是失败了，南昌起义主力军也失败了，但是，革命的旗帜，我们不能丢，武装斗争的道路我们一定要走下去。一九○五年的俄国革命失败了，留下来的'渣渣'就是十月革命的骨干。我们这一次就等于俄国的一九○五年，我们只要留得一点人，在将来的革命中间就要起很大的作用。过去的那个搞法不行，我们现在'伸伸展展'来搞一下。黑暗和困难是暂时的，只要我们不怕挫折、不怕困难，坚持不懈地斗争下去，中国一定会有个一九一七年的。我劝同志们要坚信这一点……"

接着，朱德针对国民党反动军队不断追堵的情况满怀信心地分析道："他总有一天不追的，因为中国军阀的军阀性、买办性、封建性，他们之间不能协调，他们自己打起来，就不会追我们了，我们就可以发展了。"话音刚落，会场顿时活跃了起来。

陈毅也插言："我们大家要经得起失败的考验。做胜利时的英雄容易，做失败时的英雄很不容易。我们要做失败时的英雄……"

10月底，部队继续西进，经信丰等地至大余。由于伤病等非战斗减员，只剩下九百余人。三个团长和一些营连长自动离队和开小差，最著名的莫过于第二次开小差的七十三团七连连长林彪。

林彪在大埔曾开过一次小差，因语言不通，怕半道遭军警捕杀，又跑了回来。这回又起了"跑"心。他还劝团指导员陈毅一起跑。他说："你是个知识分子，你没打过仗，没有搞过队伍，我们是搞过队伍的，现在队伍不行了，碰不得，一碰就垮了。与其当俘虏，不如穿便衣走。"陈毅坚定地反驳说："我不走。现在我拿着枪，我可以杀土豪，我一离开队伍，土豪劣绅就要杀我。"林彪还是走了，但因走投无路，不得不再次跑回部队。

陈毅反映的开小差情况，受到朱德的高度重视。朱德决定，在大余领导部队进行整编。

朱德将部队编为一个纵队，下辖三个大队，亲任纵队司令，陈毅为纵队指导员，王尔琢为纵队参谋长，编余干部另组一个教导队。

这次整编，首先从整顿党、团组织入手，成立了党的支部，以切实加强党对部队的领导。南昌起义时，党、团员大都集中于上级领导机关和军官中，士兵和基层中很少有党、团员，党的工作不能深入基层和士兵。这次整顿，重新登记了党、团员，调整了党、团组织，成立了党支部。将全部五、六十名党员，派了一部分到各大队、中队去。

望着这支生龙活虎、斗志昂扬、经历过艰难困苦考验的队伍，朱德自豪地对大家说："我们的同志个个像只老虎，我们的队伍经过千锤百炼，现在已成为一支无坚不摧的钢铁部队。同志们，我原来想只要有二百人能和我一起同生死，共患难，我们就有胜利的希望，而我们现在，还有八九百个同心同德、坚韧顽强的勇士，我完全相信，任何帝国主义和反动派都不可能战胜我们，而我们必将最终把他们彻底消灭！"

11月上旬，朱德率部离开大余，转入湘、粤、赣三省交界，崇义县西南的上堡、文英、古亭地区。这时，粤桂湘军阀已开始互相厮杀起来，再无力追剿这支革命武装了。朱德又在上堡领导部队进行第三次整训。

朱德抓住有利时机，将部队带入深山，发动群众，开展游击战争。部队首先打垮了占山为王、杀人放火、作恶多端的土匪何其朗部，收缴了地主的武装，控制了这个山区。同时，整顿了原有关卡，收了一些税，用以解决部队的给养。

朱德亲自宣布募款和缴获物资全部归公的规定，煞住了抢劫勒索、侵吞公物、破坏纪律等旧军队的残余作风。

朱德指导部队进行了为期二十天的军事训练。每隔一两天，朱德为部队上一次大课，小课则天天上。他每次讲课都亲自做战术动作的示范，形象生动、效果极佳。

为了适应斗争中求生存的需要，朱德从总结战斗经验中提出了新的战术原则，将游击战提到主导地位，很好地解决了怎样从打大仗到打小仗的转变。他还把一线式战斗队形改为"人"字战斗队形。

朱德自己非常重视这段革命斗争实践，他后来追忆说："干革命，过去只知道在城市里搞起义，这时候才知道还可以上山打游击。"又说："那时候党中央的政策不想打游击，而是想搞城市起义。我们原来也不知道上山，开始上山搞了个把月，觉得上山有出路。"朱德和他的战友们正是在南昌起义南下失败之后的斗争实践中，不断探索新的革命道路，保存和维护了革命的有生力量，开始了从城市到农村、从正规战到游击战的战略转变。这在建军史上具有十分重要的意义。

陈毅在1952年的一次谈话中指出："当时如果没有朱总司令领导，这个部队肯定地说，是会垮光的。"

（汤静涛）

与滇军范石生 "合作"

1927年底,朱德、陈毅率领部队穿梭在湘、赣、粤交界的崇山峻岭之中。当部队行进到韶关时,发生了一段朱德与滇军范石生第十六军短期"合作"的插曲。

朱德、陈毅率领的部队经过整编后,部队的精神面貌也发生了明显的变化,一路上的沉闷悲观情绪不见了,欢笑声和活跃的气氛越来越多,越来越浓了。这些变化是由于加强了党组织的建设,加强了革命理想和信念的教育,另外一个重要的原因是,朱德提出的新的作战设想具有充分的说服力。1927年11月初,朱德率部队进入了湘、赣、粤交界处的崇义山区,开始了原先"伸伸展展,干一番"的设想。就是放弃强打硬攻的正规战,深入到敌人兵力薄弱的农村和山区,宣传和发动群众,开展游击战,打击作恶多端的土匪和地主武装。通过二十多天的活动,部队学会了做群众工作,筹集到部分给养,军事作战上取得的几次胜利,也提高了部队的信心和士气。12月初,部队转移到仁化,与广东北江特委取得了联系,并接到中央指示信,令其急赴广州参加起义。部队刚赶到韶关即得知广州起义又失败了。这一消息,一方面激起了部队官兵对反动派的极大仇恨,另一方面更加坚定了朱德、陈毅等同志向农村求发展的想法。12月中旬,朱德率部在韶关西北30公里的犁铺头展开工作,发动群众,宣传革命,打土豪,筹粮款,工作十分顺利;同时还收容了部分广州起义失败后逃出来的同志,使部队略有扩大。

当时有一段朱德与范石生的短期"合作"的插曲。当时部队附近驻有滇军范石生的第十六军。范石生与朱德是云南讲武堂的同窗好友,又一同加入同盟会。他对朱德的文才武略和救国救民的鸿鹄之志久怀敬仰。而他本人自从归编国民党军后,深受蒋系军阀的歧视和排挤,与桂系军阀也素有矛盾。他同情革命,与共产党久有联系,曾对蒋介石的"清党"指示置之不理,掩护和保留了本部中的不少共产党员。南昌起义后,他还去信联系,准备在广东接应起义部队。潮汕失利后,当他得知朱德仍然掌握着一支部队时,曾多次派人四处打探,意欲联合朱德共同对抗蒋介石。范石生在给朱德的一封回信中真诚地说:"春城一别,匆匆数载。兄怀救国救民大志,远渡重洋,寻求兴邦立国之道。而南昌一举,世人瞩目,弟感佩良深。今虽暂处逆境之中,然中原逐鹿,各方崛起,鹿死谁手,仍未可知。来信所论诸点,愚意可行,弟当勉力为助。兄若再起东山,则来日前途不可量矣!弟今寄人篱下,终非久计,正欲与兄共商良策,以谋自立自强。希即枉驾汝城,到曰

※ 范石生（1887—1939），云南河西人。早年参加同盟会，入云南陆军讲武堂，与朱德同班。参加过辛亥革命、护国战争。1927年任国民革命军第十六军军长。

唯（即曾曰唯，第十六军第四十七师师长）处一晤。专此恭候。"朱德把范石生的情况对陈毅、王尔琢等作了详细介绍。大家一致认为，在目前情况下，与范石生的"合作"不仅可能，而且十分必要。因为部队的伤病员极缺医药，干部战士都已衣衫褴褛、被服不全，枪支、弹药十分缺乏，部队的经费也十分困难。如暂时与范石生"合作"，这些问题都可以解决。同志们商定了联合的方案后，朱德的原则性再一次鲜明地表现出来了。他在与范部的谈判中，明确提出三个条件："我们是共产党的队伍，党什么时候调我们走，我们就什么时候走；给我们的物资补充，完全由我们支配；我们的内部组织和训练工作等，完全照我们的决定办，不得进行干涉"。范石生完全答应朱德的条件，按照双方的协议，起义军被编为十六军四十七师一四〇团，朱德化名王楷，任四十七师副师长兼一四〇团团长；

先发给一个月薪饷和所需的枪支、弹药；部队内部的编制、组织不变，要走随时可走。

"合作"终于实现了。在四十七师隆重召开的欢迎大会上，朱德发表了慷慨激昂的演讲，他说："中国外受帝国主义的侵略，内受新军阀蒋介石的剥削、压迫，民不聊生。今天，我们必须团结起来，打倒这个独裁卖国的新军阀。有蒋介石就没有我们，有我们就没有蒋介石。"范部官兵对朱德的气魄和志向既震惊又钦佩，起义军的官兵则精神大振。以后，朱德又在一四〇团军人大会上就"合作"的问题做了解释和说明，得到部队上上下下的一致拥护。

1928年初，蒋介石发觉朱德部隐匿在范石生处，于是命令范石生立即解除起义部队武装，逮捕朱德；又密令第十三军军长方鼎英率部进驻粤北，监视朱、范动向。范石生接蒋的密电后，十分惊恐，但他不忘旧谊、信守协议，速派秘书杨昌龄带信给朱德。他在信中说："最后的胜利是你们的，现在我是爱莫能助。"意在通知朱德快走。朱德与同志们商量后，决定按中共广东北江特委的意见，去海陆丰，与广州起义剩余部队汇合。但行至南雄附近时，得知方鼎英部一个师已开往南雄，正准备堵截消灭朱德的部队。于是朱德当机立断，率部向北折转，直指湘南，去实现他酝酿已久的起义计划。

（栗钢）

湘南暴动

1928年，在朱德漫长的革命生涯中是极不平凡的一年。这年上半年，他与当时的中共湘南特委共同领导了土地革命战争时期的一次重要起义——湘南起义；紧接着，他率领起义军在江西省宁冈县砻市与毛泽东率领的秋收起义队伍胜利会师，从此开始了建立井冈山革命根据地的峥嵘岁月。

南昌起义五个月以后，毛泽东率领湘赣边界秋收起义军，在井冈山开辟了中共第一块革命根据地。这时，转战千里历尽艰辛的朱德，正率领着一支约千把人的南昌起义军余部，仍沿用此前与范石生合作时使用的"国民革命军第十六军第一四〇团"的番号，从韶关北上，冒着凛冽的寒风穿山越岭，进抵湘粤边界粤北山区一个名不见经传的小镇——当时的乳源县杨家寨（今属乐昌县）。

这里与湘南仅一山之隔，距朱德这次率部要攻取的目的地宜章县城只50—60公里。攻取宜章县，便可打开湖南的南大门。

这一天是朱德刚度过41岁生日不久的1928年1月5日。

谁曾想到：六天之后，朱德便在湘南大地上绘出了一幅壮丽多彩的历史画页——发动了震惊湘粤两省的湘南起义！

朱德发动湘南起义是早在三个月前就定下的意向。那时，在撤出粤东三河坝后的一次茂芝会议上（1927年10月7日），朱德就毅然表示："我是共产党员，我有责任把革命的种子保留下来，有决心担起革命重担，有信心把这支革命队伍带出敌人的包围圈，和同志们团结在一起，一直把革命干到底！"同时，他归纳大家的意见，形成了以"隐蔽北上，穿山西进，直奔湘南"为核心内容的军事决议。

"直奔湘南"之所以取道杨家寨，除了这里毗邻湘南这一地理因素外，还与当时一位由中共广东北江特委介绍到朱德这里来的乐昌本地人有关。这个人叫龚楚，1925年入党（1935年叛变投敌），参加过"北伐"和南昌起义，起义军南下失利后回到家乡。虽然朱德的祖先也是广东韶关客家人，但朱德毕竟是地地道道的四川人，对粤北、湘南的情况自然不及龚楚熟悉，所以，到杨家寨是由龚楚带的路。

可是带路毕竟只是带路，朱德能顺利进入杨家寨并在这里议决攻打宜章的军机大事，起重要作用的还是一位与杨家寨有宗族关系、大革命失败后潜伏在此的中共宜章县委委员杨子达。

同时，王楷（朱德当时的对外代名）部队到了杨家寨的消息也早在粤北、湘南不胫而走；尤其是大革命失败后分散隐蔽在群众之中，朝夕渴望革命早日复兴的中共宜章县委，听说自己的队伍到了家门口，更不啻是大旱逢甘霖。中共湘南特委委员、宜章县委书记胡世俭，委员高静山、陈东日、毛科文等很快便互通情报，接踵赶至杨家寨与朱德取得联系。

寒夜中的粤北山区显得格外宁静。文奎楼上，朱德与宜章县委的联席会议已近尾声。朱德默默地听完大家如何攻取宜章的主意后，合上笔记本，十指交叉揉搓了好一阵；那深邃、睿智的目光，那成竹在胸的浅浅笑意和神态，都显出他对革命的坚定信念和对即将实施的湘南行动计划的信心。无须查看军事地图，他便开始把在会前已同指导员陈毅、参谋长王尔琢商量过的初步方案告诉大家，他用浓重的四川口音说道："今天夜晚，湘南的同志，广东的同志，都讲了很好的意见。为什么大家都觉得打宜章很容易？为什么敌人在湘南没多少兵力？因为眼下唐生智正同南京方面在湘鄂边界打大仗，顾不了湘南；即使他唐生智看见我王某人大摇大摆地来了，也是鞭长莫及啰！"几句话说得大家都露出了宽心的笑容。一阵活跃的情绪掠过会场之后,几十双眼睛更加专注地望着这位对天下大事了如指掌的"王团长"。接着,"王团长"又继续给大家作了这样的分析:"第一,湘南的群众政治基础很好。北伐时,湘南的农运搞得热火朝天,我还看过毛泽东写的专门讲农运的文章,对湘南评价很高。今天,湘南一下子来了这么多人,说明群众的革命热情、革命积极性确实很高。第二,眼下已近年关,正是地主老财催租逼债的当口,也是我们站出来为穷人撑腰的大好时机嘛。至于这个仗怎么个打法,大家要多动动脑筋。"说到这里,朱德便站起来,一边踱步,一边思索着。突然,他转过身来面向大家,问道:"你们这里不是有个叫胡少海的吗?"湘南来的同志接口说道:"有,他就在这一带活动。"朱德接着说:"那好。就眼下敌我双方的有利和不利条件看,我想,'智取'胜过'强攻',一来可以减少我们的消耗,现在每一粒子弹对我们都是十分宝贵的;二来可以避免打草惊蛇,来个一网打尽。"说着,他又用较低缓的语调继续说:"问题是怎么个'智取'法,我也是想了很久。我看,有条'周郎妙计'是顶用的,就是由胡少海这位宜章有名的'五少爷'来唱主角,这场戏就可以演好演活。"湘南来的同志一听,都感到这的确是着妙棋。

原来,这位"五少爷"出身宜章豪门,家乡人都知道他前几年参加了国民革命军,在程潜部下当了个营长;至于这位"五少爷"倾向共产党,秘密从事革命活动等,宜章国民党的上层人物还不知底细。所以说,由胡少海出面开路,的确"天衣无缝"。

接着,朱德就讲了这出"戏"的具体唱法,就是由胡少海以第一四○团副团长的名义,率领先遣队先期入城,并布告民众:本军奉范石生军长之命移防宜章,以保护桑梓。望各界安分守己,各安其业等等。同时,给县衙门呈送一份关防公函,言称军务移防,多有叨扰,特定于某月某日在什么地方设便宴酬谢父老乡亲等等。"到了宴会上,我们就来个坛子里捉乌龟——十拿九稳"。

"哈哈哈哈……"朱德的话音未落,全场便发出一阵笑声。朱德顿时紧张地竖起右手的食指贴紧圆起的嘴唇,"嘘"了一声,把大家的笑声止住。然后压低嗓门问大家:"怎么样?要不要得?"

"好主意,要得!"一时间,会场上群情振奋,活跃异常。虽然天已微明,但谁也没有倦意,似乎都巴望着马上出发,拿下宜章城,让乡亲们痛痛快快过个年。

几天后,胡少海奉命依计而行。1月11日(农历十二月十九日)夜晚,朱德便接到胡少海派人从宜章城送来的密信,大意是说:一切顺利,先遣队已进驻县女子职业学校。对我方宴请一事,县长杨孝斌万般推谢,谓国军移防故里,各界理应接风洗尘,岂可反客为主,置家乡各界于无地自容,云云。信中还说,"事不宜迟,望'团座'于明日率部进

※ 朱德率领南昌起义军余部在宜章发动湘南起义。图为起义军指挥部旧址。

城。"看完信,朱德满意地笑了笑,心想:"你杨县长要给我省下这顿饭钱,那我就不客气啰!"然后将信在火盆上引燃,直起身子,紧一紧腰带,正一正军帽和风纪扣,举步出门去找陈毅、王尔琢商量明日进城事宜。路上,他突然想起五个月前在南昌起义即将爆发的千钧一发之际,他曾奉命宴请敌军的几名团长,从而获得叛徒告密的情报,促使我方提前几小时起义的故事,心中暗自好笑:看来我这一生怕要与"鸿门宴"结下不解之缘了,有意思,有意思。

朱德按计划进城后的当天傍晚,宜章县议会明伦堂里灯火辉煌,花饰、彩带耀人眼目,但见几张油光闪亮的八仙桌旁围坐多人,有穿绛色暗花绸缎长衫马褂的,有穿黑呢子中山装的,有穿灰蓝色国民革命军戎装的;主勤客雅,觥筹交错,举杯投箸,好不热闹。酒过数巡,随着跑堂一声"鱼来了"的长腔——这是告知朱德一切准备妥当的暗号——只见朱德从容站起，"哐！"一声将手中的酒杯往地上一掷，全场顿时哑然无声，在场人们个个目瞪口呆。中共宜章县委的胡世俭、高静山、杨子达、毛科文等趁势冲进大厅，喝令"不许动！"，十多支枪对准在座的国民党县长、团防局长和警察局长。朱德随即朗声宣布："我们是中国工农革命军！今天委屈大家了，把他们统统抓起来，听候公审！"

几乎在同一时刻，陈毅、王尔琢也解除了团防局、警察局的武装，俘敌四百多名，缴枪300余支。

智取宜章，旗开得胜，一举拉开了湘南起义的序幕。砸监狱！开粮仓！全城顿时一片欢腾！摔掉脚镣手铐的革命分子和无辜群众，挑箩分粮的平民百姓欢欣雀跃，激动得热泪盈眶……

次日，朱德在中共宜章县委于西门广场召开的群众大会上郑重宣布：根据中共广东省委指示：起义军改称"工农革命军第一师"，朱德任师长，陈毅任党代表，王尔琢任参谋长，蔡协民任政治部主任。朱德号召大家组织起来，打倒当地军阀势力，实行"耕者有其田"。大会接受群众意见，经公审，处决了县长杨孝斌、挨户团副主任刘秉钧等几名罪大恶极的反动头目。

会后，朱德同县委共同部署各区乡组织农民武装、发动全县起义等事宜。

这时，已到了大年除夕，朱德仍马不停蹄地深入到早已揭竿而起或一触即发的碕石、栗源、黄沙、白沙等乡村，为张际春、萧克、欧阳毅等基层起义的组织者出谋划策。每到一地，朱德都要召开村民大会，号召穷苦农民发扬大革命时期的革命传统，把农会恢复起来，打土豪，分田地，并帮助他们建立农民武装，拨给枪支弹药。

2月6日（元宵节），县苏维埃政府成立，接着，全县11个乡、8个村的苏维埃政府也相继成立。

宜章年关暴动的气势和声威强烈地震撼了湘粤两省！

朱德智取宜章，顿使湘粤边界大有再现大革命时期那种风云激荡的革命趋势，这不能不引起广东军阀李济深的警觉："切不可小觑宜章的事态，等闲视之，必后患无穷。"于是，他密令驻防粤北乐昌的独立第三师师长许克祥"即日进剿，不得有误。"在"马日事变"中反共反革命立了功，刚由团长升为师长的许克祥，这时正是春风得意，志得意满，根本没把这位什么"王团长"看在眼里。接到密令后，他便带上六个团，气势汹汹自乐昌北上，日夜兼程直扑宜章，一股"灭此朝食"的骄横派头。殊不知赶到宜章一看，竟无共军的一兵一卒。许克祥坐在马上，信马由缰地款款而行，心中好不得意："好你个王团长，也算得认识我许某人了。你自知不堪一击，早早开溜了。可眼下已不是民国十五年了，你共产党闹什么南昌起义、广州起义，结果是半点便宜也没沾到。现在又来搞什么宜章年关暴动，你一个王楷，带那么几个散兵游勇，量你进得来，也出不去。"许克祥走着想着，不知不觉已到了女子职业学校附近，远远望去，只见粉白墙上赫然写道："打土豪分田地！""打倒军阀！""共产党万岁！"的大字标语，脑子不免一阵发紧，冒出"兵不厌诈"这句话，心想，会不会中了这位王团长的"空城计"？越想越是心虚，不禁出了一身冷汗，感到似乎已经陷入共军的包围。可又转念一想，这位"王团长"会不会搞"调虎离山"，早已端了我坪石的老窝。想到这里，不免心中惶恐。待他定定神，便再也不敢冥思遐想了，即刻命令部队撤出县城，重新部署兵力：两个团回守坪石，两个团自坪石至栗源一线摆开，他自己则亲率两个团向岩泉进发，分几路寻找王楷决一死战。

其实朱德早已料定：对这次宜章年关暴动，敌人绝不会无动于衷，因而早就做好与敌人较量的准备。如果说，23岁投身行伍，在护国、护法战争中便是赫赫名将，此时已有近二十年戎马生涯的朱德，27岁时在滇南剿匪时对游击战已能驾轻就熟的话，那么，自南昌起义以来，他也同其他共产党人一样，随时都在思考着中国革命道路和武装斗争的方针、原则问题；思考着大革命失败以来党领导的一次又一次武装起义为何失败的原因，并在理论层次上悟出了"只有同农民运动、土地革命相结合；只有把正规战与游击战相结合，中国革命、武装斗争才能取得胜利"这样一些至关重要的道理。正如朱德在延安时期回忆红一军团历史时所说："广州起义失败后，我们又吸收了在广州起义中撤退下来的几十名干部。""不久即转入湘南宜章。举行了湘南起义。从此，我们的军队就和湘南的农民运动结合起来。这一教训是：大败之后重新整顿队伍，恢复元气，转变方向，深入农村，得到了群众拥护，才得以生存与发展。"所以，当他拿下宜章后，就把注意力放在上述两个"结合"上。当得知许克祥进犯宜章的消息时，他便与县委一起作出决定：不与敌人拼消耗，必须采取灵活机动、扬长避短的打法，采取运动战与游击战相结合的打法。于是主动把部队转移到宜章西南面离县城约40公里的黄沙、笆篱、圣公坛一带山地，发动群众，以逸待劳。

1月30日傍晚，朱德接到农民武装送来的情报：许克祥已到了岩泉，气焰十分嚣张。朱德说，那好，现在打许克祥的时候到了，他嚣张也到头了。他连夜与陈毅、王尔琢研究作战方案，决定兵分两路，一路由熟悉地形的胡少海率领，迂回敌后，阻击增援之敌，截断许克祥的退路；另一路由朱德、陈毅率精锐直捣岩泉。

次日凌晨，朱德率部以迅雷不及掩耳之势冲进岩泉墟内，前来助战的农军也同时在四面山上呐喊助威，燃放鞭炮助阵。须臾，胡少海一队人马又从后路杀入。岩泉墟内顿时枪

※ 1928年1月底，朱德指挥工农革命军主力，在湖南宜章城南的岩泉圩和广东乐昌县（今乐昌市）坪石镇打败许克祥部，开创以少胜多的光辉战例。图为现今的广东乐昌县坪石镇。

声大作，"杀"声震天。正在吃早饭的许克祥部队突然间腹背受敌，被吓得晕头转向，无法招架，只得仓皇逃往坪石。

坪石乃广东北端的一个重镇，地形奇特，犹如一列敞篷车厢置于狭谷之中。许克祥退至坪石，无疑是老鼠进了风箱。朱德一路追击，边追边打，把许克祥的六个团一个一个都打烂了。接着，顺着坪石街又把许克祥追了一二十里，直追到武水渡头，只见渡口石板上有一套被丢下的军装，料定这位许师长逃至此地即换上便衣，改从水路继续往南逃窜去了。

坪石这一仗打得是够漂亮的。除了战斗中缴获的武器弹药，许克祥囤积在坪石的大量军需物资也都让工农革命军给"笑纳"了。经过清点，共缴获步枪2000余支，重机枪数挺，迫击炮、山炮数门，马十多匹，子弹无数。据当年跟随朱德上井冈山的一些老同志后来回忆，毛泽东诗词里头讲的"黄洋界上炮声隆"的那个炮，就是这次坪石痛打许克祥时的战利品。

朱德一生打过的仗不计其数，而坪石这一仗却给他留下终身难忘的印象。事隔三十多年后的1962年，他还能如数家珍地谈起当年追歼许克祥的那种痛快淋漓的场面："听说打许克祥，士气空前高昂，个个争先恐后。许克祥把他的六个团摆成一条长蛇阵，这就便于我们各个击破。所以，战斗一打响，我们很快就把他先头的一个团打垮，紧跟着追击下去，一路走，一路打，把他的六个团一个一个地都打烂了。""这一仗打得很好，我们抓了很多俘虏，其中有一部分补充了我们的部队，特别是在坪石，把许克祥的后方仓库全部缴获了，补充和武装了自己，不仅得到了机关枪，而且还得到了迫击炮和大炮。"朱德还风趣地说，是"许克祥帮助我们起了家"。

坪石一仗硝烟甫散，余火未烬，朱德便趁热打铁，在坪石附近的饭塘召开进军湘南以来的第二次与地方党组织的联席会议。会上，朱德将胡少海带领的宜章农军独立团改编为工农革命军第三师，胡任师长，留守宜章，监视粤北敌人动向。

2月4日，朱德则由此率领主力第一师直接北进郴县。在郴县的国民党驻军何键部五个连弃城而逃。

在郴县期间，朱德帮助县委调整充实了领导班子（因为"马日事变"后，郴县县委已先后牺牲了毛泽东的堂妹夫陈芬等两名县委书记），由著名烈士夏明翰的弟弟夏明震任书记（夏在"湘南起义"中牺牲后，由陈毅接任）；建立了红色政权和农民武装工农革命军第七师。

郴县是湘南腹地，朱德占领郴县，对整个湘南立即产生了巨大的冲击波和号召力。在一个多月的时间里，继宜章、郴县之后，周围的永兴、资兴、桂阳、耒阳、安仁也先后起义，建立了红色政权（3月间从井冈山前来策应湘南起义的毛泽东也在桂东、沙田建立了苏维埃政府）。湘南起义的风暴几乎席卷了整个湘南大地，西至江华、道县、宁远，北至常宁、酃县、衡阳，影响所及，近20个县，有上百万工农群众投入了这场斗争。

为了抓住机遇迅速发展起义形势，朱德在郴县只停留了六天。2月10日，他便留下陈毅，自己率主力继续向北进发。

为统一领导各县的苏维埃运动，深入开展土地革命，3月16日至20日，湘南特委在永兴县城太平寺召开了工农兵代表会议，成立了中共历史上最早的地区性苏维埃政权——湘南苏维埃政府。朱德、陈毅、何长工等21人被选为执行委员。会议讨论制定了《土地分配法》。会议主席团还向当时的共产国际、中共中央以及各省市县的党政工团发出"快邮代电",向他们通报了政纲和宣言。

湘南起义的熊熊烈焰,就这样由朱德用南昌起义保存下来的火种在宜章点燃,并迅疾在湘南大地上形成燎原之势。南昌起义军也在这血与火的斗争中,由不足千人扩展到二千余人,并帮助组建了八千人的农民武装,跟随朱德上了井冈山。后来牺牲在赣南、闽西和长征路上的诸多郴州籍革命英才;1955年授衔的九名郴州籍将领;新中国成立后十多位任党政军军级以上职务的郴州籍领导人,都曾经是当年这浩浩荡荡的湘南起义军中的一员。

壮丽多彩的湘南起义给朱德留下的印象的确是十分深刻的,三十多年后,他还记忆犹新,在一次谈话中,他曾经这样回忆说:"歼灭许克祥部队胜利消息传遍湘南。湘南各县的地方党组织就来和我们联系,要求建立地方武装。我们支持他们。首先是帮助宜章县组织一个团。我们攻下郴州后,又帮助郴州组织了一个团。之后,我们相继攻下耒阳、资兴、永兴、桂东、汝城等城,茶陵、安仁、酃县也举行了暴动,共有十一个县的群众行动起来了,并且组织了自己的地方武装,在地方党的领导下打倒土豪劣绅,推翻反动政权,建立苏维埃政府。这就是1928年初的湘南暴动(当时称'年关暴动')。"

在湘南暴动的过程中,2月16日凌晨,朱德率部兵临耒阳城下,占领了耒阳县的门户灶市街。在此,朱德与中共耒阳县委研究了攻城方案并立即行动:一师主力担负正面攻城任务;抽出一个连配合耒阳农军潜伏于城外密林之中以观动静。另外,由县委书记邓宗海率数名农军乔装成商贩从北门入城,配合城内的起义人员解除门卫哨兵的武装。之后,信号枪响,朱德率攻城部队在数千农军的配合下,从西、北二门冲进城内。驻守城南的挨户团总局常备队三百余人掉转头来仓促应战,溃不成军,遂朝北逃往衡阳。

拿下耒阳城的次日上午,朱德在县委于城隍庙召开的欢迎工农革命军大会上,介绍了湘南起义节节胜利的大好形势,并号召大家加强团结,提高警惕,随时准备抗击来自衡阳的进犯之敌。

果然,一周后,白崇禧即命令驻衡阳的第十九军李宜煊部向南进剿工农革命军。

朱德闻讯后,主动率部撤离耒阳县城,避开沿衡阳大道反扑而来的西路之敌,转移到距县城20公里的东北角鳌山一带。此处山丘连绵,森林茂密,是来犯之敌必经之途,更是"工农革命军"打伏击的首选之地。经与耒阳军委主席李天柱研究决定:由县苏维埃副主席徐鹤任总指挥,并命令林彪率第二连配合作战,用伏击战术全歼敌军。

次日中午,敌人果然大摇大摆地顺着鳌山山道而来。一场早就安排停当的伏击战骤然打响,战斗胜利结束。此役共毙敌百余名,缴枪百余支。

这时,敌西路军已占领耒阳县城,朱德则向南迂回,佯装向郴县退却,以迷惑敌人。

两天之后（即3月1日），朱德的正规军与农军再次发起攻城战斗。经过一夜苦战，再次夺回县城。

此前（即起义军主力尚在宜、郴期间），朱德还曾应中共永兴县委之请，派出连长张川山带17支步枪、一个加强排去支援刘木、黄克诚领导的起义，派人前往耒阳西边的常宁县水口山铅锌矿，协助湘南特委书记陈佑魁在此地领导的工人起义（上井冈山后，水口山工人起义武装改编为特务连）。

敌十九军李宜煊部在耒阳的惨败，使湘粤两省军阀大为震惊，遂据南京国民党政府意旨，纠集七个师的兵力对湘南起义中心区域实行南北夹击。北面之敌于3月底、南面之敌于4月初分别向耒阳、宜章发起攻击。

敌我力量悬殊，加上湘南起义中期湘南特委主要负责人执行"左"倾盲动主义，脱离了群众，增添了起义军在湘南立足的不利因素，朱德遂当机立断，决定起义军撤出湘南。撤出湘南，奔向何方？由于早在朱德转战赣南的时候，在井冈山的毛泽东便一直与朱德互派人员频繁接触互通情报，此时此刻，朱德断然作出前往井冈山与毛泽东会师的决策。这是一个具有重大历史意义的正确决策。

（黄成文）

朱毛井冈山会师

朱德为纪念井冈山会师写下诗篇：革命雄师会井冈，集中力量更坚强。红军领导提高后，五破围攻固战场。

井冈山会师是一座丰碑，永远矗立在人民的心里。

提起井冈山，人们就怀念那火红的岁月。

1928年春天，朱德、陈毅点燃的湘南起义的烈火，燃遍了湘南大地，有七个县相继建立了苏维埃政权，并成立了湘南苏维埃政府。就在广大的工农群众欢庆胜利的日子里，突然乌云翻滚，湘南起义的一派大好形势，被湖南省委乱烧乱杀的"左"的政策断送了。一部分群众产生了恐惧心理，远离了革命。恰巧这时粤、桂、湘三省军阀之间狗咬狗的战争也刚刚结束，他们勾结起来扼杀革命，从南、北、西三面对湘南地区实行联合"会剿"。

在这十分严峻的形势下，朱德当机立断，为了保存革命力量，避免在不利条件下同敌

※ 朱德率领南昌起义军余部和湘南起义军在江西宁冈同毛泽东率领的秋收起义部队会师。图为油画《井冈山会师》。

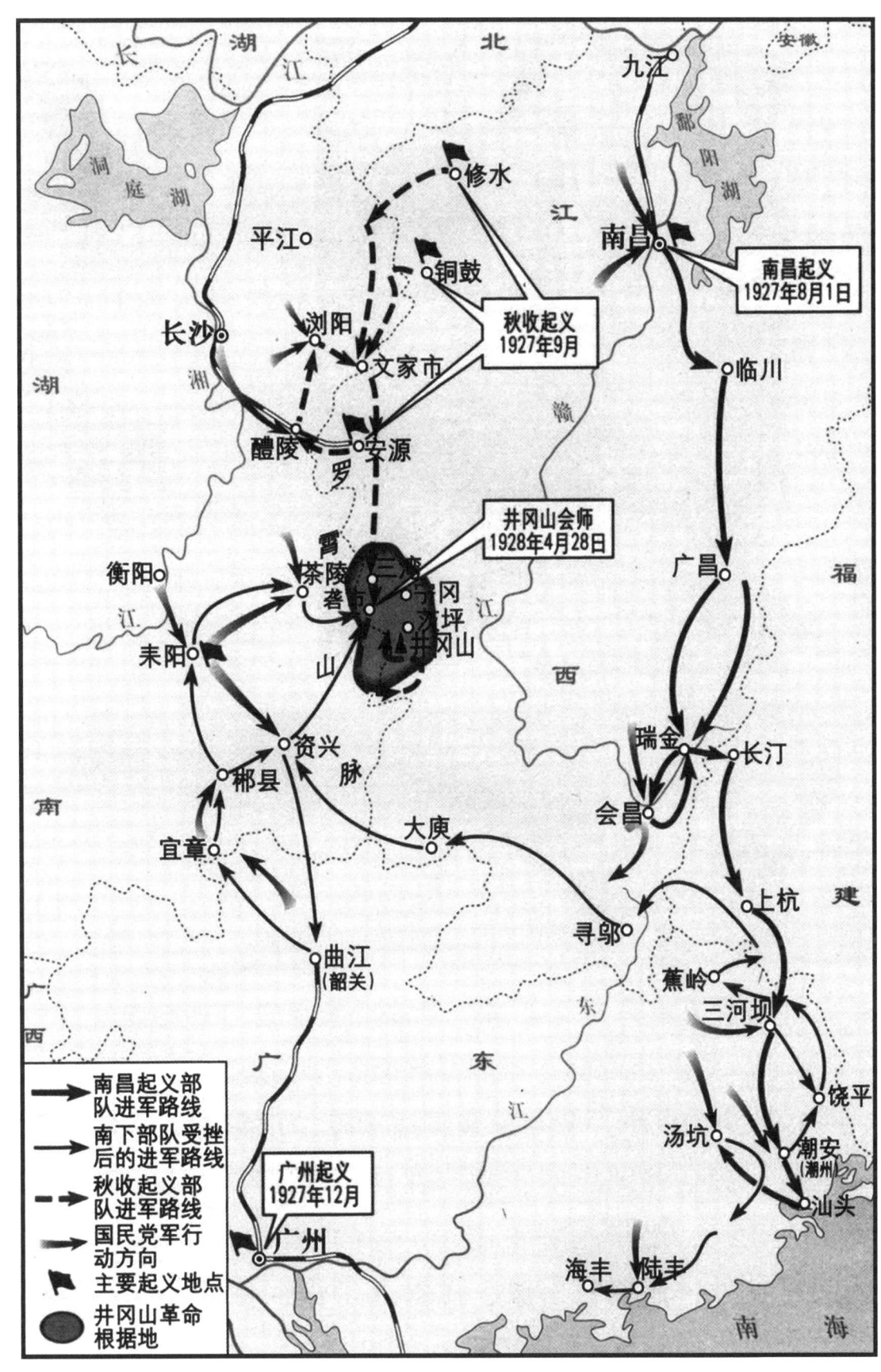

※ 井冈山会师示意图。

人决战，决定除留下部分地方武装在湘南坚持斗争外，主力部队和部分农军都撤出湘南，向井冈山地区转移，遵照中共中央的指示精神，同毛泽东会合，实现武装割据。

其实，这两支革命部队早有联系。1927年10月，朱德带着南昌起义军余部，在赣南千里转战寻找"落脚点"，途中，到了信丰，赣南特委派人联络，说毛委员带着秋收起义部队上了井冈山，建立了革命根据地。朱德知道后就非常兴奋地说："我们去找毛委员！"11月间，朱德率部在江西崇义山区的上堡整训时，一个偶然的机会，在敌人报纸上看到毛泽东在井冈山一带活动的消息，证实毛泽东确实在井冈山建立了根据地。

朱德拿着报纸对陈毅说：

"我们去找毛泽东，他确实在井冈山上！"

"要找毛泽东，有一个人去联系最合适。"陈毅说。

"谁？"

"毛泽东的亲弟弟毛泽覃就在我们这里。"陈毅说。

朱德当即决定派原在第二十五师政治部工作的毛泽覃，装扮成十六军的副官，通过敌人的防区，上井冈山去找毛泽东。毛泽覃日夜兼程，巧妙地通过敌人岗哨的盘查，终于在宁冈茅坪见到了毛泽东，详细地介绍了南昌起义军南下失败后，在朱德率领下转战赣南的情况以及两支部队会合的意向。毛泽东决定派出专人去同朱德联系，欢迎两支部队联合起来，共同对付敌人。就在此时，张子清、伍中豪带着秋收起义部队的第三营，在江西上饶一带游击时，与朱德率领的南昌起义军余部相遇，他们向朱德介绍了毛泽东领导的秋收起义部队和井冈山的有关情况。不久，毛泽东派何长工下山，向湖南省委汇报工作，同时担负联络朱德部队的使命。他几经周折，终于在广东韶关的犁铺头找到了朱德。朱德详细地询问了井冈山的地形、群众基础和部队情况，并问到能否屯兵，是否有利于防守等等。临别时，朱德说："今后，我们这两支部队要经常联系，将来要集中起来，力量就更大了！"

1928年3月上旬，湘南特委派代表周鲁到井冈山，贯彻执行临时中央政治局扩大会议决议和湖南省委的指示，指责以毛泽东为书记的前委"工作太右"、"烧杀太少"，宣布中央给毛泽东以"开除中央临时政治局候补委员"和"撤销省委委员"的处分；取消前委，成立师委，毛泽东改任师长；并命令工农革命军离开井冈山，去支援湘南暴动。毛泽东下山后，没有直去湘南，在湖南酃县中村观察情况。他一面就地整训部队，一面发动群众。同时，派毛泽覃带着特务连去湘南同朱德联络。

到了3月的下旬，毛泽东得知朱德、陈毅率领的湘南起义部队，正遭到广东、湖南

"协剿军"的夹击，在湘南难以立足时，当即决定兵分两路赶赴湘南接应和掩护湘南起义部队撤退。毛泽东亲率工农革命军第一团向桂东、汝城前进；袁文才、何长工率第二团向彭公庙、资兴前进。

朱德于3月底在湖南耒阳完成了转移准备后，率领湘南起义部队的主力工农革命军第一师和新成立的第四师及宋乔生领导的水口山工人武装，在毛泽覃带领的特务连接应下，4月上旬经安仁、茶陵到达酃县的沔渡。

正在郴州的陈毅接到向井冈山转移的通知后，立即组织湘南各县的党政机关和湘南农军转移，并在资兴与袁文才、何长工所率的第二团会合。

4月中旬，陈毅率领的工农革命军主力一部和湘南农军第三师、第七师以及袁文才、何长工率领的第二团到达了酃县的沔渡，与朱德率领的主力部队会合，大家欢天喜地，受到很大的鼓舞。第二天，何长工按毛泽东的指示，带着第二团先行回到井冈山地区，筹办两军会师的有关事宜。

人们久久盼望的这一天，终于来到了。

4月24日前后，朱德、陈毅率领着湘南起义军主力工农革命军第一师和湘南农军一万余人，来到江西宁冈县的砻市。几天后，毛泽东在酃县一带阻击敌人，掩护朱德率部上井冈山后，也回到砻市。

朱德和陈毅早已等候在龙江书院。当毛泽东来到时，他们大步迎出门外。走上前来的毛泽东早把双手伸了出来，朱德也抢前几步，两双大手紧紧握在一起……

毛泽东热情祝贺和赞美道：

"这次湘赣两省的敌人竟然没有整倒你们，不易啊！"

朱德非常激动地说：

"我们转移得快，全靠你们掩护了！"

毛泽东说：

"咱们原本就是一家人嘛！"

在场的陈毅、王尔琢、何长工等两支队伍的干部都热烈握手，互致问候。

第二天，在龙江书院召开了两支部队的连以上干部会议。根据中共湘南特委的决定，会议讨论了中国工农革命军第四军成立及人事安排等一系列重大问题，并决定几天后纪念五四运动九周年时，在砻市召开群众大会，热烈庆祝秋收起义部队和南昌起义部队的胜利会师。接着，召开了中国共产党工农革命军第四军第一次代表大会，选举了四军军委，军委由毛泽东、朱德、陈毅等23人组成，毛泽东当选为军委书记，朱德任军长。

※ 1928年4月,朱德、陈毅率领南昌起义余部和湘南起义万余人到达井冈山与毛泽东领导的部队胜利会师,合编为工农革命军第四军,朱德任军长,毛泽东任党代表。图为会师地——砻市。

　　5月4日,山清水秀的砻市,格外热闹。天刚亮,人们就从四面八方涌向砻市。会场设在砻江边的沙洲上,在几十只禾桶和门板搭起的主席台上,用竹竿和席子撑起了凉棚。主席台的两边挂着许多彩旗和标语。战士们迈着整齐的步伐走进会场,宁冈、遂川、永新、酃县等地的农民群众,扛着梭镖,举着红旗和标语小旗,川流不息地走进会场,人们喜气洋洋、兴高采烈地庆祝两支队伍胜利会师。会场内红旗招展,欢声笑语,汇成了欢乐的海洋。

　　上午10时左右,毛泽东、朱德、陈毅、王尔琢和根据地党政军各方面的代表登上大会主席台。当陈毅高声宣布庆祝大会开始后,列队站在主席台前的几十名司号员,一同吹响庄严的军号,与此同时,鞭炮齐鸣,响声不绝于耳。

　　会上,陈毅首先宣读了第四军军委的决定。当他宣布两军会合后,改编为中国工农革命军第四军，军长为朱德、党代表为毛泽东，参谋长为王尔琢时，全场掌声雷动。

接着，由朱德讲话。他在一阵热烈的掌声中，走到主席台正中大声地说：

"我们党领导的两支革命武装的会合，意味着中国革命的新起点。参加这次胜利会师大会的同志，一定都很高兴。可是，敌人却在那里难过。那么，就让敌人难过去吧。我们不能照顾他们的情绪，我们将来还要彻底消灭他们呢！这次胜利会师，我们的力量大了，又有井冈山作为根据地，我们就可以不断地打击敌人，不断地发展革命。"最后，他特别提出，希望两支部队会师后，加强团结，提高战斗力。他还向人民群众保证，工农革命军一定保卫红色根据地，保护群众利益。他的讲话，不断被热烈的掌声打断。

毛泽东讲话时，指出了这次会师的历史意义，同时非常乐观地分析了会师后的光明前途，他说：

我们的军队不光要打仗，还要发动群众，组织群众。现在，我们虽然在数量上、装备上还不如敌人，但我们有革命思想，有群众支持，不怕打不败敌人。敌人并没有孙悟空的本事，即使有孙悟空的本事，我们也有办法对付他们，因为我们有如来佛的本事。他们逃不出如来佛的手掌！我们要善于抓住敌人的弱点，然后集中优势兵力，专打他那一部分。十个指头有长有短，荷花出水有高有低，敌人也有强有弱，兵力分布也难保有不周全的地方。抓住了敌人的弱点狠狠打一顿，打胜了，立刻分散到敌人的背后去"捉迷藏"。这样，我们就能掌握主动权，把敌人放在我们手心里玩。毛泽东的讲话，非常风趣，大家听得心花怒放，信心倍增。全场响起了热烈掌声和欢呼声。接着，他代表四军军委宣布了"三大任务"和"三大纪律六项注意"。

四军参谋长王尔琢讲了搞好军民关系的问题。各方面的代表，也在大会上相继讲了话，大家都热烈祝贺两军胜利会师。

5月25日，中共中央发布了《军事工作大纲》，规定"在割据区域所建立之军队，可正式定名为红军，取消以前工农革命军的名义"。从此，中国工农革命军第四军改称为中国红军第四军，简称红四军。

井冈山会师，使毛泽东、朱德分别领导的两支具有北伐战争传统和战斗力很强的起义部队聚集在一起，创建了中国工农红军，大大增强了井冈山革命根据地的军事力量，对红军的创建和发展以及井冈山革命根据地的武装割据，具有重大的历史意义，为中国共产党领导的武装斗争写下了光辉的篇章。

（刘学民）

三占永新城

"朱毛会师在井冈，红军力量坚又强。不费红军三分力，打败江西两只'羊'。"这首歌谣传颂着朱德在井冈山领导红军三占永新城的故事。

井冈山，位于江西、湖南两省交界的罗霄山脉的中段。这里山势险峻，林木茂密，山上有生产粮食的水田和地势平坦的村庄，交通全靠仅有的几条蜿蜒狭窄的山间小道。这里的党组织和群众都有相当的基础，是一个实现工农武装割据的理想的根据地。

从井冈山周围的情况来看，西侧湖南方面国民党军事力量比较强，共有二十个师和两个教导团，而且都是当地的军队，他们对于主要位于江西境内的井冈山实行"进剿"，积极性不很高；东侧的江西，敌人的兵力较弱，只有三个师，又都是外来的云南部队，他们和当地土豪劣绅的关系，不像湖南军队与湖南土豪劣绅的关系那样密切。所以，工农革命军一直把主要力量用来对付江西方面的国民党军队。

工农革命军第四军成立时，湘赣两省的国民党军队正在向井冈山地区集结。湖南方面的军队除在株洲、衡阳、宜章一带驻有重兵外，吴尚的第八军第一师已占据湖南境内的茶陵、酃县；江西方面的军队也正向湘赣边界扑来，杨如轩的第二十七师占领了永新、吉安、遂川等地。

1928年5月3日，蒋介石电令湘、粤、赣三省政府"克日会剿"朱毛红军。在此之前，国民党军已经向井冈山革命根据地发动过一次"进剿"，所以这一次通称为第二次"进剿"。

由于朱毛会师的宁冈在江西境内，所以湖南的军队放松了对工农革命军的"进剿"，而江西的军队则仍继续加紧进攻。

4月下旬，盘踞在江西永新县城的第二十七师师长杨如轩，下令所属的第七十九团和第八十一团立刻出动"进剿"。第七十九团经龙源口直逼井冈山南麓的宁冈，第八十一团绕道拿山向井冈山南麓的遂川县黄坳方向迂回，企图来个分进合击，进犯井冈山。杨如轩自己带着第八十团，在永新城坐镇指挥。

弄清敌情后，工农革命军第四军在砻市召开了营以上干部会议，决定采用"集中兵力，歼敌一路"的作战方针，先粉碎江西敌人从遂川方向对井冈山的"进剿"。具体的作战部署是：朱德、陈毅、王尔琢率领第二十八团和第二十九团作为主力，在遂川方向迎战杨如轩的第八十一团，相机夺取永新；毛泽东、何挺颖、朱云卿率领第三十一团，到宁

※ 井冈山风光。

冈、永新交界的七溪岭阻击向宁冈进攻的杨如轩的第七十九团。

于是，朱德命令王尔琢率领第二十八团从大陇出发，经茨坪、黄坳佯攻遂川；命令胡少海率领驻在砻市的第二十九团，从茨坪直插黄坳。

当敌人第八十一团团长周体仁得到红军要攻打遂川的消息后，急于从拿山派出一个营，赶往黄坳阻击红军。他自己则带着大队人马继续向五斗江方向推进。

第二十九团作为前卫，飞速赶往黄坳。部队过了行洲之后，团长胡少海命令战斗力最强的第三营走在前面。第三营是由宜章碛石独立营编成的，营长是萧克。他们有枪两百多条，其余为梭镖大刀，但战士们个个英勇顽强，战斗力很强。

第三营沿着朱砂冲的陡险小路走了半个时辰，刚出山口，尖兵班就来向萧克报告，说黄坳的河滩里、大路上有不少敌人正在休息。萧克找来几个连长，说：

"黄坳发现敌人正在休息,看样子是刚到不久,我们应乘其不备打过去。"

第七连连长彭葵支持萧克的意见,说:"是的,要是敌人占了山头就被动了。我们应该趁早打过去。"

萧克果断地下了决心:"我马上派人去报告团长。你带部队先压过去,倘若风头不对,就先去抢占左面的山头。"

正在黄坳休息的敌人,是第八十一团的先遣营。营长黄兴邦奉团长周体仁之命,带着部队提前半天出发,刚刚到达黄坳,打算在此吃过午饭就向茨坪移动,他们没料到会在这里碰上红军。当伙夫正在生火做饭之际,敌人就像一群散兵,三三两两懒散地躺在路旁休息。突然,萧克指挥的第三营冲进黄坳,敌人猝不及防,转眼之间就被打死、打伤三四十人,黄兴邦看着红军像潮水般地涌向黄坳,立即下令向拿山方向撤退。第二十九团大部队赶到后,在胡少海指挥下,以迅雷不及掩耳之势包围了敌人,激战不到两个小时,一举击溃敌人这个先遣营,缴枪四五十支。第二十九团首战告捷。

当第二十八团赶到时,第二十九团正在打扫战场。

朱德问胡少海:"战果怎样?"

"歼敌一个营,我团伤亡十多人,缴获四五十支枪。具体情况还在清理。"胡少海答道。

"眼下,我们摸不清敌人大队有多少人马,你快去找几个俘虏来问问。"朱德说。

一会儿,胡少海带着两个俘虏进来。朱德笑吟吟地迎上前去说:

"两位弟兄,你们是杨如轩第二十七师的?"

"报告长官,是的。"两个俘虏站在那里回话,一动不动。

"那是云南人了?"

"报告长官,是的。"两个俘虏仍然端端正正地站在那里回话。

"我是朱德,四川人,也算你们半个老乡了!"

两个俘虏兵一听说他是"朱德",几乎惊呆了。怎敢相信眼前问话的长官就是当年的护国军名将、今天红军军长朱德。他当旅长时,我们师长才是他手下的一个团长。这时,他们看到朱德那和蔼可亲的样子,恐惧心理减弱了,都低下了头。

朱德耐心地向他俩解释说:

"红军是宽待白军弟兄的,我想你们也听说过。我们都是穷人出身嘛,本来就是一根苦藤上的瓜。来,坐下来,我们慢慢摆谈摆谈!"

朱德仔细问清了敌人第八十一团的情况后,让王尔琢找来了两个团的营以上干部共商对策。他向大家介绍情况说：

"我们面对的敌人是周体仁的第八十一团。他们计划今晚在拿山宿营，明天从五斗江插过来，直奔茨坪。大家说，怎么对付他？"

大家七嘴八舌议论一番，王尔琢主张以一小部分部队继续向遂川开进，迷惑敌人，主力继续前进，在敌人必经之地设下埋伏，单等敌人到来，一举歼灭之。

朱德肯定了王尔琢的意见，说：

"王参谋长言之有理，要伏击敌人，只有在他们鼻子底下动手，容易成功。这儿往前三十里就是五斗江，周体仁必定经过那里，我们连夜急行，赶到那里设伏。"

胡少海等担心赶到五斗江后，会被敌人发觉。朱德说：

"'疑行无成，疑事无功。'就这么定了。王参谋长，你带部队到下七方向，摆出一个下遂川的样子，再给周体仁灌点迷魂汤。"大家见朱德胸有成竹，都信心十足地去行动了。

出发号吹响了，两团红军陆续向下七方向开拔。

这时，朱德站在村东头一块平地上，操着浓重的川音向三十多个俘虏训话：

"弟兄们，红军是穷人的队伍，是为穷人打天下的。你们也是贫苦人家出身，虽然当了俘虏，红军也绝不为难你们。是去？是留？由你们自己选择。就是想走，我们也决不强留。只希望你们做到一点，倘若日后又在战场相见，把枪口抬高一些就行了。"

俘虏听到这里，个个面面相觑，难以置信。

朱德提高声音又说道：

"红军说话，从来是作数的。要留的，我们欢迎；要走的，你们就放心地走吧！我们要赶到遂川去了！"

俘虏们听得真真切切，想走的欢天喜地上路了。

王尔琢带着第二十八团走出去约莫有五六里路就停下来了。看看天色已晚，夕阳西下。他把部队收拢在路上，动员说：

"今天夜里，大家要吃一番苦了。我们要赶到五斗江去消灭敌人。这一段路，没有白走，这就是声东击西，为了迷惑敌人！"然后，把后卫变成了前卫，前卫改成后卫，趁着暗夜向五斗江赶去。

第二天上午，敌团长周体仁带着队伍到了五斗江；下午，黄兴邦带着残兵败将回来。不久，释放的俘虏也跑回来了，都说红军在朱德率领下向遂川的下七开去了。周体仁信以为真，毫不掩饰地对部下说："咱们只要开到茨坪、茅坪，一打枪，一放火，就可以回去向师长交差了。"

当敌人正在村里搜寻粮食做饭吃时,突然村东头枪声响起,周体仁感到情况不妙,赶到村东头想看个究竟,被红军一阵痛打缩了回去。这时,他们才弄清是中了埋伏。周体仁下令边打边退,想逃走了之。刚撤出村外,突然被第二十八团截住,一阵猛打。在村里埋伏的第二十八团第一营和第二十九团也追杀出来,枪声和杀声响成一片。打了个把钟头,就把敌人第八十一团全部打垮,只有周体仁带着部分人员逃脱,其余不是死就是伤,光俘虏就捉了二百多人。

接着,朱德、陈毅率部从五斗江出发,追歼残敌,当晚在拿山宿营。

从七溪岭进攻宁冈的敌第七十九团,比周体仁晚出发一天,刚赶到龙源口,就得到了敌第八十一团被红军歼灭的消息。团长刘安华不等师长下令,就开溜了。他带着部队绕过永新县城,悄悄地从永新北乡退往吉安。

第三天,朱德指挥红军向永新奔袭,中午时分,追上逃敌。这时,杨如轩下令守城的第八十团出城救援,企图扭转败局。可是,敌人士气已经大挫,在工农红军的猛烈冲杀下,全线败退,逃往吉安。工农红军在朱德率领下,乘胜占领了永新城。这是第一次占领永新,通称为"一打永新",也是朱毛会师后的首次大捷。

永新是比较富裕的城市。工农红军本来缺衣少食,打下永新后,军衣和粮食都得到了很大补充。

在永新召开了庆祝胜利大会,宣布成立了永新县工农兵政府。会后,按照毛泽东、朱德的布置,第二十八团留在永新城里就地休整,第二十九团和第三十一团在永新境内分兵发动群众,协助地方工农兵政府成立农民协会,组织赤卫队、暴动队,打土豪分田地。毛泽东把这个经验概括为:"分兵以发动群众,集中以对付敌人。"

江西的国民党军队在五斗江惨败之后,并不甘心。

5月中旬,敌人第二十七师和第七师、第九师各一个团,对井冈山革命根据地发动第三次"进剿"。

朱德和毛泽东研究后,决定根据敌情采用"敌进我退,声东击西"的战术,待到敌人进入到根据地后再消灭。因此,决定第二十八团主动撤出永新县城,退回到革命根据地中心宁冈,积极备战,待机出击;第二十九团在永新东面的高桥、天河一线,不断骚扰敌军,使他们一直处于疲惫不堪之中。

杨如轩带着他的第二十七师师部、第七十九团和第二十七团的一个营,开进永新城;另外的几个团南渡禾水河,妄图由龙源口进攻宁冈。杨如轩进到永新城后,表面上气壮如

※ 井冈山茨坪朱德旧居。

牛，但五斗江的惨败依然使他心有余悸。所以，他龟缩在城里，整日里花天酒地，打牌作乐，坐等枪支、弹药、粮草辎重源源不断地从吉安运来。他打算以永新为据点，步步推进，向龙源口、古城、砻市进犯。

湖南茶陵有个高陇，紧靠着宁冈。高陇是谭延闿的老家，那里有个邮局。当时，我方决定派第三十一团第一营营长员一民带着第一营去高陇。一则，给敌人造成假象，因为敌人如以为红军主力去了湖南，必定出兵宁冈；再则，还可从高陇搞些报纸来看看。高陇，是湘赣两省的重要通道，有湖南国民党军重兵防守。第三十一团第一营在高陇与敌人展开激战，未分胜负。后来，朱德、陈毅带着第二十八团从宁冈赶到高陇增援，向敌军发起猛烈进攻，经过两小时的激战，歼敌一个连，缴枪百余支。红军虽然取得胜利，但付出了不小的代价，伤亡数十人，第三十一团第一营营长员一民不幸牺牲。

工农红军出击高陇的行动，果然迷惑了敌人。杨如轩得到红军主力去攻打湖南的消息后，欣喜若狂，认为这是一个"机不可失，时不我待"的难得机会，立刻派两个团去龙源口，企图越过七溪岭，直取宁冈；另派一个团向西出击澧田、龙田，警戒湖南方面的红军；自己仍带着一个团在永新城坐镇。

在宁冈的毛泽东，得知杨如轩的主力已离开永新城，立即写信给朱德、陈毅，要他们率部迅速返回，奔袭永新，以迫使进至龙源口的两团敌人回防永新，打破他们企图攻占宁冈的阴谋。

半夜，两个战士骑马赶到第二十八团驻地，把毛泽东的信交给了朱德。朱德看后递给陈毅、王尔琢，说：

"我如奔袭永新，乃是'围魏救赵'之计，此举奏效快，当取此策为上。"

王尔琢一听军长主意已定，表示赞同。

陈毅说："这是高着，应该尽快行动。"

朱德说："兵贵神速，时间就是生命。说走就走，今晚出发！"

他们立即召开营以上干部会，朱德亲自动员说：

"现在，我们要长途奔袭永新，端掉杨如轩的指挥部。这一仗，是去打他的心脏，打他的指挥机关，打他的脑壳。一个铁巴掌要把他的脑壳打碎，他就完了。我们走几十里路，就是为了奔袭永新。如果大家都同意，那就回去准备，准备跑路，准备爬城头，准备登城的梯子！今晚出发。"

大家异口同声："同意！"

朱德、陈毅率领第二十八团和第三十一团第一营，当晚出发。

这一天，阴雨连绵，道路泥泞。奔袭部队穿山过坳，在崎岖的山路上冒雨急行军一百三十多里，傍晚就赶到了距永新还有三十多里的澧田，严密封锁消息，集结待命。

第二天凌晨，朱德率部队从澧田出发，准备在草市坳伏击敌人。

草市坳，是澧田、永新之间的一个山凹口，三面环山，一面临水，河边有一块不大不小的田垅，一条山路绕着山脚转。山虽不高，但杂草丛生，林木繁茂，是打伏击的好地方。朱德根据敌情和地形作了部署，单等敌人到来。

上午，杨如轩的第七十九团从永新开来，大摇大摆地钻进了朱德预设的伏击圈。王尔琢指挥第二十八团奋勇冲杀，敌人伤亡惨重，慌忙向后撤退。刚到草市坳的大桥头，又被埋伏在那里的工农红军挡住去路。这时，工农红军从四面八方包围过来，经过一个小时的激烈战斗，全歼了敌第七十九团，敌团长刘安华被当场击毙，缴枪数百支。

正在永新城里的杨如轩，突然接到报告说：工农红军已经打来了！他还不相信，正在那里听留声机听得入了迷，毫不在意地说：

"我已派刘胡子去了。"

过了一会儿，枪声大作。他才慌了神，急忙换上便装，从城墙上吊着下来，又被流弹击伤，狼狈逃回吉安。

朱德带着四个营，长途奔袭一百多里，一天内接连打了两个胜仗，击溃了杨如轩的第二十七师，乘胜占领了永新城，缴获了大批武器、弹药，还有几十挑子"花边"银元，彻底粉碎了江西敌军的第三次"进剿"。这就是第二次占领永新，通称为"二打永新"。

四十年后，杨如轩回忆起这一段往事，感慨万千地说："我奉蒋介石的命令，向井冈山进攻，把指挥部设在永新。当时，毛主席指挥工农红军守在龙源口，我攻了几天攻不下。万万没有想到，朱委员长率另一支部队以一天一夜走一百八十里的速度从宁冈、莲花绕道而来，给我一个措手不及。刚刚得报永新西乡有警，接着，我的指挥部后方就响起了密集的枪声。在仓皇撤退中，我只好跳城逃命，弄得狼狈不堪。"

当年在第二十八团任党代表的何长工曾回忆说："朱德同志出色地领导了这次奔袭草市坳，二占永新城的胜利战斗，是有远见卓识的。特别是二占永新的胜利，表现了朱德同志的指挥才能。"

江西的敌人连续几次发动对井冈山革命根据地的"进剿"，虽屡遭失败，但并不甘心。到了1928年6月中旬，又发动了更大规模的第四次"进剿"。

这次"进剿"，朱培德调集了第九师和第二十七师共五个团的兵力，以第九师师长杨池生为总指挥，以第二十七师师长杨如轩为前线总指挥。因为这两个作恶多端的师长都姓杨，江西老表就称他们为两只"羊"。他们原来都是滇军，后来投靠了蒋介石。这两个师部队装备好，受过正规训练，战斗力较强。杨池生的师里有个团长叫李文彬，极其狡猾，打起仗来还真有些套套，也不好对付。

为了配合江西发动的这次"进剿"，在国民党南京政府的严令之下，湘军吴尚的第八军也不敢怠慢，立即派出一个师向攸县、茶陵逼近，威胁着井冈山根据地的西侧。在这种严峻的形势下，毛泽东、朱德首先下令红军撤出永新城，集结于宁冈休整、伺机歼敌。随后，在宁冈茅坪召开军事会议，分析敌情，讨论对策，最后定下了"对湘敌取守势，对赣敌取攻势"的作战方针，决定集中兵力对付赣军杨池生和杨如轩部，对湘军吴尚部则取守势。而在第一阶段，先采取声东击西的战术，向西出击湖南酃县。这样，既可牵制湘军，使其不敢轻举妄动，又能引诱赣军出击，达到"引蛇出洞"之目的，便于红军掉转头来歼灭之。为此，会议决定由毛泽东、朱德、陈毅率领红军主力第二十八团、第三十一团和第二十九团，西征酃县；袁文才、王佐带领第三十二团留守根据地，密切监视赣军的动向。

会后，毛泽东带着第三十一团从茅坪出发，经大陇进入了酃县的沔渡、十都；朱德、陈毅率第二十八团和第二十九团，由茅坪的西南方向进入酃县的十都，同第三十一团会合后，一举击溃了湘军吴尚的一个团，迅速占领了酃县城。

红军主力出击湖南，攻占了酃县城的消息传出后，杨池生和杨如轩高兴得拍案叫好，认为好运来了，立即下令向井冈山根据地进攻。

杨如轩上次在草市坳打了败仗，不仅丢掉了永新城，自己还差一点送了小命。这次"进剿"，朱培德就让杨池生当了总指挥，为了照顾杨如轩的面子，给了个"前线总指挥"的名义。杨如轩是又气又恼又害怕，战战兢兢地上了前线的，他带着第二十七师的两个团和第九师的一个团，企图经老七溪岭或新七溪岭进入宁冈。杨池生带着第九师的另外两个团守在永新城里，以静待动，或进或退，视形势的发展而定。

七溪岭，是横卧在永新与宁冈之间的一座高山峻岭，是从永新到宁冈的必经之地。七溪岭山势险要，树木茂密，山道狭窄，高山顶上有两个可以通过的口子，一个是自古就有的，一个是新开的，这就是老七溪岭和新七溪岭。

杨如轩在白口设立了前线指挥部后，亲自带着两团人马，向老七溪岭进发；另一路的一个团是杨池生的部队，由团长李文彬指挥，由龙源口向新七溪岭前进。他们认为采用这种"分进合击"的战术，向根据地推进，便可以稳操胜券。

红军得到敌人从永新出动的消息之后，立刻回师宁冈。

6月22日，在宁冈新城由陈毅主持召开了军事会议，详细研究了歼敌计划。

会上，围绕着打不打和怎样打的问题，展开了热烈争论。有的人认为杨池生的部队装备精良，训练有素，而且多为老兵，而我们红军武器低劣，新兵多，条件差，难以取胜，主张后撤。而大多数人认为红军有利条件多：战士觉悟高，很勇敢，两次打败杨如轩占领了永新城，士气高昂，并且是在根据地作战，红军可以以逸待劳，又有广大群众支持，而敌人是劳师远征，长途行军，已疲惫不堪，又屡遭红军和游击队的打击，士气低落。

这是关系到根据地能否存亡的一仗，应该坚决打好。最后，会议决定："兵分两路：一路打敌人正面；一路打敌人背后。"

朱德说："因为在新七溪岭的是杨池生的主力，由我带着第二十九团去截击敌人。由陈毅、王尔琢率领第二十八团打主攻，出击老七溪岭敌人的后背。"当年，杨池生、杨如轩在滇军里都是朱德的部下，他们有多大本事，能吃几碗干饭，朱德了如指掌。

23日，按照部署，朱德带着第二十九团和第三十一团第一营，赶到新七溪岭，占据有

※ 龙源口位于永新南乡，距县城17公里。1928年6月23日，毛泽东、朱德率工农红军及边界地方武装在龙源口新、老七溪岭及白口一带，与数倍于我军的国民党赣敌杨池生、杨如轩两个师激战，打败两杨，粉碎了湘赣两省敌军的联合会剿，第三次占领永新县城。龙源口大捷是井冈山斗争时期我军取得的最大一次战斗胜利，奠定了井冈山革命根据地的全盛基础。

利地形，阻击杨池生部的李文彬团；陈毅、王尔琢带着第二十八团，赶往老七溪岭，迎击杨如轩的两个团；袁文才带着第三十二团一部和永新赤卫大队，从武功潭一带侧击敌人。

新七溪岭，是当时永新经龙源口通往宁冈的主要通道，山高路险，山上还有一些工事。

第二十九团在团长胡少海的带领下，遵照朱德的命令，首先抢占了新七溪岭的制高点望月亭一带。当赣军在李文彬带领下，向新七溪岭的制高点冲来时，遭到了红军的猛烈轰击，未能得手。但赣军不死心，凭着他们武器精良、弹药充足，不断发起攻击，逐渐占了优势，抢占了红军的前沿阵地风车口。

后来，红军第三十一团第一营赶来增援，也未能扭转局势。山头在一个一个地争夺，我军阵地在一寸一寸地丢失，眼看着敌人潮水般地涌向望月亭时，突然传来了一个熟悉的喊声：

"坚决把敌人顶回去，决不能让他们前进一步！"

随着这一声呐喊，只见朱德军长提着一挺花机关（冲锋枪的一种），带着三个警卫员从望月亭上冲了下来。他一到阵地前沿，端起花机关，对准风车口的敌人就猛烈扫射起来。

俗话说："兵随将领，草随风。"这一点不假。红军战士在朱军长的大无畏精神鼓舞下，勇气倍增，个个奋勇当先，从阵地上跃起，奋不顾身地冲向敌群，枪声和杀声震天，敌人顶不住了，一窝蜂似的向山下逃跑。

朱军长大喝一声：

"冲啊，夺回风车口！"

敌人已溃不成军，只知逃命，已无抵抗能力。短短的几分钟后，红军就夺回了风车口。

在老七溪岭方向，杨如轩带着两个团，一大早就发起攻击，抢先占领了制高点百步墩。红军第二十八团因为距老七溪岭较远，赶到时已处于不利地形。他们在王尔琢的指挥之下，多次发起攻击，都未奏效。

这时，赣军的大部队已经赶到，居高临下，向我第二十八团压来。在这千钧一发的关头，王尔琢立即召开紧急会议，决定由第三营营长肖劲带队，从部队中抽调班、排长和共产党员组成"敢死队"，趁敌人中午休息时发起攻击，经过几次猛扑，终于占领了制高点，夺下了百步亭，接着一阵猛打猛冲，不给敌人有喘息的机会，一直把敌人赶回龙源口一带。这一役中，第三营营长肖劲光荣牺牲了。

正在新七溪岭上鏖战的李文彬，从望远镜里看到老七溪岭上红旗招展，本来已慌了手脚，突然又得到杨如轩溃逃的消息，更加心神不定，准备退走。

朱德已看出敌人企图逃跑，抓住这一有利时机，组织第二十九团和第三十一团第一营，向李文彬团发起进攻。红军呐喊着，像怒涛像海潮涌向山下，李文彬已无法招架，狼狈地带着部队奔向龙源口，打算夺路而逃。

就在这个当口，埋伏在武功潭一带的第三十二团和永新赤卫大队，在袁文才带领下，趁势袭击了设在白口的杨如轩的前线指挥部。杨如轩一看大势已去，匆匆爬上马背，向永新城里逃去，路上又被流弹击伤。

朱德带着新七溪岭上的第二十九团，乘胜追击，在龙源口会同第二十八团，把敌人团团围住。这时，埋伏在附近的近千名地方武装，也摇旗呐喊，投入战斗。赣军腹背受敌，军心瓦解，全线崩溃。

龙源口一役，歼灭赣军一个团，击溃两个团，缴获步枪四百余支，重机枪一挺，取得了井冈山革命根据地创建以来最辉煌的胜利。

龙源口战斗，是井冈山时期最大的一次战斗，规模之大，歼敌之多，影响之深，前所未有。红军乘胜第三次占领了永新城，彻底粉碎了国民党军队对井冈山革命根据地的第四次"进剿"。

永新地区的群众在欢庆龙源口大捷时，还编了一首广为传唱的歌谣：

> 朱毛会师在井冈，红军力量坚又强。
> 不费红军三分力，打败江西两只"羊"。

时至今日，在井冈山革命老区，许多老人都知道"打败江西两只'羊'"的故事。

（刘学民）

朱德的扁担

> 40多岁的朱德和战士们一起挑粮。战士们把他的扁担藏起来，他就换了新扁担，并在扁担上刻上："朱德的扁担"五个字。

1928年秋天，国民党反动派对井冈山根据地实行残酷的军事"围剿"和经济封锁，妄图把红军战士困死、饿死。为了保卫井冈山革命根据地，粉碎敌人的阴谋，毛委员和朱军长向根据地军民发出了：自力更生，艰苦奋斗，坚持斗争的号召。那时候，部队吃粮，需要往返五六十里山路到宁冈去挑。于是，红军发动了一个挑粮运动。毛委员和朱军长同战士们一样，脚穿草鞋，身背斗笠，翻山越岭，亲自参加挑粮。

当时，朱德同志已经40多岁了。战士们见他为革命日夜操劳，还和大家一起挑粮，生怕他累坏了身体，都劝他不要挑了。他感谢同志们的关心，仍然坚持挑粮。战士们劝说也不起作用，就商量把他的扁担藏起来，以为这样做朱德同志就可不再挑粮了。谁知，朱德

※ 朱德的扁担。

同志又用竹子削了一根扁担，第二天又照样和大家一起挑粮。战士们见朱德同志又有了扁担，晚上又把它藏了起来。没想到，第三天他又照样出现在挑粮的队伍里，而且在新扁担上刻上了"朱德的扁担"五个字。朱军长笑着对战士们说，你们以后要是再"偷"我的扁担，我可要批评你们了。说得战士们都笑了起来。

从此，"朱德的扁担"这个故事，就像长了翅膀，传遍了整个井冈山革命根据地，传遍了延安，传遍了全中国。

(董志英)

鏖战赣南

在粉碎敌人对湘赣两省的第三次"会剿"中，军情紧急，险象环生。朱德号召大家干一仗，把敌人消灭掉！

1929年1月，蒋介石下令纠集了湘、赣两省六个旅三万多人，从永新、莲花、茶陵、鄢县、桂东、遂川等地，分五路向井冈山进攻。

1月4日，中共红四军前委在宁冈的柏露村召开了有红四军军委、红五军军委、湘赣边界特委、各地方组织及红四军、红五军代表共六十多人参加的联席会议。在会上，首先传达了中共"六大"的决议。接着,详细讨论了如何对付湘赣两省的第三次"会剿"。经过权衡各方面的利害之后,前委决定红五军留下守山,红四军由朱德、毛泽东带领向赣南发展。

红四军主力为什么要选择赣南为出击的方向呢?因为这里有许多有利条件:地域广阔,境内山峦起伏,并同粤北、闽西相连,红军有较大的回旋余地;物产丰富,可以供给部队足够的给养;国民党驻军力量薄弱,而且交通不便,敌人调动和集结都有相当困难;大革命时期,革命的群众运动对这个地区有较大影响,党和群众的基础比较好。这些有利条件,对红军在这个地区活动和发展都会起很大作用。

1月14日,毛泽东、朱德率领红四军军部直属队和第二十八团、三十一团共三千六百多人,从井冈山的茨坪和小行洲出发,向赣南出击。何键得知红军出动的消息后,立刻从"会剿"红军的五路人马中,抽调第一路李文彬部和第五路刘建绪部共四个旅,前往大汾、左安等地堵截,并尾追红军南下。

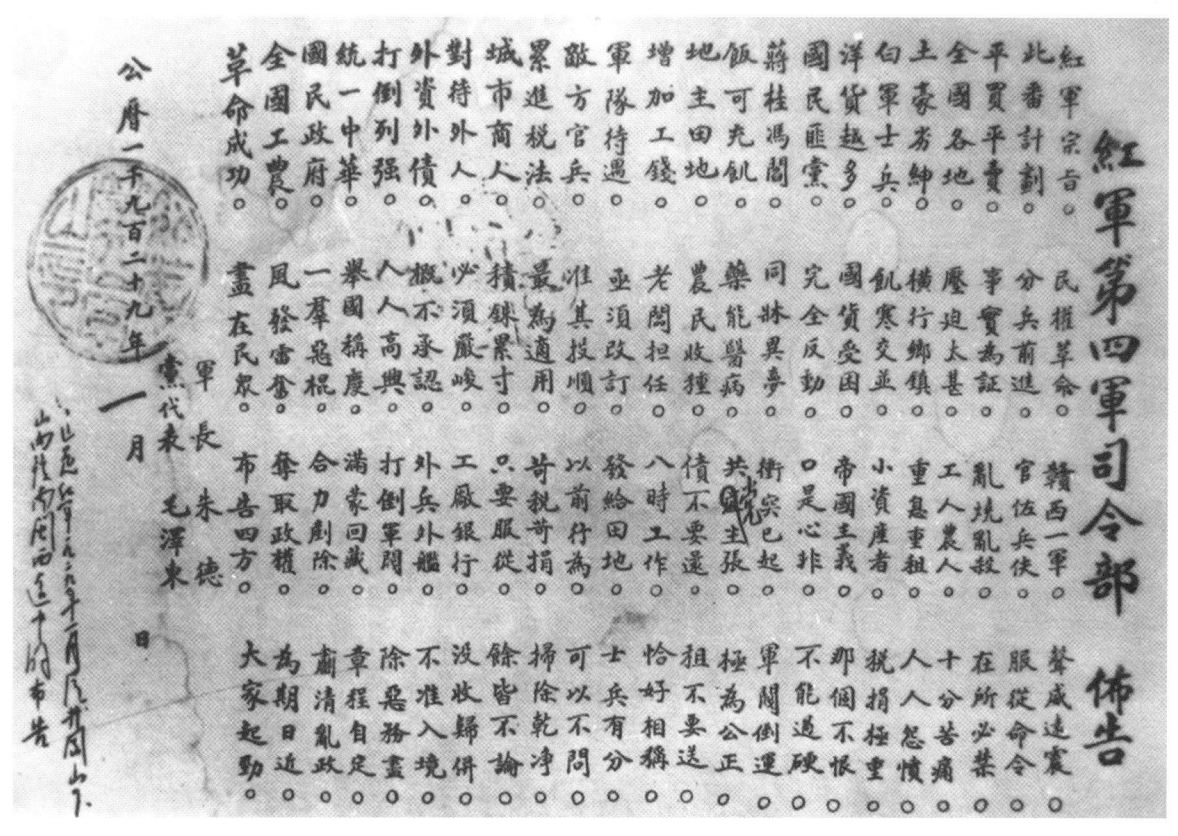

※ 1929年1月,毛泽东率红四军主力向赣南闽西进军途中,亲自起草的红四军布告。

红军边打边走，一路闯关过隘，经大汾、左安、崇义到了大余。为了筹集给养停了3天，不料赣敌李文彬赶来紧追不放。由于敌众我寡，红军匆忙地撤出大余。在万分紧急的情况下，朱德军长带着特务营营长毕占云亲自殿后，全军才较为安全地撤向广东南雄县境内的乌迳集合。

在乌迳却又遇到了一次极大的险情。

红军到达乌迳时，天快黑了，夜幕徐徐落下，连续的战斗和行军，部队非常疲劳，很快就宿营休息了。大家都在平坝上露营，晚9时许，敌人来了，红军还未觉察到。总以为敌人也十分疲劳，不会再来追赶红军的。

正在敌人准备进攻的时候，党的地方组织派去的侦察员把敌人正准备突然袭击红军的消息送来了。就在这千钧一发的时刻，红军立即惊起，摆脱了敌人。事后，朱德说：

"如果没有地方党的支持，那一次我们就被敌人搞垮了！"

红四军离开乌迳后，又折入了江西信丰，经安远进入了赣粤闽边界的寻邬县境内。

一天，部队在项山的圳下村宿营，又遭到敌人一次突然袭击。但最惊险的还是向罗福嶂开进时，敌人距离红军有十多公里。红军一个急行军，拼命向前赶，一天走六十公里，结果敌人还是追了上来。凌晨，受到刘士毅部的突然袭击。当时，第二十八团担任后卫，林彪是二十八团的团长，他拉起队伍就走了，把毛泽东、朱德和军部直属机关都抛在后面，只有一个后卫营掩护，情况十分紧急。毛泽东带着机关先撤出来了，朱德留在后面被打散。他身边只有五个冲锋枪手跟着。

敌人一看到有背冲锋枪的，认定这里面必有大官，穷追不舍，越追越近。朱德一看这种局面，一下难以摆脱敌人，便心生一计，将几个人分成两路，一路向东，一路向西，好吸引敌人分散开。他只身带着一个警卫员冲脱了敌人的尾追。

红军战士们到了圣公堂休息时，听说朱军长失散了，大家万分焦急，觉得像塌了天似的。因为从南昌起义到湘南起义，一直到三打永新，军长同大家建立了深厚的感情。

下午，朱军长回来了，部队一片欢腾，士气一下高涨起来。但是，这次遭敌突然袭击，红军损失很大，二十八团党代表何挺颖牺牲，朱德的妻子伍若兰在掩护朱德和军部撤退时受伤被俘，受尽残酷折磨后，2月12日在赣州英勇就义。

红军脱离险境之后，立刻冒着大雪，翻过了几座大山后到达了闽粤赣三省交界处的罗福嶂。这里地势十分险要，只要堵住路口，就是有几百人也莫想冲上去。

离开罗福嶂后，红军本来想北上会昌，后来得知国民党军队正在那里集结，便改变主意插向福建的武平。追赶的敌人一看进入了福建，已经不是自己的地盘，何况他们也很疲劳，很需要休息一下。

哪知，红军在福建的边上拐了个弯，又扭头插向江西的瑞金，趁势打下瑞金城，很快就又撤了出来。在瑞金城外，二十八团被优势的敌人团团围住，局势十分危急。

在这种军情紧急的情况下，朱德对大家说：

"前面有敌人阻拦我们，后面又有敌人追击我们，我们还能往哪里去？要是贪生怕死，那就等敌人来缴枪投降，屈膝求饶；要是愿意为人民去死，那就干一仗，把敌人消灭掉！"讲完后，他对四面的敌情进行了周密的观察，发现敌军已经合围，没有一点空隙。

"全团一个方向！"朱德斩钉截铁地说：

"一营跟着我中间突破，二营、三营左右配合，全团上刺刀！"大家心里都明白，军长要带着大家同敌人拼杀了。话音一落，他举着驳壳枪带头冲向敌群。经过一番生死搏斗，二十八团终于冲出重围，同三十一团会合，开到了瑞金城北二十里外的大柏地一带，准备在此伏击追赶红军的刘士毅部。

除夕之夜，红四军主力在朱德、毛泽东的率领下，神不知鬼不觉地进到了大柏地。这时追赶红军的刘士毅部还一直紧跟在红军后面，仅差一天路程。

大柏地，位于瑞金的北面，是瑞金通往宁都的必经之路，从麻子坳到分水坳，是个有一华里长的谷地，地形十分险要。谷地两边是起伏的山岭，遍布着茂密的森林，便于隐蔽设伏，是个极为有利的歼敌地带。

朱德根据红四军干部会议的决定，巧妙安排，兵分三路，布成口袋阵，准备歼灭刘士毅部。他让主力部队分别埋伏在左右两面山上，然后，以一营红军在隘口警戒，扮作掉队的"散兵游勇"，挑着担子，背着枪，坐在石板大道的两旁休息，待看到尾随而来的敌人之后，放上枪就跑，一直把敌人引进伏击地带。

一切布置停当，引敌人上钩的那些红军战士，坐在大道两旁，左等右等，也不见人影，直等到太阳落山，也没有一点动静，大家有点急躁。

这时，朱德传下话来：

"钓鱼，就得有耐心。大家都要沉住气，不信敌人不上钩。"

第二天，正是大年初一。人们都在家里欢欢乐乐过年，而红军战士却静悄悄地在那里等待着敌人，等待着胜利的到来。

天公也不作美。那天，却下起了毛毛雨。下了一阵后，雨停了，又刮起了风；风停了，又下起了毛毛雨。隐蔽在树丛中的战士，个个都是衣服湿了，被风吹干了；干了，又被雨淋湿了。老天不帮忙，时间还过得特别慢。

※ 红四军部署大柏地战斗干部会议的旧址。

　　下午3时多，敌人果然来了。他们大摇大摆地走进隘口，好像步入了无人之地。当敌人发现大道旁有红军的零散人员时，确认他们都是些散兵游勇，便立即开枪射击。担负诱敌深入的那些红军战士，一看敌人上钩了，打心眼里高兴，一边鸣枪还击，一边喊叫着朝前跑去。

　　刘士毅的部队追了几天都没看到红军的影子，今天好不容易见到了红军，当然不能轻易放过，于是紧追不舍。一瞬间，敌人的大队人马都涌进了谷地，进入了红军的包围圈。

　　朱德下令开火。埋伏在两面山上的红军，在一片杀声中，冲向敌群。走在敌人队伍前面的刘士毅，一看形势不妙，知道中了红军的埋伏，立即拨转马头，向来路逃去，扔下他那两个团也不管了。

　　被红军围住的敌人，这时发了疯似的，拼命向红军冲杀，妄想打开一个缺口，冲出一条生路。敌人把十几挺轻、重机枪都调来，集中在一起向红军坚守的一个山头猛烈射击。子弹像蝗虫一般乱飞，树叶子被打光了，树枝被打断了。但是，红军战士毫无畏惧，他们依托着简单的掩体，阻击着敌人。

朱德军长像座金刚似的站在他们身后，用钢铁般的语言鼓励着战士：

"同志们，坚决把敌人打回去！没有子弹，就用枪托砸，用石头打，决不让敌人跑掉！"

敌人攻了一阵，攻不动，又退下去了。红军从背后包抄敌人的部队，已经打了过来，两面山上的红军一齐冲向坳中的大道，敌人乱作一团，到处逃窜，纷纷逃命。

刘士毅的两个团，大部分被红军歼灭，他的两个团长萧致平、钟桓也被活捉，另外还有800名俘虏，缴获重机枪6挺，步枪数百支。

大柏地的胜利，是红四军自井冈山下山以来，取得的最大的胜利，彻底扭转了红军在赣南的被动局面。红四军士气大振。

陈毅说："大柏地之战是红军成立以来最有荣誉之战。"

大柏地战斗，是朱德指挥红军利用地形以少胜多的一个范例。

1933春，毛泽东从宁都回瑞金，重过大柏地时，感慨万千，满怀激情地写下了著名的《菩萨蛮·大柏地》：

赤橙黄绿青蓝紫，谁持彩练当空舞。雨后复斜阳，关山阵阵苍。

当年鏖战急，弹洞前村壁，装点此关山，今朝更好看。

（刘学民）

"红山红水红满天"

朱德和毛泽东自1929年1月率领红四军下井冈山，在短短半年的时间里，开辟了赣南、闽西两大革命根据地。广大群众以"红山红水红满天"等民歌来描述当时火热的斗争情景。

大柏地战斗结束后，终于摆脱掉了敌追兵。朱德和毛泽东率领部队经宁都，到达吉安、兴国、永丰交界的东固，与这里的江西红军独立第二团和独立第四团会合。接着，部队在这里休整。这时，井冈山失守的消息传来，原定"围魏救赵"计划已不能实现，红四军主力也不能回井冈山了。同时，一直尾追红军的赣敌最精锐部队李文彬部已追到东固，吉安驻军金汉鼎部也对东固采取攻击之势。在这种情况下，朱德和毛泽东等决定抛弃"固定区域之公开割据政策，而采取变定不居的游击政策（打圈子政策），以对付敌人之跟踪穷追政策"。

2月25日，红四军主力在朱德和毛泽东指挥下，离开东固，挥师向东，经永丰、东安、广昌、石城，向敌军势力较弱的闽西地区进军。红军刚挺进到闽西四都，就遭到福建省防军第二混成旅旅长郭凤鸣部一个补充团的偷袭。朱德和毛泽东指挥红军一个反击作战将该敌打垮。接着，根据中共地方党组织的介绍，决定占领长汀，彻底消灭郭凤鸣。3月14日，红四军主力向通往长汀必经之道长岭寨发起进攻，在不到三个小时内，就歼敌两三千余人，还击毙敌旅长郭凤鸣。朱德回忆这次战斗时，曾生动地说：决定打汀州的那一天，"出发很早，敌人迎头来打我们的也向我们走。还好，把他两团赶在河沟里，一打打垮了，追到河边上。在那些死尸中间打死了一个大胖子……他身上还戴着表，很阔气。后来知道是郭凤鸣……我们立刻脚跟脚的又追，就去打了汀州。这里就是郭的老巢。在那里只有他的留守部队，他们也不知道前面是打了胜仗，还是打了败仗。我们一到很容易地打下汀州，把兵工厂、被服厂、子弹等等都搞来了，同时还收编了他的队伍。"

大柏地和长岭寨两次战斗胜利后，红军转战途中的损失得到补充。朱德和毛泽东在长汀整编部队，将原来团的建制改为纵队。红二十八团改为第一纵队，红三十一团改为第二纵队。全军又恢复到出发时的3600余人。部队因得到休整和补充，士气更加振奋。

到达汀州后，朱德和毛泽东等"始知蒋桂决裂，国民党大混战快到来"，在这种局势下，决定红军"在国民党混战初期，以闽西赣南20余县一大区为范围，用游击战术发动群众，以群众的公开割据，深入土地革命，建设工农政权，由此一割据与湘赣边界之割据连接起来，形成一坚固势力，以为前进的根基"。

根据康克清的回忆，朱德是在长汀与她结婚的。她说："1929年3月，朱德和我在福建省长汀县结婚。""我们并没有举行婚礼。自从结婚之后，我差不多始终跟他在一起，只有在1930年占领了吉安之后，两人曾分别了一年。"

这时，由彭德怀率领从井冈山突围出来的红五军余部600余人已辗转至安远，并计划再打回井冈山，恢复湘赣边区，因得知红四军已占汀州，转而决定与红四军取得联系，便派人给红四军送信，要求红四军到赣会师。朱德和毛泽东接到信后，根据红四军前委会议的计划，率领红四军离开福建长汀，翻过武夷山，回到赣南瑞金。4月1日，彭德怀率红五军余部赶到瑞金与红四军会合。

红四、红五军刚在瑞金会合，朱德和毛泽东就收到了中共中央于2月7日写给他和毛泽东并转湘赣边界特委的来信。这封来信深受共产国际的影响，基本上传达了共产国际书记处书记布哈林对中国革命武装斗争问题的认识。周恩来回忆说：1928年7月中共六大在莫斯科召开时，布哈林在会上作报告，他"对中国苏维埃、红军运动的估计是悲观的。他认为只能分散存在，如果集中，则会妨害老百姓利益，会把他们最后一只老母鸡吃掉，老百姓是不会满意的。他要高级干部离开红军，比方说，要调朱德、毛泽东同志去学习"。中央的这封来信，实际上是传达了布哈林的意思，要求前委"应有计划的有关联的将红军的武装力量分成小部队的组织，散入湘赣边境各乡村中进行和深入土地革命"，以"避免敌人的消灭"；并以朱德和毛泽东"留在部队中，目标既大，徒惹敌人更多的注意"为理由，"决定朱、毛两同志在目前有离开部队来中央的需要"。朱、毛"两同志得到中央决定后，不应图于一时群众的依靠而忽略了更重大的更艰苦的责任，应毅然地脱离部队，速来中央"。

朱德和毛泽东认真研究了来信之后，认为这封信的精神是不好的，所提出的意见是不适当的。于是召集红四军前委讨论和研究，统一了认识，并于4月5日以前委的名义复信中央，提出了不同的意见。其中明确表示："我们感觉党在从前犯了盲动主义极大的错误，现时却在一些地方颇有取消主义的倾向了"；"我们要反对盲动主义和命令主义的恶劣倾向，但取消主义和不动主义的倾向，又要极力防止"。其中还指出："中央要求我们将队伍分得很小，散向农村中，朱、毛离开大的队伍，隐藏大的目标，目的在保存红军和发动群众"，这只是一种理想，并不符合实际，因为我们从1927年冬天就计划过，而且多次实行过，但是都失败了。实际证明，"分开则领导机关不健全"，且"容易被敌人各个击破"。相反，"愈是恶劣环境，部队愈须集中，领导者愈须坚强奋斗，方能应付敌人，只有在好的环境里才好分兵游击"。复信还从游击战术的角度，对朱德、毛泽东等人多年来领导红军实行武装割据，所采用行之有效的成功经验，进行了高度的理论概括。信中指出：我们三年来从斗争中所得的战术，真是与古今中外的战术都不同。用我们的战术，群众斗争的发展是一天一天扩大的，任何强大的敌人是奈何我们不得的。我们用的战术就是游击的战术，大要说来是"分兵以发动群众，集中以应付敌人"，"敌进我退，敌驻我扰，敌疲我打，敌退我追"，"固定区域的割据，用波浪式的推进政策"，"强敌跟追用盘旋式的打圈子政策"，"很短的时间，很好的方法，发动群众"。这种战术正如打网，要随时打开，又要随时收拢，打开以争取群众，收拢以应付敌人。为了支持朱德和毛泽东继续留在红四军，彭德怀还单独致信中央，特别地陈述了自己与前委一致的观点。他说："在反革命高潮时不宜分兵。分则气虚胆小……这种严重时期，只有领导者下决心与群众

※ 1929年3月，红四军在闽西消灭军阀郭凤鸣旅，占领长汀，建立了长汀县革命委员会。图为长汀县革命委员会旧址——云骧阁。

同辛苦，集中力量作盘旋式的游击，才能渡过难关。万万不能采藏匿躲避政策，就立刻上了消灭之极途。另一方面西南各省团防、洪匪的组织是普遍的，如果分散，他们也要来打，这是作盘旋式游击战争的理由。"

正是以朱德和毛泽东为代表的中国共产党人的坚决抵制，才使得中共中央的这一不符合实际的决定没有产生实际的影响。时任中共中央政治局常委兼中央组织部长的周恩来后来回忆这一情况说：在莫斯科召开的中共六大结束，"我们回国后就指示要调朱德、毛泽东同志离开红军。朱德、毛泽东同志不同意。后来蒋桂战争起来了，我们觉得红军有可能发展，就作罢了"。

不久，彭德怀根据前委的决定率领红五军返回井冈山，着手恢复湘赣边区，巩固和扩大罗霄山脉中段根据地，向粤赣边发展，配合红四军逐步建立湘赣闽粤大片根据地，以促进革命高潮到来。与此同时，朱德和毛泽东在赣南瑞金、于都、兴国、宁都、广昌等县领导红四军实行大规模的分兵发动群众、开展土地革命和建立各级红色政权的斗争，初步建成了赣南革命根据地。

5月中旬，蒋桂军阀之间的混战以桂系失败而告一段落，江西敌军立即将兵力抽回，集中力量进攻日益发展的红军和革命根据地。不久，粤、桂军阀之间又燃起了战火，驻守漳州的国民党新编第一师师长张贞，笼络驻龙岩的国民党福建省防军混成第一旅陈国辉部赴粤参战，一时间闽西敌人兵力空虚。朱德和毛泽东等决定利用这一有利时机，率领红四军再度入闽进一步推动闽西的革命斗争。

朱德和毛泽东率领红军挺进闽西后，在近一个月时间里，三次攻占龙岩城，连克永定、白砂、旧县、新泉。随着战争的发展和胜利，红四军分兵闽西各县，大力帮助地方党和武装开展土地革命斗争，当时的火热斗争情景，生动地反映在如下的这首民歌里：

> 暴动一声满地红，土豪劣绅狗命终；
> 五抗粮、捐、租、税、债，四军入闽心更雄。
> 打倒土豪分了田，扩大红军建政权；
> 汀江两岸都红遍，红山红水红满天。

很快，一个东至龙岩适中，西迄汀江沿岸，南临广东大埔边境，北抵连城朋口的以龙岩、永定、上杭三县为中心的闽西革命根据地终于建立起来了。

朱德和毛泽东自1929年1月率领红四军下井冈山，在短短半年时间里，开辟了赣南、闽西两大革命根据地，用铁的事实证明中国工农红军及其革命根据地，不仅能够存在，而且还能够发展；由毛泽东、朱德等人共同开辟的工农武装割据、农村包围城市、最后夺取全国胜利的道路，才是中国革命唯一正确的道路。

（庹平）

大破宁都

敌人在宁都城大兴土木，加固城池，妄想用高墙壁垒和大炮坚守城池。朱德决定运用"三十六计"中的"无中生有"之计，摆下迷惑阵，来破宁都城。

一位跟随朱老总南征北战的老将军讲过一个朱德破宁都的故事，十分动人。

那是1929年4月，红四军在于都开完前委扩大会议，决定红五军打回井冈山去，这是红四军在赣南实行短距离分兵后发生的事情。当时，蒋桂战争正在进行，反动军队忙于厮杀，赣南出现了空虚。红四军抓住"分兵以发动群众"的大好时机，兵分三路：一路到兴国县城，一路到兴国的古龙岗，一路在于都附近。

一天，朱德根据侦察的敌情得知，宁都城里只有赖世琮的一个团。赖世琮是国民党新军阀赖世璜的弟弟。他自信根底深后台硬，从不把别人放在眼里。在宁都一带也是个小小"土皇帝"。2月间，红四军大部队进军赣南，途经宁都时，在大柏地消灭了刘士毅的两个团，他望风而逃。红军走后，他窜回宁都便大兴土木，加固城池。为了壮胆，在东西城墙上，各置了一尊200斤重的铜炮，在南北城墙上，各置了一尊300斤重的铁炮。他看着宁都城的高墙壁垒和四尊大炮，好不得意，气壮如牛地说：

"我倒想看看梭镖、乌铳怎打开铜墙铁壁？"

朱军长从情报中得知：赖世琮除加高城墙，安置土炮外，还在四大城门的门洞里安上闸门，填了一米厚的沙包。扬言要同红军较量较量，决一雌雄。

朱军长说：

"龟儿子，有种。不怕你死守，就怕你逃走！"朱军长决定运用"三十六计"中的"无中生有"之计，摆下迷惑阵，来破宁都城。

4月24日黄昏，从于都开来的赣南第二十五纵队奉命赶到宁都城外。他们按照朱军长的命令带着当地的游击队和群众，分别在东门外的孙公岭、西门外的蓟背岭、南门外的寺背岭、北门外的张屋山安营扎寨，点亮通明的火把，树起一杆杆红旗，在同一个时辰里，突然间杀声震天，枪声四起，呐喊声，冲杀声由远渐近，枪炮声一阵更比一阵紧。整个宁都像被千军万马围困。

敌人的探子接连不断地向赖世琮报告：

"孙公岭上下来了红军！"

"南门外的枪声很紧！"

"枪子已落到西门城墙上了！"

赖世琮惊慌失措，一面召开紧急会议商讨对策，一面派人转移他抢劫来的钱财。他把队伍和民团都驱赶到城墙上，防备红军夜间攻城。

第二天拂晓前，呐喊声停了，枪声也停了，能听到的只有蛙声和虫声。一切如常，好像昨晚上什么事情也未发生过一样。

一夜没有合眼的赖世琮觉得这事有些奇怪，壮着胆子爬上城头，睁着两只大眼东张西望看了半天，也没看到红军的影子，心里更犯嘀咕。

太阳一落山，夜幕刚刚降下，昨天夜里的情景又出现了。枪声更紧，喊声更大。赖世琮胆战心惊地发下命令：

"哪里有枪声就向哪打枪！哪里有喊声就向哪开炮！"

士兵们躲在城墙垛口的后面，头也不抬地拼命朝四面八方乱打枪。打打停停，停停打打，折腾了一夜。赖世琮又是一夜没敢睡。

天亮时，城外一切如常，仍然是蛙鼓蝉鸣，一片太平景象。

赖世琮摸不清虚实，搞不清来了多少红军，这两天只听见枪响，不见来攻城，到底红军同谁打起来了？他坐卧不安，六神无主，搞不清红军摆的是什么阵。他怎会知道，这是朱军长摆得迷惑阵。那些密集的机枪声，是在煤油桶里放鞭炮合成的。

第三天，当夜幕徐徐落下时，赖世琮更加烦躁不安，担心这一夜又不知会发生什么事情。他竖着耳朵等待着枪声，却偏偏没有枪声，城里静悄悄的，除了蛙鼓蝉鸣，再没有一点声音。这时，赖世琮才松了一口气，以为红军是来吓唬他的，肯定是打了两天空枪，没捞到什么便撤走了。他满以为可以睡个好觉了。

没料到午夜刚过，除东门外，南门、西门、北门方向，都又响起了枪炮声。与前两天不同的是在间隙中，不断传来喊话声：

"白军士兵兄弟们，你们也是受苦人，不要给赖世琮卖命送死！"

"士兵不打士兵！穷人不打穷人！"

"红军优待俘虏！想回家的还发给路费！"

赖世琮从梦中惊醒，命令他的部队去迎战红军：

"给老子都上城墙上去。谁也不能打瞌睡！"

"把眼睛睁得大大的，盯着城外！"

等敌人登上城墙时，城外的枪声突然停止，既看不到红军的影子，也听不到枪声。

赖世琮为了弄清城外的情况，花了12块大洋雇了一个赌徒，用绳索从城墙上吊下来，为他去探听虚实。

第二天，那个赌徒回来报告说：

"团长大人，这几天闹腾的根本不是红军，都是些泥腿子游击队！"

赖世琮半信半疑，放心不下，一直惦记着抢劫来的财物和银元，便吩咐亲信找来十几个民夫，偷偷把财物和银元运回石城老家去。

半夜里，宁都城里的党组织派温连奎从城东云石垛那条通向梅江的涵洞爬出来，向红军指挥部报告了城内的敌情。

打打停停，虚虚实实，真真假假。经过几天对赖世琮的骚扰和迷惑，攻打宁都的时机

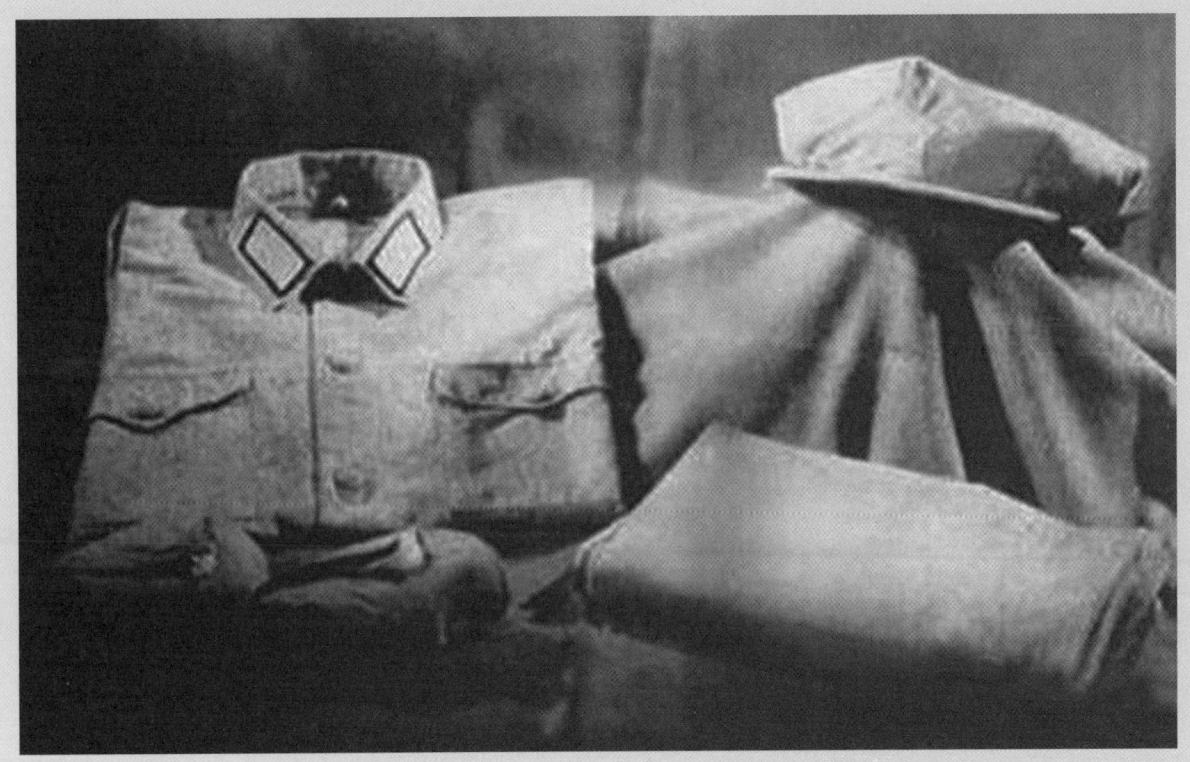

※ 1929年3月，毛泽东、朱德、陈毅等率领红四军首次进入闽西，取得长岭寨大捷，乘胜占领长汀县城，并在闽西地方党组织的配合下，有效开展了筹款活动，筹集军饷5万余元，并用其中一部分钱款制作了4000套军装——红军历史上第一次统一的军装。

已经成熟。朱军长于29日拂晓下了攻击令。

当太阳升起的时候，红四军一纵队和二纵队已分别从兴国和于都赶到了宁都城外的集结地，进入了进攻位置。

攻击令一下，霎时间，城西魁星阁前燃起了熊熊大火，城北蔡家祠也烈焰翻滚，宁都城外的四乡八巷一片枪炮声和呐喊声，探子慌忙来报告说：

"不好了，攻城的不是游击队，是朱毛红军！"

"胡说八道，你怎知道是红军？"赖世琮气急败坏地发问。

"他们穿戴整齐，军服都是一色新，个个背着锃亮的钢枪！"

赖世琮一听是这种装备，真是红军到了。这时，他早魂飞天外，半天只说了一句话：

"一定要顶住，决不能让他们打进城来！"

红军主力在西门和北门首先发起进攻，赖世琮就调兵加强西门和北门的防守。进攻东门和南门的红军一看赖世琮把兵力调走，火力减弱，便领着游击队员背着柴草冲向东城门，然后浇上火油点燃，熊熊大火窜进城门洞，烧向城楼。赖世琮文急忙从西门调兵支援东门。敌人顾此失彼，一片混乱。赖世琮也搞不清红军的主攻方向到底在哪里，只能靠着放枪壮胆。很快城墙上的弹药不够了，赖世琮下令把弹药库的子弹箱子都搬出来，准备大打一场。

士兵们打开子弹箱子一看，个个喜笑颜开，尽是些白花花的银元，就嚷嚷开了：

"团长老爷，对弟兄们不薄，关键时刻就动真格的了！"

"要早发银元，我早就为团长卖命了！"

说话中，就动手抢开了。银元这东西又不咬手，眨眼工夫一抢而空。

原来是两天前，赖世琮往老家石城转移财物和银元时，地下党的同志使了个"调包计"，把装银元的箱子换成了装子弹的箱子挑走了。

这时，红军在火力的掩护下，已经爬上城西和城北的城墙，进入城内，扒开了城门。

在一片嘹亮的冲锋号声中，大队红军和地方武装以及游击队，高喊着杀声，像决堤的洪水一样，涌向宁都城。城里的敌人早已乱成一团，到处躲藏逃命。在人民群众的协助下，他们全当了红军的俘虏。赖世琮看到走投无路，正换上便装准备逃遁时，红军战士已冲到他的"后天宫"，把他从他小老婆的床底下拖了出来。

红四军一纵队和二纵队在朱军长指挥下，大破宁都，全歼守敌赖世琮一个团。

朱军长带着军部进入宁都城后，就让把赖世琮押来审问：

"你就是因为有30个小老婆而出名的赖世琮？"朱军长很严肃地问道。

"报告长官，是的。不是，不是不是，是不敢。该死！我该死！"赖世琮已吓得像筛糠一样，回起话来，语无伦次。

"你可知道我是谁？"

"报告长官，我有眼无珠，实在不认得。"

"我就是你要把头割下来挂在城楼上的朱德！"

赖世琮听到"朱德"二字，脑袋嗡的一声，如雷轰顶，吓得魂不附体，双腿一软跪在地上，直喊：

"我该死！我该死！"

朱军长不动声色地说：

"赖世琮，你听着！论罪孽，你该立即枪毙！现在，可以放你一条生路，就看你走不走！"

"走，走。长官只要饶命，让我干啥都可以！"

"限你三天之内，把藏在石城老家的枪支、银元送到宁都。这里还有一张药单子，你尽快备齐送来。东西交齐后，放你回家。要是耍花招，打折扣，当心你的小命！"

"是，是！一定照办！"赖世琮连连点头答应。

赖世琮写好一封亲笔信，派他一名亲信副官连夜送到石城老家。果然，他的大老婆坐着一顶轿子带着一帮人马，把枪支、银元如期送到宁都城。

3个月后，赖世琮家里又把药品如数送到。朱军长信守诺言，开了一张通行证，把赖世琮放了。释放前，朱军长还对赖世琮说：

"希望你改恶从善，不要与人民为敌。如果继续残害百姓，攻打红军，下次再捉到你，就不这么便宜了！"

赖世琮虽然满口应承决不再打红军。但他本性难移，回去后继续与红军为敌。最终，还是被红军在瑞金的黄柏击毙，落了个可耻下场。

（刘学民）

攻占上杭

朱德对林彪说："声东击西，是兵家常用战术，这次我们也不例外，只不过不是声东击西，是声西击东罢了。你们在那排山头上，摆上几门迫击炮，照西门放上几炮，把敌人的注意力吸引过来。那时，我们就可以从后面登城进攻了。"

上杭，位于闽西汀江的中游，汀江绕城而过，城垣三面环水。上杭的城墙十分坚固，下部为石，上部为砖，尤其沿江的城墙多为巨石作基。城高三丈有余，易守难攻，素有"铁上杭"之称。上杭是闽西重镇，历来为兵家必争之地。太平天国翼王石达开的部将石宗国，当年曾率数万大军围攻上杭，虽然付出很大代价，但仍然是久攻不下。所以，当地流传着一首民谣：

铁打上杭，固若金汤。

东无退路，西无战场，

南有河道，北有池塘。

嘱咐子孙，莫打上杭！

1929年，上杭城里盘踞着土著军阀卢新铭的福建省防军第二混成旅。那是1928年，卢新铭在长岭寨被红军打败后，才逃到这里，招兵买马，占据了上杭城。

为了打破敌人的三省"会剿"，发展闽西的大好形势，必须消灭卢新铭，攻下上杭。9月18日，朱德率红四军主力和闽西地方武装约一万多人，秘密向上杭运动。

在前委会上，朱德作了周密部署。会议结束时，他特别强调：

"要千方百计迅速同城内的党组织取得联系，全力策动有关人员响应攻城。各地赤卫队也要积极配合攻城战斗。"

19日下午，朱德带着各纵队的领导和参谋人员，登上树木葱郁的山头，在落日的余晖中，俯视着山下坚固的城池，仔细地观察了地形，制定了攻城的具体方案。

上杭只有一条路可以从陆上通往城里，那就是通往西门的大道。卢新铭做贼心虚，当长汀、龙岩等被红军相继夺取后，就怕红军攻打上杭。他为了守住上杭，在西门筑起了坚固的工事，城门每天在白天只开几个小时，还有重兵把守，以防万一。其他几座城门，全部关闭，用沙袋堵死，以防红军攻破。

卢新铭既然预料红军是不攻则已，要攻必是西门。朱德就来了个将计就计，命令一纵队佯攻西门。他对一纵队的林彪说：

"声东击西，是兵家常用战术，这次我们也不例外，只不过不是声东击西，是声西击东罢了。你们在那排山头上，摆上几门迫击炮，照西门放上几炮，把敌人的注意力吸引过来。那时，我们就可以从后面登城进攻了。"

红四军的主力部队，趁夜间能见度低，由赤卫队带路，从汀江上游水浅处渡过汀江。

按照朱德的部署，一纵队佯攻上杭西门，二、三纵队主攻北门，四纵队在赤卫队的配合下，攻取东门，还有一部分赤卫队员们佯攻南门。

战斗打响后，四面枪声大作。敌人还蒙在鼓里，也弄不清哪是红军的主攻方向。赤卫队乘着无数的竹筏划过汀江，首先用机枪和土炮轰击敌人，然后在洋铁筒里燃放鞭炮，劈里啪啦，搅得敌人也分不清真假，只顾调兵遣将，扼守城池。刹那间，四面城墙上到处放枪，为他们自己壮胆。

一纵队按照朱德的命令，用炮火把敌人的主力一下吸引到了西门。二、三纵队便开始在北门发起攻击。红军战士在一阵阵冲锋号的鼓舞下，迅速扑向城下，赤卫队员们抬着预先绑好的云梯，赶到城下，一座座云梯陡然架起，红军战士呼喊着爬上云梯，翻入城内，

※ 红四军司令部旧址——中兴堂，位于上杭县古田镇八甲村。1929年12月，毛泽东、朱德、陈毅等率领红四军进驻古田，红四军司令部设在中兴堂。朱德同志住在后厅左厢房。

涌向街头。

卢新铭发现自己中了红军声东击西之计，调兵增援时，北门早已被突破。城门大开，红军战士和赤卫队员蜂拥而上。

朱德带着胜利的微笑，紧跟在红军和赤卫队之后，进入上杭城。卢新铭带着十几个贴身警卫已逃之夭夭。

攻占了"铁上杭"，不仅粉碎了敌人的三省"会剿"，而且还为红军迎来了一个休整机会。红四军迅速壮大，全军发展到七千多人。

在素有民歌之乡的上杭城里，又传唱出一首新的《上杭之歌》：

一要高举红旗团结好，
二要袖章挂臂上，

三要消灭反动派，
四要从地主手中夺取枪。

人民大众要记清，
打倒军阀卢新铭，
俘虏敌兵要待好，
他们也是穷苦人。

进了上杭莫把商人扰，
保护穷人要记牢，
捉住地主狗豺狼，
坚决斗争不能饶。
……

（刘学民）

与毛泽东的争论

朱德对毛泽东的意见有不同的看法，他和毛泽东一样，君子坦荡荡，有话说在当面。

1929年春，党中央派曾经留学苏联的刘安恭到红四军领导工作。刘安恭由于不了解中国红军发展历史和斗争情况，只知道自己留学苏联时学到的一些东西，于是就照搬苏联红军的做法，主持军委会议，作出"前委只讨论行动问题，不要管其他事"的决定。这种下级党组织决定上级党组织权力范围的错误做法，作为上级组织的前委当然不能接受，毛泽东也认为前委有能力解决这个问题，因此他在报告中共中央时只简单地提了一句，说"党内现发生些毛病，正在改进中"。这里所说的改进，就是召开前委扩大会议决定是否还要设立军委。关于前委扩大会议讨论这一问题的有关情况和结果，萧克、江华都有较详细的回忆。

萧克回忆说：

问题就出在新组织的军委。刘安恭在军委会议讨论工作时，对上级机关——前委作了条决议，"前委只讨论行动问题"。对这条决定，许多人就觉得不合适，下级怎么能决定上级的权力范围呢？从而议论纷纷。从6月初的湖雷会议起，大会小会进行讨论，有时甚至争论起来。那时党内不忌讳争论，党的文件、党章都规定党内实行民主集中制，党员对问题有看法，在未作出决定之前，可以自由讨论。我们刚刚学习过的中央第六次代表大会通过的党章说，"在未经过决议以前党内的一切争论问题，可以自由讨论"，还说"可以举行争论"。所以，大多数人从关心党、爱护党的角度出发，发表自己的看法，展开争论。

江华回忆说：

刘安恭，四川人，曾入云南讲武堂，后去苏联留学，1929年春由党中央派来红四军工作。他曾经讲过关于苏联黑暗面的话，听来令人很反感。他刚由苏回国不久，不了解中国红军发展历史和斗争情况，就主张搬用苏联红军的一些做法，并在他主持的一次军委会议上作出决定：前委只讨论行动问题，不要管其他事。这个决定限制了前委的领导权，使前委无法开展工作。显而易见，这个决定是错误的，是不利于革命斗争的，自然引起许多同志的不满。这时，原来在井冈山时期即存在的关于红军建设问题又开始议论起来，一些不正确的非无产阶级思想也颇有表露。为了解决这些问题，毛泽东利用战斗和行军的空隙，采取各种措施，做了不少工作，并多次召开前委扩大会议进行讨论。5月底，胡（湖）雷前委会议上对党的工作范围、支部工作等问题争论，意见未能统一。6月8日，在白砂又召开前委扩大会议，继续讨论争论的问题。这次会议虽然以绝对多数（41人参加会议，36票赞成，5票反对）通过了取消临时军委的决定，但争论的根本问题仍未解决，而且这些分歧意见在党内以至在红军战士，军官中日益发展起来。

为什么前委会议以压倒多数决定取消军委之后，党内意见反而越来越大呢？这主要是因为先有刘安恭后有林彪的推波助澜。

刘安恭在军委被取消后，其军委书记自然被免职，他被调到第二纵队任纵队长。对此，他很不服气，便利用中央要朱德和毛泽东离开红四军的来信已经在全军公开，广大官兵对这个问题议论纷纷之机，还借在是否恢复军委这个问题上朱德和毛泽东持有不同意见，故意散布许多挑拨离间的言论，甚至还攻击毛泽东是个人专政，并故意歪曲事实地把朱德和毛泽东分为两派，说朱德是中央派，毛泽东是反中央派。

刘安恭这种"对于决议案没有服从的诚意，讨论时不切实的争论，决议后又要反对且归咎于个人"的做法，引起毛泽东的极大注意。为了避免大家胡乱猜疑，为了从根本上统一思想认识，毛泽东在6月8日召开的前委会议上，以书面意见方式公开了自己的意见。他在意见中明确表示前委之下不能设立军委，因为前委和军委分权，"前委不好放手工作，但责任又要担负，陷于不生不死的状态"。他还把主张设立军委的意见即"党管太多了，权太集中于前委了"、"支部只是教育同志的机关"、不应该"一支枪也要过问党"等意见归纳为这是"反对党管一切"、"反对一切归支部"、"反对党员的个人自由受限制，要求党员有相当的自由"。他最后提出，他不能担负这种不生不死的责任，请求马上更换书记，让他离开前委。

朱德对毛泽东的意见有不同的看法，他和毛泽东一样，君子坦荡荡，有话说在当面。他基于当时的认识水平，就毛泽东提出的三个问题表示了自己的不同意见。萧克回忆说：

朱德对毛泽东的三条意见提出了不同的看法。第一，他认为"党管理一切为最高原则，共产主义中实在找不出来"，并说这种口号"是违背党的无产阶级专政的主张"，所以，他不同意"党管理一切"的说法。第二，对于"一切工作归支部"的原则，他是"极端拥护的"，但是他认为四军在原则上坚持得不够，成为"一切工作集中于前委"。前委"对外代表群众机关，对内代替各级党部"，"这样何尝有工作归支部呢"？第三，他认为党员在党内要严格执行纪律，自由要受到纪律的限制，他认为只有"赞成执行铁的纪律方能培养全数党员对党的训练和信仰奋斗有所依归"。

朱德和毛泽东这种认真的推心置腹的讨论，很快又被林彪利用了。林彪在这次会议上看到了朱德和毛泽东之间的意见分歧，而且都希望通过以会议等公开的讨论形式，有话讲在当面，以求达到认识上的统一。他觉得有机可乘，就在这次会议的当天晚上，给毛泽东送来了一封急信。他在这封信中表示不赞成毛泽东离开前委，并称希望他有决心纠正党内的错误思想。这当然是无可非议的。但是，林彪的这封信中隐含有严重的私心。他的私心已经在6月上杭县白砂一次支队长以上的干部会议上公开暴露过。有人回忆他在这次会议上公开说："朱德在赣南行军途中，说我逃跑暴露了目标，给了我记过处分，这点我不在乎，就是这个月扣了我两块钱饷，弄得我没钱抽烟，逼得我好苦。"其实，林彪对朱德给他处分是很在乎的，他当时马上就给毛泽东写了一封攻击朱德的信，说朱德"好讲大话"、"放大炮"、

※ 中共闽西第一次代表大会会址——文昌阁，位于上杭县蛟洋乡蛟洋村，为宝塔式楼阁建筑，建于清乾隆六年（1741年）。

"拉拢下层"、"游击习气"（指衣着破烂不整，说话高兴时喜欢提裤子）。现在，林彪认为出气的机会终于来了。于是，他又给毛泽东写这封信，其"内容是党的问题而且是极严重的问题，用的词句是'封建关系'、'无形结合派'、'政客的手段'、'卑污的行为'、'阴谋'等超出当时四军党内领导集团政治生活常态的危言"。

毛泽东在接到林彪的信后，以他长期从事红四军党的政治工作的经验，开始对红四军成立以来，党领导军队的问题以及与此相关的其他政治工作问题，进行了认真的思考，尤其是站在更高的马克思主义认识水平上，来看待是否设立军委的问题。他把是否设立军委的问题提高到是否坚持党领导一切的高度来认识。他想通过围绕这一问题的讨论，来加深全军对党绝对领导军队这一基本原则问题的认识，并不再有所动摇。毛泽东坚信这种讨论的深入只会有利于党的进步。正如他在给林彪的复信中所说："党内有争论问题发生是党的进步，不是退步。只有赶快调和敷衍了事，抹去了两方的界线，以归到庸俗的所谓大事化为小事才是退步，我想这回不会发生可怕的恶结果的。"相反，只有把争论的问题彻底弄清楚，"四军的改造工作由此可以完成，四军的党由此可以得到一极大的进步，这是绝对无疑的"。基于这种认识，毛泽东把林彪写给他的信公开了。

林彪见毛泽东把他的这封信公开了，更加有恃无恐。他在前委扩大会议上，干脆说他写给毛泽东的信，就是"专指军委问题"，还说朱德用手段拉拢部下，想成立军委以脱离前委的领导。根据傅柏翠回忆，林彪在红四军向赣南进军途中写给毛泽东攻击朱德的那封信，也在一个册子上公开印出来了。

经林彪这么一搅，朱德和毛泽东的意见分歧被弄得风风雨雨。

然而，就在林彪得意之时，朱德和毛泽东出于要集中力量反对闽、赣、粤三省敌军即将发动的"会剿"，在6月22日由红四军政治部主任陈毅主持（因朱德和毛泽东是争论的双方）召开的中共红四军第七次代表大会上，各自就别人猜疑的有关问题作了发自内心的解释后，服从大会的决定，停止了争论。

在这次大会上，先是朱德发言，他说：

大家对我有什么意见，欢迎不断提出；我有什么不对，请大家多多批评。有人说我"放大炮"，说大话，说过要红遍福建、江西，打到武汉、南京，解放全中国。这不是"放大炮"、说大话、吹牛皮，这是为了鼓舞革命斗志，向前看、向远看，对革命前途要充满信心。又有人说我拉拢下层，常和下面官兵混在一起。这不是拉拢下层，搞什么小组织活动，这是为了和下级打成一片，便于及时了解下面情况。还有人说我游击习气，不像个官样，穿的和士兵一样破破烂烂。这并不是游击习气，这是因为目前我们生活等方面条件还很差，是为了群众化，不脱离下面官兵，不脱离群众。

在这次大会未召开前的一次党内民主生活会上，朱德已经就有关他的所谓个人英雄主义问题作过解释。当时，他笑着对大家说：有人说我个人英雄主义，打仗硬拼。我是不够英雄。打仗该硬拼时就得硬拼，不该硬顶时就得退，目的是一个，都是为了更好地消灭敌人。

继朱德发言之后，毛泽东也对大家所提的意见进行解答，其中他谈到：有人说我爱发脾气，喜欢骂人。大家的批评意见很对。但要向大家说清楚一点，我们红四军是党委领导下的分工负责制，这不是家长制。我对大家严，这是分工负责、严格督促。最后他还说：大家有意见可以保留，现时毋须答辩，将来事实自会证明。

会议对刘安恭和林彪的错误言行，给予了极其严肃的批评，指出：刘安恭"不调查清楚事实状况"而"偏于一面"的"轻率发言"是不对的；林彪不注重事实"凭空臆断"的发言是错误的，都起了"助长党内纠纷"的作用。会议再次否定了在前委之下设立军委的意见，认为这确系机关重叠，无再设军委之必要。最后，会议选举毛泽东、朱德、陈毅、林彪、刘安恭、伍中豪、傅柏翠及红四军直属队第一、第二、第三、第四纵队的士兵代表13人为新的前委委员，陈毅当选为书记。原来由中央指定为前委书记的毛泽东没有当选，前委派他带领谭震林、蔡协民、江华、曾志等去上杭蛟洋指导闽西特委召开闽西党的第一次代表大会。

（庹平）

"过去的那些我收回"

为了消除毛泽东对自己的隔阂，尽快地使毛泽东回到红四军主持前委工作，朱德很坦率地对陈毅说："过去的那些我收回，我们请他回来。"

1929年6月下旬，红四军在龙岩召开第七次代表大会，会上对于党的领导、政治思想工作、红军的任务等问题发生争论，未能统一思想认识。会后，毛泽东离开红四军主要领导岗位，到闽西养病兼做地方工作。

为了尽快健全前委机关，加强红四军党的建设，朱德积极采取力所能及的措施。他既写信要毛泽东回来，又主持召开了前委会议和中共红四军第八次代表大会，并作出了请毛泽东回到红四军主持前委工作的决议。看过朱德给毛泽东写的信并参加过这次前委会议的郭化若回忆说：当时，"朱德曾写信要毛泽东回来，毛泽东回信说：我不能随便回来。这封信我看过。红四军八大前一次前委会，对要不要毛泽东同志回来的问题争论得很激烈，刘安恭攻击毛泽东。我当时还不认识林彪，我问朱云卿：'林彪来了吗？'朱云卿说：'这样的会，林彪从来不参加。'我便提出一个折中的方案，由我和彭祜，还有东江的一位同志联名写信请毛泽东同志回来。"朱德对此表示完全赞同。接着，朱德于9月下旬在上杭县城内太宗庙（现城东小学）主持召开了中共红四军第八次代表大会（毛泽东因病和陈毅已前往上海未到会），由于事先没有准备，加以前委机构不健全，会议是在极端民主化状态下召开的，但会议还是在朱德的引导下，通过了请毛泽东回到红四军主持前委工作的决议。根据这个决议，会后由彭祜、郭化若等三人执笔，起草了一封请毛泽东回红四军主持前委工作的信，朱德还在信上签了名。

这封信从上杭发出后不久，毛泽东就来到上杭与朱德等红四军领导人会合了。由于毛泽东的病情还非常严重，他是从永定合溪由地方武装用担架护送来的。之后，他住在临江楼继续休养。朱德也常去看望毛泽东的病情，临江楼右下方一棵老樟树下的石凳上，经常能看到朱德和毛泽东的身影。他们促膝攀谈，交心通气，他们的心是坦诚的。

这时，中共中央给福建省委来信，指示"红军全部即到东江游击，向潮梅发展"，具体任务是到东江打去蒋光鼐、蔡廷锴，以配合张发奎入广东的反蒋战争。10月13日，红四军前委收到福建省委的紧急指示信，信中要求"朱毛红军全部立即开到东江去"。由朱德一个人支撑着的前委，深知"各级党部不健全"的红四军孤军深入东江，与敌蒋光鼐和蔡廷锴两个装备精良的师作战，其结果是可想而知的。但是，对于中共中央和福建省委的紧急指示又不能不执行。

10月13日，朱德率领红四军第一、第二、第三纵队实即三个团的兵力孤军深入东江，在敌强我弱且无群众配合的情况下，以巧妙的战法打击敌军的两个精锐师，又在东江和寻邬两地各留下200多人以加强党的地方工作之后，率部返回江西。后来，朱德回忆当时的情况说：

> 我们打得很巧妙，主要在战略上制胜了敌人。我们用一个团打大埔的虎头洲，就打下来了，消灭了敌人有两个连，自己损失也相当的大。敌人以为我们要下三河坝，我们在那里放一个团，这里却以两个团急袭梅县等。他们往三河坝调动，在路上打了两个仗，把他一营打垮了，没有完全消灭，很快的，我们分占了蕉岭、梅县。在梅县一天一夜，我们从监狱里放出许多囚禁的革命者……松源是我们袭击进去的……

> 这时，我们本来准备撤退了，两个团是打不赢两个师的，就准备好了"走"，先由西退到丰顺——敌人却由大埔已跟追到蕉岭——由蕉岭追到梅县，都是扑空，到梅县时，小有接触，即走。这时敌人以为我们要钻去占畲坑，他们就先绕着圈去了，其实我们并不想去占，从丰顺休息了几天，又来打梅县了，城里驻有敌兵一营和一个炮兵团。我们袭进城，袭击未成功，就不强攻了，就向江西去休息了。这时，蔡廷锴才脱出我们的牵制。

但是，红四军执行中央指示冒进东江的损失还是很大的。除战斗减员200人外，第二纵队收编的俘虏因动摇沿途逃跑和因病减员共计多达400余人。很会指挥打仗的第二纵队纵队长刘安恭在粤边石下坝战斗中英勇牺牲了。后来，朱德总结这次孤军深入东江的教训说："红四军第八次党代表大会以后,部队入东江,此次行动失败,原因又是方向错了。当时上海党中央命令红四军入东江打蒋光鼐、蔡廷锴,打梅县,配合张发奎入广东的反蒋战争。这个主观主义的命令,我们执行了,所以又遭失败。""这是接受主观主义瞎指挥的第二次失败的教训。"

就在朱德率领部队深入东江途中,陈毅从上海回来了。10月22日,陈毅在松源与朱德见面,连夜召开了前委会,向前委传达了《中央给红军第四军前委的指示信》即"九月来信"。这封信很长,内容十分丰富,其中严厉批评中共红四军第七次代表大会以及会前多次召开的前委扩大会议有缺点,主要是削弱了前委的权力、客观上助长了极端民主化的发展,并使朱德、毛泽东在群众中的信仰发生影响,同时也指出朱德和毛泽东采取对立的形式相互争论,犯有工作方法上的错误。还强调"前委应纠正朱毛两同志的错误,要恢复朱毛两同志在群众中的信仰";朱德和毛泽东仍留前委工作,毛泽东应仍为前委书记。关于朱德和毛泽东争论的问题,来信对朱德和毛泽东的主要意见都给予了肯定。在肯定毛泽东的主要意见时说:"党的一切权力集中于前委指导机关,这是正确的,绝不能动摇";"党的组织系统可保存现在状态","前委下面不需要成立军委"。在肯定朱德的主要意见时说:"党管一切这口号,在原则上事实上都行不通,党只能经过党团作用作政治领导。目前前委指挥军部、政治部这是一个临时办法。前委对日常行政事务不要去管理,应交由行政机关去办,有政治委员监督,前委应着眼在红军的政治军事经济及群众斗争的领导上。"

早就采取力所能及的措施迎接毛泽东回红四军主持前委工作的朱德,在认真倾听陈毅传达中央来信精神后,感到中央对他与毛泽东之间意见分歧的处理是正确的,尽管中央的来信对他的意见也有相当的肯定,但为了进一步消除毛泽东对自己的隔阂,尽快地使毛泽东回到红四军主持前委工作,他很坦率地对陈毅说:"过去的那些我收回,我们请他回来。"之后,朱德与陈毅又致信在上杭苏家坡休养的毛泽东,请他立即回红四军主持前委工作。

一病数月的毛泽东,这时身体正在恢复,基本可以随军行动,便于11月26日偕中共福建省委巡视员、组织部长谢汉秋赴上杭蛟洋抵达长汀。11月28日,主持召开中共红四军前委扩大会议,决定对处于松懈状态的红四军进行整训和按照中央九月来信精神和周恩来的指示,在12月召开中共红四军第九次代表大会,以加强党对红四军的领导,纠正党内各种错误倾向。为了使党中央对红四军放心,毛泽东又于当日给中央写信,报告"我病已好","遵照中央指示,在前委工作",要中央相信"四军党内的团结,在中央正确指导

※ 毛泽东《星星之火，可以燎原》写作旧址——协成店。位于福建省上杭县古田镇赖坊村，二层砖木结构，1922年建造。

之下，完全不成问题"。

这以后，朱德和毛泽东、陈毅紧密配合，为召开中共红四军第九次代表大会做充分的准备工作。萧克回忆说："为了开好这次会，前委主要是毛泽东、朱德、陈毅等同志齐心协力，做了很多准备工作。他们利用作战间隙，召开地方干部座谈会、纵队的党代表联席会议，还找一部分干部、战士谈话，仔细调查部队和党内存在的各种问题，听取各种不同意见和反映，共同研究产生这些问题的原因和解决的办法。"

12月23日，朱德和毛泽东率领红四军进驻连城县新泉，他们两人住在一起，一面领导红四军整训，一面筹划召开中共红四军第九次代表大会。12月28、29日，中共红四军第九次代表大会在上杭古田召开。毛泽东在会上作了政治报告，朱德作了军事报告，"从红军建军一直谈到目前"。代表们热烈地讨论了由陈毅传达的中共中央九月来信和会议的各个报告，一致通过了《中国共产党红军第四军第九次代表大会决议案》即人们常说的"古田会议决议"。大会按照"政治观念正确，工作积极，有斗争历史"三个条件，选举毛泽东、朱德、陈毅等11人为前委正式委员，毛泽东为前委书记。

古田会议决议形成15年后的1944年，朱德在延安编写红军第一军团史座谈会上的讲话中，特意谈到这个决议形成的背景及其在我党建军历史上的重大意义，他说：

> 关于如何建军，在闽西，当时红四军内部曾发生过争论，表现在四军第七次和第八次党代表大会上。争论点为：军队已发展到一个新规模，需要有一套新办法，就像红四军第九次党代表大会上所通过的那样的一套新办法，才能进一步建设无产阶级的新的军队。红四军第九次党代表大会的决议是红军建设的纲领。后来大家执行了这个纲领，因而使我军又有了更好的发展，在闽赣边界创建了大块根据地。

（庹平）

巧取中川

> 朱德指挥红军和赤卫队打下中川，拔掉了闽西苏区边上这颗钉子，老百姓拍手称快，到处传唱："铁打朱毛军，巧取中川村，攻下兵工厂，团兵逃广东……"

这是发生在1929年深秋的一个真实的故事。

一天清晨，风和日丽。

在闽西永定县金丰大山的脚下，有5个砍柴人，提着砍柴刀，挎着绳索，踏着露水走在山间小道上。

满山碧绿，郁郁葱葱，秋雨过后，一眼苍翠，江山如画。透过轻纱般的薄雾看去，那是几个妇女，每人都披着一块花头巾，走在前面的那个戴的花头巾是红底白花，格外鲜艳耀眼，就像一只大蝴蝶飞舞在万花丛中。她边走边唱，微微的秋风带着那牵魂动魄的山歌，在满山飘荡：

山歌勿唱心勿开，大路勿行上青苔；

脚踏青苔滑滑跌，为了心肝妹才来！

这里是闽粤边境的山歌之乡，男女老少都爱唱山歌，山歌伴着他们劳动，山歌伴着他们生活。尤其是青年人，他们时常用山歌传递爱情，用山歌来倾诉着向往。

歌声唤醒了山川，歌声击破了沉静。

"为了心肝妹才来"荡漾在大山中。

山顶的隘口上有一座民团的碉堡，有三个团丁在防守着。他们一听到悠扬的歌声，一下来了精气神，心里痒得难受，丢下机枪，走出碉堡，阴阳怪气地抢着对起歌来：

白糖好食潮州来，泉水好饮石缝来；

哥是白糖妹是水，若是有情上前来！

三个团丁唱着向山下走去，心想顺着歌声去找那会唱歌的妹子。

就在披花头巾的砍柴妹子同团丁的唱和中，另外四个砍柴人悄悄穿过丛林，迅速爬上山顶，猝不及防地将三个团丁摔倒在地。这时，他们才如梦初醒，知道是红军到了。

山顶上，在绿树丛中舞起一面红旗，埋伏在山下的红军战士，一看到红旗，就知道奇袭成功了，立即吹起了冲锋号。

红四军军长朱德举起驳壳枪，带着部队冲出竹林，登上旗鼓山。在四处埋伏的赤卫队员扛着土铳，举着梭镖、大刀，潮水般地涌向山头。

原来这是朱德军长为了消灭霸占四方的民团头子胡道南，巧取中川的第一步棋。

中川地势险要，易守难攻。东面有旗山、鼓山，西面有梨子岭，在村头的山上还修了不少钢骨水泥的明碉暗堡。胡道南凭着这些有利地形和他的兵工厂，称霸四方。

昨天，朱德召集了解情况的赤卫队员，研究了半夜攻打中川的计划。他采纳了赤卫队员们的意见，制订了一个巧取中川的妙计。那五个唱着山歌上山砍柴的妇女，原来是五名男扮女装的红军战士。

胡道南发觉被红军和赤卫队包围后，先是把他的部下大骂了一顿，然后像疯狗一样地吼叫着：

"弟兄们，给我好好打，打胜了，每人赏大洋50块！谁要是把红军放进来，到那时我胡道南，就是亲娘老子也不认，非宰了他不可！"

民团的机枪响了，子弹像雨点般地落下来，封锁了大小路口。

朱德命令正面攻击的红军停止还击，让司号吹号，调后山的赤卫队员进攻。

"嗒嘀嘀，嘀嗒嗒！"嘹亮的号音响起，埋伏在旗鼓山后面的赤卫队员们"冲啊！杀啊！"呐喊起来，枪声四起。

胡道南一听山后枪声大作，喊声雷动，一下慌了手脚，高喊着：

"坏事了，后山上来了红军！他们是来抄我的后路来了！"他调转头又去指挥民团向后山射击。

后山上，民团的机枪一响，朱德笑了。他知道胡道南又中了一计。接着，他让一些赤卫队员分散到四面的小山头上去放冷枪，再次迷惑敌人。

一前一后，四面八方，到处都是枪声，到处都是红军，把胡道南打得懵头转向，弄不清红军的主力在哪里，便下令民团拼命向旗鼓二山射击。其实，民团根本没有看到红军的人影，团总下令打枪，他们也只好借着打枪为自己壮壮胆，反正团总有兵工厂，能造子弹。

开始，红军还用土铳还击两下，后来索性也不放了。山上山下都平静下来，炮声没有了，枪声也没有了，一切恢复了往日的宁静。胡道南得意起来：

"红军败退了！弟兄们打得好！明天给你们发赏，打牙祭！"

没有多久，胡道南发现红军根本没有撤退。这时，他才知道又中计了，白白消耗了许多子弹。他气急败坏地下令说：

"谁也不准再打枪！看看他们还有什么新招！"

胡道南呆在山头上，东看看，西望望，显得非常得意。

这时，西山上突然有赤卫队员叫阵了：

"民团贼子！我们等你好久了，怎不敢出来呀！"

"胡道南，你要是你娘养的，有胆量就过来比个高低！"

胡道南是一个刚愎自用、目空一切的恶棍，几声叫骂，他就沉不住气了，暴跳如雷地吼道：

"跟老子杀出去，决一胜负！"

他带着一支人马扑向西山。

从旗鼓山脚下向西山进攻，就必须跨过狮象坝水口的清水潭大道。这是中川村的中心地带，山的左边像只昂首翘望的雄狮盘踞在那里，右旁如一只大象伫立在那里，所以人们称之为狮象坝。中间有一条弯曲的小溪流过，地形十分险要，离西山只有二百多米。

※ 古田会议会址——廖氏宗祠。位于福建省上杭县古田镇,原是廖氏宗祠,又称万源祠,始建于1848年。会址为四合院式建筑,有庭院、前后两厅和左右两厢房,朱德同志办公室在右厢房。

朱德从望远镜里看清胡道南已经下山,十分高兴地说:

"敌人终于出洞了。看来这胡道南也真是个不知死活的武夫,一个'激将法',他就上钩了!"朱德立即指挥红军把狮象坝水口团团围住,单等胡道南的到来。

胡道南带着一帮人马,憋着一肚子气,一路上大呼小叫,杀气腾腾地冲进了红军的包围圈里。军号吹响了,在嘹亮而激昂的冲锋号声中,红军战士奋勇当先,杀声震天,子弹从四面八方飞向敌群。被围住的民团,就像一群被打散了的鸭子,叽里呱啦地叫着,到处乱窜。

胡道南见势不妙,知道自己中了计,自投罗网,钻进了红军的包围圈,便丢下他的部下,调转头偷偷地顺着小道逃命去了。

朱德指挥着红军和赤卫队打下了中川，拔掉了闽西苏区边上这颗钉子，老百姓都拍手称快。胜利消息传出之后，群众还编了一首新歌谣，到处传唱：

> 铁打朱毛军，
> 巧取中川村，
> 攻下兵工厂，
> 团兵逃广东。
> ……

（刘学民）

"老伙夫"

> 朱德为聋婆婆挑水，聋婆婆误以为他是"老伙夫"，送去几个鸡蛋给朱德。朱德拒不收。当聋婆婆知道他就是朱军长时，自言自语地说：啊！难怪他这样爱护穷人！

1929年冬天的一个傍晚，红四军军长朱德同志带领一部分红军，在瑞金和长汀两县交界的古城宿营。

这天，阵阵北风卷着稀稀落落的雪花，满天飞舞。朱军长穿着和红军战士一样的灰色旧棉袄，打着绑带，穿着草鞋，笑容满面地走进村里一栋土墙矮屋里。

矮屋里有一位白发苍苍、满面皱纹的聋婆婆，（她原来姓龙，自去年一家人被白匪残杀后，耳朵气聋了，后来村里人便叫她聋婆婆）和她七八岁的孙女桂香，正坐在一个用四块土砖围成的火盆边，一面讲红军的故事，一面教孙女唱红军歌谣：

> 一河银，一河金，金银难买穷人心。
> 穷苦人，向红军，军民协力杀敌人。
> 北斗星，南斗星，最亮星星是红军。

※ 古田会议总结了从南昌起义以来两年多时间里红军建设的丰富经验，批判了红军党内存在的单纯军事观点、非组织观点、极端民主化等各种非无产阶级思想，强调了用马列主义和党的正确路线教育全党全军的重要性，重申了党对军队的绝对领导等原则，坚持以无产阶级思想建设党和人民军队。古田会议是建党建军历史上的一个里程碑。

　　聋婆婆见进来两位红军，便像见了亲人一样地招呼他们坐下烤火。朱军长把桂香抱在怀里，一面抚摸着她那稀疏的头发，一面打着手势和聋婆婆攀谈。

　　过了一会儿，朱军长走进厨房，看见锅灶冷冰冰的，两只缺了口的破瓦缸里半点水也没有。于是，挑起水桶，打开后门，悄悄地到小溪边挑了两担水，倒在瓦缸里，最后又挑了一担水放在厨房里。然后，把门闩上，便回到隔壁一间小屋里，在一盏茶油灯下聚精会神地写着什么。

　　朱军长走后，聋婆婆和桂香要去挑水做饭，走进厨房一看，水缸、水桶都装满了水，盆盆罐罐也收拾得井井有条。聋婆婆看了，心里又感激又高兴。她想了想，回转身，从床铺下的箩筐里，取出母鸡刚下的几个鸡蛋，用红布包上，带着孙女桂香，要把鸡蛋送给刚才挑水的中年红军。

离桂香家只有几十步远的小祠堂，是红军的临时厨房。厨房里，红军炊事员正忙着烧水、切菜、做饭。聋婆婆一进厨房，便和一个年纪轻的炊事员打了个照面，她忙问：小同志，你们那个"老伙夫"在这里吗？小炊事员听了沉思了一会说：我们这里都是年轻小伙子，哪里有什么"老伙夫"？他见聋婆婆听不清，又做了一番手势。聋婆婆焦急地看了看屋里的人，确实没有那个到她家去的人。这时，朱军长的警卫员端着一个木盆进来打水，被机灵的桂香看见了，高兴地喊道：奶奶，那个帮助挑水的"老伙夫"就是跟这个叔叔一块儿来的。说完，扯住警卫员的衣袖，说：叔叔！您带我去找帮我家挑水的伯伯……正在这时，朱军长笑盈盈地走进厨房，桂香一个箭步扑了过去，高兴地喊了一声，老伯伯！聋婆婆回头一看，正是自己要找的"老伙夫"，便连忙把红布包着的鸡蛋塞到他手里，说，同志，山沟里也没有什么好吃的，几个蛋，请收下吧！朱军长关切地在她耳边大声说：老婆婆，我已吃过了，您老人家自己留着吃吧！说着把鸡蛋放在厨房里的菜板上，含笑走了。

聋婆婆见朱军长再三推让不肯把蛋收下，便转身对红军炊事员生气地说：你们这个"老伙夫"真客气，看我这老婆子不起……没待她说下去，桂香已经从一个红军炊事员口里知道"老伙夫"是谁了，便连忙尖着嗓子在她耳边叫着：奶奶，奶奶！那个伯伯不是伙夫，他是朱军长！

聋婆婆又惊又喜地问小炊事员：他真的就是由井冈山下来的朱军长！？小炊事员肯定地点了点头。聋婆婆一听说替她挑水的就是朱军长，心里久久不能平静，她自言自语地说：啊！难怪他这样爱护穷人！

（董志英）

一条绑带

> 朱德遇到一个受伤的红军战士，左腿伤口正溢着鲜血。朱德从自己腿上解下一条绑带，小心地给战士把伤口包扎好，并派了两名红军把伤员抬到红军医院。

1929年年底，红军在闽赣边境的高虎坑一带，灵活运用"敌进我退，敌驻我扰，敌疲我打，敌退我追"的作战原则，把白匪郭凤鸣的一个团打得七零八散。白匪一个个失魂落

※ 毛泽东、朱德指挥红军,曾经粉碎了敌人多次对井冈山根据地的"进剿"和"会剿"。图为毛泽东与创建井冈山革命根据地的部分干部在延安合影。左起前排:罗荣桓、张文彬、陈光、杨立三、陈士榘、宋裕和、林彪。后排左一赵尔陆、左六毛泽东、左八谢今古。

魄,四处逃窜。朱军长率领红军战士乘胜追击。

朱军长穿过密密的山林,一口气跑了七、八里路,跑到山坳下,忽然发现一个受伤的红军战士,把枪背在背上,艰难地在山道上匍匐行进。不一会,便昏倒在山路上。朱军长立即跑上去一看,战士的左腿伤口正溢着鲜血,半截裤筒染得通红。他马上弯下腰,把这位受伤的红军战士慢慢扶起来,让战士平稳地躺在山道旁边的一块小青石板上,随即从自己腿上解下一条绑带,小心地给战士把伤口包扎好。这时,红军伤员苏醒过来,见朱军长温存地站在身边,就想坐起来。朱军长赶快扶住他,亲切地说:同志,你负了伤,要好好躺着休息。说完从自己的小壶里,倒出半碗水来给伤员喝,并派了两名红军战士把伤员抬到红军医院。临走时,朱军长脱下身上的棉衣,轻轻盖在伤员身上,又小心地把伤员的腿放平，安慰伤员说：同志，身体是革命的本钱，到红军医院要好好养伤。伤员望着朱军长，心里有很多话却说不出来，感激的泪花从他干涩的眼眶里骤然溢出。

站在朱军长身旁的警卫连班长，见朱军长把棉衣和绑带给了伤员，怕首长受凉，便脱下自己的棉衣，解下一条绑带给朱军长。朱军长说什么也不要，风趣地说，你们年轻人皮嫩，经不得冻；我常在风雪里走，山沟里行，经得起冻。说着便解下右腿上的那条绑带，"嚓"地一声，把它撕成两条，缠在腿上。

正在这时，对面山头上忽然响起了白匪的枪声，朱军长立即指挥战士分散隐蔽，分成两路，沿着山岩密林包抄上去。

一个月后，朱军长行军路过红军医院，特意去看望了那位伤员。那位伤员见了朱军长，一时不知说什么是好，双手捧着朱军长的那条绑带，感激地望着朱军长。朱军长像医生查看病房一样，仔细看了看伤员快要痊愈的伤腿，满意地点着头，然后，从伤员手里接过那条血迹斑斑的绑带，对伤员说：你看，这绑带上还留有你的血迹，你要牢牢记住白匪欠下的这笔血债，好好养伤，重返前线，再立战功。这条绑带就给你留下作纪念吧！说完把绑带还给了那个伤员，并和他亲切地打了声招呼，便又随红军队伍出发了。

（董志英）

欢度端午节

端午节这一天，朱德和战士们一起抓田螺，他们早晨动手，准备中午会餐。朱德说：过去有句古诗，里面有一句说："寒夜客来茶当酒"，看来茶能当酒的。

1930年初夏的一个晚上，月牙在蓝湛湛的夜空慢慢游动，山野一片雾蒙蒙的。在营房前的草坪上，红军总部直属工兵连的战士们在编着草鞋闲谈。这时，一个高大的人影走了过来。不知是谁喊了一声：朱军长来啦！于是战士们蜂拥而上，把朱军长围在中间。朱军长微笑着，问战士们：今天是什么日子？这么一问，大家便不解地望着朱军长，默默地忖度起来。片刻，有人回答说：今天是旧历5月初4。朱军长点了点头：对！明天就是端午节了，大家想想办法，开开荤，改善改善伙食吧？

战士们听了都默默不语，大家都在想：白匪封锁这么严，左村右庄的鸡鸭牛羊几乎被

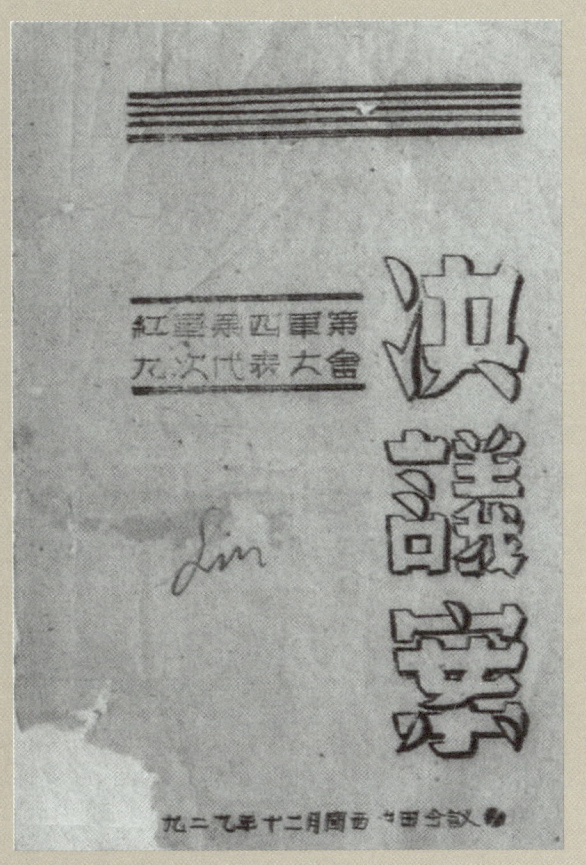

※ 古田会议决议案。是中国共产党和人民军队建设的纲领性文件。

白匪抢尽杀光了，在山沟里几个月连豆腐都吃不上，哪能吃上荤腥呢？朱军长猜透了大家的心思，笑吟吟地说：吃不上鸡鸭鱼肉没关系嘛，我们可以就地取材，搞些现成的荤腥来改善伙食嘛。这么一提大家都思索起来，有的提议捉取野鸡，有的提议猎山猪，但这些意见都不切合实际，因为当时红军的弹药少，而且鸣起枪来容易惊动白匪。最后，通讯员徐达桂说：那么捡田螺行吧？这一提议获得了全体同志们的同意，朱军长也点头笑了。

这话传到炊事员老胡的耳朵里，他飞快地挤了进来，说：田螺是样好菜，油烙、辣炒，醋闷，还可以氽汤，味道可鲜呢！这一说把同志们都逗乐了。老胡过去在井冈山麓的古安城里当过十几年厨师，有一套好手艺。他用红薯就可以做出好几种味鲜可口的菜。虽然当时红军生活艰苦，物质条件差，但老胡总是想办法把菜烧得合口味。经他这么一讲，大家的劲头就更大了。于是，决定第二天早晨动手，中午会餐。

第二天天还没大亮，太阳还躲在深山背后，红军战士们便提着竹篓，有说有笑地下田去了。

不一会儿，朱军长戴顶淡黄色的破草帽，手里提着小竹篓，也下田来了。徐达桂看见，喊道：首长，到这里来吧，这丘田里田螺多，密密麻麻到处都是。话音刚落，另一个战士又喊道：首长到这儿来吧！这儿田螺可大哩，一个有半两重。又有人说：我这儿的田螺一个有半斤重！徐达桂并不示弱，说：我这里的田螺一个有三斤重呢。你瞧！说着便从田里捡起一个大田螺来。别人和他开玩笑，那不是成了田螺精了？说说笑笑，真够热闹。

没有用多久的时间，战士们说说笑笑从田垄回到营房。大伙把捡来的田螺，一篓篓地倒了出来，数朱军长捡得最多，除了篓子装的以外，连军装口袋里也装得鼓鼓的。田螺一堆一堆地堆起来，像座田螺山。老胡忙坏了，他督促大家动手剥壳。连里还专派了几个战士给他做助手。中午时分，每个班有三个菜：有韭菜辣椒炒螺蛳肉，有醋闷螺蛳，还有一盆清水田螺汤。

朱军长也参加会餐来了，他把自己的一份端在战士面前，看了看大家，忽然说：同志们！我们还少点什么？徐达桂说：酒！朱军长点点头说：是呀，没有酒怎么行呢？说完，他在徐达桂耳边轻声说了几句，徐达桂笑着点了点头，马上跑到伙房，不一会和老胡提了一桶"酒"来，给每人倒了一碗。大家一喝，原来是茶，都笑了起来。朱军长说：过去有首古诗，里面有一句说："寒夜客来茶当酒"，看来茶能当酒的。战士们一边喝着，一边说：能当，看来这比杏花村的酒还美呢。朱军长和红军战士一起，又吃又讲，热闹到午后才散去。

（董志英）

"我就是朱德"

> 朱德对俘虏兵说："你们天天叫喊要抓朱德，我估计你们连朱德也不认得。今天我们有幸在此相会，我就是朱德！"

1930年12月，我红一方面军在江西龙冈打了一个大胜仗，消灭敌军近万人，缴获了大量的枪支弹药，还活捉了敌前线总指挥兼第十八师师长张辉瓒。

就在这次战斗结束时，正是12月30日下午，天下着濛濛细雨。数千名俘虏兵被集中到一块草坝上，由朱德总司令给他们训话。

朱德总司令刚从战地指挥所归来，头戴一顶大白叶斗笠，身穿一套打着补丁的军衣，一只脚打光板，一只脚穿草鞋，裤管卷得高高的，风尘仆仆地走进会场，登上用沙土堆起的演讲台。一些俘虏兵见他这模样，认为是一位普通的老兵，便在下面叽叽喳喳地嘀咕开了:"看这模样就不是当官的。""这样的人能跟我们讲什么话?"

朱总司令站在演讲台上,精神抖擞,目光炯炯,以指挥官的风度目扫了一下俘虏兵后,便操起四川口音对俘虏兵说:"今天,你们当了俘虏,这在昨天你们是不可能想到的吧!"接着,他向俘虏兵讲形势,讲前途,还讲了红军的宗旨,纪律和作风,讲得入情入理。在场的俘虏兵们一个个听得入神,会场上鸦雀无声。朱总司令最后又对俘虏兵们说:"你们天天叫喊要抓朱德,我估计你们连朱德也不认得。今天我们有幸在此相会,我就是朱德!"听到这里,俘虏兵一阵骚动,议论纷纷:"朱德当那么大的官也没半点架子。""红军真是官兵一致,不愧是穷人的队伍,""红军好,我们也参加红军。""训话"结束后,不少俘虏兵要求加入红军,红一方面军一下子就扩编了五六千人。

(董志英)

一双草鞋

在行军路上,朱德见一个小战士的草鞋破了,就把自己亲手编的一双新草鞋给他换上。

1931年盛夏。有一天中午,太阳像一团火,把山道两旁的树叶、花瓣晒得卷成了筒筒。山蛙在绿草丛里喘着气,蝉儿尖着嗓门"热啊热啊"地鸣叫。

红一方面军总司令朱德同志带领一支红军,像一条游龙似的蜿蜒在武夷山丛树密林中。看看太阳晒得实在厉害,战士们需要休息,走到山坳下一片树林里,便命令部队停止行军,午休一会。红军战士手里拿着枪,三三两两的,在山路旁、凉亭里、老橡树底下,微微合上眼躺着。朱总司令把马拴好,也在一棵苍老遒劲的老橡树下坐下来,聚精会神地读着一本书。忽然间,一只俏皮的山蛙,"嗖"地一声从绿草棚里跳了出来,又三蹦两跳地从朱总司令脚下闪过。朱总司令抬头一看,只见小溪里掀起一团水花。再往前看,在一棵樟树下,有一位年纪很轻的战士。这战士叫黄甫开,小伙子大概很疲倦了,全身倒在樟树底下,睡得十分香甜,鼻子里直打着呼噜。黄甫开脚上的两只草鞋,鞋底已经磨穿,脚板全露出来了。朱总司令笑着站起来,悄悄地从自己的马鞍上取下一只新的和一只还没编好的草鞋,坐在老橡树下,赶紧把没编好的草鞋编好了。他拿起草鞋看了看,又整了一

※ 1931年11月7日，朱德和中共苏区中央局委员合影。左起：顾作霖、任弼时、朱德、邓发、项英、毛泽东、王稼祥。

整，把它弄得平平整整，结结实实。然后，提着草鞋，悄悄地向黄甫开睡的地方走去。

正在这时，黄甫开翻了一个身，朦胧中见朱总司令站在身边，连忙站起来，行了一个礼问：总司令，有事吗？朱总司令温和地说：你看你的右脚！

黄甫开低头一看，不觉难为情起来。原来他站起来的时候，右脚一擦，把脚上的草鞋擦掉了。朱总司令笑了笑，说：快把这只"漏板船"换掉吧！再划就要沉了。说完便把手里的新草鞋交给了黄甫开。

黄甫开一看，朱总司令脚上穿的也是一双旧草鞋，心想：把首长的草鞋穿了，他拿什么换呢？不能让首长赤着脚爬山越岭啊！于是说，朱总司令，我从小在山沟里，打柴挑担、爬山过坳，打惯了赤足，不穿草鞋也能长跑……

朱总司令说：快穿上吧，我还有。再说我脚上的草鞋还能穿两三天呢！他把新草鞋塞在黄甫开手里便走开了。

黄甫开拿着这双新草鞋，看了又看，自言自语地说，朱总司令的手艺真巧啊！黄甫开转头一看，见朱总司令的马正在对面小松树下吃着青草，忽然想起了朱总司令的警卫员曾对他说过的一件事：朱总司令每次行军打仗之前，都要抽空亲手打好两三双新草鞋，绑在马鞍上，行军的时候，见哪位战士的草鞋破了，便解下一双送给他。想到这里，黄甫开悄悄地跑到小松树下，马前马后翻看了一番，没有发现草鞋，心里更加不安起来，最后一双草鞋给我了，要是再有别的同志需要换草鞋，总司令拿什么给他呢？他向四面看了看，便不声不响地把朱总司令给他的新草鞋重新拴在马鞍下。正在这时，朱总司令扶着一个脚摔伤的战士走过来，拍了拍黄甫开的肩膀，郑重地说：小伙子，别磨磨蹭蹭啦，快把这双草鞋换上，准备出发。

黄甫开一听是朱总司令的声音，只好把草鞋解下来，挺直身子向朱总司令行了个礼，转过身，一面跑一面大声喊道：朱总司令，今晚我给你编一双。朱总司令笑吟吟地说：不用了，我自己会编！说着，扶伤员骑上自己的马，然后，率领着红军战士继续前进。

（董志英）

白区红区两重天

> 朱德在百忙中抽空到医院看望由国民党起义军组成的红五军团的伤病员。伤病员感动得流下了眼泪。一个士兵感慨地说："真是白区红区两重天呀！"

1931年12月14日黄昏，国民党军第二十六路军1.7万余人在宁都正式发动起义。第二天，起义部队开进中央革命根据地，不久，被改编为中国工农红军第五军团，编入红一方面军建制。朱德和毛泽东签发了委任状，任命季振同任红五军团总指挥、董振堂任红五军团副总指挥兼第十三军军长、赵博生任红五军团参谋长兼第十四军军长、黄仲岳任第十五军军长。之后，起义部队驻扎在秋溪、龙岗圩一带整编。

朱德十分关心红五军团官兵的健康，在百忙中抽空到秋溪临时医院看望红五军团的伤病员。当他进病房时，医生招呼伤病员们说："新同志，朱总司令来看望你们啦！"红五军团的伤病员一听朱总司令亲自来看望他们，感动得流下了眼泪。有一个士兵禁不住说："在宁都时，因痢疾病死了几千个弟兄，宁都城的郊区埋满了弟兄们的尸体，都无人过问一下。今天到了红区，不但为我们治病，朱总司令还来看望我们，这真是白区红区两重天呀！"朱德热情地和他们一个个握手，关切地问寒问暖，并再三叮嘱他们要安心治病。还指示医生要采用一些民间草药，尽快地给新同志治好痢疾。

临时医院根据朱德的指示，大力动员群众献药方，并大量收购治疗痢疾的中草药。经过短时间的医治，终于把那些得了痢疾的官兵都治好了。有个姓张的士兵高兴地说："我原是好人，被抓去当白军变成了病人；现在来到红区，又变成了好人。我十分感谢红军，是红军给了我第二次生命。"

到医院看望伤病员后，朱德又想到红五军团在生活方面的特殊困难。为了使红五军团能够尽快适应南方生活，他与王稼祥和彭德怀商量后，于12月21日共同签发了调送一批在伙食单位工作的当地战士到红五军团的命令。命令指出：新成立的红五军团多是北方人，才到江西，言语不通，不仅不能做群众工作，连采买也感觉困难，因此决定，由各军及各独立师每个伙食单位内抽调出一个战斗员到红五军团去帮助他们工作。于是，红五军团的生活基本问题得到了妥善的解决。

朱德不仅从生活上关心和照顾红五军团，还注意利用一切机会及时给他们提出要求，希望他们能够尽快地提高政治思想和军事技术等方面水平，与其他红军部队看齐，成为红军的一支主力部队。12月22日，朱德出席在石城秋溪屋背岭召开的欢迎国民党第二十六军参加起义改编为中国工农红军第五军团的会议时，在会上勉励红五军团广大指战员巩固整编成果，不断加强政治和军事训练，在粉碎蒋介石的反革命"围剿"、团结人民共同抗日、解放全中国的伟大斗争中建立功勋。两天后，朱德又出席中华苏维埃共和国临时中央政府和中革军委在瑞金叶坪召开的庆祝红五军团成立大会，在大会上再次肯定这次暴动具有很大意义，指出中国革命形势将进一步高涨，国民党快要崩溃而至完全死亡；希望红五军团全体指战员坚决地与其他红军一起站在革命战线上，实行土地革命，打倒国民党，打倒帝国主义。朱德在上述讲话中向红五军团提出的更高要求，成为他们今后努力奋斗的目标。

朱德还在自己的家里与红五军团总指挥季振同等人促膝相谈，热情地回答他们提出的问题。苏进回忆当时的情况说："一天上午，季振同、卢寿椿和我三人在刘伯坚的陪同下，到瑞金东北十五里的叶坪（当时中华苏维埃政府所在地）去见毛主席、朱总司令和其他中央、军委首长。""下午，我们去看望朱总司令。朱总司令的房间里陈设十分简朴，一张桌子、几条凳子，中间地上放着一个炭火盆，床上一条红色的长毛毯子，算是这里唯一的高级用品了。朱总司令热情地接待我们，亲自夹木炭，把火生得旺旺的，让我们围炉喝水。我们向他提了许多问题，请他讲解《十大政纲》中我们不大了解的部分，并请他谈谈自己的经历，以及如何从旧军队走上革命道路的。他很高兴地满足了我们的要求。"

（庹平）

挑炸药

> 红军战士朱开明十个脚趾都磨起了一个个血泡，还挑着两大箱炸药，走在战士行列里。由于伤势过重，他摔倒在山路旁，被朱德发现了。

1933年2月28日，中央红军在东王坡，一举消灭了国民党两个师，缴获了敌人大批枪炮、弹药和军需物资，胜利粉碎了国民党向中央红军发动的第四次"围剿"。

一天，朱总司令带领一支红军队伍，挑的挑，抬的抬，背的背，把缴获的大批军用物资运往红色故乡——瑞金。

因为连日行军，红军战士朱开明十个脚趾都磨起了一个个血泡。可是，他为了不让领导和同志们发觉，便悄悄用块布片把脚趾包着，穿上草鞋，挑着两大箱炸药，有说有笑地走在战士行列里，沿着山林、田野向瑞金进发。可是，没走多远，朱开明脚趾磨起的血泡，都一个个挤破了，鲜血、黄脓直流，把脚趾上包着的布片染得红一块，黄一块。他一摇一晃艰难地走着，一会儿便落在了队伍的后面。晌午，他走到一个山坳下，忽然两眼一黑，两腿一软，便摔倒在山路旁的一棵樟木树下。

这时，远处传来了一阵阵马蹄声。朱开明睁眼一看，只见一位中年红军骑着一匹红鬃马走来，跟着这位中年红军走来的还有一位年轻的红军战士。他睁大眼睛仔细看了看，啊！这不就是朱总司令吗？心想：我们的总司令，对红军战士十分关心，每次行军打仗，他的马总是让给伤员骑。一旦被他发觉我脚趾起泡走不动，就一定要命令我骑他的马……想到这里，朱开明忘记了伤痛，忽地从地上站起来，想挑起这两箱炸药继续随队伍前进。可是，一挑起炸药还没迈开步子，又不自主地摔倒在地上。这时，朱总司令已经跳下了马，慈祥地站在朱开明身边。朱总司令一看朱开明的伤脚，马上弯下腰，双手扶起朱开明，关切地问：脚怎么啦？朱开明微笑地望着朱总司令，摇摇头说：首长，没什么关系……朱总司令仔细看了一下，忽然又发觉他肩上有两块血痕，两脚包着血布，便带着又关切又责备的语气，用手指着身边这两箱沉甸甸的炸药说：足伤了，肩破了，还

※ 1931年11月1日至5日,中国共产党中央苏区第一次代表大会(即赣南会议)在江西瑞金召开。主席台右三朱德,右四毛泽东。

挑这么重担,应该少挑点嘛!朱总司令一面说,一面和警卫员从马鞍下取下一个挂包,从挂包里取出一包药,然后从水壶里倒了半碗水,像护士一样十分熟练而又细心地给朱开明洗净脚上的脓血,再敷上消炎药,慢慢用块纱布把伤口包好。这时,朱开明由于内心激动,马上站了起来,两脚在原地跳了跳说:这下全好了,我可以赶路了。说着拿起扁担,挑起炸药箱,直朝山上走去。但是,没走上百来步远,身子实在支持不住,又忽地摔倒在山坳下。

朱总司令加快步子,急忙赶上来,一面双手扶起朱开明,一面郑重地说,伤势重,不能勉强。说完,便要朱开明骑马去医院休息,伤好后再归队。朱开明听了,心里更是忐忑不安起来。心想:朱总司令的马让我骑去了,这两箱炸药怎么办呢?可不能让总司令挑着走啊!想到这里,急忙又说,首长,我脚好了,刚才是块石头把我的脚绊倒了,我不能骑……说着，又想从地上站起来，继续挑起炸药往前走，可是，由于伤势太重，这次怎么也没站起身来。朱总司令笑了笑，便和警卫员一起扶朱开明骑上马。警卫员在扶朱开明骑马时，咬着他的耳朵说：快骑上吧，伤员骑他的马，总司令心里最高兴，不骑他的马，总司令就要批评你。朱开明骑上马，心里还是不安，急忙又说：首长，那两箱炸药留下待我伤好了再送……朱总司令早已猜透朱开明的心思，风趣地说：蒋介石这个"运输大队长"天天在给我们红军送枪支弹药，只要伤好了，可使出全劲来挑。说着，朱总司令一面叫警卫员送朱开明去红军医院，一面安慰朱开明要好好养伤。然后，挑起这两箱沉甸甸的炸药，轻捷地上了山坳，不一会，便赶上了红军队伍，带领红军战士向红色故乡——瑞金挺进。

（董志英）

总结反"围剿"斗争的经验

吕黎平回忆说：朱德"深入红军部队，作调查研究，并且经常到瑞金的红军大学和几所红军专科学校讲课，主要是讲红军粉碎敌人前四次'围剿'的成功经验……他讲得生动具体，活灵活现，听课的同志们全神贯注，无不深受鼓舞"。

中央苏区第五次反"围剿"的序幕一拉开，就出现十分不利于红军的局面，朱德决心利用自己有限的指挥权，采用机动灵活的运动防御战略扭转战局，并取得反"围剿"的胜利。他开始动员部队，准备打到敌人后方去。李聚奎回忆说：记得在10月初，朱德曾在红一师的干部大会上说："要粉碎敌人的堡垒政策，我们要打到敌人的后方去，使敌人回头向南昌修堡垒。"然而，已经把毛泽东排挤出红军领导地位的王明"左"倾路线统治下的党中央，并不相信朱德，而是向共产国际驻中国代表团军事总顾问弗雷德提出派军事顾问到中央苏区的要求。于是，德共党员李德（原名奥托·布劳恩）受共产国际的委托，乔装成"神甫"从上海来到中央根据地任军事顾问。他到中央苏区的当天晚上，博古就开会规定了他的工作范围是"主管军事战略、战役战术领导、训练以及部队和后勤的组织等问题"。此后，博古总是把一切军事问题都事先与李德讨论，征求他的意见，并把他的意见在军事委员会上发表。极端自信的李德，也喜欢在军事上包办独揽，把自己凌驾于党中央之上。于是，本来按共产国际规定只有建议权，而无决定权，更无指挥权，只能听命于中共中央的顾问李德，却变成了实际上掌握红军指挥权，并包揽军委一切工作的"太上总司令"。

李德来到中央苏区后，朱德出于尊重和学习的原因，向他讲四次反"围剿"取得胜利的经验和以前红军作战的传统等方面的考虑，比较经常地去他那里，并告诉李德，面对敌军的"围剿"，红军不能搞"处处防守"、不能打阵地战死守。李德意识到朱德与他谈话的主要愿望，"显然是想用过去的经验启发人们在今天第五次反'围剿'的条件下找到切实可行的解决办法"。然而，他对朱德讲的这些东西，也只是听听而已，并不接受。这样一来，时间长了，朱德也就很少去李德那里了。

第五次反"围剿"一开始，指挥权实际上被架空的朱德，心情是沉重和愤懑的，因为他即使有破敌之谋略，也只能眼睁睁地看着红军逐渐处于被动地位。当时在朱德身边工作的参谋吕黎平回忆说，在整个第五次反"围剿"时期，朱德是"有职无权"，因为当时通常的做法是："博古到李德的'独立房子'（就是专为李德修的房子），或者是博古、李德、周恩来共同对第五次反'围剿'的重大军事问题作出决策之后，由伍修权把李德的口述或写成俄文的指示译成中文，然后送给周恩来审阅定稿，再以中革军委主席朱德、或者以总司令朱德、总政治委员周恩来的名义签发，事后也仅让朱德过目而已。"

在博古、李德听不进正确建议的情况下，朱德和周恩来总是以革命大局为重，在不得不执行上级决策时，便尽量将作战计划考虑得周到细致，力求使不可避免的损失减少到最低限度。当然，这在当时的特殊条件下是不得已而为之的方法。因此，朱德曾这样教育身边的参谋人员说："李德顾问来了以后，住在瑞金，不下去调查，靠着地图、电报指挥前方的战斗，而我们在前方最了解情况的人，反而不能指挥，这就有问题嘛。可是，他是受党中央的委托，还得照办啊！否则，就成了各行其是。""有些事情，只有碰了钉子，才能吸取教训。在这次反'围剿'的斗争中，情况就极为复杂，没有现成的条条，没有成熟的经验，只有在斗争中学，在斗争中增长才智。俗语说'失败乃成功之母'，无论遭到多大的挫折，胜利终将属于我们的。"

在这种处境里，朱德总是主动利用一切机会给红军官兵上课，讲述红军正确的战略战术原则，希望通过这种方法提高部队战斗力，以求减少因指挥错误而带来的损失。吕黎平回忆说：朱德"利用这段时间深入红军部队，作调查研究，并且经常到瑞金的红军大学和几所红军专科学校讲课，主要是讲红军粉碎敌人前四次'围剿'的成功经验，因为头三次反'围剿'的战斗是他和毛泽东一起指挥的，第四次反'围剿'是他和周恩来一起指挥的，都正确运用战略战术取得了胜利。他讲得生动具体，活灵活现，听课的同志们全神贯注，无不深受鼓舞"。朱德曾亲自给红军大学拟定"论敌人的堡垒战斗"和"积极防御的

※ 1931年11月27日，中华苏维埃共和国中央执行委员会第一次会议在瑞金举行。朱德（右六）当选为军事人民委员。站立者为毛泽东。

实质是什么"两道题目，交给学员们作一次讲演比赛，亲自观看比赛并给予讲评，他特别告诫学员们说："敌人的战术也是在不断变换着的，应该根据敌人的战术发展变化的情况，探索他们的战略思想，然后考虑新的战胜敌人的对策"。学员们聆听朱德的讲话既津津有味，又印象深刻，因为他的"讲话通俗易懂、深入浅出，比喻形象生动，观点明确，分析透彻，精辟地讲解了一切战术原则都应该根据实际情况灵活运用，绝不能死搬教条，死搬教条必然碰壁的道理"。

虽然自己的指挥权被架空了，但朱德总是适时利用一切机会或向博古、李德提出自己的正确建议，或对他们的错误指挥进行批评。有时，博古和李德为了利用朱德的威信和下达命令的方便，也要朱德一同赴前线做陪衬，还表面上征求他的意见。1934年4月初，蒋介石调集其主力部队向广昌正面围攻，寻找红军主力决战时，尽管方面军总部对敌人这一战略企图已经侦明，但是，李德、博古硬要红一、红三、红五军团开赴广昌，贯彻坚守防御与"短促突击"的作战方针,坚守正面,死守广昌,同敌军打一场所谓"正规化"的阵地战。这一战略部署正是敌军求之不得的。李德提出这一建议,既没有征求朱德和各军团首长的意见,也没有在中革军委进行讨论。为了直接指挥这一战役,经博古同意设立了北线总指挥部,博古、李德、张闻天、顾作霖、刘伯承等率领军委作战班子,亲赴广昌前线指挥,并要朱德亦同赴前线。李德来到前线后,习惯先在地图上作业,把每个碉堡、掩体阵地修在什么地方,都在地图上用红笔一一标好,然后要作战参谋去检查督促落实,丝毫不给下面指挥员选择有利地形构筑工事的权力。对此,朱德发表了自己的不同意见,并建议李德采取前几次反"围剿"的战术。吕黎平回忆说,这时,朱德不满地对李德说:"不给各军团、师首长以任何机动灵活权,靠图上作业指挥,是要吃败仗的。我们过去粉碎敌人的几次'围剿'战术,靠的就是集中兵力,灵活机动,不死守城池而取胜的。"可是,朱德的正确意见不被"左"倾路线领导者采纳。结果,红军被动挨打,遭受重大损失,广昌战役失利。

(庹平)

借道长征

在朱德、周恩来的策划下,红军同陈济棠的秘密谈判取得了成功,达成"互相借道"的协议。在红军开始长征时,较为顺利地通过了第一道封锁线。

1933年夏天,蒋介石在美、英、德、意、日等帝国主义的支持下,调集了百万大军,亲自担任总司令,对红军和革命根据地进行大规模的第五次"围剿",而直接用于进攻中央革命根据地的兵力就有50万。蒋介石采取了堡垒主义方针和步步为营、四面合围的战略。委任顾祝同为北路军总司令,蒋鼎文为东路军总司令,陈济棠为南路军总司令。9月间开始向中央革命根据地进行第五次"围剿"。

陈济棠,早年跟随邓铿参加国民革命,后来成为广东地方的实力派,号称"南天王",曾有"广东是陈济棠之广东"的民谚。陈济棠同蒋介石之间的矛盾历来很深,他曾三次公开反蒋。在第五次"围剿"中,蒋介石虽然封他为南路军总司令,但他深知蒋介石其人,是绝不会信任他,也绝不会放过他的。蒋介石惯用的伎俩是挑拨离间,分化瓦解,借刀杀人,强行改编。陈济棠出于自身利害的考虑,既想防堵红军进入粤、桂,又不愿为

※ 朱德和周恩来指挥红一方面军粉碎了国民党军对中央苏区的第四次大规模"围剿"。这是朱德在反"围剿"胜利后举办的红军机枪手训练班上讲话。

蒋介石用来借刀杀人,更怕蒋介石乘机由赣入粤,抢夺了他的地盘,达到其一箭双雕之目的。在进退维谷的形势下,他思想上矛盾重重。他明白是闽赣地区的红军拖住了蒋介石的主力,隔断了蒋军从江南进取广东之路,所以他才能偏安一时。如果自己与红军作战,那是风险太大,凶多吉少,一棋不慎,就会损伤元气,丢掉地盘。要是按兵不动维持现在这种各方峙的态势,红军留在闽赣地区,他和蒋介石之间就有个缓冲地带。谋划得当,既可保住实力,又可在广东偏安无事。当然,他又怕蒋介石翻脸不认人。所以,对"围剿"之事还得应付。这样,陈济棠一度举棋不定,"进剿"红军的行动迟缓。

正在这个时候,毛泽东从瑞金到会昌,对粤赣边的情况进行了调查,写下了《清平乐·会昌》,称赞当时粤赣边的大好形势是:"风景这边独好。"

1934年4月间,敌人攻占了中央革命根据地的门户广昌。5月间,南方战线的陈济棠在蒋介石的威逼利诱之下，攻占了筠门岭后，便同蒋介石玩起了阳奉阴违的手法，对红军采取"外打内通"、"明打暗和"的策略。他一面虚张声势，谎报要进攻会昌，摆出一副要打的架势；另一方面却派出他的高级参谋杨幼敏到筠门岭，向红军作试探性的不再互犯的谈判。蒋介石已觉察到陈济棠怀有二心，虽怒斥他是"借寇自重"，但忙于对红军的"围剿"，对他也奈何不得。

一个月前，中国共产党已公开发表了《告民众书》，号召一切真心愿意反对日本帝国主义而不甘心做亡国奴的人们，不分政治倾向，不分职业、性别，联合在反帝统一战线内，一致抗日。这一倡议，赢得了全国各界人士的广泛支持。

6月，毛泽东、朱德联合发出《告白军官兵书》，号召白军的广大官兵："不要打红军"，"实行中国人不打中国人！""两边互派代表，订立停战抗日联盟，联合一起去抵抗日本"。7月，中华苏维埃共和国中央政府主席毛泽东，副主席项英、张国焘和中国工农红军革命军事委员会主席朱德，副主席周恩来、王稼祥签署发表了《为中国工农红军北上抗日宣言》，表示在三个条件下，愿意同全中国任何武装部队订立作战的战斗协定。

在这种形势之下，陈济棠急于同红军取得联系，派人到处找关系，千方百计找到了正在广州做生意的罗炳辉的内弟，要他担当同红军联系的中间人。9月间，又秘密派李君到瑞金，提出要同红军联络谈判停战和共同反蒋事宜，受到了朱德和周恩来的热情接待。双方开诚布公地交换了意见，讨论了形势和共同反蒋的办法。9月27日，陈济棠授意驻筠门岭的第二纵队第七师给红军发电："为适应环境应付时局，先行商定军事，以免延误时机，希派军事负责代表前来会商，以利进行，并盼赐复。"

对于同陈济棠的谈判，虽然秦邦宪和李德等表示怀疑，并不热心。但是，朱德和周恩来却很重视，在周恩来的主持下，进行了认真准备，挑选了适合的代表，研究了谈判方案，并交换了通讯专用密码、联络地点和办法。开始，陈济棠要红军代表去广州，由于时局紧张，我方建议谈判地点改在寻邬。陈济棠派出的代表是他的心腹杨幼敏、李宗盛和黄延桢。七师师长黄延桢就驻在筠门岭，他同陈济棠的关系极深，很受信任。所以，黄延桢就成了与红军联络的代表，也是谈判的代表之一。

为了能迅速打开谈判的局面，9月底，朱德还亲自起草了一封给陈济棠的复信，交来人带回，同意派代表去筠门岭谈判。信中说：

"日本帝国主义之侵略，愈趋愈烈，蒋、汪等国贼之卖国，亦日益露骨无耻。华北大好河山，已沦亡于日本，东南半壁已岌岌可危。中国人民凡有血气者，莫不以抗日救国为当务之急。""先生与贵部已申合作反蒋之意，德等当无不欢迎。"

※ 陈济棠（1890—1954），字伯南。广东防城（今广西防城港），粤系军阀代表，中国国民党一级上将，曾长时间主政广东，政治上与南京中央政府分庭抗礼，经济、文化和市政建设方面则颇多建设，有「南天王」之称。

信中还向陈济棠提出了谈判协商的五条："一、双方停止作战行动，而以赣州沿江至信丰而龙南、安远、寻乌、武平为分界线。上列诸城市及其附部十里之处统归贵方管辖，线外贵军，尚祈令其移师反蒋。二、立即恢复双方贸易之自由。三、贵军目前及将来所辖境内，实现出版、言论、集会、结社之自由，释放反日及一切革命政治犯，切实实行武装民众。四、即刻开始反蒋贼卖国及法西斯阴谋之政治运动，并切实作反日反蒋之各项军事准备。五、请代购军火，并经门岭迅速运输。"信中还要陈济棠"派负责代表来瑞共同协商作战计划"。最后表明："日内德当派员至门岭黄师长处就近商谈。为顺畅通讯联络起见，务望约定专门密码、无线电呼号波长，且可接通会昌、门岭之间之电话。"

10月1日13时，陈济棠通过筠门岭的第七师给我方来电，建议先行会商军事问题，并催促我方"迅速派出军事负责代表去广州面商"。朱德、周恩来经过慎重考虑后，决定选派1933年夏天从上海进入苏区，当时任中共中央局宣传部部长的潘健行（潘汉年）和粤赣军区司令员何长工二人为代表，约定了电台的通讯代号，对方代号为KSD，为确保通讯联络无误，还调来了钱壮飞、伍云甫等老无线电工作者为译电员。当天，周恩来起草了复电，催促对方迅速对朱德的去信给予答复，并建议我方派代表至筠门岭经该师转商一切。

对方收到这一电报之后,答复同意在寻邬会谈。

周恩来立即召集潘汉年、何长工到瑞金交待任务说:

"这是中央给你们的任务,望你们勇敢沉着,见机而作。"

当时,在场的叶剑英也再三叮咛:"此去白区谈判,任务重大。谈成了很有益处,要尽力而为;谈不成,也不要紧,关键是沉着灵活。"

周恩来为了保证我方代表安全护送过境,10月5日作了具体妥善安排。为介绍潘汉年、何长工去谈判,他还代朱德给陈济棠的第七师师长黄延桢写了一封短信:

黄师长大鉴:

兹应贵司令电约,特派潘健行、何长工两君为代表前来寻邬与贵方代表幼敏、宗盛两先生协商一切,希予接洽并照拂为感!专此!

顺致

戎祺

朱德手启

十月五日

10月6日,红军派出送信的侦察班长到了筠门岭,正好第七师的师长黄延桢和他的参谋长都在那里,当面答复第二天一定派人到白铺以北去接红军代表。

深夜,红军的侦察班长返回营,向周昆和黄甦汇报了情况。7日零点20分,周、黄发电向周恩来作了报告。

红军同陈济棠的谈判是在极端保密的情况下进行的,双方都只有少数人知道,黄甦就曾在周恩来10月5日的来电上批注:"此电除我和两个译电员知道外,其他任何人都不得看。"对方也十分注意保密。潘汉年、何长工到达筠门岭赤白交界处的羊角附近时,天色已晚。前来迎接的是个特务连,连长一见何长工就悄悄地说:"何先生,我听过你们的宣传,也看过你们的宣传品。是啊,我们与贵军都是炎黄子孙,真不愿看到中国人打中国人!"

为了保密,对方特地为谈判代表准备了几顶四人抬的轿子。每过一道关卡有岗哨盘查时,那位连长就高声吼道:"这是司令请来的贵客!"把他们呵令回去,生怕走漏了风声。代表们一路畅行无阻,赶了40里山路,到了寻邬县境的一个小山村罗塘镇,在一幢崭新的小洋楼前停下。小楼四周环境十分幽静,戒备森严,是个十分安全的住处。潘汉年、

※ 潘汉年（1906—1977），1925年秋加入中国共产党。1928年开始负责文化统一战线工作，30年代初期负责做国民党地方实力派的工作。他是党在白区统战工作的重要领导者、指挥者和实践者。

何长工安排在楼上，对方的谈判代表就住在楼下。

第二天，秘密谈判就在小楼上开始了，双方代表各抒己见，经过三天三夜的长谈，终于达成五项协议：

（一）就地停战，取消敌对局面，继续协商共同抗蒋计划。

（二）互通情报，用有线电通报。

（三）互相通商，解除对盐、布的封锁。

（四）支援红军一部分军火，并同意予以代购。

（五）必要时，可以互相借道，红军有行动事先通知，陈部撤离40华里。红军人员进入陈的防区用陈部护照。

这是长征前夕，红军继1933年11月同蔡廷锴的十九路军签订停战协定后，又一次达成的重要停战协定。是中国共产党统一战线工作的又一重大胜利。

谈判期间，潘汉年、何长工突然接到周恩来事先商定的暗语电报："你喂的鸽子飞了"（意思是红军已开始战略转移，望他们尽快结束谈判返回根据地）。当时，对方的谈判代表杨幼敏拿着这份电报后，非常诡谲地问何长工："你们是否要远走高飞了？"何长工非常平静地回答说:"不是。鸽子象征着和平,这是祝贺我们谈判成功。"但是,杨幼敏并不相信这种解释。

谈判一结束,潘汉年、何长工立即离开寻邬、速返会昌。陈济棠仍派出一个骑兵连护送到筠门岭以北。

这时,中央军委机关已从瑞金转移到于都,周恩来特地派人在会昌等谈判代表归来,并留下一封短信,说:"我在于都等你们。"他们赶到于都向周恩来作了汇报。周恩来十分满意地说:"你们辛苦了。这次谈判取得的成果,出乎我们的意料之外。这将对红军和中央机关突围转移起重大作用。"

10月16日,陈济棠第七师的代表向我方转达了陈济棠的两项决定:(一)暂时拨给红军弹药10万发;(二)盐、布准予放行。要红军设法从筠门岭转运到苏区。同时,要求我方迅速订出反蒋的整个军事计划。当时,中央红军已开始转移,陈济棠的这两项决定由留在中央苏区的项英电告了周恩来。

10月中旬,蒋介石获悉中央红军突围的企图之后,多次下令陈济棠阻截红军,说红军突围决不是战术动作,而是战略转移;也不是南侵广东,而是突围西进。要求陈济棠大胆堵截红军。这时,陈济棠既不敢公开反对蒋介石,又怕红军真的进入广东,占了他的地盘。所以,就在第一道封锁线上,以其第二纵队李扬敬部驻守在会昌一带,派其第七师师长黄延桢坐镇筠门岭,以阻止我军南下广东。以其第一纵队余汉谋部驻守赣州、信丰和安远之间。声言这是一道"钢铁封锁线"。

中央红军突围西征时,根据同陈济棠达成的"互相借道"的协议,红军总部一面派人通知陈济棠,有部分红军要借道通过,希望他按照双方协议放行;一面于10月20日,下达了突围命令,命令部队在信丰的新坡、小溪和赣县的马岭等地突围。

当陈济棠得知中央红军突围时,即令李扬敬纵队撤回粤境,余汉谋纵队稍加抵抗,即从版石、新田、古坡、韩坊全线总撤退,没有过多地堵截红军,却让出一条40里的通道。所以,中央红军未经大的激烈战斗就突破了安远、信丰之间的封锁线。25日,红军全部渡过了信丰河(桃江),从南康、大余的边缘地区进入了广东境内。

当时,传闻红军付给了陈济棠5万大洋的买路钱,才顺利通过了第一道封锁线,那完全是无稽之谈。而真实情况正是由于在朱德、周恩来的策划下,红军同陈济棠进行秘密谈判取得了成功,才建立起反蒋统一战线。因此,红军不仅突破了蒋介石的"围剿",打破了封锁,而且还得到了陈济棠的援助,在开始长征时较为顺利地通过了第一道封锁线。

(刘学民)

化险为夷

> 在四渡赤水之前的土城战斗中，朱德亲临前线指挥作战。毛泽东有些担忧。朱德笑着说："莫啥子关系，敌人的子弹不会打中我朱德的。敌人怕我，子弹也怕我。你没听说吗？子弹会拐弯，碰见我就躲着走了！"

1935年1月15日至17日，在贵州遵义老城红军总司令部驻地，原黔军第二十五军第二师师长柏辉章公馆楼上，召开了中共中央政治局扩大会议。

这是一次具有重大历史意义的会议，实际形成了以毛泽东为核心的新的中央正确领导，使红军转危为安，战胜了千难万险，完成了长征，走上了新的征途。

遵义会议的主要议题是总结第五次反"围剿"和突围西征中的经验教训。会上，毛泽东针对博古的总结报告作了长篇发言，批评博古把第五次反"围剿"失败的原因归结为敌强我弱的客观原因，着重分析了"左"倾军事路线实行消极防御战略方针的错误及其表现，如进攻时的冒险主义，防御时的保守主义，转移时的逃跑主义。他还阐述了中国革命战争的特点和由此而产生的战略战术问题。

朱德在王稼祥、张闻天之后发言，旗帜鲜明地支持了毛泽东的正确意见。他拍案而起，声色俱厉地说：

"排斥了毛泽东同志对红军的领导，依靠一个不了解中国情况的外国人来瞎指挥，丢掉了全部根据地，牺牲了多少好同志，给革命造成了多大的困难，真叫人痛心！如果再这样领导下去，我们就不能再跟着走了！"

与会者对朱德的慷慨陈词，都肃然起敬。万万没有想到这位平时从不发火训人的谦和长者，此时，在大是大非面前，如此态度坚决，毫不含糊，字字千钧，震撼人心。

正是由于朱德等同志坚持了原则，维护了毛泽东等的正确主张，遵义会议决定撤销李德等人的军事指挥权，取消了"三人团"，仍由红军的最高军事首长总司令朱德、总政委周恩来为军事指挥者。周恩来受党的委托，是军事指挥上下最后决心的负责人。会议还推选毛泽东为中央政治局常委，在常委分工中，他为周恩来军事指挥上的帮助者。以后，又成立了由毛泽东、周恩来、王稼祥组成的三人军事领导小组。这样，就实际上形成了以毛泽东为核心的中央正确领导。这是在中国革命几乎陷入绝境的危急时刻，作出的关键性的抉择，挽救了党，挽救了红军。

敌变我变。红军进占遵义城后，蒋介石才醒过梦来，发现中央红军的行动方向已经改

※ 遵义会议会址。

变,于是,命令薛岳等部以重兵逼近黔北。因此,遵义会议上改变了黎平会议原拟定在黔北创建新苏区的计划,决定北渡长江,在成都的西北或西南建立新的革命根据地。于是,红军分三路向赤水、土城地区开进,准备北渡长江。左纵队是三军团,由彭德怀、杨尚昆率领,从懒板凳、遵义出发;中路为中央军委纵队,由毛泽东、周恩来、朱德直接率领,从遵义城出发;右纵队为一、九军团,由林彪、聂荣臻、罗炳辉、蔡树藩率领,从松坎出发;五军团由董振堂、李卓然率领,从娄山关地区出发,三路大军分头向西北方向开拔。

1月24日,右纵队红一军团进占土城后,继续向赤水县推进。

土城,是赤水河畔的一个大镇子。几十户人家沿河而居,清一色的木板房错落有致地依山临水建造,一条石板路直通到河边,整个小镇宛如一条游龙从山顶蜿蜒而下,一头扎入赤水河,年年月月无休无止地吮吸着河水中的玉液琼浆。这里是川黔边境商贾的集散之地，川盐用木船从四川自贡一带运到这里上岸，然后再从陆路转销在黔北山区。土城算得上是赤水河上的一个小码头。

27日，朱德和毛泽东、周恩来率领中央军委进入土城。后面有一股敌人也跟踪而至，当时并未引起足够的重视，认为不过是几团黔军的"双枪将"（每人一支步枪、一支鸦片枪）而已。当晚，决定利用土城以东两山夹峙的峡谷地带有利地形，歼灭这股尾追而来的敌人，估计敌人有两个团，约两三千人。这一任务就交给了正在附近的彭德怀，要他统一指挥三、五军团去歼灭这股敌人。

第二天凌晨5时，战斗打响。经过几个小时的激战，没有较大战果，而敌人不仅没有溃逃的迹象，而且越战越强。直到中午时分，得到情报说，同红军交手的敌人，根本不是黔军的"双枪将"，而是川军刘湘的"模范师"，师长就是外号叫"熊猫"的郭勋祺。此人打起仗来习惯拼到底，骄傲蛮横。敌人的兵力，不是两个团，而是两个旅四个团。后来，才弄清楚敌人实际上是六个团，总人数万余人。而且川军的增援部队还不断涌来，武器装备和战斗力比黔军强得多。川军武器精良，训练有素，指挥有方，对红军也是一个很大的威胁。

盘踞在土城对面青杠坡高地上的川军，在战斗打响后不久，就分三路抢占了韩棚坳、猫猫岩、凤凰嘴、银盆顶等高地，与靠土城一线的红军形成对峙状态。当红军浴血奋战，一鼓作气拿下银盆顶，乘胜追击，把川军压到韩棚坳时，川军的增援部队赶到，立刻使红军处于极为不利的境地，三、五军团与川军鏖战半日，伤亡越来越大。川军倚仗优势兵力，突破五军团阵地，一步步向土城镇压来。如果顶不住，后面是赤水河，红军将背水作战，后果难以想象。

这是红军在长征中，继湘江战役之后的又一次大战。红军的命运危在旦夕。这一仗打好了，就能打乱蒋介石的整个部署，保证红军安全渡过赤水河，一盘棋就走活了。如若不然，红军就可能有全军覆灭的危险。

就在这千钧一发的关键时刻，朱德提出亲自上前线去指挥战斗。

朱德要上前线，震动了大家。

毛泽东不仅知道这副担子的分量，更懂得让红军总司令亲临第一线指挥，万一有个好歹如何向全军交待？迟迟下不了决心，他一支烟接着一支烟地吸着，来回踱步，一声不吭。

朱德有点等不及了，把帽子一甩，豪爽地说：

"得啰，老伙计，不要光考虑我个人的安危。只要能挽救红军，区区一个朱德又有

※ 青杠坡战斗遗址。

何惜？"

"你是总司令，安全问题还得考虑。再说那子弹又不长眼睛……"毛泽东还没说完，朱德就答上话了：

"莫啥子关系，敌人的子弹不会打中我朱德的。敌人怕我，子弹也怕我。你没听说吗？子弹会拐弯，碰见我就躲着走了！"朱德这一说，逗得大家哈哈大笑。

的确，朱德一生身经百战，是从血与火中冲杀出来的。他的衣服、帽子弹痕累累，而身上却无片伤，真是一种奇迹。所以，在红军战士中流传着"子弹见了总司令会拐弯"的神话。朱德自己说"我只是熟悉敌情、地形，会利用地形地物，以达到保存自己，消灭敌人的目的罢了"。

毛泽东看到朱德像战士请战一样地坦率、真诚和坚决，被深深地感动了。他无可奈何地说：

"总司令，那我就只好同意了。不过……"

"不过啥子哟？就这样敲定了！"朱德的目的达到了，神采飞扬地站起来就要走。

"总司令，等一会，我们大家为你送行。"

久雨初晴，蓝天白云，空气清新。军委纵队的同志，每人手上都拿着一面用小竹竿做旗杆的三角小彩旗，兴高采烈地站在大路两旁。不一会儿，朱德在毛泽东、周恩来、洛甫、王稼祥、林伯渠、徐特立等陪同下，精神抖擞地走过来。他身上穿着那身旧棉衣，头戴红军的八角帽，腰里束着一条宽宽的皮带，腿上打着绑腿，脚蹬一双草鞋，肩上依旧挎着那支从南昌起义以来随身携带的驳壳枪。同他并肩走来的毛泽东，手里也拿着一面小彩旗，边走边领着大家高呼着：

"欢送总司令上前线！"

"消灭川军，北上抗日！"

"多打胜仗，创建新苏区！"

"打倒蒋介石！"

……

朱德微笑着，边走边向大家扬手示意。他扭转头来带着非常激动的感情对毛泽东说：

"何必兴师动众。礼重了！礼重了！我朱德担当不起呀！"

"怎么是礼重了？总司令上前线，理应如此嘛！大将出征，三军欢呼嘛！桃花潭水深千尺，不及你我手足情深！祝总司令旗开得胜，多打胜仗，多捉俘虏！"毛泽东十分动情地回答着。

欢送的同志们也齐声高呼：

"祝总司令旗开得胜！"

他们走到队伍的尽头。朱德站下来，回转身同周恩来、洛甫、王稼祥等一一亲切握手，非常感激地说：

"有劳各位了，我朱德深感不安。谢谢大家！谢谢大家！"最后，他来到毛泽东身边，两位亲如手足的战友长时间地握着手，用力摇晃着，无限的深情都融合在这握手之中。

"你走了，把我的心也带走了一半！请多加保重啊！凯旋之日再为你洗尘！"毛泽东一再叮咛着。

"请放心吧！有红军战士在，就有朱德在！你也要多保重！"说完，朱德猛然抽回手，后退了两步，向送行的战友们庄重地行了一个军礼，转身朝前走了。走出去了十几步，他又收住脚步，转回头来向毛泽东以及前来送行的战友挥了挥手，以示告别。

在危难时刻，当机立断，挺身而出，敢于打头阵，敢于拼杀出一条生路，是朱德一生中最高贵的品德和作风。为保证起义军南下潮汕，留守三河坝，激战三昼夜的是朱德；起义军失败后，在"赣南三整"中，登高一呼："要革命的跟我走！"的是朱德；

发动湘南起义时，决策不费一枪一弹，智取宜章的也是朱德；湘南起义后，提出去找毛泽东，实现井冈山会师的还是朱德。这正是朱德大智大勇的虎将风采，敌人闻风丧胆，同志无限敬佩。

朱德大步流星地朝着炮火连天的前线走去。毛泽东和送行的战友们望着他那高大的身影渐渐消失在莽莽密林中。

朱德赶到前线青杠坡时，三军团和五军团的战士们正在浴血奋战。当朱德出现在三军团四师的阵地上，对红军官兵是一个极大的鼓舞。在他的直接参与指挥下，四师一鼓作气，连续夺得川军控制下的几个山头。但是，战斗仍在拉锯阶段，无大进展。

在这紧急关头，毛泽东决定，正在奔袭赤水县的红一军团急速返回增援，并命令陈赓、宋任穷率军委纵队的干部团奔赴前线，发起反冲锋。这个干部团是长征出发时，由公略、彭扬两个步兵学校合并组成，成员都是富有战斗经验的连排干部。朱德指挥干部团抢占有利地形打退了川军的进攻，巩固了阵地。

午后，右翼川军的兵力迅速剧增，同红军反复争夺着每一个山头，战斗异常激烈，有的战士子弹用尽就冲上山头与川军展开肉搏，手举大刀向敌人的头上砍去。红军的阵地几度丢失，不仅战士伤亡很多，就是团以下的干部也有不少牺牲。就在这种处境极为危险的时刻，朱德仍坚持在前沿沉着地指挥战斗，岿然不动，毫无惧色。

当晚，毛泽东和政治局的几位领导人开会，根据敌军云集川南、黔北一带，围堵红军的新情况，决定改变原拟由赤水北上，从泸州、宜宾之间北渡长江的计划，迅速撤出土城战斗，渡赤水河西进。这样，就可以打乱敌人尾追的计划，变被动为主动。为此，朱德、刘伯承仍留在前线指挥，周恩来负责在第二天天亮前架好抢渡赤水河的浮桥，陈云负责安置伤病员，相机处理好军委纵队的笨重物资。作战部队和军委纵队都立即轻装，准备从土城渡过赤水河。

赤水河，是长江上的一条支流，发源于云贵高原的乌蒙山区，沿云南、贵州、四川的边界蜿蜒北上，在四川合江流入长江，全长四百多公里，穿行在滇、黔、川三省交界的崇山峻岭之间，河水奔腾湍急，河面最宽处三四百米，最窄处也有一百多米。是一条极难渡涉的河流。

29日3时，朱德下达了红军西渡赤水的命令。不久，他就来到一军团二师四团的阵地。

天下着雨，川军仗着人多枪多，气焰十分嚣张，增援的敌军不断增加，战斗一直在胶着，伤亡仍在不断增多。朱德手提着驳壳枪来到前沿阵地，仔细观察敌我战斗情况后，当机立断，下令后撤。

※ 红军四渡赤水纪念塔，矗立在贵州省仁怀市赤水河西岸茅台渡口朱砂堡顶。这里是中国工农红军第一方面军（中央红军）三渡赤水河的主要渡口。红军四渡赤水之战，极其生动地体现了毛泽东军事思想和灵活机动的战略战术，是我军战争史上的伟大奇迹，是世界军事史上以少胜多的光辉范例。

　　四团从前沿撤下来后，突然发现朱德还未撤出战斗。为了掩护朱德后撤，团长王开湘和政委杨成武又带了二十多个战士冲上山坡堵住敌人。他们顺着枪声搜寻了好久，才远远看见朱德背靠着赤水河，手举着望远镜在观察什么。阵地上的红军越集越多，六团团长朱水秋也来了，大家听说朱总司令没有撤下来，都为他的安全担心，个个急得手掌都沁出了汗。而朱德还是镇静若定，稳稳地站在那指挥着最后撤出战斗的一营掩护部队。约莫过了1个小时，他才收拾起望远镜、地图，不慌不忙地走下阵地。

　　杨成武向朱德敬了个礼，说：

　　"总司令，我们在掩护你，你怎么走得这么慢呀！"

"我不知道你们又来接我，为我着急呀！"朱德非常和蔼而又抱歉地说。

王开湘也说：

"我们急得心都快要从嘴里跳出来了！"

朱德亲切地笑着，非常风趣地说：

"急什么，你们都忘了诸葛亮还摆过空城计哩！我不会有危险的。"

四渡赤水是毛泽东指挥、朱德等协助，实行高度灵活的运动战方针的成功战役。在四渡赤水之前的土城战斗中，善于化险为夷的朱德在他戎马生涯的征途上，又重重地写下了一笔，创造了总司令上前线的辉煌。

（刘学民）

"丰盛"的午餐

朱德到部队去检查工作，该吃午饭了，端上饭桌来的是一盘黑色青稞饼，一小碟酥油，还有两碗白开水，炊事员心里怪不是滋味的。朱德和彭德怀有说有笑地共进了这顿"丰盛"的午餐。

1935年7月，红三军团长征来到四川省西北部的泸化。

这天晚上，军团政治保卫局局长张成清走过来对正坐在地上喝青稞和野菜煮的粥的部下梁思久说："明天上午朱总司令要到军团司令部检查工作，你和王子波带一个警卫班去担任保卫工作。要注意，一定做好保密工作，确保总司令的安全。"

翌日，明媚的阳光透过茫茫晨雾，蜿蜒的群山，像披上了白色帷纱。上午十点左右，朱总司令带着警卫和工作人员，沿着弯弯曲曲的山间小道，风尘仆仆来到三军团司令部。朱总司令微笑着向大家问好，并同军团首长一一握手。

朱德头戴八角红星帽，身穿浅灰色军装，肩上还有一块平平整整的小补丁，打着绑腿，穿着草鞋，一顶写着"工农红军"四个红光闪闪大字的斗笠背在背后，腰扎武装带，右侧插着一支小手枪。

总司令进屋坐下，端起一碗白开水，一边喝，一边亲切的和军团首长交谈着。

11点左右，彭德怀军团长说："总司令在这吃过午饭还得到别的部队。"拿什么招待总司令呢？这下可把炊事员给急坏了，他们跑前跑后。经过一番认真准备，很快开饭了。

端上饭桌来的是一盘黑色青稞饼。一小碟酥油,还有两碗白开水,心里怪不是滋味的。可是,又有什么办法呢!部队经过长途跋涉,带的油盐等所有能吃的东西,早已一干二净了。此地是人烟稀少的少数民族居住区,他们对党和红军不了解,把粮食藏起来,牲畜家禽也赶到山里去了,就是拿钱也无处去买。因此,炊事员只好弄一些还没有完全成熟的青稞,放在火上烧一烧,用手一把一把地搓掉壳子,将这些青稞粒用水磨磨一遍,然后才勉强做成了几个青稞饼。朱总司令与彭德怀军团长有说有笑地共进了这顿"丰盛"的午餐。

(董志英)

临大节而不辱

> 长征路上,张国焘大肆污蔑攻击党中央,并要挟朱德表态反对毛泽东。朱德说:"朱毛朱毛,人家外国人都以为朱毛是一个人,哪有朱反对毛的!"

1935年6月,在毛儿盖会议上,张国焘同意了中央关于组成左右两路军北上抗日的决议。但当时左路军到达阿坝地区后,他公然违抗中央的决定,强迫部队南下,并要朱德同志与他一起签字发电调右路军南下,被朱德严词拒绝。张国焘悍然不顾朱德的警告,竟盗用总部名义发出电报,同时又发出密电妄图截击一方面军和党中央,破坏北上抗日的正确方针。电报被右路军参谋长叶剑英所获,立即报告了毛泽东。毛泽东和周恩来当即在巴西召开政治局会议,决定迅速脱离险区,连夜率领右路军中的一、三军团北上。这时,张国焘大肆污蔑攻击党中央,并要挟朱德表态反对毛泽东,反对北上抗日。朱德旗帜鲜明地回答他:毛泽东的领导是正确的,中央的北上抗日方针是我举过手赞成的,你就是把我劈成两半,也不能割断我和毛泽东的关系。张国焘贼心不死,竟带着特务营突然包围了司令部,把朱德和他的参谋人员扣了起来,要朱德公开谴责毛泽东,谴责党中央北上抗日的决议,并断绝和毛泽东的一切关系。

朱德拍案而起,断然拒绝。

张国焘恼羞成怒,拍着桌子威胁说:"如果拒绝这两项命令,就要枪毙你!"朱德大义凛然,镇定自若:"你愿意枪毙就枪毙,我决不会接受命令!"

张国焘没有马上下毒手,却夺了朱德的权,还指使人偷偷杀掉了朱德的乘马,挑动一些人到朱德的住处闹事。他还撤掉了朱德的警卫,在随时可能遭到敌人袭击的险境中,让

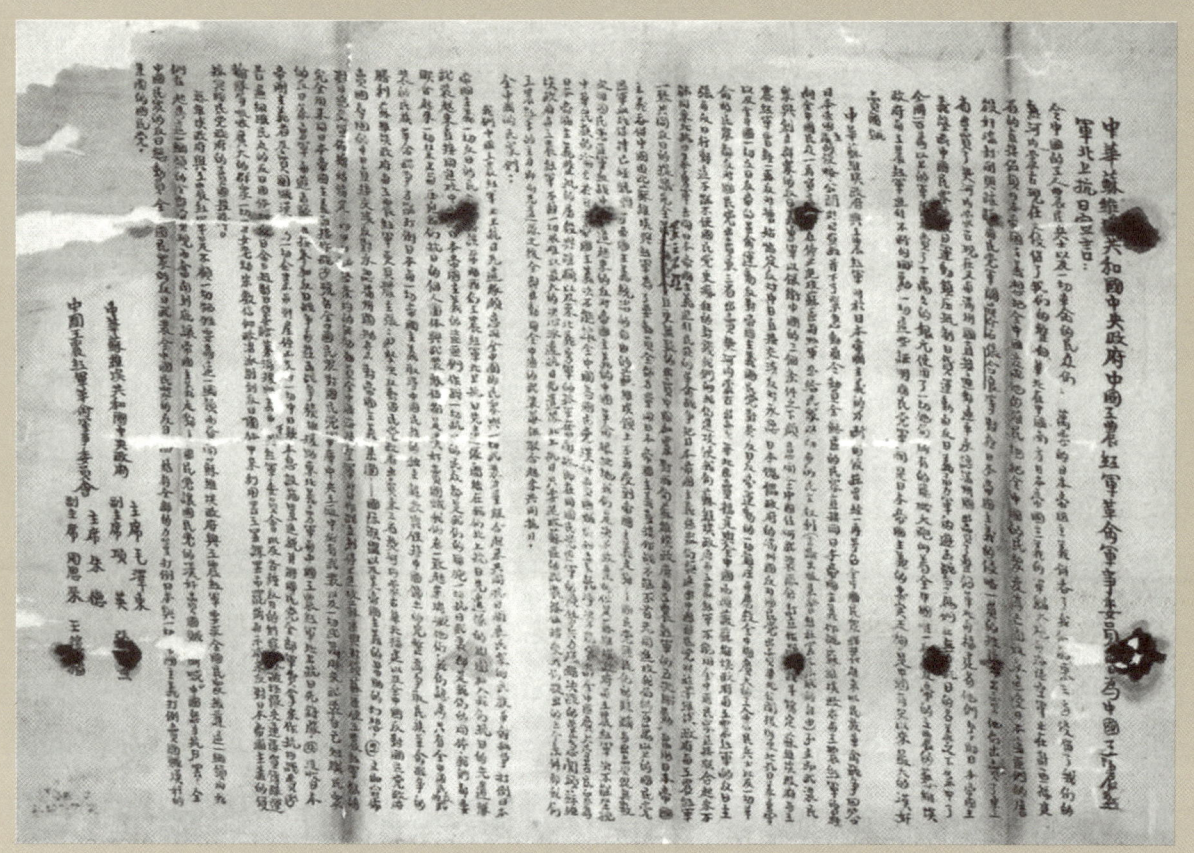

※ 1934年7月，为反对日本帝国主义侵略，冲破国民党对中央革命根据地的"围剿"，中共中央和中央军委决定由寻淮洲、乐少华、粟裕等率领的红七军团组成北上抗日先遣队。先遣队从江西瑞金出发，于11月初，与方志敏领导的红十军在皖南太平县境会合，组成红十军团，继续北上。这是毛泽东等署名发表的北上抗日宣言。

朱德只和一个骑兵班单独露宿在茫茫无边的草地上，甚至几天几夜不给送饭，妄图迫使朱德屈服。9月间，在阿坝召开的四川省委会议，围斗朱德和刘伯承达三天之久。张国焘在会上攻击党中央，反对毛泽东，还一再逼迫朱德表态。朱德向到会同志反复说明，中央的决定是正确的，毛泽东是不能反对的。他还义正辞严而又具有充分说服力地解释："朱毛朱毛，人家外国人都以为朱毛是一个人，哪有朱反对毛的！"至于对他本人的那些谩骂和攻击，朱德为顾全大局，置之不理，表现了坚定的政治原则性、灵活性和无产阶级革命家的宽大胸怀。

（董志英）

你这个"中央"不是"中央"

> 张国焘公然宣布另立"中央"。朱德严正声明：你这个"中央"不是"中央"，"你不能另起炉灶"。"要搞，你搞你的，我不赞成。我按党员规矩，保留意见，以个人名义做革命工作。"

张国焘擅自率领左路军和右路军中的第四、第三十军分别从阿坝和包座、班佑地区南下，途中还取消了朱德的革命军事委员会主席职务，而派他为前敌委员会的一员。这以后，朱德的生活更加艰苦了。他走到前线的一天，在楼上看书，一直没有人给他饭吃，到厨房去问，得到的回答是"没有，你们自己去做吧！"忠诚于朱德的卫士一听这话，痛苦得流下眼泪，只好自己用脸盆去煮些麦粉给朱德果腹。

1935年10月5日，张国焘公然在松冈附近的卓木碉宣布另立"中央"，宣布撤销毛泽东、周恩来、博古、张闻天的职务，开除其党籍，并下令通缉。还将杨尚昆和叶剑英免职查办。为了给这个不合法的"中央"支撑门面，他硬把朱德、刘伯承以及已经随中央北上的红一方面军的一些将领，分别列入不同的委员会和常委会中。朱德、刘伯承不同意张国焘这种分裂中央的做法，强调大敌当前，要讲团结，共同对敌；强调中国工农红军是在党中央统一领导下的一个整体。朱德还严正声明：你这个"中央"，不是"中央"，"你不能另起炉灶"。"要搞，你搞你的，我不赞成。我按党员规矩，保留意见，以个人名义做革命工作。"朱德以如此强硬的态度反对张国焘另立中央，使其反党分裂行为受到有力的制约，正如徐向前后来回忆所说："朱总司令的地位和分量，张国焘是掂量过的。没有朱德的支持，他的'中央'也好，'军委'也好，都成不了气候。""张国焘虽挂起了分裂党的伪中央招牌，但一直不敢对外公开宣布。"

张国焘为贯彻其南下战略方针，打开通往天全、芦山的道路，实现在川康边创造苏区的计划，先命令红军于10月8日至22日实施夺取绥靖、崇化、丹巴、懋功的战役，并取得了胜利，接着又于10月22日发布了《天（全）芦（山）名（山）雅（安）邛（崃）大（邑）战役计划》，命令红军兵分左中右三个纵队和左右两个支队，向夹金山以南的天全、芦山、雅安、大邑、邛崃等敌人统治力量较强的靠近成都的城市和地区进攻，一开始也取得了胜利，一时造成南下红军东下川西平原，直掠成都的战略态势。然而，当敌军调整部署，集中十几个旅的兵力从东、北、南三面向百丈发动大规模进攻时，南下红军与敌军激战了七天七夜，共毙伤敌军一万五千余人，但最终还是失败了，红军自身伤亡高达近万人。在这种情况下，张国焘虽然不愿意承认"南下是绝路"，但还是不得不说："我们的南下计划，显然没有什么收获，不到一个月便结束了。"经过几个月苦战的南下红军，部队已由南下时的8万余人，减到只有4万余人了。这一次严重的挫折和失败，使得张国焘不得不停止红军的南下行动。之后，红军着重巩固天全、芦山、宝兴、丹巴地区，与敌对峙。红四方面军广大指战员也开始认识到张国焘的南下方针是错误的，对张国焘表现出一定的不满。朱德抓住这种转机，于1936年2月初，与徐向前一同要求张国焘放弃建立川康边根据地的计划，建议部队撤离川西地区，转移到康定、炉霍、道孚一带休整，然后北上与红一方面军会师。南下失败后有点骑虎难下的张国焘，只好同意了这一意见。于是，朱德反对张国焘分裂活动的斗争，取得了初步胜利。正如后来朱德所说："这时在整面上的斗争，我们已经获得胜利了。虽然外表上还蒙藏着张国焘的伪中央，内部却实际的变质了。"

（庹平）

"国焘同志你莫要溜边边呀！"

> 朱德和张国焘半开玩笑半认真地说："四川军阀打仗是溜边的，碰上敌人绕弯弯，见到便宜往前抢。国焘同志你莫要溜边边呀！我们长征是要到抗日的前方阵地，红军要成为抗日先锋军、模范军。"

虽然与张国焘分裂活动作斗争取得了重大胜利，但朱德却消瘦了。有人说这时的朱德已经"瘦得像个精灵"，好在他的身体仍然"强壮结实"。为了不让张国焘中途变卦，朱德仍然和满面红光，又高又胖的张国焘在一起，率领由红四方面军第十、第十一师，第三十军第八十八师和红二方面军组成的左纵队，从甘孜出发，经东谷等地向包座、班佑前进；徐向前率领由第九军，第四军第十二师、独立师，第三十一军第九十三师及红四方面军总部组成的中央纵队从炉霍出发，经壤塘等地向包座前进；董振堂率领由第五军及第三十一军第九师组成的右纵队从绥靖等地出发，向毛儿盖、包座前进。

张国焘的分裂活动虽然遭到失败，但他并没有就此罢休。他继续向红二方面军的领导干部游说，散布对党中央的不满，挑拨离间，企图拉拢人同情他，进而在良好的统一、团结的氛围中制造混乱。为了更好地抵制张国焘和消除其在红军中的影响，在斗争中已经取得主动权的朱德，又采取了一个有力措施，即要西北局副书记任弼时随总司令部行动。时任西北局组织部部长的傅钟，认为朱德的这一决策是十分英明的。后来，他这样回忆说：

> 我听到这个消息非常高兴。一年来，总司令为了维护党中央的统一领导和红军全军的团结，使南下红军重新北进抗日，正气凛然地、从容不迫地依照列宁的党内斗争原则，同张国焘进行周旋，费尽了心血，才有了今天的好形势。让任弼时同志留在总司令部，显然会更有力地抵制、消除张国焘的错误影响，大大加强党的思想和路线的领导。左纵队乃至整个四方面军的广大干部得知这一决定后，无不喜形于色，对前途充满希望。

左、中、右三路纵队经过700余公里的艰苦跋涉，终于在7月末8月初走出草地，先后来到包座地区集结。这时的敌情是：蒋介石一方面将胡宗南部队南调，以对付两广事变，另一方面为阻止三路主力红军会师，命令其重庆行营在川、陕、甘、青部署一道防线，"凭借天然险要及原有碉堡线，采取攻势防御"，对各主力红军分途追击，多线堵截。在这种情况下，党中央连续来电指示红二、红四方面军"宜迅速北进"，以"取得三个方面军的会合"。于是，西北局在救济寺开会，进一步讨论北进计划。

会议开始前，朱德做了一些思想准备，认为这次会议要注意的主要是两点：一是要使与会人员的思想进一步统一到党中央的战略方针上来，二是要防止张国焘搞家长制，独断专行。因此，会议开始后，他作了有很强针对性的发言。他说："一个好的党员应该拥护党中央路线，维护群众利益。日本帝国主义要灭亡中国，一个政党，一个军队，一个人，不站在抗日斗争前线，将不会有他的立身之地。我们要把自己的历史任务担负起来，大家都要加紧学习。"说完，他稍稍顿了顿，把话题一转，又说："我们党讲民主，委员要是好党员，书记要是好党员、好委员；在西北局里，书记一样要服从多数委员形成的决议，这才有集中的统一的领导。"后面说的这段话是有意的，一听就知道是为了遏制张国焘的个人专断，因而得到除张国焘以外其他大多数与会人员的赞成。张国焘明知朱德是在严厉地批评自己，但在这么严肃的会议上，加以有大多数人赞同，他不能不听下去。在朱德的带动下，西北局党内民主生活开始有了新鲜空气，张国焘无法独断专行了。

张国焘一看这种气氛，不好硬行反对北进计划，但他对原拟的北进岷、洮、西计划，只是在口头上说一说，而不做实际的部署。说完之后，还是把自己原来坚持过的计划提了出来。他说，他还是坚持原来的观点，认为部队应该从齐哈玛过黄河，由西面北出青海到新疆。实际上，他曾派人探过去青海的路，知道根本无路可走，也走不出去，自己也就不再声张。现在，眼看部队就要和党中央会合，估计会合后自己的处境会更糟，于是，又把这个明知实行不了的计划拿出来讨论。朱德对张国焘提出这个计划，早有心理准备，他把敌情、我情和地形等诸方面因素摆出来，逐项分析，然后判定说，部队决不能走西去的路。任弼时支持朱德的意见，也提出了部队不能西去的三条理由。于是，张国焘的计划又站不住脚了，他不得不再次放弃部队从齐哈玛过黄河的计划。经过充分讨论后，会议通过了立即进军岷、洮、西的战役计划。接着，有6万之众的两支主力红军，兵分三个纵队展开，以锐不可当之势向甘南进军。经过十余天的激烈战斗，红军占领了洮州新旧两城和渭源、漳县，截断了西固、岷州大道，除岷州城外，甘南大部地区都相继被占领。红军总司令部与随司令部前进的西北局进驻岷州西南重镇哈达铺。

9月上旬，出动接应红二、红四方面军的红一方面军西征军，正向同心、海源以西，固原以南地区迅猛攻击，其侦通人员与占领通渭的红四方面军第三十一军建立了直接联系。

越是与党中央接近，张国焘越不安心。部队自8月9日由救济寺出发以来，党中央对抗日统一战线的发展形势，对红军总的战略任务和冬季作战计划，频频发来指示。张国焘口头上赞成统一战线策略，实际上却想着法儿唱反调。他与朱德和任弼时之间的争论日益深刻和严重。张国焘曾提出要召开两个方面军的干部会，把党内的分歧公开，意在拉出一部分不明真相的人同情他，支持他同党中央继续对抗。由于任弼时表示坚决反对，这个会没有开成。

本来，朱德主张红四方面军不要在甘南停留，而径直跨过西兰公路，去与红一方面军会师。但张国焘却一点也不着急，甚至还在会议上说："打日本不是简单的。我们现在的力量就是再增加十倍，也不见得一定能打赢它。我们只能将西方变为苏维埃的后方，做前方抗日红军的后备军。"

朱德听张国焘这么讲，便半开玩笑半认真地说：

四川军阀打仗是溜边的，碰上敌人绕弯弯，见到便宜往前抢。国焘同志你莫要溜边边呀！我们长征是要到抗日的前方阵地，红军要成为抗日先锋军、模范军。日本帝国主义加紧向绥远、宁夏进攻，敌情在北面吆，你老想向西去，当然打它不赢，只是跑得赢了！

张国焘还是不服输，硬要提出两个行动方案报告党中央：一是往西到新疆接通苏联，获得武器装备再回来；一是出东南向川陕豫鄂发展。结果，这两个方案都被党中央来电否定了。张国焘之所以如此坚决地主张部队向西、反对向北发展，一个最主要的原因就是特别害怕与党中央会合。朱德在这个问题上给他做了许多工作。在任弼时就要返回红二方面

※ 长征途中，朱德坚持党中央"北上抗日"的正确方针，同张国焘分裂党、分裂红军的错误进行了坚决的斗争。在中共中央的批评教育和朱德等人的共同努力下，张国焘被迫放弃其错误行动，同意北上。图为朱德在长征途中（油画）。

军前夕，西北局召开了一次会议。在这次会议上，朱德和任弼时都非常诚恳地劝张国焘不要怕和党中央见面，要他能够做到错了认错，多作自我批评，回到列宁主义路线上，只要不再搞派别活动，就不会抹杀自己的功绩和光荣。语重心长的话讲了好多。

9月8日，党中央来电重申"逼蒋抗日"方针，指出过去抗日、反蒋并提是错误的，强调不要再提打倒任何国民党军队的口号，而提联合抗日，同时还指示对张学良部不可采取真正进攻态度。第二天，张国焘召集西北局委员开会，除任弼时、刘伯承已随红二方面军向天水方向行动和徐向前、周纯全在漳县的前敌指挥部外，大多数委员都参加了。朱德在会上特别强调了统一战线工作的重要性，主张要认认真真地把它放在首要位置上，各项工作要围绕这个中心。强调做统战的上层工作是重要的，而基层工作也不容忽视，组织群众抗日武装，部队可以派干部。张国焘虽然也说中央电报重要，但他主要还是强调建立甘南根据地问题，还是试图以建立甘南根据地来拖延与红一方面军会师。

（庹平）

"没有棒身体,草地过不去"

朱德很爱运动,他经常和青年人一起打球。他对不爱活动的同志说:"红军战士要活泼,要有生气,你们可晓得哟,没有棒身体,草地过不去!"

朱总司令是个乐天派。无论环境多么艰苦,只要条件允许,他总要和红军战士们一起唱歌、打球、做游戏。在炉霍休整时,他经常到红军大学,和青年人一起打球。有的同志不爱活动,他就对大家说:"红军战士要活泼,要有生气,你们可晓得哟,没有棒身体,草地过不去!"

那时打球简陋得很。球场是自己平的,坑坑包包的;球是红大同学自己用皮子缝的,里面填满草,拍得很吃力;球架子是用几根木柱绑成的,歪歪扭扭的。别看这些家什,朱总司令打球的劲头还蛮足的呢!

一次打球时,朱总司令这边比对方落后了几分。他立即向裁判员叫了"暂停",与队友们一起研究战术。同时,还向队友李亚田说:"你这小鬼猛劲倒有,就是不够沉着,投篮缺乏弧线,要像打曲射炮一样往里吊,不能直射。"

※ 《红军过草地》。(作者:张文源,1976)

在炉霍镇休整的三十多天里，总司令和红军战士为了练棒身体过草地，几乎天天在一起打球，时间长了，战士们有什么话都愿意和他讲，有什么问题也都愿意找他解答，连球场休息几分钟时间，大家都围拢在他身边，听他摆"龙门阵"。总司令讲得最多的，就是红军北上的意义，毛主席的指挥如何正确，我们到达陕北后的任务。当时战士们对朱总司令讲的这些理解不那么深刻，后来才明白，他是向红军战士灌输革命道理，提高大家抵抗张国焘右倾逃跑主义的能力。

（董志英）

特别展览会

红军在准备第二次过草地前，在大操场举办了一个特别展览会，展品全是野菜，足有六七十种。朱德说："同志们，野菜也是宝，红军少不了啊！现在，我就给大家介绍介绍这些宝。"

1935年4、5月间，红军大学同总部机关来到炉霍做短期修整，准备第二次过草地。

一天，风和日暖，在红大操场上举办了一个举世少见的特别展览，展品都是大地的产物，但不是可口的水果，不是成熟的庄稼，也不是宴席上的山珍和家庭饭桌上的蔬菜，而是长在道沟路旁、杂草中的野菜。只见它们在操场上横七竖八、分门别类地排列着，足有六七十种。一棵棵、一样样奇形怪状，倒也别具风格。

各单位的代表排着整齐的队伍来到操场，朱总司令和总部首长早已等候在那里了。看见人都到齐了，朱老总拿着一根精致的小棍，笑呵呵地说："今天咱们这个展览会，展品都是野菜，你们可别小瞧它，这里的名堂还不少哩，大有值得研究的学问。今天把同志们请来，就是要研究这些野菜的，让它帮助我们过草地的。"接着他又指着这些野菜问大家："你们哪位同志认识这些野菜，知道咋个吃法呀？"有个叫李亚田的小同志说："老总，我认识几种。""那好哇，你出来给大家介绍介绍！"那位小同志就指着摆在前面的几种野菜说了起来："这是野韭菜，这是野芹菜，这是野蒜，这是臭蒿子，这是牛斤大黄，这是山茴菜……"一口气说出了十来种。总司令听了满意地点了点头，问道："你咋个认识这么多？""我是个穷光蛋，从小就靠吃野菜长大的！"朱老总说："对，说得好，咱们红军多数同志都是穷光蛋出身，过去野菜救过咱穷人的命，今天我们还要野菜帮助咱们革命，你们说对不对呀？同志们，野菜也是宝，红军少不了啊！现在，我就给大家介绍介绍这些宝。"朱老总讲到这里，队伍里爆发出哗哗哗的掌声。接着，朱老总一一介绍了各种野菜的做法和吃法，大家听得都入了迷，都认真地记录，生怕漏掉了。末了，朱总司令提高嗓门说："同志们，我们要纪念红五月，我号召大家都上山挖野菜……"

挖野菜的高潮很快就掀起来了，有的野菜放上油盐顶蔬菜，有的掺在饭里顶粮食，有的洗净生吃当水果，可真解决了不少问题。想起朱老总说过的"野菜也是宝"，它还可以帮助我们"调剂胃口，改善生活"的话，大家都感到非常亲切。

朱老总怎么能知道这么多能吃的野菜呢？原来，为了解决部队在前进中的吃食，朱总司令来到炉霍不久，就专门请来当地有经验的老农，询问这一带可吃的野菜。并亲自带着炊事员、饲养员、警卫员上山采集。每采到一种野菜，他都用指甲掐了又掐，用鼻子嗅了又嗅，还亲自尝一尝，这样，把每一种野菜的特点都摸透了，然后又在直属部队和附近的部队里推广。听到这些，大家都十分的感动，都感到斗争艰苦，但信心却更足了。

（董志英）

"都是阶级兄弟，何必讲客气"

在过水草地途中，一个红军战士脚上裂开六、七个大口子，慢慢地掉队了。朱德发现后，把自己的马让这个战士骑。小战士再三推辞，朱德亲自扶着他的胳膊上了马。

长征途中，朱总司令和红军战士同甘共苦，对下级、对战士又总是体贴入微，关怀备至。他经常教导说："我们红军部队是革命大家庭，同志们要发扬阶级友爱，团结互助的精神。我们长征的每一个同志将来都是干部，每带出一个同志，就给革命增添一份力量！"

就拿行军来说，每当通过雪山或崎岖的小路时，他总是把马停在路旁，对战士们再三叮咛："同志们，要当心点，别摔倒啊！"中途休息时，他又这边走走，那边看看，提醒大家要注意节省干粮，把干粮用到关键时刻。到了宿营地，他不顾自己的疲劳，到部队检查情况，连草棚搭得好不好，警戒哨放的合适不合适，战士们洗没洗脚，都一一问到。哪个同志生病了，凡是让他碰到了，总是问寒问暖，指示干部好好照顾，一定不要让有病的同志掉队。行军路上，看到谁掉队了，又常常把马让给他骑。

那是从炉霍出发后的第十天，行军在异常艰难的水草地途中。一位红军战士由于生来就是双干脚，常裂些小口子，一到连续行军，口子就越裂越大，有时直流鲜血。这次，由于走了十天的路程，两只脚裂了六七个大口子，最长的一个有二寸多。开始还有草鞋穿，草鞋磨破了他就光脚丫子走。裂开的口子接触地面，里面扎进了草芽、烂泥和沙子，走一步就钻心的疼。开始这个战士还拄着棍子能勉强跟上队伍，后来怎么也挺不住了。尤其是小休息后，站都站不起来，慢慢地掉队了。

一天下午，这个战士正吃力地往前赶路，后面赶上来几个人。他定神一看，原来是朱总司令和两个警卫员。他怕老总认出自己来，赶忙躲到路边坐下，好让他们走过去。谁知这也没躲过朱老总的眼睛，他指示警卫员：

"看看那个同志是不是负伤了？"

警卫员来到他的跟前问："朱总司令让我问问你怎么了？是不是负伤了？"

"没负什么伤，是脚裂口子了……"

这时，只见朱总司令大步向他走来，人还没到，就像久别重逢的战友一样，亲切地喊道：

"噢，原来是小李子啊！你这个篮球运动员，怎么也掉队啦！"

"身体倒挺好，就是脚坏了。"

"咋个坏的，我看看。"朱总说着，就弯下腰来用手摸他的脚，当他看到裂开的几个大血口子时，心疼地说："裂成这个样子，遭了不少罪呀！"

"没什么，我能坚持！"

这时，朱老总告诉警卫员："把我的马牵过来，让小李子骑上！"

"老总，您这么大年纪，还要指挥部队，我年纪轻轻的，怎么能骑您的马呢！"

当警卫员把马拉到他跟前，朱总司令亲自扶着他的胳膊上了马。

"咱们都是阶级兄弟，何必讲客气嘛！你不上马，我就不走啦！"

朱总司令还不放心，又再三嘱咐他："到了宿营地用热水把裂的口子冲洗干净，找块羊油用火烤化滴进裂口里，请同志们用线绳把口子缝上。"

到了宿营地，他按朱总司令开的"药方"做了，果然效果挺好。当他把白天的事情经过告诉了红大的领导和同学们时，大家都非常感动，七嘴八舌地议论起来：

"朱老总经常把马让给病号骑，以后咱们有病千万别让他老人家看出来！"

"他年纪那么大，让别人骑马，自己走路，真是我们的好老总啊！"

"有这样的领导率领咱们长征,天大的困难也不在话下!"说着,同志们的眼里都含着泪花。

(董志英)

对周素园的关怀

这里介绍朱德关怀起义军领导人周素园的三个故事。在朱德无微不至的关怀下,周素园和全军同志一起,历尽艰辛,终于到达陕北。

一

1935年冬至1936年春,红二方面军进军贵州省西部的黔西、大定、毕节等地。贺龙、任弼时同志正确执行党中央统一战线政策,积极争取毕节地区的地方武装"救国军"起义,加入了红军。当时"救国军"的主要领导人周素园先生已是70高龄的老人了。加入红军后,他担任苏维埃政府教育部长(后来大家都叫他老部长)。长征途中,贺龙和任弼时同志考虑到周老先生高龄,请他随四方面军的朱德总司令走在前面。为了照顾老部长,组织上还为他派了勤务员。

正当部队在甘孜休整,北上的准备工作紧张地进行着的时候。一天晚上,朱总司令和李卓然同志来看望老部长,总司令说:"毛主席打来电报,要求二、四方面军要增强团结,战胜困难,共同完成北上抗日的任务。"随后又谈了些有关部队的准备工作……他们谈完了话后,总司令又对老部长的勤务员邓达夫说:"小娃娃,行军中的吃饭、喝水准备得怎么样了!"邓回答:"只有一个小脸盆,可以烧水用。"总司令又嘱咐说:"在行军途中,你要时时刻刻侍奉好老部长,不能出半点差错,现在还有时间,要仔细想想,认真做好准备……"。

在出发前两天的一个下午,朱总司令特派参谋送来一个背包,参谋并对邓达夫说:"这是总司令送给老部长的。"邓达夫接过背包,然后打开给老部长看。里面装了两个小桶盆,是用装子弹箱的白铁皮做成的,还有个盖儿。一个桶盆里装的是酥油,另一个装的是糌粑面和一大块盐巴。老部长看到这么贵重的礼物后,顿时说不出话来,只是眼含热泪激动地说:"感谢共产党,感谢总司令。"

※ 周素园（1879—1958），原名周增艺，又名培艺，别字树元，澍元，贵州毕节人，前清贡生，年轻时立志改良政治，寻找救国之策。曾参与领导贵州辛亥革命。1936年2月红军二、六军团到达毕节，组织贵州抗日救国军，虽已57岁，毅然出任司令员，3月跟随红军二、六军团长征。

二

1936年夏，部队走进了大草地。在行军中的一天，刚到达宿营地不久，朱总司令的参谋手提着三尾活鱼。对邓达夫说："这是总司令休息时，在大小塘里钓来的，要我立即送来，给老部长做汤喝的。"勤务员邓达夫用总司令送来的小桶盆当锅熬好了鱼汤，再拿着酥油和糌粑请老部长吃。老部长边吃边说："这真是美餐啊！"在过草地的过程中，总司令给老部长钓过三次鱼。每次做好的鱼，老部长都舍不得多吃，剩下的再让勤务员装进小桶盆中背着，第二天、第三天再吃。在总司令的关怀下，老部长的身体一直很健康。在行军中，老部长如果见到了总司令和其他首长，总是要马头靠马头的走一段路程，谈一些军事问题。

三

在过草地的过程中，部队的干粮快要吃完了，就连道路两旁的草，也快要被拔光了。就在这时，老部长的骑骡因饥饿而走不动了。这头骡子从贵州开始驮老部长随军转战，渡过了万水千山,到草地时已走了万余里,它为革命竭尽了全力。

此时的勤务员邓达夫真是又急又害怕。心想,老部长要是不骑骡子,是寸步难行的呀,该怎么办呢?说来真巧,当天下午宿营以后,总司令来到了老部长住地,两人亲热地手拉着手席地而坐。总司令说:"毛主席打来电报,鼓励全军将士要加强团结,加快脚步,战胜一切困难,走出草地……"而老部长就是不提他的坐骑这件事。在一旁心急如焚的勤务员急得哭出了声音。总司令忙问:"小娃娃,有什么事?跟我讲讲好吗?"勤务员壮着胆子把这头骡子的情况讲了出来。老部长知道隐瞒不住了,只好说:"这孩子讲的都是实话。"总司令站起身来,看了看这头瘦骡子,又望了望远方,脸上现出刚毅的神采。他对勤务员说:"你不要哭,你已经尽到了责任,骡子我来想办法解决。"当天晚上,总司令的参谋牵来了一头高大的菊花青骡子,说是给老部长的。老部长看到骡子又惊又喜,激动得流下了热泪:"感谢党组织,感谢总司令。"

在朱德无微不至的关怀下,周素园和全军同志终于在1936年冬到达陕北,取得了长征的伟大胜利。1938年秋,经毛主席批准,周素园从延安经西安回到原籍贵州省。全国解放后,周素园曾任贵州省副省长。

(董志英)

空城计

敌人突然偷袭总部,总部只有一个警卫连和机关工作人员,还有大批伤病员。怎么办?朱德运用"空城计",下达了命令。

1936年春天,红四方面军进行整编,开始了紧张的军事训练,积极筹集物资,准备北上的时刻。四方面军总部、医院驻在川西北一个叫梦公镇的地方。这是一个四面群山环抱的镇子,崇山峻岭高入云端,地势险要,十分隐蔽和安静,是个整训的好地方。部队开展着紧张的军事训练,根据北上时可能遇到的敌情和地形,朱德领导着大家学习打骑兵、打堡垒、夜间战斗,强渡江河等战术的同时,还大力开展了政治文化教育和娱乐活动。

这一天上午,小镇南端的球场上有一场精彩的篮球赛。大家听说朱总司令也要上场参加,都格外高兴,早早来到球场等待球赛开始。几乎在镇上的红军都去了,还有不少群众观看。

※ 1935年11月，红二、六军团从湖南桑植出发，开始长征，于1936年6月同红四方面军在四川甘孜会师。红二、六军团合编为红二方面军，与红四方面军一同北上。同年10月，红一、二、四方面军在甘肃静宁、会宁地区会师。图为1937年3月8日，红二方面军在陕西铜川县陈炉镇召开党代表大会时合影。前排右一贺龙、右二朱瑞、右三任弼时、右四甘泗淇、右六刘绍文、右八陈伯钧、右九左权、右十一关向应、右十三周士第、右十五张子意、右十六李井泉；中坐者：王震。

裁判员的哨音一响，球赛开始了。果真，朱总司令作为一员普通篮球队员，纵横驰骋在球场上。只见他一会儿穿插突破，一会儿中投得分，生龙活虎，赛过那些年轻人。没有多久，比分就超过了对方，随着连连得分，四周的观众不断报以热烈的掌声，同时还夹杂欢呼：

"总司令，加油！"

"总司令，加油！"

正在大家兴高采烈地欣赏着总司令的精彩球艺时，突然，从北面的山脚下传来了几声清脆的枪声。

在枪林弹雨中冲杀了二十多年的朱德，对枪炮声特别敏感，不仅能从枪声中辨别出枪的种类和型号，还能判断距离。他陡然停下，向场外的警卫员喊道：

"有情况，警卫员拿望远镜来！"

他从警卫员的手中接过望远镜，朝着有枪声的北山上观察了一阵后，对大家说：

"球赛暂时停止，现在发现敌情，大家准备投入战斗。不要慌乱，要听从指挥。"

说是不要慌乱，可敌人突然偷袭总部，非同小可，不能不让每个人担心：眼下，主力部队正在前面作战，只有一个警卫连在总部身边，其余都是些机关工作人员，还有医院的大批伤病员。在这危急关头，怎么办？撤吧，一时半晌撤不出去；打吧，只有一个战斗连队。进退维谷，一些参谋人员，在那里急得直跺脚。可是，朱德却非常沉着、冷静。他迅速把各单位的负责人和警卫连召集在一起，下达了命令：

"手中有武器的同志和警卫连一起，到东面大墙下面集合，等我的命令再行动；其余的同志，每人快去找一根木棒，到河边的大操场集合，等待命令行动；司号排，按东、南、西三个方向分散开，听到我们发起冲锋的命令后，你们就在各自的方位上，从四面八方一齐吹冲锋号，号音越响亮越好。现在就开始行动。"

大家迅速散开，各就各位。

枪声越来越密了，也越发近了。看来是和红军在北山上的哨位接上了火。

不久，敌人越来越近了，肉眼都能望见，大约有三四百敌人嗥叫着，端着枪向镇上冲过来，气势汹汹，不可一世。

朱德命令警卫连分成东西两路，向敌人的侧后迂回，其余的人员在正面选择有利地形，在他的直接指挥下迎击敌人。当敌人进到离梦公镇仅几百米的时候，朱德举起驳壳枪，一声呼喊："同志们！冲啊！坚决把敌人消灭在山坳里！"

还击的命令一下，警卫连从左右猛然发起攻击，正面阻击的同志们也奋勇还击。此时，四面八方都响起了嘹亮的冲锋号声、枪声、杀声震天，战士们端着上好刺刀的枪冲向敌群。

敌人一看中了埋伏，马上乱了阵脚。有的被打死，有的抱头鼠窜，更多的是当了红军的俘虏。

不到一个小时就结束了战斗。原来这股敌人是一帮乌合之众，是当地土豪恶霸豢养的一批土匪武装和国民党军的散兵游勇，根本没有多少战斗力。他们不知从哪里得到消息，说红军主力外出作战去了，这是红军的后方，只留下一些伤员，便想趁机抓一把，发点洋财。不想，便宜没沾上还搭上了性命，被红军给消灭了。

打扫完战场，朱德开始审讯俘虏。

一个小头目战战兢兢地说：

"长官，饶命！我罪该万死，不该来打红军！"

※ 红军总司令朱德讲话。

"啥子该不该哟！你都打了，只是吃了败仗，你才说这种鬼话！"朱德说。

"我该死！我该死！"小头目一面说着，一面猛抽自己嘴巴子，左一个，右一个，打个不停：

"我说实话。那是当官的让我们来打红军的。他骗我们说这里没啥子部队，就是些伤号。还说，这是红军的后方，有钱，有粮，有盐巴。哪晓得你们这里驻了那么多红军！"

"你说说，到底有多少红军在这里？"

"报告长官，小的不敢瞎说。"

"不妨，你说说看！"

"要小的说，光从号音上就能听出，起码有四个团，这东边、西边、南边都是部队；再说你们在河滩里集会的部队，还没动呢！我们真是活腻味了，找死来了！"小头目说着说着又哭起来了。

在一旁的参谋们都直想笑，小声地说：

"他做梦也没想到这是总司令的空城计。"

"优待俘虏,是红军的一贯政策,你也不要怕。只要放下武器,低头认罪,都会得到宽大处理!"朱德非常严肃地说。

"这一点,小的晓得!晓得!长官饶我一条小命就是再生父母!"小头目跪倒在地连连叩头。

小头目被带走后,朱德对参谋们说:"唱罢空城计,我们接着赛球哟!"

(刘学民)

草地晚餐

> 红四方面军第三次过草地时,前面的部队给他们留下了一头牦牛。为了解决部队面临的严重的粮食困难,朱德说:"把牦牛杀了,留下牛皮牛肉做干粮。牛骨头炖野菜,营养好得很,是我们今天最好的晚餐。"

1936年7月,红四方面军第三次过草地。经过半个月的长途跋涉,走过了第一段旱草地和第二段水草地,来到了水旱相连的边缘地带。

在一个晴朗的下午,红四方面军总部和党校的几百个同志所组成的队伍,在一个草坡上刚做完宿营准备工作,朱总司令来了。

总司令身穿打了不少补丁的灰色粗布军服,脚穿一双草鞋,背上背着一个军笠和一个公文皮包,手中拄着一根棍子,棍子的两头,已磨得溜光圆滑。为了党的事业日夜操劳,加上长征途中的艰苦生活,总司令比过去显得黑瘦,额上的皱纹也比过去深了、密了。

总司令站在一个草坡上,边喊边招手:同志们快来呀,告诉你们几个好消息。

喊声像一块巨大的磁铁,一霎时,就把大家吸引到草坡的四周来了。总司令看了看面前的人群,兴奋地说:第一个好消息,毛主席领导的北上红军和陕北的红军打了大胜仗啦!总司令把"大胜仗"三个字拉得长长的,而且加重了语气。这时,草地上的人群就像开了锅一样沸腾起来,暴风雨般的掌声和欢呼声经久不息。战士们完全让这振奋人心的消息带到欢乐的海洋中去了。总司令也激动得和大家一道使劲地鼓掌。接着,总司令又报告了两个好消息:我们已经渡过了最艰难的水草地;而且还有了一头牦牛。

"牦牛!"很多人惊喜得叫起来。在这个渺无人烟、连飞鸟都不愿意来的茫茫草地上，哪来的牦牛呢？经过总司令的解释，才知这头牦牛是先头部队送给的。最近一个星期以来，这支部队每天两餐，每餐只有二两左右的炒面泡水充饥，再过几天，二两炒面也会发生困难，现在居然有了一头牦牛，怎么不叫人高兴呢！"把牦牛杀了，美美地吃一顿。"同志们都这样想着。但是仅仅一头牦牛，怎么够好几百口人吃呢？

总司令见大家一时不做声，便笑着问：你们是不是想吃牛肉，还嫌一头牛少了啊？总司令可真会猜，一下子就把大家的心思猜中了。经他这一问，大家都个个咧开嘴笑了起来。

总司令自言自语地说：不能一顿吃了啊，最困难的时候还没到来哩！停了一会儿，总司令提高嗓门对大家说：同志们，过日子要有个长远打算，不能光看到鼻子尖上。宁愿顿顿缺，不愿一顿无啊！我们四川有句俗话："有了一顿充，没有了敲米桶。"我们可不能那样啊！

听着总司令的话，大家一时觉得脸上有些发烧，内心感到很惭愧，大家纷纷议论着，都表示应把这头牦牛留下来，留到最困难的时候用才对。

总司令说：我的意见是把牦牛杀了，留下牛皮牛肉做干粮。牛骨头炖野菜，营养好得很，是我们今天最好的晚餐。等一会，大家去扯点野菜吧。他说罢，用征求意见的眼光，向四周看了看。

"好！""同意！"大家喊了起来，喊声震动着草地。接着，成班成排的战士向四面八方奔去。

挖野菜的活动开始了，几个女同志走在一块儿。这时，总司令忽然出现在她们身旁，总司令给她们介绍草地上各种野菜的名称：什么牛耳大黄、灰灰菜、野葱、车前草……以及这些野菜的形状和特征，还告诉她们这些野菜的生长期和味道。

总司令一面细心地寻野菜，一面问周围同志们的工作、思想情况和家庭情况，并且还分析当前的国内形势，教导她们一个共产党员应该如何对待困难，和忍受生活的严峻考验。还说：只要我们同心同德，团结一致，就一定能度过草地，到达陕北；就一定能见到毛主席，就一定能壮大自己的力量，打败日本鬼子和国民党反动派；革命就一定能胜利。女同志们听着总司令的话，浑身上下增添了很大的力量，连肚子也不像刚才那么饿了，两手拔起野菜来也格外轻快了；一发觉附近有野菜，就都飞快地跑上去，生怕落在别人的后面。

草地上的野菜并不多，寻了个把钟头，每个人才弄到一小把。

临时伙房设在露天的草地上，几口行军锅成一字形排列着，蓝色的火苗舔着锅底，锅

※ 1936年10月,红二、四方面军与红一方面军在甘肃会宁、静宁地区会师。这是会宁县城。

内热气腾腾,巴掌大一块块的牛骨头,让沸腾的水卷起来又按下去。一阵微风吹来,香喷喷的牛肉气味直钻鼻孔。大家谈笑着、赞美着,都说今天的晚餐是一顿丰盛的"牙祭"。

开饭的哨音响了,大家端着茶缸向炊事班走去。四周围满就餐的人,有蹲着的、坐着的、站着的。总司令也端着一碗野菜,同总部三四个警卫员蹲在一起,津津有味地吃着,还向身旁的同志称赞野菜的味道。

这时,警卫员端着个大碗走到总司令身边,说:首长,您吃这个吧!野菜留给大家吃。原来这是一碗稀得很的大米粥。总司令瞧了瞧瓷碗,皱着眉头问:这是哪里来的?警卫员回答说:先头部队送牦牛来时,顺便捎来的一点点大米给您熬粥喝的。总司令温和地说:给那边几个病号送去吧,我吃牛骨头煮野菜,营养好得很。说罢,夹把野菜往嘴里送。

警卫员知道总司令的脾性是说一不二的,尽管心里有些舍不得将稀粥让给别人,但还是挪动着两条腿,向病号那边走去。

病号中,有一个是党校二连连长,发高烧已经两天了。两天来,除了喝一些开水以外，一点食物也没沾牙。现在，面前的稀饭对他来说，是最需要的了。可是他宁愿自己多忍受点艰苦，也不愿吃掉自己敬爱的首长的稀饭。当警卫员把稀粥递给他时，他不肯接，说自己不想吃，婉言谢绝了。其他几个病号也和这个连长一样，不肯接受。警卫员没法，只得仍旧端回去，可是总司令又叫他送过来。这样来回好几趟，互相间都强调对方该吃稀粥的理由，弄得警卫员不知听谁的是好。大家瞧着这种情景，心头既激动，又着急，纷纷上前劝总司令吃稀粥。可是总司令还是不答应。怎么办呢？稀粥已经凉了。大家都知道总司令和女红军刘坚同志比较熟悉，便都推她去劝说总司令吃稀粥。

刘坚走近总司令，摆出自己想好的理由，说：总司令，我看这稀粥还是该您吃。论职务，您是首长；论年纪，您比我们大；论身体，您不比我们青年人。刘坚边说边扳指头，一口气把想好的这些理由都说了出来。总司令见她说的仍是那些现成话，禁不住呵呵地笑起来，然后侧着头问刘坚：你的理由说完了没有？

刘坚补充说：还有，您平时经常教导我们，遇事要讲民主，要少数服从多数，但您今天却不民主啦，大家要您吃稀粥，您为什么不吃呢？刘坚心想，这下"将"了总司令一"军"，他该吃稀粥了吧。谁知总司令一点也不慌忙，他慈祥地笑了笑，说：少数服从多数也得看什么情况呀！说罢，总司令踱到人群中间，用平稳清晰的语调说：同志们，稀粥还是应该给病号吃，他们有病啊！总司令说到这里停了下来，慈祥地望着大家。这时，四周鸦雀无声，每个人的眼睛都瞪得大大的，望着总司令，心里充满了幸福和感激。

刘坚同志见"理由"不能说服总司令吃稀粥，只得恳求他：总司令，您就尝一点点吧。总司令依然温和地说：尝什么，我又不是没有吃过稀粥。你这年轻女孩子呀！

警卫员见总司令不吃，病号也不吃，小脸蛋涨得通红，几乎要哭起来。正在这时，康克清同志来了。当她明白面前所发生的事情时，从警卫员手中接过装有稀粥的碗，对总司令说：老总，你就尝尝吧。你不吃，他们是不会吃的。说罢，用勺子盛了两三口粥倒在了总司令的碗中，把其余的稀粥分给四个病号。总司令喝完碗里的粥，将碗举起来向着病号说：我已经吃了，同志们快吃吧！

那个连长噙着眼泪，向其他病号说：吃吧，不吃会辜负总司令的心意的，病号都被感动得哭了。同志们的眼睛里，也充满了激动的泪花。

在这样浓浓的战友情义中，朱德和战士们相濡以沫，艰难跋涉。他们历经千辛万苦，于1936年11月底，率部队抵达了陕北保安县，与中共中央会合。此后不久，朱德便投入到了抗日战争的烽火硝烟中。

（董志英）

★★★ 第四编 ★★★

运筹帷幄 领导抗日

第四编 04
运筹帷幄 领导抗日

挥师出征

卢沟桥事变爆发以后,朱德亲笔写下了著名的抗日誓词:"我们誓率全体红军,联合友军,即日开赴前线,与日寇决一死战。复我河山,保我民族,保卫国家,是我天职。"

1937年7月7日,日本侵略军制造了"卢沟桥事变",一场更大规模、更加野蛮的侵华战争开始了。

枪声起处,乌云滚滚。全中国人民愤怒了!全世界人民震惊了!

第二天,中共中央就发出庄严通电,明确指出:

"平津危急!华北危急!中华民族危急!只有全民族抗战,才是我们的出路!"号召全国人民团结起来,驱逐日寇出中国!

同一天,朱德、毛泽东和红军其他将领致电宋哲元、张自忠、刘汝明、冯治安,说:

"二十九军英勇抵抗,全国闻风,愿为后盾……红军将士,义愤填膺,准备随时调动,追随贵军,与日寇决一死战。"

通电发出后,红军立即准备开赴抗日前线,并限10日之内准备完毕。

7月14日，朱德为红军奔赴抗日前线，亲笔写下了著名的抗日誓词：

"日本强盗夺我东三省，复图占外蒙，又侵我华北，非灭亡我全国不止。我辈皆黄帝子孙、华族胄裔，生当其时，身负干戈，不能驱逐日本出中国，何以为人！我们誓率全体红军，联合友军，即日开赴前线，与日寇决一死战。复我河山，保我民族，保卫国家，是我天职。"

18日，朱德告别延安，前往红军前敌总指挥部所在地——陕西泾阳县的云阳镇，准备开赴抗日前线。途经黄陵时，他专门去晋谒了黄帝陵。在苍松翠柏围绕的黄帝陵前，他抚今追昔，思绪万千，恭恭敬敬的三鞠躬后，默默地伫立在那里好久好久，是在重温中华民族几千年来抗击侵略者可歌可泣的历史，还是在默诵着他那"不杀倭寇誓不还"的誓言。最后，在离开黄陵时，只说了一句：

※ 1937年7月14日，朱德为红军题写的抗日誓词。

"等我们打败了日本侵略军,再来祭陵!"

不久,中共中央决定主力红军改编为三个师,共四万五千人。朱德为总指挥,彭德怀为副总指挥。下辖三个师:一一五师、一二〇师、一二九师。

在耀县庄里镇,朱德亲自主持了抗日誓师大会。

8月里,八百里秦川仍然骄阳似火。当年久旱不雨,地里的高粱、玉米都打了蔫,道旁的小草也黄了尖。农民们早盼着一场透雨。今天终于变天了,天边翻滚着乌云,几声闷雷带来了蒙蒙细雨。早饭过后,乡亲们看见红军队伍冒着细雨,从四面八方向广场上集中。在广场的一边,用十几张方桌搭起了一个台子。

不一会,队伍到齐了。在万头攒动的会场上,《到敌人后方去》的歌声此起彼伏,"打倒日本帝国主义"的口号震撼长空。这时,朱德总司令穿着一身灰色的布军装,精神抖擞地登上了高台子,全场响起了热烈的掌声。

歌声停了,掌声停了,全场息声屏气地听着朱德的讲话:

"同志们!老乡们!7月7日在卢沟桥又燃起了第二个'九一八'的炮火。日本法西斯的铁蹄又践踏在我们华北的大地上,又在屠杀中国人民,掠夺中国国土了。和平已到了绝望的时期,国难已到了最后关头。现在,摆在我们每个中华儿女、炎黄子孙面前的问题是,只有对日本强盗实行抗战,从华北的局部抗战走向全国的抗战,才能挽救中华民族的危亡。抗战,只有在抗战中找出路,求生存,没有什么踌躇,而且不容徘徊。这是每个中国同胞应有的决心。全国军民应该紧急动员起来,免去一切隔阂,扫除一切门户之见,不分畛域,不分派别,齐心协力,整齐步伐,实行团结一致的对日抗战,时间再不等我们了。"

朱德那洪亮而又激昂的声音,在广场的上空回荡着。他讲的每一句话,都像沉重的铁锤,撞击着人们的心灵,都像炽烈的火焰,燃烧着人们的胸膛。人民在受难,祖国在流血,日本强盗的战车正轰隆轰隆地开过来,要从我们兄弟姐妹的胸膛上压过去,我们能坐视不理、束手待毙吗?不能!万万不能!

朱德继续说下去:

"我们红军的志愿,就是抗日救国。为了实现这个志愿,我们愿意放弃有着十年光荣

※ 1937年,朱德在延安。

※ 1936年冬,朱德和毛泽东在陕西保安。

声誉的'红军'这个名称,改编为国民革命军。旗号变了,帽徽变了,但我们的心还是红的,人民军队的本质没有变,红军的传统没有变,解放全中国的意志没有变。为了打日本救中国,我们这样做是必要的,正确的。"

换下红五星帽徽,对每个红军战士来说,在感情上是很别扭的,开始时还有些接受不了。可是,总司令把道理讲得非常清楚,还有什么可说的呢?问题不在形式,最为重要的是为了抗日救国。战士们个个都无条件地服从了。

雨,越下越大了。透过雨幕,战士们看见朱总司令站在高台上,挥动着手臂,讲道:

"我们要到华北去!到敌人后方去!开展广泛的游击战争!只要我们把华北的广大人民群众组织起来,武装起来,进行持久的斗争,最后的胜利必定是我们的!"

最后,朱德带领大家庄严宣誓。全体指战员跟着朱德一字一句高声复诵着《八路军出师抗日誓词》:

"日本帝国主义是中华民族的死敌,它要亡我国家,灭我种族,杀害我们的父母兄弟,奸淫我们的母妻姊妹,烧我们的庄稼房屋,毁我们的耕具牲口。为了民族,为了国家,为了同胞,为了子孙,我们只有抗战到底。

……

我们是工农出身,不侵犯群众一针一线,替民族谋福利,对友军要亲爱,对革命要忠实。如果违反民族利益,愿受革命纪律的制裁,同志的指责。谨此宣誓。"

钢铁般的誓言,在风雨中回荡,抗日壮士将要踏上征途。

9月16日,朱德率领八路军总部和一二九师,继一一五师和一二〇师之后到达韩城县芝川镇,决定从这里东渡黄河,奔赴华北抗日前线。

(刘学民)

打破日本"皇军"不可战胜的神话

朱德指挥武器装备比较差的八路军,与有飞机、大炮、坦克等现代化武器装备的日军作战,在平型关大败日军,打破了日本"皇军"不可战胜的神话。

在抗日前线,朱德就要指挥武器装备比较差的八路军,与有飞机、大炮、坦克等现代化武器装备的日军作战了。身经百战且具有丰富作战指挥经验的朱德,早就思考过如何与日本侵略军作战的问题,并对自己率领由红军改编而成的八路军战胜日本侵略军充满十足的信心。他深信,八路军是一支无坚不摧的军队。因为这支军队在长达十年的战争实践中,不仅"锻炼了成千成万不畏牺牲、不避艰难的干部",还"创立了灵活的、巧妙的、任何强敌都为之战栗的游击战术","建立了完善的、系统的政治工作制度",并"在广大群众中播下了新的为民族解放而斗争的种子"。因此,在他看来,"日本并不是那么可怕的魔鬼",最后的胜利一定属于中国。但是,朱德也时刻提醒自己,决不能忽视日本具有强大的侵略力量,"否则,将会犯轻视敌人的严重错误"。因此,朱德更深知自己肩上的担子有千斤重。

朱德回到八路军总部五台县南茹村,经对敌情认真分析,判断出正积极准备进占德州、石家庄、太原、归绥(今呼和浩特市)的日军,随着后方联络线延长和兵力疲劳,加以进入山地部队给养困难,一旦进攻山西之平型关、浑源、雁门关、杀虎口地带,其重炮、坦克均不能发挥威力,甚至不能使用。进而认为八路军支持华北局面,尽可能保障山西持久战是有可能的。经与彭德怀、任弼时商量,决定在山西开展群众游击战争,并于1937年9月21日联名发布训令,命令八路军各师实施战略展开。第一二〇师主力向左云方向,进行灵活的游击战,首先是在宁武、朔县、神池、五寨、平鲁、右玉和林格尔、清水河、偏关、河曲、保德地域组织游击队,并派得力干部领导。王震率第三五九旅第七一七团,进至五台北豆村镇、台怀镇地域,准备适时相机参加战斗;第一一五师陈光的第三四三旅控制于上寨镇附近,小部经常袭击扰乱灵丘、涞源之敌;徐海东的第三四四旅最好位于阜平东北,随时协助陈旅,相机袭击由灵丘向平型关西进或由涞源向平汉路南进之敌,在可能条件下组织有力挺进游击队,深入紫荆关、蔚县、涿鹿之间活动,收编散兵,发动群众的游击战争。从陕北最后开出的第一二九师预计到达正太路以南,在辽县(今左权县)设后方机关,掩护并开展太行山脉之群众工作。训令还特别强调,八路军"应以机动灵活的袭击,求得消灭敌人小部,兴奋友军,转变呆板死守的战术,造成持久胜利的发展"。八路军的这种战略部署,主要是吸取国民党军节节防御的教训,不死守一处,而专门袭击日军后方。后来,朱德这样阐述说:国民党军"节节防御的办法","这样摆起来,要想处处防守,结果是什么地方都没有防守住"。"我们八路军专门打敌人的侧后

※ 平型关战斗中第一一五师指挥所。

方。八路军8月渡河，9月参加作战，首先，我们就决定把八路军用在敌人的侧后方。"

八路军的这种战略展开，既有利于进行独立自主的山地游击战，又能随时在有利条件下配合国民党军作战。只要日军打到平型关，必将遭到八路军的袭击。

第二天夜晚，日军坂垣第五师团打到平型关来了。平型关为长城九个主要关塞之中坚，北为恒山，南为五台，位于山西内长城东端，为晋东北重要门户。为守住平型关，国民党军在正面与该敌发生激战。阎锡山立即电告朱德，并根据事先的商定要求八路军配合作战。朱德接到电报后，与彭德怀决定让正奉命由灵丘向平型关方向前进的第一一五师，"应即向平型关、灵丘间出动，机动侧击向平型关进攻之敌"。于是，八路军第一一五师奉命火速赶至平型关以西之大营镇集结，旋即在平型关东北关沟到东河南村长约十余公里的公路两侧设立预伏阵地，张网以待。

精锐而骄傲之敌，其警戒异常疏忽。9月25日晨7时许，日军第五师团第二十一联队第三大队及部分辎重部队，以100余辆汽车在前、200余辆辎重居中、少数骑兵殿后的方式，沿灵丘至平型关公路自东向西，浩浩荡荡地开进了八路军第一一五师的伏击地域。第一一五师立即以突然勇猛的动作全线猛烈开火，毫无戒备的日军顿时汽车相撞、人喊马叫，乱作一团。八路军乘机给枪上刺刀，如猛虎般地冲向被围日军，在短兵相接中将敌军分割包围。被压缩在狭谷中且伤亡惨重的日军企图向北突围，经组织后拼命向八路军占领阵地老爷庙反扑，"各自为战"地做困兽斗。下午1时许，被围日军集中起来再次向老爷庙高地猛扑。尽管有数架敌机在空中盘旋，但因战斗双方交织在一起，飞机发挥不了作用。在八路军的英勇反击下，敌军的反扑被打退了。之后，八路军乘胜将被围敌军全歼。接着，根据与国民党军达成的协同作战、共同歼灭该地区之敌的计划，八路军第一一五师又以连续作战的精神，集中主力向平型关正面日军阵地东跑池盆地发起进攻，并于当日黄昏抢占了周围高地，使东跑池日军处于包围之中，"将敌一个旅团完全击溃，一半被消灭"。然而，由于国民党军没有按计划派兵出击，以致被围敌军得到增援，乘机向浑源方向突围，从而导致其不能够顺利地扩大战果，绕击进攻茹越口之敌。

日军完全没有料到会在平型关作战中输给了八路军，不仅被毁汽车100余辆和马车200余辆，被缴去步枪1000余支、机枪20余挺和火炮1门以及大批军用物资，还葬送其精锐第五师团第二十一联队第三大队1000余人。日军在八路军面前打了"七七事变"以来第一个真正的败仗。

八路军在平型关的胜利，是中国军队在正面战场上给敌军主攻方向的一次有力的打击。它迫使敌军部分地更改了作战部署，改从平型关和雁门关之间突破晋北防线，向太原以北进犯，从而为国民党军准备下一次忻口战役赢得了时间；它创造了载入史册的"平型关式"、"聚而歼之"的战术，为中外军事家所称赞；它打破了日本"皇军"不可战胜的神话，给中国军民以很大的振奋，并且极大地提高了自信心。八路军的胜利，还给国民党军队以鼓舞，他们看到八路军的武器比他们的差得多，还能够打胜仗，进而相信自己一定能够和敌人拼一下。

平型关战役结束后不久，日军第五师团攻破茹越口，并由茹越口绕至雁门关至平型关险口之侧后，继而侵占大营镇、繁峙等地，在大营镇附近集结和整顿兵力。国民党军第二战区司令长官阎锡山见内长城防线被敌军突破，太原形势十分危急，为了挽回危局，决定缩短战线，集中兵力于忻口附近，利用忻口要隘与日军决战。

10月13日，日军坂垣征四郎中将指挥第五师团，独立混成第一、第二、第十五旅团，大泉支队、堤支队，萱岛联队等部，采取中央突破战法，向国民党军忻口附近阵地发起猛烈进攻。忻口战役开始了。

忻口战役开始后，朱德指挥八路军主动配合国民党军作战，以灵活机动的战术袭击日军左右两翼之远近后方，破坏和切断其交通运输，阻断其接济与增援。忻口战役期间，八路军前后发起大小战斗共计40余次之多。其中著名的战斗，是1937年10月19日，八路军第一二九师第三八五旅第七六九团夜袭阳明堡机场，一举焚毁敌机20余架，歼敌100余人。在不断战斗中，八路军曾彻底截断平型关、蔚县至张家口的交通线，并乘势克服了平型关、繁峙、砂河、大营、灵丘、广灵、涞源、浑源、蔚县、阳原、易县、完县、唐县、行唐、平山等广大地区，进而扰乱与破坏平汉、平绥铁路；曾数次占领雁门关，将大同至崞县公路上的桥梁、电线等破坏，阻挠和迟缓敌军的增援。在八路军的不断打击下，敌军的辎重时而中断运送，时而不得不用大的兵力附工兵与重兵器掩护，但途中仍然不断遭到打击，被迫节节修路前进。在这种情况下，贵族军队的日本"皇军"也因为有时牛肉和饼干来源断绝而不得不被迫吃小米时，官兵相对哭泣。

八路军在敌后两翼的破坏和扰乱，极其有力地配合了忻口国民党军的作战，第二战区司令长官阎锡山在给南京的密电中多次予以肯定。10月19日，他给蒋介石的密电中，称八路军第一一五师在平型关、广灵等地区，第一二○师在崞县、原平、雁门关等地区和第一二九师在繁代地区"游击"。20日，他在给何应钦的密电中说：八路军的一个营"驰抵雁门关，破坏交通，敌急由崞县、繁峙调兵两团进击，战斗甚烈"。10月27日，他在给何应钦的密电中又说："八路军游击结果，宋支队漾日黄昏在周徒附近埋伏，遇由大同开广武之敌汽车32辆，毁车18辆，毁其所载粮弹，并俘日兵十余名，获轻机枪步枪十余支、军

※ 忻口战役后中国士兵检视缴获的日军部分武器。

刀数十把,敌伤亡百余名。该敌系关东军独立守备队步兵第十七大队第一中队。我张旅之七一五团将敌骑百余击溃于北岗上,获马30余匹,轻机枪、步枪数十支。又,王旅刘团一部,梗埋伏于王董村附近,遇由崞县北开之敌汽车80余辆,当毁其汽车24辆,获步枪十余支,子弹2箱,军毯数十条。"10月28日,他在给何应钦、孔祥熙的密电中说:"八路军游击结果,刘师七七二团第三营于宥日在七亘村侧击西进之敌100余人,获骡马100余匹,敌一部已解决,一部尚在包围中。林师杨支队有日黄昏占领广灵后,乘胜尾追,于宥拂晓袭占蔚县城。该队连日与敌激战,敌伤亡三四百余人。又,林师东进挺进队于有日袭占唐县,获步枪10余支,宥日袭占平汉路之清风店车站,敌守兵向望都逃去。"

由于国民党守军英勇顽强作战,也由于八路军在敌后的有力配合,忻口战役取得了歼敌近万人的重大胜利,创华北战场上大举歼敌的最高记录。

不幸的是,忻口战役的胜利却被晋东战线国民党军的失败所淹没了。津浦、平汉线上刘峙指挥的部队未采取积极的进攻，没有依靠太行山脉侧击或扰击敌人。敌人占领保定后，又突进150公里抵石家庄，然后遣主力长驱南进，并以第二十师团之一部向娘子关进攻，以策应其忻口作战。在娘子关吃紧之时，为配合东线国民党军打击西进之敌，以巩固东面阵线，朱德派出八路军一部转移于正太铁路以南，向敌采取积极的攻击行动。日军川岸文三郎第二十师团附第一〇八、第一〇九团，于11月2日进至平定以西地区，与八路军作战。八路军以少数部队扼敌先头，占领马道岭，滞迟敌军行动一日余，并杀伤不少敌人，直到不能遏止时才撤退。敌军占领沾尚、松塔向榆次前进。八路军第一一五师第三四三旅于11月4日在广阳附近设伏，侧击西进之敌，截住川岸师团司令部、经理部及辎重部队等。经激战，将敌军切为两段，并一举歼敌近千人。该敌被切断后首尾不能相顾，只得日夜占领阵地固守。这样就破坏了日军两个师团的行军序列，迫使其前后增援广阳。西进的这股日军就这样被八路军滞迟达7日之久。敌军因害怕八路军袭击，最终被迫由南折北再转西进。然而，防守娘子关地区的陕西军、四川军和云南军因指挥失误，放弃阵地，致使敌军越娘子关，直逼太原。八路军为挽救危局，协同国民党军保卫山西大部领土之完整，曾以一部主力由五台以北急向东线驰进，但在部队未达预定地点以前，娘子关、旧关已被日军攻破。这时，国民党军队各部分离，阳泉、寿阳相继陷落。参加忻口作战的部队相继撤出阵地，开始向太原以北青龙桥既设阵地转移，协力掩护太原。傅作义部奉命防守太原。日军以飞机猛炸及机械化部队跟踪追击国民党军，至11月8日对太原发动猛攻，午夜攻入北城。傅作义见大势已去，乃率部撤出太原。太原遂沦于敌手。

在平型关战役和忻口战役期间，朱德因忙于指挥八路军作战，无暇修理的胡子长得浓密、坚硬、深黑。有一些记者，常常到总指挥部也找不到采访他的机会。平型关战役后不久，朱德坐在一张小凳上由理发师理发时，三名中外记者才抓住一个采访机会。他要理发师简单地理完发，就招呼记者走进一间大房间，里面挂满从房顶直垂到地面的军用地图。朱德根据记者的要求，先是详细地介绍日军和中国军队的阵地，然后简略地概括八路军的战略战术说：

> 在战略上，我们打的是持久战，消耗敌人的战斗力量和补给。在战术上，我们打的是速决战。因为我们在军事上比敌人弱，我们永远避免阵地战，而混合使用运动战和游击战，打击敌人的有生力量。同时，我们发展游击战，扰乱、吸引、分散和消耗敌人。我们的游击战给敌人增添了很多困难，这就便于我们的正规部队在有利情况下展开运动战。

※ 朱德在山西洪桐县八路军总部会见美国记者露丝等人。前排左起：康克清、露丝、丁玲。后排左一左权，左三朱德，左五彭德怀。

当记者问到八路军将来的作战计划时，朱德扼要地说：

我们的计划是要在全华北和西北山区建立许多敌后根据地……从这些根据地，我们可以攻击敌人的部队、碉堡、战略据点、军火库、交通线、铁路。毁坏了这些目标以后，我们的部队就转移，攻击其他地方。我们要巩固和利用这些根据地，从而扩大我们的作战范围，好把我们的战略防御阶段转化为战略性进攻。

一个中央社的记者，到八路军总部来了许多次，终于在朱德从前线回来时如愿以偿。他的笔下留下了这样的报告：

下午，我们又去总指挥的办公室，一个穿士兵衣服、戴眼镜、满脸胡子的人站在门口，我们几个人都未十分注意，而跨进了门。可是他们参谋长立刻过去，向我们介绍，这位是朱德指挥,刚从前线回来。这时我们的内心真是无限的惭愧。可是这实在也难怪,他们没有符号,没有领章,更没有一般高级长官的派头,额上也不刻着字,你说一个不相识的人,分别出谁是长官,谁是士兵?……他开始和我们谈话,同样没有什么寒暄和客套,要谈他所要谈的话,很缓慢而很有力,态度是很沉着而刚劲,言语间很少含有理论,好像每句话出发点,都根据着事实上的体会或经验……虽仅有一天的晤谈,他们起初给我的平凡印象,已被不平凡的谈话、特殊的风度,完全冲破了。的确是的,世界有许多不平凡的人,常常在一副平凡的外表下隐藏着。

(庾平)

寄语家乡父老

朱德在抗日前线写给家乡好友的信,讴歌了在艰难岁月里英勇杀敌的抗日将士,对于全国军民齐心抗战起着巨大的鼓舞作用。

1937年11月中旬,上海失陷。朱德率八路军总部转战于沁源、安泽、洪洞县。27日,朱德在洪洞战地写信给在四川泸州的戴与龄。戴与龄是朱德幼年好友、中学同学,在滇军时任朱德旅部军需。信中希望戴与龄为抗日统一战线做些工作。朱德一心为国,无力顾家,家中困难只好求助好友。信写得十分感人:"与龄老弟:抗战数月颇有兴趣。日寇虽占领我们许多地方,但是我们又去恢复了许多名城,一直深入到敌人后方北平区域去,日夜不停地与日寇打仗,都天天得到大大小小的胜利,差堪告诉你们。昨,邓辉林、许明扬、刘万方随四十一军来晋已到我处,谈及家乡好友,从此谈话中,知道好友行迹,甚以为快,更述及我家中近况,颇为寥落,亦破产时代之常事,我亦不能再顾及他们,唯家中有两位母亲,生我养我的均在,均已80尚健康,但因年荒,今岁乏食,想不能度过此年,又不能告贷。我十数年实无一钱,即将来亦如是,我以好友关系向你募贰佰元中币,速寄家中朱理书收。此款我亦不能还你,请作捐助吧。望你做到复我。此候近安。"

朱德后来又曾两次致书戴与龄。据戴与龄子女回忆,前一封信是要他招三千个民夫奔赴华北战场,后一封信说前线已把人民群众发动起来踊跃参军、支前,要他不要再招民夫。

※ 1937年4月，朱德在延安和原红军大学部分人员合影。前排左一莫文骅，左三起：罗瑞卿、朱德、杨立三。后排左四林彪，左七罗荣桓。

12月13日，南京失陷，日军开始大屠杀。朱德对国家危亡深感切肤之痛，本月中旬在八路军总部会见美国人卡尔逊说："我们相信，中国能够抵消敌人的现代军事装备和组织优势的，是发展一种包括全民在内的抗战。"26日，朱德给家乡同学许小鲁（30年代前后曾任国民党军旅长，后返县闲住，为教育事业做过一些事）和刘抱清（30年代曾任南部等县县长，后在川康绥靖公署做事）复信，希望大家努力建立统一战线，军民共同协力抗战，驱逐日寇出中国。信虽简短，报国之心洋溢于字里行间："吾辈幼年曾闻亡国之痛，彼此奔驰已数十年矣，至今吾辈即身尝之，此等滋味实不堪忍受。弟本此怕亡国，观念始终，即与日寇作有秩序长期之抵抗，以期吾民族及吾国不亡耳，何敢言功！但处此国家危亡之际，国人应尽匹夫有责之古训。大家努力建立统一战线，以期达到军民抗战之实质，才能驱日寇出中国。两兄在川祈努力统一战线工作是荷。"

进入1938年，朱德率八路军总部仍在洪洞指挥部署作战，2月20日率总部向太行山区挺进。此前三天，朱德赴临汾会晤第二战区司令长官阎锡山和第十四集团军总司令卫立煌，共同制订作战计划，鼓励阎锡山坚持抗战，不要退到大后方，并与卫立煌长谈。也就在这一天，朱德提笔给曾在德国留学时的同学张从吾（曾在仪陇中学任教多年，建国后曾在北京图书馆工作）写信。信中谈了战情、家事和浚明（孙炳文，共产党员，在"四一二"政变后被蒋介石下令杀害于上海）夫人任锐及其儿子宁世、济世和女儿维世的情况，未能忘却老朋友。复信说，"元旦信收到，相别十余年如同睹面，甚以为快。""近来华北抗战较去年更为艰苦，日寇拟占领全中国，近已迫攻西北，必先扫荡我华北抗日根据地。近二三月来苦战于河北山西，虽说自己有些损失，但给敌人的打击消耗杀伤亦特为大，因此日寇恨我们刺骨，我们也得日敌之深恶毒恨为无上光荣。坚持华北抗战当能持久。德虽才薄能鲜，爱国当不敢后人，以慰故人之希望。德自滇出国后，即以国事为重，家无私生活可言。云生已当兵三年。参加了上海战事，近已入抗大，毕业可走入革命轨道。浚明亡后，其全家均能继续革命，孙泱即宁世现在我处工作，有父风，颇过之而无不及，济世在河南，亦是干材。维世亦聪明绝顶，后生可畏，革命必期成功就在此。浚明夫人任同志亦到延安工作，特此告。我家中寥落死亡过半，无一兴起者，朱理书虽在成大毕业，在本乡教书，无大志。朱尚书已死在成都。大哥、二哥、朱炳、朱贤、朱均（朱炳为朱德四弟，朱贤、朱均为朱德的侄子）均死去。我函家中幼辈再出救国，必可培植成材。过去封建眼光教人，实害之也。专此致复，并问嫂夫人好。如有暇，请多访问新华日报夸国人即得知近况。"

7月5日，朱德离开八路军总部回延安参加中共六届六中全会，8月25日方抵延安。一路上风尘仆仆，仍不断做统战工作。8月11日，他给四川省主席王缵绪写信，勉励其为巩固和扩大统一战线，为抗战建国大业奋斗到底。8月21日分别致书川康绥靖公署主任邓锡侯和云南省主席龙云。8月中下旬，朱德在西安两次去看望养病的原云南讲武堂老师李根源，并托他捎去这三封信。

朱德给王缵绪的信中写道：

"戎马倥偬，疏于问候，良用疚歉。此次驱敌寇于河滨，乘机拜谒诸长官，报告华北战情，借此作书，聊申萦念之殷，并致意于川中父老兄弟。

※ 1937年春,朱德、毛泽东等和中国人民抗日军政大学部分人员合影。

"抗战军兴,吾川对国家民族,殊多贡献。省中健儿在南北各战场上与全国友军携手并进,以头颅捍卫国土,以鲜血换取民族的独立和自由,为川人增加许多光辉。西望故土,殊令人兴奋鼓舞不置。

"华北沦于敌手,寇焰到处,庐舍为墟。然敌人空前残暴,适足以更加强我军民抗战之勇气与决心,更巩固我团结之精神。一年以来,华北抗战已有不少进步。机动而灵活之运动战,与游击战之运用,广大群众之群起参战,政府军队民众的打成一片,使敌人在华北各地节节受挫,不得不局限其活动于交通要道及少数重要城市,并且在华北已能建立许多重要根据地。展望前途,殊觉无限光明。

"然敌寇虽消耗巨量实力,内外困难日增,而其冒险之野心,恐将愈加疯狂。在坚持抗战到底、争取最后胜利的任务中,今后四川将肩负更重大之责任。吾见领袖群伦,深信

※ 1937年，朱德在延安给红军指战员作报告。

必能巩固并扩大统一战线，组织人民，动员物资，为抗战建国大业而奋斗到底。"

朱德给邓锡侯的信中写道：

"此次乘便渡河一视，及睹后方紧张忙迫之工作，藉以问候吾兄起居，并致敬川中父老，殊觉快慰。

"抗战以来，吾川对国家民族已有极大贡献。省中健儿在南北各战场上，与全国友军携手并肩，以头颅热血完成捍卫民族生存之神圣任务。尤其在山西战场上，与八路军协同作战，英勇奋发，为吾兄震声威，为四川添光彩。弟虽久别家乡，而此可歌可泣之战史，亦使人兴奋鼓舞，欢跃不置也。

"敌寇披猖,有加无已,半壁版图,痛易颜色,千万同胞,沦为人奴,然一年抗战,已使敌人内部危机加剧,国际困难日增,其人力亦渐趋枯竭。故今后坚持持久抗战,争取最后胜利,虽其条件更艰苦,其责任更重大,而距离胜利则更迅速。争取抗战胜利之首着,在于持久战;进行持久战之必要条件,则为巩固扩大统一战线。年来日寇侵略,虽予吾人以不小损失,但吾人仍拥有广大之领土,众多之人民,充足之富藏与无限潜在抗战力量,诚能发挥此种力量,实行军民一体,上下一致,各党各派弃旧嫌,抛宿怨,结四万万之心为一心,凝四万万人之力为一力,变敌人后方为前线,加强各战场之战略配合,则驱逐敌虏,收复失地,建设独立自由幸福之新中国,当指日可期。

"目前四川已成抗战的重要根据地,其丰厚之富源,英俊之人才,正大显身手之时。吾兄雄姿英发,深信必能根据抗战建国之最高原则,发扬民气,组织民力,表现川人在民族解放搏斗中的模范作用。西望蜀云,无住翘企。"

※ 1937年9月中旬,朱德率八路军主力由陕西东渡黄河开赴抗日前线。这是朱德(前排右起)、任弼时、左权、黄鹄显等在渡船上。

※ 朱德：《寄语蜀中父老》。

1938年春，他给家乡马鞍场绅士、同学宁相齐等写过一信，希组织一担架队上前线支援八路军抗战。家乡人颇为兴奋，报名踊跃，不到半月即达两千人以上。后经选择，决定去一千人。但如此庞大队伍上路需一大笔路费，于是派人赴成都请求仪陇旅蓉同乡会募捐。消息走漏，被《中央日报》公布，时国民党当局已在限制八路军发展，四川省政府令仪陇县政府制止集中，致使壮举未能实现，实在令人惋惜。

朱德的这些书信和他于1939年冬在抗日前线写的讴歌在那艰难岁月里英勇杀敌的抗日将士的五言诗《寄语蜀中父老》一样，对于全国军民齐心抗战起着巨大的鼓舞作用。诗云："伫马太行侧，十月雪飞白。战士仍衣单，夜夜杀倭贼。"

（张继禄、文勇）

和卫立煌促膝长谈

> 朱德和卫立煌在一次长途行车中的促膝交谈，谈得很投契。朱德所讲的抗日救国道理，给卫立煌留下非常深刻的印象。

1938年1月12日，晋南重镇——临汾，天寒地冻，万里披银，加上雪后初晴，显得洁白如银。下午4点左右，八路军总司令朱德与副总司令彭德怀，师长林彪、贺龙、刘伯承和副参谋长左权一行到达临汾。拟同第二战区将领一道前往洛阳参加蒋介石召开的一、二战区军事会议。时任第二战区副司令长官兼前敌总指挥的卫立煌听到朱德一行到来感到格外高兴。

卫立煌对朱德慕名已久。没见面前，在忻口会战中，他们指挥部队协同作战，彼此对对方都有了很深的印象，但一直未能谋面。卫对这个曾担任红军总司令、闻名全国的大英雄是个什么样子难以猜想。可一见面，朱德那平易近人、谦虚忠厚、艰苦朴素的作风，与自己熟识的那些追逐豪华排场、妻妾成群、阴险毒辣的"总司令"相比简直有天壤之别。他热情接待朱德一行，并陪同他们一道前往洛阳。

去洛阳途中，卫立煌与朱德坐在一个车厢，两人有了一次难得的长谈的机会。为了想更多地了解朱德这个传奇式的人物，交谈一开始，卫立煌便以浓厚的兴趣询问朱德的过去。当卫立煌听到朱德出身贫寒，为追求真理，参加同盟会，追随孙中山的经历后，感到和自己青年时期的情况颇为相似，情感上产生了共鸣。从不喜欢谈论自己经历的朱德，在与卫交谈中也了解到这个有名的"剿共"将军，抗战爆发后，能服从大局，以军人的天职奋起抗日的思想变化。同时也了解到他对共产党及其所领导的八路军还存有相当的偏见，对抗战信心还不足。于是，朱德进一步以过去几十年来中国人民反对帝国主义、封建主义斗争的实际，向卫立煌讲了许许多多生动感人的故事，阐述了自己的信仰和追求。当卫立煌问及八路军在装备简陋、力量悬殊、条件恶劣的情况下，仍然士气高昂、连打胜仗的原因时，朱德没有直接回答，而是首先历数了自中日甲午战争以来，日本帝国主义在中国犯下的滔天罪行，以及中国人民抗击日本侵略者而英勇斗争的历史，然后向卫立煌介绍了中国共产党的抗日方针、政策和主张。他说，我们的战士和指挥员在抗战中明白自己为什么而战斗，他们都有一个救国保民的坚强信念，至死都不能把他们分开，只要剩下一个人也能继续战斗。我们的官兵是一致的，相互平等，废除了封建打骂制度，实行官兵同甘共苦。特别是我们的军队和人民犹如鱼水，军队有铁的纪律，对人民秋毫不犯，又为人民谋

※卫立煌（1897—1960），字俊如，汉族，安徽省合肥人，抗日爱国将领。

利益得到广大人民的拥护和支持。

　　在这次长途行车中的促膝交谈，谈得很投契。朱德所讲的抗日救国道理，给卫立煌留下非常深刻的印象。朱德对卫立煌出身贫寒、为人正直的印象也很好。从此，两人之间的友谊开始建立起来。

（王少钰）

"为国捐躯"之谜

> 日本侵略军以为朱德和八路军总部在屯留县的"故县",立即命令十几架飞机在故县上空一通狂轰滥炸。他们以为朱德被炸死,各报也刊载了朱德"为国捐躯"的消息。

1938年2月28日,在大后方武汉。

一夜之间,爆出了抗战以来最大的新闻,报童们在中山大道,在江汉关,呼喊叫卖着:

"八路军总司令朱德为国捐躯!"

"民族英雄朱德以身殉国!"

"十八集团军总司令朱德战死在华北抗日前线!"

报纸的号外满天飞扬,各种传闻不胫而走。新闻界闹得纷纷扬扬,老百姓一时间也难辨真假。

国民党顽固派正在幸灾乐祸,巴不得这是千真万确的事实;一些头脑清醒的爱国者,认为在没有看到共产党的报道前,不能轻信;各界的爱国民主人士心急如焚,莫衷一是。八路军驻各地办事处,不时接到电话,询问朱德总司令的安危。新华日报社也向延安发去电报,探询"朱德将军有无危险"。

在延安的党中央、毛主席也给八路军总部发来急电,询问情况,特别提到朱总司令所在位置在哪?要求立即回电。

一时间,满天乌云,漫天风雪。到底在抗日前线发生了什么事情?

原来是这么一回事。

风云骤变。一进入1938年,山西的战局日趋紧张。日本侵略军依照大本营的部署,企图先集中兵力侵占全华北,不断地从其他方向调来几个师团。这时,华北的总兵力已增加到十一个半师团,重点就在山西。在山西重点计划是发动晋西南战役,日本鬼子攻占的第一个目标就是临汾。敌人杀来两路兵马:一路沿同蒲铁路南下,直取临汾;另一路沿平汉线西进,过东阳关,经黎城、潞城迂回临汾。

正在这时,朱德总司令率领八路军总部从洪洞向晋东南转移,去建立太行山根据地。随行人员有副参谋长左权和总部机关的参谋人员,另外还有总部警卫通讯营的两个连,约二百多人。

这一天，朱德率部行军到安泽县的岳阳镇时，突然传来消息说，前面不远发现敌情。

朱德立即派人去侦察。侦察员很快就回来报告说：

"敌军苦米地旅团约三千人，是去攻占临汾的。前卫部队正在快速前进。"

军情紧迫，如何决断？

一位参谋建议说：

"可否给临汾的友军发个急电，通报一下敌情。我们立即甩开公路，向南面山区转移。"

久经沙场的朱德，深知在与敌人遭遇时，来不得丝毫犹豫。他说：

"电报可发。但是，我们绝不能撤！一定要顶住敌人，给临汾的军民争取几天备战和疏散的时间。"

朱德身边的参谋人员，多数是跟随他从九死一生中闯过来的，都知道军令如山，不允许讨价还价。但是，眼下的形势让人太担心了。

打仗，毕竟不是做游戏，而是生死搏斗。一个营对付一个师团，二百壮士拖住三千鬼子，敌我力量的悬殊，是显而易见的。但是，他们从亲身实战的体验中，有一个坚强的信念，那就是只要有朱总司令指挥，就能胜利！他们相信朱德自有战胜敌人的办法。

23日，鬼子兵没放几枪，轻易占了良马镇，就更加肆无忌惮，觉得他们是大军开进，如入无人之境，气焰嚣张，不可一世。在通往临汾的大道上，浩浩荡荡，耀武扬威，毫无警戒，一直向西开拔，并传下命令：

"今天要到达临汾城下！"

好梦不长。鬼子快速行进中，在三不管岭碰上了钉子。劈头盖脑一阵枪声，把鬼子的先头部队压住了。他们趴在公路旁，不敢前进一步，这时才醒过梦来："不好了，前面有八路军！"

这一带正是太岳山的南端，山高林密，一条公路蜿蜒而过，是阻击敌人再好不过的地形。朱总司令让左权带着两个连和安泽县自卫队，去同鬼子周旋。他们依据地形组织了防御纵深，采用节节抗击战术，在山势险要地段设下几道防线，抗击鬼子前卫部队前进。

在第一道阻击线上，只部署了两个班，就把鬼子给镇住了。

鬼子兵不敢前进了，枪声也停了。

过了好久，鬼子没有发现异常情况，便搜索前进。但是，一扫那种挺胸腆肚的"皇军"威风，个个都像惊弓之鸟，提心吊胆地端着枪，猫着腰一步一步往前挪，生怕从山上杀出一队"八路"来。

※ 左权（1905—1942），字叔仁，中国工农红军和八路军高级指挥员，著名军事家。他是八路军在抗日战场上牺牲的最高指挥员，周恩来称他"足以为党之模范"，朱德更是赞誉他是"中国军事界不可多得的人才"。

天不转地转，山不转路转。鬼子兵刚刚转过一个山弯。突然，又是一阵枪声，而且还飞来了几枚手榴弹，炸得小鬼子鬼哭狼嚎，乱作一团。这是八路军设下的第二道阻击线，就是要打他个措手不及，就是要叫他不得安宁，就是要他不敢前进。鬼子兵哪受得了这种捉弄，早已气急败坏，嚎叫着冲向丛林。这时，警卫部队早已转移阵地，他们连个人影也没看见。

枪声停了。鬼子兵以为是遇上了游击队，是一场虚惊，在当官的指挥下，又大模大样地开始赶路，因为今天的目标是临汾城下。

哪晓得，左权带着警卫部队已设下了第三道阻击线，正在前面等着他们呢！

又是一阵排子枪和手榴弹，比前两次来得更猛烈更突然，打得鬼子兵蒙头转向，血肉横飞。

几个日本侵略军的头目，抽出东洋刀，拼命地叫嚷着：

"冲过去，冲过去！不要停止前进！八路的，不要怕！"

被驱赶的鬼子兵，端着"三八大盖"向两边的丛林冲去，向公路的前方冲去。子弹在鬼子头上飞舞，手榴弹在敌群中开花。

警卫部队神出鬼没，打打停停，节节抗击。三千鬼子被拖在太岳山的盘山道上，既不能集中，也不能展开，前进不得，后退不成。纵然人多势众，武器精良，也无法施展开来，只能处处挨打。他们离临汾城，少说也有一百里。

24日，左权带着警卫部队同鬼子又周旋了一天。敌人没有前进多少，更没占到什么便宜，而且还送掉不少性命，丢了不少武器装备。气得一直在叫骂：

"八路的，狡猾，狡猾！"

"八路的，良心的通通坏了！"

当官的拿鬼子兵出气，像赶羊似的驱赶着小鬼子到处冲杀，到处放枪，哇哩哇啦的吼声在山谷中回荡着。

25日，鬼子不知从哪得到了准确的情报，弄清了阻挡他们前进的不是八路军的大部队，只是一支小分队，尤其让他们震惊的是指挥着这支小分队的竟然是威名赫赫的八路军总司令朱德。由此，他们判断八路军总部可能就在这里，立即报告了侵华日军华北方面军司令部，要求空军来支援，彻底消灭这支小分队。

当时，朱总司令和八路军总部，正战斗在安泽与良马之间的古县镇一带。日本侵略军的空军接到出击的命令后，就摊开了作战地图，在山西省的南部寻找古县的位置。

自以为是"中国通"的几个侵略军头目，凭着他们所认识的几个汉字，趴在地图上东找西寻，终于在屯留县的西北方向找到一个"故县"，如获至宝。他们认为这就是要轰炸的目标。立即命令十几架飞机起飞，到了故县的上空就是一通狂轰滥炸。转眼间，一个个好端端的和平村镇被炸毁，成百上千的无辜百姓惨遭杀害。故县在流血，故县在流泪，故县变成一片火海。鬼子的空军为了报功领赏，谎报战绩说：

"目标已全部消灭，再未见一个八路！"

其实，他们压根儿就没有见到八路军的影子，是他们自作聪明，把"故县"当成了"古县"。

这时，朱总司令安然无恙，仍在古县一带指挥着战斗。已经把敌人拖了三天了，但终究这不是久留之地，此次行动的目标是建立太行山根据地。副参谋长左权非常关心朱总司令的安全，他觉得万一有什么意外的事情发生，就不好向党中央和毛主席交待。他再三向朱总司令建议：

"把鬼子拖了三天，为友军赢得了时间，该撤了！"

"敌人已知道我们不是大部队，正从四面八方围拢来，该转移了！"

"现在，四面枪声不绝。鬼子兵不再夺路前进，而是朝着我们扑来。情况非常紧急，

※ 朱德和贺龙、徐向前等在一起商讨军情。

再呆在这里就很危险。"

到了25日傍晚,情况更加危急。敌人的炮弹不停地在总部附近爆炸,枪声越来越近,子弹在头顶上呼啸而过。朱总司令非常沉着地率部甩开大路,转移到路南的刘垣村。

恰好这时,后面总部警卫团新建的警卫通讯第二营的两个新兵连赶到了。他们人虽然不少,可没有枪支,每人只有两颗手榴弹。朱总司令非常高兴,他觉得这是锻炼他们的一个好机会,应该让他们同鬼子拼搏一下。

说巧,也真巧。这时,鬼子的后续部队过来了。从侦察的情况得知,过来的是由许多大车组成的鬼子的辎重队。

朱总司令亲自组织新兵们打了一个伏击战。两个新兵连在警卫部队的掩护下,埋伏在敌人必经的大路旁。当敌人的辎重队进入伏击圈后,一声令下,二百多颗手榴弹一齐投向敌群。鬼子军死的死,伤的伤,辎重全部被缴获,不仅有枪支弹药,还有不少军需物品。这一仗打得干净利落,炸毁敌人大车几十辆,歼灭一部分鬼子。更重要的是两个新兵连不仅得到了锻炼，还用缴获的武器武装了自己。

朱总司令以他那大智大勇的英雄气概，冲出了日本鬼子的包围，胜利地到达了太行山区。"为国捐躯"是敌人造的谣言。朱总司令正威武地站立在太行山上，指挥着千军万马为中华民族的独立而浴血奋战。

（刘学民）

响堂铺伏击战

> 朱德邀请友军观看了响堂铺伏击战。国民党第三军军长曾万钟无限感慨地说："朱德、彭德怀、刘伯承、徐向前个个都是身经百战的战将。正因为他们敢打敢拼，日本鬼子才会闻风丧胆！响堂铺伏击战，令人钦佩，可敬可贺！"

在八路军连战连捷、军威大振的形势下，朱德于1938年3月2日，就任了第二战区东路军总指挥，除指挥八路军外，国民党军的第三军、第十七军、第四十七军、第十四军、第九十四师、第十七师、骑四师、第五二九旅和山西青年抗日决死第一纵队、第三纵队也归他指挥。

3月24日，朱德在八路军总部所在地——沁县城南的小东岭，召开东路军将领会议。参加会议的除八路军第一一五师、第一二九师的负责干部外，还有山西第三行政专员公署专员兼决死第一纵队的领导人薄一波以及国民党军第三军军长曾万钟、第四十七军军长李家钰、第九十四师师长朱怀冰等国民党将领三十多人。当时，日本侵略军长驱直入、几十万国民党军望风而逃，溃不成军，华北的广大地区已成为沦陷区。许多国民党的高级将领因为临汾失陷，阎锡山逃往黄河西岸，而对坚持敌后抗战失去信心。

朱德在小东岭会上，先分析了形势，说明抗日战争是一场反对侵略的正义战争，不管打多少年，最终我们一定会胜利的。然后，根据抗日战争的特点，他提出要广泛开展游击战争，并结合着八路军在敌后开展游击战争的战例，讲了游击战争的战略战术。国民党的将领听了后，有的频频点头称赞，有的还是顾虑重重，总觉得八路那一套学不来。会后，为了传授八路军开展游击战的经验，专门开办了一个游击战术训练班。朱德亲自讲游击战战术。

正在这时，一二九师向朱德请求批准他们在山西黎城与河南（今属河北）涉县之间的响堂铺打一次伏击战。自从日军侵占临汾后，从邯郸经长治到临汾的大道已成为日军的重要交通补给线，很多重要的作战物资都要通过这条大道，送到前方。

响堂铺在晋豫两省边界上，紧靠着山西境内的东阳关。东阳关虽然没有雁门关、平型关、娘子关那样出名，但也是晋东南的一个重要通道，雄踞在巍巍太行山的南端。我们的祖先为了让子孙后代守住这个兵家必争的重要关隘，在那关口的石门上镌刻着"天关叠嶂"、"地设重关"的警句，以示后人。但是，抗战开始后，驻守在这一带的国民党军与日本侵略军稍一接触，就望风而逃了。日军侵占了东阳关后，便长驱直入，先后攻古黎城、潞城、武乡、长治。日本侵略军的旅团长苦米地竟然吹起了"踏破太行山"的牛皮。

在响堂铺打伏击，真是十分理想的地带。邯（郸）长（治）公路沿着一条干涸的小河弯弯曲曲向前延伸着，路面坑坑洼洼，碎石遍地，别说汽车不便行驶，就是人走在上面也不是坦坦荡荡。路南面紧贴着不易攀登的悬崖峭壁，异常险峻；路北面则是连绵起伏的高地，有利于部队隐蔽和出击。

朱德批准了他们的作战计划，并邀请友军将领去观战。俗话说百闻不如一见，让他们看看八路军是如何打仗的，以增强战胜日本侵略军的信心。这时，一二九师师长刘伯承去参加小东岭会议尚未回到部队，所以决定响堂铺战斗由一二九师副师长徐向前负责指挥。

※ 1938年，朱德在一二九师和刘伯承（中）、邓小平（左）研究作战计划。

3月30日，一切准备就绪。被邀请来的友军将领，都按计划登上了路南面最高的山头，隐蔽在那里，拿着望远镜注视着下面公路上的动静。自从抗战以来，他们虽然都置身于敌后，但是在这样近的距离内看同日本侵略军作战，这还是第一次。每个人的心情都非常复杂，有的想看个热闹，看看八路军到底是怎样打鬼子的？也有的提心吊胆，比自己指挥部队打仗还不踏实，怕万一八路军打不过日本军队怎么办？弄不好自己还得当俘虏。也有的认为既然安排他们来观战，八路军总是有把握的，不然怎么交待。看看人家怎么打仗，自己也增长见识。

的确，八路军是从来不打没有把握的仗。为了打好这一次伏击战，进行过多次侦察，制定了具体的作战计划。3月30日深夜，徐向前、邓小平率领主力3个团秘密进入响堂铺一带，设下了埋伏圈，只等鬼子兵到来。

突然，发生了意外情况，陈赓旅长打来电话，说东阳关的敌军有二百多人进到了马家峪，长宁东南也发现有敌人的骑兵，向我侧后方运动。陈赓说：

"可能是敌人发现了我设伏企图，要从我右翼侧击，截断后路。是否把主力撤回，去截击敌人？"

这突如其来的新情况，给徐向前出了一个大难题：如果真是敌人发现了我设伏企图，来个将计就计，包抄后路，那可真是很危险的。就应立即撤出阵地，放弃这次伏击战；如果判断错误，敌人不是这个企图，盲目撤出，就失掉了一次胜利的机会。徐向前正在反复思考着，电话铃又响了。

"撤不撤？"陈赓仍在急切地盼望着下定决心。大家也注视着徐向前。

徐向前两眼盯着作战地图。他判断情报不可靠，如果真是敌人发现设伏企图，决不会只派这么点兵力前来。便拿起电话对陈赓说：

"没有我的命令，原计划不得变更。部队不能动，要严密设伏，不得暴露。"

放下电话后，他又对参谋说：

"注意，在敌情未搞清前，先不要向邓政委报告。我们在前面，不能把不明不白的情况报告他，给他出难题。"接着，他就派作战科副科长邓仕俊和另一个参谋化装后火速去东阳关一带探听虚实。

两个小时后，他们回来了。得到的情报，正如大家所希望的那样。从内线得知敌人无异常动静，所谓的"敌骑兵"是老百姓赶的一群骡马驮驴，算是一场虚惊。

果然，不出所料。31日早晨8时，敌人就出现了，先上来的是两辆小车，可能是先来探路的。到了神头河，就停下来不敢前进了。车上下来几个鬼子，手里拿着望远镜，贼头贼脑地东张西望，像是在观察地形，又像在寻找什么。他们没有发现什么异样的情况，叽里呱啦地嚷嚷了一阵后，也就大胆地上车走了。伏击部队看得清清楚楚，但都静静地等待着敌人的运输队，让他们放心地过去了。

不久，传来了嗡嗡的汽车声，随着声音的逐渐增大，一串像屎壳郎样的汽车不紧不慢地开过来，一辆、两辆、三辆……观战的友军将领在高高的山顶上，举着望远镜仔细看着，认真数着，数着数着也就弄不清准确数字，但足足有一百多辆。这时，他们既兴奋又紧张，眼看着一场伏击战就要呈现在眼前。他们虽然也带过千军万马，指挥过不少战斗，但是看别人打仗，而且是八路军打日本鬼子，这真是平生第一次。个个都是目不转睛地瞪着山下的日军辎重部队。

当日本侵略军的辎重队完全进入了伏击圈后，徐向前下达了开始攻击的命令。

突然间，迫击炮、机关枪、步枪一齐开火，手榴弹像冰雹似的投向敌群，喊杀声响彻山谷。冲锋号吹响，战士们呐喊着跃出堑壕，奋勇当先。整个响堂铺的峡谷里回荡着一片"杀"声，公路上浓烟滚滚，满载的汽车被打翻了，在那里燃烧、爆炸。战士们同敌人开始了白刃格斗，那些小鬼子还凶狠顽抗，拒不投降，八路军战士个个勇猛异常，他们端着枪刺向敌人。有的战士负了伤，手上的武器掉在了地上，仍然赤手空拳地同敌人搏斗着，用牙咬，用石头砸……作着殊死的拼搏。友军将领们亲眼看到八路军这种惊心动魄的场面，被感动了。他们只有在这时，才真正懂得了什么是民族精神，什么是不怕牺牲，什么是英勇战斗。

经过近三个小时的激烈战斗，鬼子兵顶不住了，立即分成几股，企图从南面山脚下逃窜。哪知道八路军的阻击部队正在那里摆好阵势等他们哩！劈头盖脑一顿猛打，机枪、手榴弹把鬼子又逼回了公路上。他们最终也没有逃脱被歼灭的命运。这一仗打得好，歼灭敌军四百余人，摧毁敌人运输车辆180辆，缴获了包括平射炮、机关枪在内的一大批武器、弹药。

下午，日本侵略军出动了十多架飞机，飞临响堂铺上空，来了一番狂轰滥炸。其实，这时八路军早已安全撤离到秋树垣一带。那一堆横七竖八瘫痪在公路上正在燃烧的汽车，又遭到一次"自己打自己"的厄运。陈赓风趣地说：

"这不是打我们，是在给鬼子吊丧呢！"

友军的高级将领通过在响堂铺实地观战，对八路军将士的英勇善战精神以及他们灵活机动的战略战术，都是心服口服。国民党顽固派诬蔑八路军"游而不击"的无耻谰言不攻自破。

国民党第三军军长曾万钟无限感慨地说：

"朱德、彭德怀、刘伯承、徐向前个个都是身经百战的战将。正因为他们敢打敢拼，日本鬼子才会闻风丧胆！响堂铺伏击战，令人钦佩，可敬可贺！"

（刘学民）

面对日军的"九路围攻"

1938年4月，日军共三万人对八路军发起了"九路围攻"。朱德和彭德怀根据敌情，采用运动战和游击战相结合的作战原则，制定了粉碎敌人"九路围攻"的作战方针。

1938年的3月。

千里冰封的华北大地，冰雪开始融化，冰河开始解冻，寒冬即将过去，春天就要来临。华北抗日前线的人民走出寒冷的冬天，准备春耕。就在这时，蛰居的日本鬼子，也突然活动起来，到处强拉民伕，强征车马，在晋东南地区修机场，修筑公路，运送物资，俨然一幅紧急备战的景象，看来会有一个大的军事行动。

八路军总部在半个月前缴获了一张日军绘制的九路围攻太行山区的作战图，最近又从缴获的日军文件和士兵家信中，得知"4月上旬又有大进攻"的信息，特别是得到可靠情报，日军开始调动第一〇八师团和一〇九师团以及骑兵、炮兵、工兵、辎重兵共三万多人，向晋冀豫抗日根据地集中，企图用"分进合击"的手段，将八路军总部和主力逼到辽县、榆社、武乡、襄垣一带加以消灭。这就是日军的"九路围攻"。

朱德和彭德怀根据敌情，制定了粉碎敌人九路围攻的作战方针，采用运动战和游击战相结合的作战原则。他们命令刘伯承、邓小平、徐向前率领八路军一二九师主动转入外线，隐蔽集结，伺机歼敌一路；同时，发动群众，空舍清野，破坏交通，多方游击，袭扰敌人。按照这一方针，在敌人发动围攻之前，朱德命令八路军主力一部已进入到山西与河北交界的麻田、涉县一带待机。

果然不出所料，4月初，日军开始大规模出动，一路烧杀，直向根据地中心地带扑来。但是敌人万万没有想到，一进入根据地就碰上了空舍清野，他们变成了"聋子"、"瞎子"，弄不清八路军的行踪，粮食和牲口都藏了起来，没有吃的，甚至水井都堵死

※ 八路军第一二九师第三八六旅指战员进行反"九路围攻"的战前动员。

了，又没有喝的，还不断遭到游击队的袭击。

4月11日，南路的日军已进至下良镇。这一路日军，是九路围攻的主力，是由苫米地旅团长亲自率领的一〇四旅团。苫米地是日军中一个凶狠毒辣、目空一切、刚愎自用的将领。就在这一年的2月间，日军三路合攻临汾的战役中，由于他诡计多端，抢先一步冲进临汾城，抢了头功，日军大本营为他颁发了一枚勋章。从此，他更狂妄骄纵，自诩精通八路军的游击战术，扬言一定要打垮八路军的主力部队。他针对八路军的"敌进我退"、"敌退我追"原则，提出所谓"拖刀计"的战术，就是在作战中烧毁民房后，佯装撤退，当八路军游击队尾随追击时，进行伏击或围攻。这种战法，开始时使有些游击队吃了亏，他就更加自鸣得意，目空一切，不可一世。写信给他女儿说："天皇因我先入临汾，赐我一枚勋章，我已挂在左胸前，我的右肩也高起来了，你看我像不像墨索里尼？"

朱德早已断定这一路日军有经沁县、武乡攻榆社的可能。果然，敌人进占沁县后，又向武乡进攻。当沁县和武乡相继失陷之后，八路军总部的处境就十分危险，经常在敌人的包围中指挥部队作战。在这种危难的情况下，为了安全起见，朱德决定率八路军总部转移到浊漳河的对岸去。

朱德率八路军总部避开敌人的锋芒，开始迅速转移，穿行在太行山的崇山峻岭中。

部队赶到浊漳河畔时，都被眼前的情景惊呆了：平静而流量不大的浊漳河，这时，像一群追逐奔腾的野马，巨浪卷着黄沙和泥浆，从上游滚滚而下，发出千军万马般的呼啸，震得地动山摇。前无去路，后有追兵，如何冲出绝境？

不远处传来阵阵炮声，敌人离他们不远了，情况越来越紧急，掩护总部机关的只有一个警卫排，要过不了河，那将是背水而战，极为不利。大家心急如焚，等待朱德的决断。

走在后面的康克清一听说过不了河，部队停止前进了，她非常着急，因为后面的炮声越来越近了，跑到前面一见朱德和彭德怀就急不可待地说：

"敌人眼看就会追来，部队过不了河，你们两位老总看怎么办？"

朱德正在一棵树下拿着望远镜观看浊漳河两岸的地形。他一听是康克清的声音，回过头来，慢悠悠地说：

"天无绝人之路。"然后，走到康克清身边，接着说：

"办法，总会有的，急啥子哟！"

这时，炮声更近了，除了日本鬼子小钢炮的声音之外，还夹杂几声山炮声。人们的心更揪紧了，参谋们也都围在朱德、彭德怀的周围，等待着他们的命令。

朱德说：

"首先要沉着。越是这种紧急关头，越不能慌乱。通知大家做好一切渡河准备，抓紧时间休息。"

不久，敌人的炮声更近了，听得清清楚楚，估计顶多也不到十里路了。形势紧迫，不能再等了。朱德下令开始渡河。他说：

"现在开始渡河。先把一根绳子固定在大树上，然后派人带着绳子游过河去固定好，大家拉开距离，抓着绳子涉水过河。挑选几个会游泳的，由孙泱带着去完成任务。"孙泱是朱德的参谋兼秘书，他是革命先烈孙炳文的儿子，会游泳，水性很好。

很快挑选好了几个会游泳的，来到河边。孙泱身上系着粗绳，跃入浊漳河，穿过浑浊的激流，很快游到对岸，在一块巨石上拴好了绳子，部队开始渡河。

朱德把自己的马让出来先送病号和文件箱过河。当会游泳的警卫员要背他过河时，

※ 在寨上村召开的反"九路围攻"祝捷大会。

他说什么都不肯。这时的朱德已经是52岁了,他健步走下河滩,抓着一匹驮东西的马的马尾,走进激流。他一边过河还一边对大家说:

"过河时,眼睛要往前看,不能只看眼前的恶浪。这同咱们搞革命一样,不要被眼下日寇的疯狂所吓倒,要看到抗战必胜的光明前途。"他那坚定而有力的话语,激励着大家的决心和信心。在他的指挥和带动下,总部和警卫部队走向浊漳河。

朱德过河后一直站在河岸边。密切注视着大家过河。最后,他看见还有几个战士在河岸边徘徊,好久了也不过河。他问刚刚从河对岸过来的人,是什么原因。原来是几个刚当兵的北方新战士,从来没见过这么大的河和这么大的水,一看见河水就头晕。朱德立即让把自己的大红马牵过去,叫新战士骑着过河。

几个新战士一听牵来了总司令的马,让他们骑着过河,你推我让,谁也不肯骑。他们感动地说:

"总司令那么一大把年纪了,还蹚水过河,咱们怎能骑马?又是总司令的马呢!"后来,是在几个会游泳的战士帮助下,手挽着手,抓着绳子,互相鼓励着渡过了浊漳河。

※ 在反"九路围攻"祝捷大会上陈列的战利品。

朱德带着八路军总部渡过浊漳河，后面追击的敌军扑了个空。当他们赶到浊漳河时，只见水击石响，渺无人影。

把日本鬼子甩在了河对岸，刚刚松了口气，没料到在夜行军中，又同敌人遭遇了。敌人有好几千人，到处打枪放炮。而朱德率领的总部只有一个警卫排，幸亏遭遇战中敌人也弄不清八路军的虚实，根本就不知道同他们打仗的正是他们时刻想消灭的朱德、彭德怀和八路军总部。朱德当机立断，利用夜间的有利条件，在警卫排的掩护下，总部通过山路伸向敌人侧后，跳出了敌人的合击圈。

天亮后，总部已安全转移到了太行山深处的偏僻地带。在群山中稍事休息之后，朱德率八路军总部穿过悬崖峭壁，向太行山的顶峰攀登，彻底摆脱了日军的追击，最后登上了太行山之砖壁村。砖壁村位于武乡县东南的太行山深处，东面靠山，南、北、西三面临崖，活像太行山半腰里伸出的一个"半岛"。村东南的小松山，松柏丛生，地势极为险要，只有村西有一条峡谷马道，通往山外，易守难攻，便于隐蔽。

4月16日，八路军一二九师三四四旅一部，遵照朱德、彭德怀关于跳出敌人的合击线外，隐蔽待机，歼敌一部的命令，在武乡东南的长乐村狭窄的河谷地带，将日军截成三段，予以歼灭。这次战斗共消灭日军一千五百多人，缴获各种枪支和军用物资一部。这股敌军是敌人发动九路围攻的主力，指挥官苫米地旅团长因为在长乐村打了一个败仗，后来受到处分。长乐村战斗是粉碎日军九路围攻有着决定意义的一仗。南路日军遭到严重打击后，其他各路日军更加心惊胆战，纷纷退却。这样，不到半个月的时间，日军九路围攻的计划便以伤亡4000人的代价而宣告彻底破产。朱德不失时机地下令晋东南的八路军各部队全面出击，在短短的几天之内，就乘胜攻克辽县、沁县、沁源、黎城、潞城、屯留、高斗、晋城、沁水、长治等十几座县城，巩固和扩大了以太行山为依托的晋东南根据地。

（刘学民）

团结卫立煌抗战

朱德在不同场合赞扬卫立煌积极抗日的态度和英勇作战的精神，使卫立煌倍感亲切和深受鼓舞。他表示："今后我要继续和八路军合作，向八路军学习，和八路军一道坚持华北抗战，决不退过黄河。"

洛阳军事会议后，在研究第二战区开展对敌作战问题时，卫立煌心中仍然没有数。有些国民党军官失去抗战信心，认为华北的仗不好打，一再宣扬退过黄河把守潼关的论调。以前卫立煌也有过这种想法。而大部分将官则只提出在日军主力向南进犯的主要途径——灵石县太岳山脉的韩信岭，集中兵力打一场歼灭战。针对这一情况，朱德及时向卫立煌指出：我们必须坚守华北，不能退过黄河，也不能全指靠韩信岭，要有多方面的考虑和准备。

对于朱德的军事才能和长者风范，卫立煌由衷钦佩。他心里明白忻口会战中，要不是朱德指挥八路军密切配合，切断敌军后路，袭击敌人运输线，特别是突袭敌阳明堡机场，摧毁敌机20余架，沉重打击日军，减轻正面压力，忻口决战就难以坚持21天之久并取得如此大的战果。他深深感到八路军是真正的抗日军队，今后如果得不到八路军的合作，第二战区的仗就不好打。现在朱德讲的定有讲究，便说：论打仗，还是你们行。他进而问：那怎样才能打好这一仗呢？

朱德向卫立煌分析了我方天时、地利、人和的优势，着重讲了"得道多助，失道寡助"的道理。日本帝国主义侵略中国，杀我人民，掠我财富，灭绝人性，他们是失道者，将遭到全世界人民的反对，而我们为了民族利益，挺身而出，英勇抗战，是得道者，不仅中国人民会全力拥护、支持，而且全世界热爱和平的人民也都会同情和支持我们。在军事上，改变战略战术，采取灵活的方法，消灭敌人的有生力量；在政治上，加强部队的思想教育，树立抗战必胜的信心和为国为民献身的精神，这样我们就一定能够坚守华北，守住了华北，对全国抗战就有很重要的意义。卫立煌感到朱德讲得很有道理，他原想退过黄河的思想有了很大的转变。当朱德了解到卫立煌还有缺少后方补给的仗不好打的顾虑时，又进一步向他说明：山西乃至全国都有不愿当亡国奴的人民，他们都拥护支持抗日的军队，只要政府和军队努力改善以往与人民群众不良的关系，这样，到处都是我们的后方，有什么困难，只要有人民支持都能克服。朱德还在不同场合赞扬卫立煌积极抗日的态度和英勇作战的精神，使卫立煌倍感亲切和深受鼓舞，增强了坚持华北抗战的决心。他表示："今后我要继续和八路军合作，向八路军学习，和八路军一道坚持华北抗战，决不退过黄河。"

时隔不久，恰逢春节，卫立煌带领部下到八路军总部给朱德等人拜年。朱德非常重视，召开了盛大的欢迎大会，并在会上高度评价卫立煌及其部下在忻口战役中的功绩。卫立煌听到朱德的赞扬，非常兴奋。当他看了八路军西北战地服务团表演的许多反映抗战、反映国共合作的文艺节目，不禁赞叹：还是八路军有人才，政治工作搞得又这样好，难怪常打胜仗。他向朱德提出："我们也组织这样一个战地服务团，加强政治工作，你说好吗？"朱德赞同道："好的，可以这么做。"

卫立煌请朱德介绍一些人到他部队中工作，朱德欣然同意。很快，西北战地服务团的共产党员赵荣声被介绍到第二战区长官司令部，任卫立煌的秘书。在卫立煌的支持下，第二战区长官司令部成立了一个战地工作团，吸收进步青年五十余人。朱德每次到卫立煌部，都要抽时间听取我地下党员关于战地工作团的汇报，并在政策、方法、策略等方面给予指导。战地工作团通过广泛宣传和细致工作，帮助卫部振奋了士气，促进了军民关系的改善，发挥了凝聚、增强对日作战力量的作用。卫立煌对此深感满意。其后：为策应徐州会战，加强对平汉铁路和津浦铁路日军的袭扰，卫立煌从他所属的部队中抽调六个团交给朱德指挥，这既是友好和信任的表示，也是有意让自己部队在实践中向八路军学习。对此，朱德嘱咐刘伯承、贺龙等，在使用卫立煌的部队时要给以必要的照顾，不把他们用于过分艰苦和复杂的地区，而要帮助他们侦察和警戒，以免受到敌人的袭击；要用一切方法帮助友军进步和以虚心诚恳态度对待友军，切戒骄傲。朱德这种宁可牺牲自己和保护、帮助友军的精神，使卫立煌深为感动，也就更加增强了对八路军的信任。1938年4月，他力排众议，批给八路军大批军用物资，并明确表示："第二战区的军队受我指挥，凡是打日本的我都一样看待。十八集团军打得好嘛，我们就要充分供给。"

1938年8月，朱德回延安参加中共六届六中全会，途中路过第二战区司令部拜访卫立煌，受到卫立煌的热情接待。两人从抗日救国，谈到如何加强部队的政治工作；从中外战例，谈到对日作战的战略战术；从中日军队装备，谈到友军之间如何密切配合，等等。临别，卫立煌赠送朱德一支钢笔和一块手表，这既对指挥作战有用，又可留作纪念。

1938年底，卫立煌接任第一战区司令长官，进驻洛阳。他没有忘记朱德同他团结合作、共同抗日的情谊，同意八路军将驻洛阳通讯处改为办事处，公开开展工作。后来，蒋介石为限制八路军，下令关闭除重庆、西安以外的其他八路军办事处，经我们多方工作，卫立煌直接向蒋介石力陈争取，使八路军驻洛阳办事处得以保留并继续开展工作。

※ 1938年8月，朱德和国民党第二战区副司令长官卫立煌在山西垣曲。

在华北战场，朱德率领八路军的英勇抗战，不仅赢得了全国人民的拥护和支持，就连蒋介石也不得不佩服朱德的军事才能，在卫立煌建议下，他同意把山西的一部分军队和八路军一起组成第二战区东路军，由朱德统一指挥。为了帮助友军政治和军事上的进步，1939年4月，朱德举办了东路军政治工作训练队，以提高友军青年军官做抗日政治工作的能力。同时，帮助友军提高战略战术水平。朱德与卫立煌还经常通过电报、信函互通情况。当朱德看到冀中军民将原有的平原大路挖成纵横交错的交通沟的办法，有效地阻碍了敌人的交通，又便于我军隐蔽活动和开展游击战的经验时，就及时通告卫立煌，以便友军在作战中借鉴。朱德这种坚定而灵活地运用抗日民族统一战线政策，注意处理好友军的关系，配合友军作战，顾全大局、身先士卒的精神，赢得了友军的信任和尊敬。

卫立煌对他身边的人讲：朱玉阶对我很好，真心愿意我们抗战有成绩。

(王少钰)

对杨得志的嘱咐

> 杨得志到八路军总部受领任务。朱德叮嘱：冀鲁豫三省边区对确保太行山，沟通山区与平原的联系，扼制日军南下和西进，起着很大作用。无论如何要牢牢地控制在我们手里。

杨得志到八路军总部受领任务。到了八路军总部驻地，他看见机关的一些人正坐在树阴底下，学习、研究毛泽东刚发表不久的《论持久战》讲演稿。

毛泽东在这篇讲演稿里异常清晰而符合实际的判断，回答了人们最关心而一时又看不清楚的问题，使人们对抗日战争的发展过程和前途有了一个清楚的了解，大大提高了坚持抗战的信心。一位外国记者评论说："不管他们对于共产党的看法怎样，以及他们所代表的是谁，大部分的中国人现在都承认毛泽东正确地分析了国内和国际的因素，并且无误地描绘了未来的一般轮廓。"这一著作还影响到不少国民党军将领。据程思远回忆，白崇禧看到《论持久战》后深为赞赏，认为这是克敌制胜的最高战略方针。后来白崇禧又把这一观点向蒋介石转述，蒋也十分赞成。在蒋介石的支持下，白崇禧把《论持久战》的精神归纳成两句话：积小胜为大胜，以空间换时间，并取得了周恩来的同意，由国民党中央军事委员会通令全国，作为抗日战争中的战略指导思想。

※ 1938年2月7日，朱德与第二战区军队将领合影。

此刻，朱德戴着眼镜，手里正拿着一本油印的《论持久战》，见杨得志来了，他扬了扬手，问："毛主席的这个讲演稿，你读过了吗？"

杨得志赶紧告诉朱老总："我从介休赶到旅部后，才见到毛主席的这篇讲演稿，读是读过了，领会得却还很肤浅。"

朱德摘下眼镜，说："主席说了二十几个问题，很重要。各方面都讲到了，讲得很全面。特别是持久战的三个阶段——要我们有耐性，不要犯急性病。抗战一开始我们就坚信日本不可能灭亡中国，但是也应该看到，我们一天两天也打不败他们。"他拿起毛巾擦了一把脸上的汗水，接着说，"战争嘛，就是政治、经济、兵力和武器装备、指挥艺术等的较量，看谁的优势强！我们最大的优势是民心所向，或者叫做政治优势，这是任何敌人所无法和我们比拟的！毛主席说'兵民是胜利之本'，可见最后胜利一定是属于我们的！"

朱德接着同杨得志谈起了具体任务："海东同志身体不太好。你是代旅长，要把所有的工作'带'起来。前一段，中央派徐向前、宋任穷、陈再道等同志到冀南去了。你们去的这一片，属于冀鲁豫三省边区，是古战场。这里自古就是兵家必争之地啊！著名的城濮

※ 杨得志（1911—1994），原名杨敬堂，1911年1月3日生于湖南省醴陵南阳桥（今属株洲）一个铁匠家庭。中国人民解放军著名将领，上将军衔。抗日战争爆发后，任八路军第一一五师三四三旅六八五团团长，率部参加平型关战役。

之战、楚汉相争、官渡之战、朱仙镇破金，以及唐末的黄巢农民起义等都发生在这一带。如今，这里对确保太行山，沟通山区与平原的联系，扼制日军南下和西进，起着很大作用。所以，这个地区无论如何要牢牢地控制在我们手里。任务艰巨啊！"

"冀鲁豫地理位置的重要性我知道一些，但对在平原作战，特别是在敌后作战，自己还缺乏经验。"杨得志如实道来。

"困难嘛，不会少的。而且你这次去，号称一个旅，但你的政治委员黄克诚同志和主力部队不能马上和你一起走。你和崔田民只能带一点部队先去，所以叫做开辟根据地嘛。"朱德特别强调了"开辟"两个字，"在那个地区很早就有我们党的工作，也有一些革命武装力量，群众基础也还不错，另外，还有不少有志于抗战的上层人士。至于平原作战，可以学嘛！当初上井冈山的时候，谁想过要强渡大渡河，要过雪山、草地，要在平型关打坂垣师团呢！"

一席话，把杨得志说笑了。

朱德见杨得志汗水直淌，叫警卫员拿来一个西瓜切开，一边同杨得志一起吃，一边继续说："到那个地区后，对日军作战我倒不怎么担心，因为据了解，那里日军主力比较少，但汉奸、顽固派、各式各样的杂牌军——有些老百姓管他们叫'土匪'——多得很。群众反映，那地方的'司令多如牛毛'哩！怎么办呢？毛主席在《论持久战》里说中国要战胜日本有三个条件，而主要的是'中国人民的大联合'。工作艰苦，形势和斗争也会错综而复杂，不过我看没有啥子了不起的嘛！"

"朱老总总是这样，在谈古论今、闲聊似的谈话中启发我们，教育我们，使我们在不知不觉当中得到提高，学到许多既有理论又有实际的东西。"杨得志在回忆录中记述道。

（张文杰、郭辉）

惜别恩师

> 朱德回延安参加党的六届六中全会，途经西安，在此期间，他两次前去看望正在西安养病的老师李根源。他即将离开西安时，与老师依依惜别，祝恩师早日康复，期望师生能再相见。

中共中央为了总结抗战一年多来的经验教训，确定中国共产党在抗战新阶段的基本方针和任务，并把全党的认识统一到正确的思想上来，决定召开党的六届六中全会。中共中央发出通知，要求朱德回延安参加会议。

朱德于1938年7月5日离开八路军总部，动身回延安。自从东渡黄河出师抗日，朱德一直坚持在抗战第一线。在回延安途中，朱德仍情系根据地的建设工作。途经日军控制的沁河流域时，他觉得这里土地肥沃，物产丰富，是创建抗日根据地的好地方，就致电彭德怀、左权，要他们派人到此地加紧工作。

朱德在垣曲停留期间还给四川省政府主席王缵绪写了一封信，勉励他为巩固和扩大统一战线，为抗战建国大业奋斗到底。离开垣曲后，朱德一行渡过黄河，来到第一战区司令长官部队所在地河南洛阳，他会晤第一战区司令长官程潜，详细介绍了十八集团军和其他国民革命军在山西与日军作战的情况，并建议第一战区国民党部队与河南的十八集团军部队靠拢，两支部队联合起来一起打击日军。

8月中旬，朱德抵达西安。在古都西安，抗日热情十分高涨。朱德多次应邀给学校、抗日团体及八路军办事处工作人员作报告，出席座谈会。在此期间，朱德两次前去看望正在西安养病的原来在云南陆军讲武堂时的老师李根源。师生相见，感慨万千。朱德还带了一本刚出版的并由毛泽东亲笔签名的《论持久战》送给李根源。知道他近日将取道成都去昆明，就把已写好的给王缵绪的信托他带去。他又写了两封信：一封给云南省政府主席龙云，希望他在动员人力、物力支持抗战方面做出更大的贡献；另一封信给四川绥靖公署主任邓锡侯，鼓励他发扬民气，组织民力，在民族解放斗争中起模范作用。这两封信托李根源一并带去。朱德第二次去看望老师时，他即将离开西安。朱德与老师依依惜别，祝恩师早日康复，期望师生能再相见。

此后的1940年，在抗战3周年之际，李根源感动于八路军将士英勇杀敌，特赋七绝五首《"七七"三周年纪念赠抗战将士》发表在重庆《大公报》上。半月以后，吴玉章从成都把朱德和李根源原韵的五首绝句以及给李根源的信转寄来昆明。

李根源的原作，全文如下：

其一
三年血战挫天骄，杀气如云万丈高。
再接从今还再厉，会须入海斩鲸鳌。

其二
欧西法国夙称强，战未期年竟败亡。
我抗东倭卅六月，神英诸将自堂堂。

其三
前方抗战后方同，西缅南交已伏戎。
我老据鞍犹矍铄，好偕袍泽赋秦风。

其四
严膺戎狄秉春秋，雪耻争存报国仇。
痛饮黄龙一樽酒，从容收拾存神州。

其五
中原父老望旌旗，说到倭夷愤不平。
努力齐心做后盾，定摧顽寇奠新京。

朱总司令的合作五首，全文如下：

※ 李根源书法。

其一

败不馁兮胜不骄，荡平倭寇气犹高。

军民一致复华北，铁臂齐挥伏海鳌。

其二

法军将帅枉称强，反共仇苏自取亡。

新史当为吾国鉴，运筹决胜在朝堂。

其三

报国仇同志亦同，精诚团结伏强戎。

新师少壮身犹健，扫寇归来唱大风。

其四

苦战三年春复秋，河山还我慰同仇。

他年痛饮龙江外，长戍边疆卫九州。

其五

当年父老授旗旌，诲我谆谆将寇平。

前线后方齐努力，定驱暴日返东京。

朱德在序中谦虚地写到："读《大公报》载印师'七七'三周年纪念赠抗战将士七绝五首，民族正义，溢于词章，拜读之下，莫名钦感。谨和原韵，邮呈指正。"

朱德把对恩师的敬重与感激，凝聚在信函之间，也把誓将完成抗日建国大业的决心汇报给老师：

> 印泉吾师钧鉴：西安拜别，瞬经两载。犹记病榻之侧，谆谆训示，受益良多。三年以来，德转战华北，坚持敌后，虽不敢自言有功，幸尚未辱钧命耳。倭寇进占越南，威胁滇中，西南局势紧张万分。德等已于八九月间发动百团之兵力，大战于平汉、正太、同蒲、平绥、津浦铁路主要交通线上。赖军民一致，稍有成绩。正太铁路全部破坏，井陉煤矿亦被炸毁。寇之随营商业，皆受重大打击。非但交通战得到胜利，即经济战亦大有成功。且予敌进攻我大后方之战略企图，牵制不小。此次战绩聊可告慰国人，亦可告慰吾师也。越南为西太平洋之战略要地，若为敌占，荷印形势，自必日愈严重。日美矛盾亦将更形尖锐。此次大战不仅将及于美、澳、非洲，更将及于全亚。战事绵长，已可决言。我国抗战，处此环境，唯有全国团结一致，发动广大民众共同奋斗，德深信抗战建国之大业必能完成，吾师遍处南滇，日寇威胁昆明，当有制敌良策。德为防滇计，尚请吾师设法发动帮助越南、缅甸、印度之广大民众起来抗战。吾师以为然否？专此敬颂勋安。

（胡玥）

跃马太行建奇功

> 朱德转战太行山区达两年多,在以山西为中心的华北敌后创建了南北两线不同类型的根据地,造就了广大的华北敌后解放区战场,造成了对敌战略反"包围"的初步态势,使八路军部队得到迅速发展。

从1938年3月到1940年5月,朱德跃马太行达两年多。期间,朱德率八路军总部几乎一直转战在沁县、武乡、屯留、潞城之间,其中驻扎时间最久的是武乡县的王家峪,其次是潞城县的北村,再次是屯留县的故县镇。

从1938年4月至10月的7个月间,由朱德和彭德怀统一指挥的八路军各部队,在当地中共组织和抗日武装的配合下,共作战1000余次,歼敌2万余人,取得了开展与坚持平原地区游击战争的初步胜利,粉碎了敌人对山区抗日根据地的"围攻",有力地配合了正面战场友军的徐州、武汉会战,完成了在华北敌后的第一次战略展开。在相继实现3次战略展开之后,就在以山西为中心的华北敌后创建了晋察冀边区(包括北岳、冀中、平西、冀东)、晋西北(包括大青山)、晋冀豫边区(包括太行、太岳、冀南)、晋西南、冀鲁豫边区(包括冀鲁边、鲁西北、湖西、豫东北)、山东等敌后抗日根据地。而这些根据地又以其自然条件为特点,构成南北两线不同类型的战略基地:在北面,从管涔山、恒山、五台山、军都山至雾灵山一线,是山区战略基地;在南面,由吕梁山、太岳山、太行山到冀中、冀南、山东一线,是山区与平原相衔接的战略基地。这南北两线根据地的创建和互相配合、彼此策应,就造成了广大的华北敌后解放区战场。造成了对敌战略反"包围"的初步态势。八路军部队也得到迅速发展,由出征抗战时的3万余众,猛增至16万人的强大集团军,开始"成为坚持华北抗战的主力军了"。

由于敌后抗日根据地的日益扩大,八路军部队的迅猛发展,引起了国民党蒋介石的极度恐惧和不安,便在限制敌后抗战上大做文章:一方面从经济上卡脖子,仍按出征抗战时八路军的4万余人编制发给经费,加上日本侵略军对根据地的经济封锁和军事破坏,致使八路军部队的物资、经费、弹药供应异常困难起来;另一方面在政治上搞摩擦,企图从八路军手中来"收复失地"。"由于敌人的进攻,国民党最初对敌后的形势估计得过分严重,他们惊慌失措,退却逃跑。那时敌后是空虚的。到了这时候,国民党逐渐了解了敌后的具体情形,又看到我们在华北敌后的大发展,它对于敌后的观念有了改变,觉得敌后还是可以经营的。国民党最初是不愿到敌后去的,而指令我们到敌后去抗战,他们自己站在后方。然而在此时，他们就大胆、积极地向敌后伸展，恢复他们在敌后的统治，并严格限制与排挤我们。"面对这种复杂的情势，朱德和彭德怀从维护抗日大局的目标出发，提出了正确的方针与策略：在经济上，发展根据地的生产，有计划地经营和统制公私贸易；在改善抗日民众生活的原则下，整理税收、田赋；强化敌占区工作，争取运入根据地所缺乏的物资；通过政权和民众团体，开展自愿献金、献粮；有计划地建设军事工业；建立严格的预决算制度，清除贪污、浪费；成立华北总财政经济委员会。在政治上加紧动员民众，建立巩固的抗日根据地；说明日军随时有可能转移兵力到敌后，从积极方面去转变或减少那些图谋来争夺地盘的军阀割据和偏安一时的心理；强调团结，在群众中造成反对破坏抗日民族统一战线的舆论，揭穿挑拨离间者的阴谋，肃清汉奸。并发出训令，要求八路军各部加强训练干部，加强政治思想工作，加强共产党员布尔什维克意识的锻炼。对于八路军的今后任务，朱德明确地规定了六条：第一，发动广大的民众；第二，广泛开展游击战与运动战；第三，巩固和扩大抗日根据地；第四，与各方面友军更加亲密团结，共同坚持华北抗战；第五，坚持华北抗战，抑留华北敌人，并把华中、华南的日军调动到华北来，以保卫武汉、保卫西北、保卫华南；第六，积极行动，抓住一切机会打击敌人，消灭敌人，以求聚集许多大小的胜利，最后达到全国战略上的反攻，把日寇赶出中国去。

1938年10月武汉、广州失守之后，中国抗日战争由战略防御进入战略相持阶段。随着新的历史阶段的到来，日本侵略军改变了其战略方针，即停止了对国民党正面战场的战略进攻，逐渐转移其主要兵力来对付共产党及其领导的人民武装，并将进攻的重点首先置于华北；而对国民党则采取了以政治诱降为主、军事打击为辅的策略。与日本侵略军遥相呼应，蒋介石国民党亦"开始了它的政策上的变化"，将其重点由容共抗日逐渐回复到"反共、反人民"的老路上来。从此，敌后解放区战场逐渐以抗日战争重心的姿态挺立在中华大地，共产党及其领导的广大军民前门打虎后门拒狼，担负起了抗击日伪军主力压迫和反击国民党顽固派进攻的两副重担。

战争形势开始发生重大变化的时候，中共中央于9月16日至11月6日在延安召开了扩大的六届六中全会。全会批准了以毛泽东为核心的中央政治局路线，批判了王明的右倾投降主义错误。根据毛泽东关于《论新阶段》的政治报告，确定了坚持抗战、坚持持久战，达到最后驱逐敌人的全国抗战的总任务，确定了党的主要工作方面应放在战区和敌后的指导思想，确定了"巩固华北，发展华中和华南"的战略方针。朱德出席了六中全会，并在会上以一天半时间作了关于华北抗战情况的报告。"他详细地叙述了八路军一年来抗战的经过和经验教训，抗日民族统一战线和持久战问题。报告最后说，八路军今后的任务是：

※ 1938年9月29日至11月6日，中共扩大的六届六中全会在延安举行。这是六中全会主席团成员合影。前排左起：康生、毛泽东、王稼祥、朱德、项英、王明。后排左起：陈云、博古、彭德怀、刘少奇、周恩来、张闻天。

'继续坚持统一战线，坚持抗战，坚持根据地，争取友军，巩固本身。'"

在六中全会进行过程中，鉴于日军大举进攻，武汉危急的情形，朱德奉中共中央之命，于10月22日飞抵武汉后，由周恩来陪同会见了蒋介石。会见中，"朱德向蒋介石报告了八路军一年多来的战绩、敌后抗日根据地建立的情况以及取得这些胜利的原因；并且强调：只要发动群众、武装群众，即使退到重庆也不要紧，日寇是一定能够打败的！同时提出了八路军扩编为三个军，增发经费和弹药的要求"。当天晚上，朱德就住在时任国民军事委员会政治部第三厅厅长郭沫若的家里。早在1927年南昌起义后，郭沫若曾随同朱德率领的第九军南下。不久，郭沫若东渡到达日本，在异国他乡待了整整十年。如今，故友重逢，格外欣慰。郭沫若特地作了一首白话诗相赠。朱德亦和一首题为《重逢》的诗，以作

※ 朱德在太行山。

纪念。

10月23日,朱德又匆匆飞回延安,继续参加六中全会,并向全会报告了在武汉了解到的有关情况。

就在朱德从太行前线返回延安这段时间,由蒋介石任命的河北省政府主席、冀察战区总司令鹿钟麟,即带着"反共"和"收复失地"的使命,于9月中旬来到冀南。河北省政府委员、民军总司令张荫梧，在此前即强行向晋察冀边区的平山、行唐、阜平插手。于是，在华北敌后一场摩擦与反摩擦的斗争便开始了。9月7日，朱德和毛泽东等致电聂荣臻，指出：边区各军政机关，如果没有得到边区政府和军区司令部的指示，拒绝服从任何人的命令，并禁止任何其他人在边区进行军事、政治活动；如果河北省政府和张荫梧正式派人来交涉，须给予礼遇并与之谈判。9月18日，朱德、彭德怀又和王稼祥、刘少奇致电徐向前并左权、刘伯承等，指出：看来鹿钟麟似已开始向我方进攻，请你们向鹿提出严重责问，鹿如能诚恳进步，我们应与之合作建立抗日根据地；如他对冀南军政系统采取打击和破坏的政策，则不能向他让步，必须坚决防御。在六中全会期间，反共顽固分子不断向冀中、冀南、豫北、鲁西北根据地抗日军民寻衅滋事、发动进攻，朱德和彭德怀即致电当地的八路军指挥员，指示他们发动群众，揭露反共顽固分子联合进攻的罪恶阴谋。并且命令第一二九师立刻派遣有力部队进入河北南宫县城及近郊，第三八六旅旅长陈赓率领两个团进抵鲁西北聊城；而在豫北方面则实行必要的让步。对反共顽固分子的进攻，总的仍应采取"防御斗争原则"。

12月初，朱德从延安回到晋东南八路军总部后，即按照六中全会确定的关于"巩固华北"的战略方针，并针对敌人在华北先取平原、后夺山地的图谋，根据中共中央、中央军委的决定，和彭德怀一起命令第一二〇师、第一二九师和第一一五师主力，分别挺进冀中、冀南、冀鲁豫边平原和山东地区。进抵指定战略区的三师主力部队，即在地方党组织与抗日武装的协力配合下，开展了广大而猛烈的游击战争。驰骋于冀中的第120师主力，在开展平原地区游击战争的7个月中，总计对敌作战160余次，歼灭日伪军5400余人，打破了敌人的一次次"围攻"，创造了一系列模范战例，大大振奋了冀中民心。同时，协助冀中党、政领导机关开展了根据地的建设工作，协助冀中军区整编了武装部队。出击冀中的胜利，既巩固了冀中抗日根据地，又加强了八路军第三纵队，也使第一二〇师本身得到了扩大。展开于冀南的第一二九师主力，一面分遣部队，向敌出击，粉碎日伪军的进攻与"扫荡"；一面协助地方党组织和抗日民主政府，加强根据地建设，壮大抗日力量。从1939年1月到3月，与敌作战100余次，歼灭日伪军3000余人，粉碎了敌军3万兵力的大"扫荡"；同时采取灵活的斗争策略，分化了国民党顽固势力。反"扫荡"、反摩擦斗争的胜利，挫败了敌人控制冀南平原的计划，破灭了反共顽固派夺取冀南地区的阴谋，巩固了平原抗日根据地。转战于山东地区的第一一五师主力，首战樊坝告捷，继之发起陆房战斗、出击梁山地区，歼灭日伪军近3000人；而后又乘胜前进，深入鲁南，相继打破了日顽军的多次进攻，开创了鲁西、鲁南地区的抗战局面。对敌、伪、顽军的胜利进击，巩固了冀鲁边、鲁西、湖西、苏鲁豫皖边、鲁南、鲁中、清河、胶东、滨海等抗日根据地，同时建立了冀鲁边、清河、胶东、滨海、鲁中、鲁南等军区，使山东解放区成为钳制敌人重兵，有力策应与配合华北、华中敌后抗日斗争的战略枢纽。与冀鲁平原和山东地区的三师主力相呼应，留置于以山西为中心的敌后山区各抗日根据地的八路军部队，同地方党组织和抗日武装密切合作，依靠组织起来的广大人民群众，沉重打击了日伪军，不但使根据地得到了巩固，而且在巩固中得到了发展，成为支撑山地和平原抗日游击战争的坚固基地。

（张雪琴）

节衣缩食，开荒劳动

> 朱德指挥作战的杰出才能，和蔼可亲平易近人的品格，艰苦朴素的生活作风，广为军民钦慕。

由于日伪顽固的联合进攻和层层经济封锁，太行山上军需民食都相当匮乏。年逾半百的朱德坚持和战士们一起过着节衣缩食的艰苦生活。

朱德的衣裤从膝盖到袖口，打了一块又一块补丁。警卫员们看到天已入冬，总司令仍和战士们一样穿着单薄破旧的衣服，心里都过意不去，几次提出要给他换套新的，但都被他拒绝了。一次总部供给部长杨立三前来汇报工作，临走时对警卫员说："天么冷，怎么还让总司令穿这么破旧的衣服，跟我去换套棉衣吧。"朱德听见了，立即出来阻止说："前方将士们身着单衣，在冰天雪地里和鬼子作战，我在指挥所里，旧衣服补补还能穿嘛！"后来，警卫员李少清看到总司令的旧军服实在太破了，就拿出针线，准备在原来的补丁上，再补上一层新补丁。朱德看到小李往旧补丁上缀新补丁，就走过来，亲切地对小李说："小鬼，补衣服不能着急，要先把旧补丁慢慢拆下来，再补新补丁，这样新补上的补丁才结实。拆下来的旧补丁也不要扔掉，要留着纳鞋底用。"

※ 1939年1月1日，朱德和傅钟（左）、薄一波（右）出席山西沁县"拥蒋反汪"万人大会，在主席台上。

在朱德的铺盖卷里，有一块红色毛毯，这块毛毯凝聚着老一辈革命家之间的战斗情谊。1931年12月宁都起义胜利时，起义将领董振堂把这条毛毯赠给朱德作纪念。五年后，周恩来去西安处理"西安事变"问题时，朱德特地把这条毛毯转赠给周恩来作御寒之用。抗战爆发后，朱德准备奔赴抗日前线，周恩来又将毛毯回赠给他。在太行山上，毛毯被土火炕烧了一个洞，朱德仍视为珍宝，让妻子康克清小心翼翼地把毛毯补缀起来，继续使用。

大雪封山，总部机关打不到柴烧，管理人员到附近煤窑上买了些煤，给每个宿舍一个月只发180斤，为照顾朱德，多发了80斤。朱德发现分给他的煤比战士们的多，便把管理员叫来说："机关制定的节煤计划和烧炭定量，我是过了目的，点了头的，现在我绝不能再来违犯这项制度呀！作为一个共产党员，决不能搞特殊化。前方部队爬冰卧雪坚持打仗，我们住在屋子里还能浪费煤炭！"

在冰天雪地的太行山上，朱德与战士们虽身着单衣，脚穿草鞋，但胸怀战局国运，心系士兵疾苦。"伫马太行侧，十月雪飞白。战士仍衣单，夜夜杀倭贼。"朱德这首《寄语蜀中父老》的豪迈诗篇，逼真地描绘出八路军健儿顶风冒雪、英勇杀敌的英雄气概，深刻地揭露了国民党顽固派对八路军的恶毒诬蔑。

　　朱德对自己的吃穿从不在意，却非常关心战友的冷暖。周恩来托人从重庆给他捎来四川特产榨菜和豆瓣酱，他一直保存着舍不得吃。一二九师刘、邓首长来总部开会，他才拿出来招待前方的将领。这在当时的太行山上真称得上是美味佳肴了。一次，朱德用自己节约下的生活补助费，到集上买了一只猪蹄回来。他舍不得一个人吃，让炊事员切成碎块，煮了一大锅汤。他把身边的参谋人员和警卫人员都招呼来，同大家围坐在一起，一边喝着汤，一边深情地说："这段时间天寒日短，战事又紧，今天请大家改善一下生活，热热地喝碗汤御御寒。"同志们喝着，心里热乎乎的。战士们的粮食不够吃，朱德就把自己的定量小米和战士们的粮食放在一起吃。他说："我年纪大了，吃得少，可以给战士们节约出一些小米。"总部警卫排排长李华文在战斗中牺牲了，朱德领着大家为他举行葬礼，并把自己唯一的一件棉大衣，亲手覆盖在李华文身上。

　　为了战胜严重困难，朱德召集总部直属单位生产动员大会，决定在山西武乡县砖壁村附近的小松山上开荒种地。天一大早，朱德和彭德怀副总司令带着一队队开荒大军，高唱着《在太行山上》，投入了开荒战斗。几个警卫员向朱总挑战，他欣然应战。大家脱下军装，抢起了镢头。在这荆棘丛生的荒坡野岭上开生荒，是很费劲的。不到一个钟头，几个小战士就累得满头大汗，手上也磨起了血泡，远远地落在朱总的身后。小战士们围着总司令问："怎么才能刨得快？"他便手把手地教小战士们。到了秋天，小松山上金浪滚滚，果实累累。朱德回到延安后，把从太行山带回的辣椒籽、地瓜种带到了陕北。

　　总部机关走到哪里，朱德就把树种到那里。在武乡王家峪，他当年亲手栽种的杨树，在枪林弹雨中茁壮成长，如今已成为参天盖地的合抱大树。

　　在那烽火连天的抗战年代，不管时间多么紧张，朱德总是以一个普通党员的身份参加组织生活，带头执行决议，关心支部建设。一次党小组开会，小组长看到朱德傍晚刚从一二九师师部回来，怕他年纪大过于劳累，就没去通知他晚上参加党小组会。第二天上午，他知道后，告诉党小组长："以后开会只要我在家，就一定要叫我一声。"小组长答应了朱德的请求，告诉他："昨天是党员们检查前段工作中的缺点和不足。您工作得很好，有什么可检讨的哩。"朱德风趣地说："毛主席早就讲过嘛，除了死蹲在庙里的泥胎像不犯错误，活着的人哪个十全十美呢？"在小组会上，只要是分配开荒和植树任务，朱

※ 1939年，朱德和彭德怀在山西武乡县王家峪。

德就坚持要给他多分。在频繁的战事间隙，朱德勤奋地读书学习。毛主席的《论持久战》和《抗日游击战争的战略问题》等著作，他不知研读了多少遍，书页上用红笔圈点得密密麻麻。党中央每制订一项大政方针，朱德就及时组织八路军指战员学习。他在总部出版的《前线》周刊上连续发表了《论抗日游击战争》的长篇文章，还常去抗大、北方局党校和鲁艺分校讲课，作报告，讲解毛主席提出的"基本的是游击战，但不放弃有利条件下的运动战"的战略方针。朱德对《新华日报》华北版的创办也寄予深厚的期望，他对报社的同志说："别看你们不上战场，可这里比战场还重要。一个铅字就是一发炮弹，一部印刷机顶得上一个师。"

朱老总指挥作战的杰出才能，和蔼可亲平易近人的品格，艰苦朴素的生活作风，广为军民钦慕，在峰峦叠嶂的太行山上，到处回响起动人的歌谣：

号儿吹，吹嗒嗒，

朱德将军顶呱呱，

困难他不怕。

担担子，吃南瓜，

太行山上人人夸，

学习再努力，

领导有办法，

哪一个不说他是艰苦卓绝的革命家。

（巨文辉）

关心百姓疾苦

朱德带领八路军为老百姓打了一口水井，解决了老百姓的吃水问题。老人们唱道："抗日井啊抗日井，红砂甜水清凌凌；吃水不忘八路军呀，日夜想念朱总司令。"

朱德在《八路军抗战二周年》一文中总结了八路军抗战两年来的经验教训，他明确指出，凡是党政军民团结一致的地方，凡是民众运动有成绩的地方，我们就能取得胜利。晋察冀边区、晋冀豫边区和晋绥边区之所以成为华北抗战的坚强堡垒，靠的就是这些。朱德的言传身教，使在他身边工作的干部战士日益深切地领悟到：共产党、八路军是为群众奋斗的，也只有依靠群众才能取得胜利，因此，必须时刻想着群众，帮助群众，发动群众。

在武乡县王家峪，流传着朱总司令下棋的故事。一天，一位身材魁梧的"老八路"健步走进张大爷家，握住张大爷的手兴冲冲地说："听说你是王家峪的棋迷，来咱们'杀'一盘。"张大爷热情迎战。不料，号称"张高棋"的张大爷，今天却一连输掉两局。更有趣的是，局局都输在卒子上。"老八路"善使卒子全部杀过河界的绝招，令张大爷甘拜下风。"老八路"笑呵呵地对张大爷说："这也和打鬼子一样，只靠我们八路军还不够，还要靠咱们全国的老百姓。只有军民并肩战斗，才能把日寇赶出中国去！"听了这番话，张大爷连声称赞："好棋手，好棋手！"第二天，张大爷才搞清和他下棋的那位"老八路"原来就是让日寇胆战心惊的朱总司令。以后，他和儿子都自告奋勇地参加了村上的抗日自卫队。在总部驻地附近，住着双目失明的朱虎江老两口，生活上无依无靠。朱德和警卫员

※ 1941年春,朱德勘察南泥湾时,同当地农民亲切交谈。

登门拜访,并且帮助这对孤苦的老贫农挑水劈柴,烧火做饭。老两口逢人便说:"八路军可真是老百姓的救命恩人,打鬼子,闹减租,把咱穷乡亲救出火坑。"

粮食不足,部队只好采食驻地的榆树皮和榆树叶。朱德发现把老乡的榆树采得太厉害,便对司务长说:"老乡们的生活也很苦,我们采光榆树,老乡们吃什么?三大纪律八项注意什么时候也不能忘记。"司务长听后,就带着战士们去寻找野菜,把榆树叶留给乡亲们。

麦收时节,一队八路军从一个村边行进,骑着马走在前面的是位营长。这时候,一个老太太艰难地背着一大捆麦子从对面走来。当她和营长迎面走过的时候,营长仍骑在马上前行。这一切恰被由此路过的朱德看到,他上前把营长拦住,问道:"你担任什么职务?"营长不认识朱总,见拦他路的人穿的灰军装已洗得发了白,戴的军帽也是用旧棉帽改做的,以为这是个老战士,就不在意地说:"我是营长。"朱德又问:"你现在的任务紧不紧?"营长又打量了一下问话的"老同志",好像感觉到了什么,便跳下马来说:

"不十分紧。"朱德用手指着老太太说:"你让队伍前头先走,你去到村里套个车,帮老大娘把她地里的麦捆都拉回家去。"营长遵从了"老同志"的话,帮老太太把麦子都拉回了家。事后,这位营长才知道"老同志"就是朱总司令,心情十分紧张。朱德亲切地找他谈话说:"革命军人的优良品质,首先就是群众观点。要好好记着,只要有一点空儿,有一份力量,就要拿出来帮助群众啊!"

在武乡县砖壁村朱德住房的窗后,有一盘大石碾,朱德一有空闲,就出去帮老乡们推碾磨粮。一边推碾,一边了解群众的疾苦,宣传党的合理负担、减租减息和改善人民生活的政策。老乡们在碾子旁跟朱老总唠着贴心话,听朱老总讲抗日救国的道理,许多群众就是从这"连心碾"旁走上革命道路的。

砖壁村的老人们都会背这样一首民歌:"抗日井啊抗日井,红砂甜水清凌凌;吃水不忘八路军呀,日夜想念朱总司令。"那是1939年夏,久旱无雨,土窖里积蓄的水也快用完了,朱德看在眼里,急在心上。第二天,他翻山越岭,勘察水源。一个小山洞里水气升腾,朱德判定是打井的好地方。他召开总部直属机关打井动员会,讲道:"我们八路军是人民子弟兵,要处处关心人民群众疾苦,为老乡们解决吃水困难。"在打井工地,朱总司令、彭副总司令和左权副参谋长带领指战员热火朝天地干了起来,终于打出了一眼13米深的水井。砖壁村群众眼见八路军在这干旱的山区挖出了亘古以来第一眼水井,争相掬起清凌凌的井水品尝着。老乡们说:"俺山里人盖了龙王庙,建起万圣厅,烧香叩头,祈祷神灵,可碰上大旱年头,万圣一个也不显灵。咱朱老总带领的八路军,可真比万圣还灵啊!"从此,砖壁村的群众给这口井起了个名字:"抗日井"。正像诗人和老百姓的歌词中赞叹的那样,朱德在人民群众的心中树起了一座不朽的丰碑。

锣儿响,响当当,
朱德将军好心肠,
宽宏又大量。
意如铁,志如钢,
数十年来都一样。
爱兵民如子女,
爱党如爹娘,
哪一个不说他是顶天立地的英雄将。

(巨文辉)

指挥反顽斗争

针对国民党反共顽固派的进攻，朱德和彭德怀部署和指挥了华北抗日军民的反顽斗争。整个斗争，可概括为四打：一打张荫梧；二打阎锡山；三打石友三；四打朱怀冰。结果四战四捷。

1939年1月1日，中共中央北方局机关报《新华日报》华北版在晋东南沁县创刊。创刊号上特地发表了朱德撰写的《迎接一九三九年》一文。在文章中，朱德强调："巩固与扩大抗日民族统一战线，这是争取抗战胜利的最重要的保证。"并且针对蒋介石、阎锡山压制敌后抗日民众运动的倒行逆施，严正指出：为了坚持华北抗战，"今天的问题不是将已有的民众运动组织加以取消的问题，而是将已有的组织加以培植与扶助，未有组织的加以组织起来，树立起一支伟大的力量，使他们积极地援助政府与军队的抗战工作。这乃是最刻不容缓的任务。只有这样做去，才有利于国家民族"。就在这年春天，朱德挥毫写下了《太行春感》一诗：

> 远望春光镇日阴，太行高耸气森森。
> 忠肝不洒中原泪，壮志坚持北伐心。
> 百战新师惊贼胆，三年苦斗献吾身。
> 从来燕赵多豪杰，驱逐倭儿共一樽。

诗中将蓬勃兴旺的抗日根据地，同阴沉昏暗的国民党统治区作了鲜明的对比，再次表明了中国共产党人坚持抗战到底，打败日本侵略者的坚强决心。

针对国民党反共顽固派的进攻，朱德和彭德怀严格遵循毛泽东确定的有理、有利、有节的斗争原则，部署和指挥了华北抗日军民的反顽斗争。整个斗争，可概括为四打：一打张荫梧；二打阎锡山；三打石友三；四打朱怀冰。结果四战四捷。

号称"摩擦专家"的张荫梧，继任河北省政府委员、民军总司令之后，国民党当局于1939年10月又给其加了一顶河北省政府民政厅长的桂冠，成为河北省反共顽固派头子鹿钟麟的打手。他先后制造了骇人听闻的"柴恩波事件"、"深县事件"，公然扣押八路军干部、战士100多名，杀害八路军指战员400多名，对抗日军民犯下了不可饶恕的罪行。可就是这个杀人魔王张荫梧，竟然在杀害抗日志士之后给蒋介石的电报中邀功请赏说："倭寇

'扫荡'八路","在他人以为大难当前,在我以为军政展开的机会"。在忍无可忍的情况下,朱德和彭德怀下令八路军反击,于1939年6月22日一举歼灭张荫梧所部2000余人。但张荫梧并未就此罢手,继续变本加厉地大搞反共活动。8月间又两次派兵袭击八路军赞皇工作团,捕杀干部、战士,抢劫公私财物。10月5日,朱德和彭德怀联名致电蒋介石,义正词严地指出:"查张荫梧部已屡次肇祸于冀中、冀南,今值敌寇大举西犯时,又复迭次扣留、杀害、诬蔑职部",要求蒋介石"迅予制止,彻底解决"。同日,致电刘伯承等并报毛泽东、王稼祥,明确提出对河北反共顽固派进行斗争的方针和部署:对张荫梧这样的反共顽固分子,必须加以打击并全部歼灭之。这一方针和部署经中共中央批准后,于10月24日和27日,刘伯承指挥八路军将张荫梧部全部歼灭,张荫梧只身逃跑。

对山西阎锡山发动的旧军进攻新军的"十二月事变",朱、彭部署八路军有力地支持山西新军进行自卫反击,并取得了胜利,不仅使阎锡山的军事实力受到重创,其第十九、第六十一、第三十三军及骑一军都遭到惨重损失,而且在地域上亦完全失去了对晋东南、晋西北的控制,其统治的地盘缩小到仅剩晋西南的十余个县份。阎锡山搬起石头砸了自己的脚,落了个"丧师失地"的下场。

1938年12月底,重庆国民政府军令部颁发命令,第十军团石友三部归由鹿钟麟任总司令的冀察战区所辖。1939年2月和3月,又委任石友三为察哈尔省政府主席兼保安司令和冀察战区副总司令。"子系中山狼,得志便猖狂。"他不仅坚持破坏抗战,而且公然勾结日军,充当汉奸。1940年2月3日,在掌握石友三勾结和准备投降日军的确凿证据的基础上,毛泽东和王稼祥致电朱德、彭德怀等,指出:对石友三已不适用争取方针,应坚决、彻底、全部、干净消灭之。石友三得知八路军将给予坚决歼灭后,即在日军的掩护下,率部逃到卫河以东。3月4日,八路军总部发起旨在打击石友三的卫东战役,历经7天时间,共毙俘石友三部6000余人。后来,石友三因犯叛国通敌罪而被枪决。

第九十七军朱怀冰部是冀察战区的主力。当山西的新旧军冲突暂时缓和,"十二月事变"趋于和平解决的时候,国民党顽固派在河北的反共气焰却进一步升级了。此时,因张荫梧叛国通敌有据,已被撤职,由朱怀冰兼任冀察战区政治部主任和河北省政府民政厅长,由乔明礼接任河北民军总指挥。而且,蒋介石又准备从黄河以南增调第四十一、第七十一两个军到河北,以强化反共顽固派的军事进攻力量。鉴于反共顽固派进攻的重点还在太行、冀南,又考虑"单由第一二九师来打退这次规模很大的反共军事进攻,困难较大,朱德和彭德怀决定从晋察冀抗日根据地抽调一部分兵力南下,支援晋冀豫根据地的斗争"。

※ 1939年，朱德、彭德怀等在山西武乡县王家峪。左起：罗瑞卿、吕正操、彭德怀、朱德、聂荣臻。

朱怀冰部在奉调归属冀察战区后，其实力居于河北反共顽固派军队的第一位，因而各种游杂武装都听任其指挥。当朱怀冰一进入冀西后，不仅抢占战略要地，而且指挥早已通敌的别动总队第四纵队侯如墉部与河北民军乔明礼部向八路军进攻。朱德果断决策，命令八路军歼灭了这两支"已无争取可能"的顽固派军队。"由于侯如墉、乔明礼两部被歼，晋察冀南下增援部队又到达太行，朱怀冰孤悬冀西，不免胆怯。1940年2月初，根据蒋介石的命令，朱怀冰、鹿钟麟一起撤至冀豫交界处的磁县、武安、涉县、林县一带，同冀南的石友三部、豫北的丁树本部和山东的沈鸿烈部相呼应，等候从黄河以南增调的两个军开到太南，准备会合后再向八路军发动进攻。"在第二战区东路军时，朱怀冰受朱德总司令指挥，如今却杀气腾腾地充当了反共顽固派的干将。自2月18日率部突然袭击磁县西贾壁和大弯村八路军驻地，杀害八路军指战员100多人后，朱怀冰又来到八路军总部，公然打着所谓"军令政令统一"的旗号，要八路军把河北让给他，朱德则坚决顶了回去。朱怀冰虽然碰了钉子,可并未就此罢休。针对反共顽固派进攻的阵势,朱德和彭德怀作出了"先打石友三,再打朱怀冰,争取丁树本"的正确部署。当八路军歼灭石友三部的卫东战役打响的第二天,即3月5日,又发起磁(县)武(安)涉(县)林(县)战役,开始反击朱怀冰部,到3月9日结束战斗,计歼灭朱怀冰部1万余人,朱怀冰的老婆也成了八路军的俘虏。

四战四捷之后,国民党反共顽固派丧失了在华北同八路军搞大规模摩擦的力量。特别是朱怀冰部被歼灭,给了华北国民党反共顽固派以致命的打击。这一系列对敌进击和反顽斗争的胜利,迎来了华北抗战的明媚春天。

(张雪琴)

特殊的生日

朱德53周岁时,广大干部群众纷纷写来贺信为朱德祝寿。康克清以简短的文字表达了心中不尽的祝福。《华北日报》也发表社论,热情洋溢地为朱德祝寿。

朱德把全部身心都投入到民族解放的事业之中,时光把他带到1939年的12月1日,朱德的生日来到了。这一年,朱德虚岁54,周岁53。朱德一向反对为自己祝寿,但是,广大干部群众在内心里有着一种对自己总司令深深热爱的激情,纷纷写来贺信为朱德祝寿。朱德所在的党支部,还送给他一面写有"模范党员"的贺章。

这一天,没有开庆祝会,也没有贺寿筵席,祝贺的形式朴实而庄重。在一个广场上,搭起了席棚,席棚的墙壁上,贴满了信件。这是,战士和同志们写给总司令的祝贺信,大家把真挚的祝福和无限的敬意都融入信笺。有一位青年战士的信里,写下这样一句充满深情的话:"我对父亲的爱是和他属于那革命的事业结合着的。"

像太行山军民一样,康克清把祝福与爱意凝于笔端。作为生死相依、患难与共的夫妻,她在贺信中真诚写道:

"我和你相处十多年了。觉得你无时不以国家和革命为重。凡事不顾自己的利害。人们不能忍受的事你都能忍受,人们所不能干的事你去开辟。还有,你见书便读,学而不

※ 1939年11月，朱德、康克清在山西武乡县和重庆战区妇女儿童考察团成员合影。左起：陈波儿、宋迪夏、康克清、王紫非、朱德、吴竞。

厌，总是前进着，提醒同志，督促同志，爱护同志。"

望着笔下的文字，康克清不禁想起朱德教她识字的情景。在红军时期，只要一有空闲，两人并肩而坐，朱德一只手拿着识字课本，另一只手指点着，康克清目不转睛地盯着课本，一字一字地学，一字一字地记，一字一字地写。由于朱德教得认真，康克清学得虚心。一两年后，康克清就能认识成百上千个字了。在瑞金中央革命根据地工作时，康克清考入红军大学。由于她勤奋刻苦，学习成绩名列前茅，成为班里的优秀学生。到1937年，康克清已经成为抗日军政大学的学员了。和其他有文化的女学员一样，康克清穿着军服，握着笔杆，记笔记，写心得，还能做出文理通顺的短文。

康克清和朱德一起参加了长征。她在长征途中同男同志一样战斗，爬雪山，过草地，冲过敌人的枪林弹雨。在战斗中，康克清不怕艰苦，勇往直前，成长为一名杰出的共产主义战士。朱德很为康克清感到骄傲，认为她是一个"在部队的教育下成长起来的姑娘——红军的标准产物"。

康克清在谈到朱德时，尤为赞赏的是他的品德："他的最伟大的品质是对事业的耿耿忠心，诚实正直，没有个人政治野心。这个品质，使得他把自己和军人置于党的统率之下。除此之外，最重要的是他平易近人，热爱战士，战士们也同样爱戴他。"每临逆境，朱德以其大海般宽广的胸怀，始终充满着革命的乐观主义，感染着身边的战士和群众。康克清和朱德，这两位志同道合的革命战友，互相帮助，互相关怀，共同走过长达半个世纪的婚姻家庭生活。

在朱德生日这天，康克清以简短的文字表达了心中不尽的祝福。当天的《华北日报》华北版，发表陆定一写的《贺朱副司令长官五十四寿诞》的长文。文章以饱满的革命激情，热情赞颂朱德在抗日战争上所取得的丰功伟绩。《华北日报》华北版，同时也发表题为《庆祝朱副司令长官五十晋四诞辰》的社论，热情洋溢地指出：

"朱副司令长官及其统率下的第八路军，在华北敌后两年来的奋斗，已经获得了一万万民众的拥戴，也引起了日寇、汉奸及一切民族危害分子的惧怕和仇恨。每一个爱国人民都在热烈拥护朱副司令长官及其统率下的八路军，而日寇、汉奸及一切民族危害分子，则以危害朱副司令长官及其统率下的八路军为快。

华北军民在今日热烈庆祝朱副司令长官的五十晋四诞辰，其真正的意义，不仅仅在于表示华北军民对朱副司令长官的衷心爱戴，而且在于，这一次的庆祝表示了华北军民对于中国共产党'坚持抗战、团结、进步，反对投降、分裂、倒退'的政治路线的热情拥护，表示了华北军民对于八路军的兄弟的友爱，表示了华北军民在新的艰苦环境中衷心接受朱副司令长官的领导，赞助八路军与中国共产党。"

杨朔到达太行山区的长治县，访问八路军防区。从此他便留在华北抗日根据地，从事革命文艺工作。入冬后，他到了辽县王家峪八路军总部。适逢朱总司令53岁寿辰，杨朔写了两首诗祝贺。其中一首为《代寿朱德将军》：

※ 1940年，朱德和康克清在延安窑洞中工作。

抚循部曲亲如子，接遇乡农霭若风。
谈笑雍容襟度阔，最从平淡见英雄。

在战友的祝福声中，1940年元旦来临。朱德在《新华日报》华北版上发表《迎接一九四〇年》一文：

敌寇一九四〇年，将会更加紧其对华北敌后的军事扫荡。然而当这严重关头，一部分旧中国的残余、旧的力量、旧的人物、旧的制度和旧的思想，却在拼命地阻碍着新的力量、新的人物、新的思想和新的制度之发展。

摆在我们面前的任务，是大大开展反对汪精卫及抗战营垒内部的投降派的斗争，是拥护蒋委员长坚决抗战到底，制止一切投降派的言论和行动，是公开击破反共、反八路军、反新四军、反陕甘宁边区、反进步力量的言论和行动的投降本质。

（胡玥）

《出太行》

朱德在《出太行》一诗中写道:"群峰壁立太行头,天险黄河一望收。两岸烽烟红似火,此行当可慰同仇。"

抗日战争又进入新的一年,朱德指出抗战进入新的阶段,全国抗战形势更加严峻。因此,巩固和扩大八路军已成为当前最中心的任务之一。根据八路军的情况和华北工作的深入程度,决定在1940年再扩大20万人,以足够的力量应付妥协投降造成的危害和可能发生的突然事件。

1940年4月,中共中央致电朱德,请他去河南洛阳会见第一战区司令长官卫立煌,然后返回延安协助毛泽东进行整风工作并为七大的召开做准备工作。朱德安排好前方工作后,准备南下。他决定先去洛阳会见卫立煌,然后经西安转回延安,再去重庆。这时战地党政委员会冀察战区分会副主任委员王葆真一行也来到八路军总部,目的也是为了商讨国内和平,共同抗日的问题。出发前,他先去潞城一二九师师部同刘伯承等研究工作。

4月25日,朱德告别八路军总部南下,踏上重返延安的旅程。朱德和王葆真一行同去洛阳,随行的有康克清及总部供给部政委周文龙等人。左权抽调了非常能干的红三连,作为护送朱德去洛阳的随行卫队。这次行动不仅是护送朱总司令,更是保卫华北抗日前线的总指挥部,关系着敌后各根据地广大军民抗日斗争的成败。

八路军各部都担心朱德此行的安全,因为南下途中要经过日军的封锁线和某些对八路军对立情绪仍很严重的国民党军队的防区,但朱德却从容沉着地对待这一切。临行前,左权一再交代,无论是闯过日军的封锁线,还是通过国民党的统治区,在任何情况下,都要保证朱总司令的绝对安全。红三连全体共产党员一致保证,哪怕战斗到最后一个人,也不能让朱总司令受任何损伤。

朱德这次南行,很快引起各方的瞩目。中共中央期望他同卫立煌的谈判不仅能解决划分防区、停止军事冲突,继续团结抗日的问题,还能解决八路军的扩编、增饷问题。蒋介石希望朱德在谈判中能再做让步,并要求朱德在洛阳会谈后经西安去重庆向他"述职"。卫立煌更盼望朱德前去,商量解决军事冲突和共同抗日的问题。日本侵略者则希望朱德同卫立煌的谈判失败,以减弱中国的抗日力量。

每到一个新的宿营地,朱德总是关心着大家的冷暖与温饱。他还一再提醒大家,要提高警惕,注意观察敌情,严防敌特破坏。通过封锁线时,朱德亲自用望远镜观察敌人碉

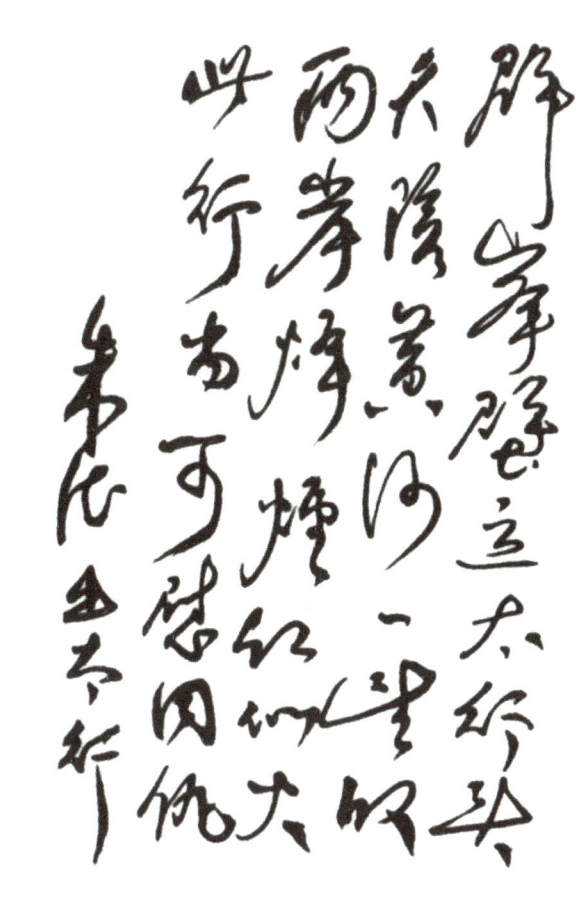

※ 1940年5月,朱德离开华北前线回延安,途中在河南济源县作《出太行》诗一首。图为《出太行》手稿。

堡里的动静,充满信心地鼓舞大家穿过敌人封锁线。在紧张而有秩序的行军中,朱德一面随大伙翻沟穿林,一面查看地图,通过电台随时和延安联系,并了解前线各作战部队的情况,及时传达党中央和毛主席的命令。

朱德一行一到八路军新一旅驻地——壶关县的郭家坨时,他就和同行的王葆真进行了划界谈判。确定以距郭家坨五华里的大井村为界,界北为八路军防地,界南为国民党防地,双方不越界,界上不驻兵,消除摩擦,团结抗战。这一举动对于揭露顽固派、团结友军起了很大作用。

5月1日,朱德一行到达四十七军军长李家钰的司令部。李家钰在东路军时期,曾接受过朱德的指挥。朱德向李家钰介绍了晋东南的敌情,谈了团结抗日的必要性。由于朱德态度诚恳,讲得有理有据,李家钰心悦诚服。临行时,李家钰亲自送行,并派了一个连的步兵护送朱德一行。

5月4日，当朱德一行正准备越过封锁线时，日军忽然打来炮弹和五六十发流弹，只好等到黄昏后才重新前进。当夜10时，朱德他们机智巧妙地通过离日军驻地不过五六里路的封锁线。通过封锁线后，由当地群众做向导，走小路西行。凌晨到达太行山的尽头，九军的一个营早已在这里迎接朱德的到来。

太行山这座历尽人世沧桑的名山，屡见于中国的诗词歌赋中。魏武帝曹操的《苦寒行》中，就有"北上太行山，艰哉何巍巍"的诗句。巍峨雄伟、气势磅礴的太行山，在抗日战争中，更成为华北抗日根据地的中枢。

5月5日，朱德抵达河南济源县。这里已是太行山的尽头，到了黄河边缘。第二天，朱德就要离开这座曾经血战近3年的山脉。注目巍巍太行山，遥望滚滚的黄河水，心潮起伏，无限感慨，朱德写下了这首《出太行》的壮丽诗篇。在诗前，朱德题道："一九四〇年五月，经洛阳去重庆谈判，中途返延安，是时抗战紧急，内战又起，国人皆忧。"在《出太行》一诗中，朱德写道：

群峰壁立太行头，天险黄河一望收；
两岸烽烟红似火，此行当可慰同仇。

朱德一行离开太行，渡过黄河，下午6时左右到达洛阳，卫立煌派人前来迎接。卫立煌早就盼望朱德前来，为了便于交谈，他把朱德和康克清安排在自己的驻地住宿，其他随行人员住在九军军部。当时洛阳的情况很复杂，既有大批国民党特务在活动，又有不少在反摩擦斗争中吃了败仗而又不甘心的顽固派头面人物，他们企图为难甚至加害朱德。但是，卫立煌是当地最高军事长官并兼河南省政府主席，他对朱德热情接待，使这些人不敢轻举妄动。

刚到洛阳，朱德在卫立煌为他举行的欢迎会上致词，强调国共两党和全国军队团结的重要性。他指出全国人民需要这种团结，国民党的大多数党员需要这种团结，共产党、八路军坚决要求这种团结。只有日寇、汪精卫等汉奸、投降分子和摩擦专家害怕这种团结。这种团结必须建立在进步的基础上。只有这样，才能克服困难，争取抗战的最后胜利。

卫立煌和朱德的会谈，气氛很融洽。这次谈判取得了一定成效。协商解决了晋东南国共两方军队以漳河为界的驻防区，允许十八集团军在中条山保留一条运输线，继续给八路军发放军饷等。谈判之余，朱总司令一行随员，利用各种场合宣传共产党坚持抗战的路线、方针和政策。有时晚饭后，朱德和警卫部队一起打篮球，球场四周的观众挤得水泄不通，看着朱德在球场上灵活的身影，战士们也打得毫无拘束，国民党军队对八路军"官兵一致"的优良作风，留下了深刻的印象。

临行前，卫立煌赠给康克清一支自来水笔，和1938年8月送给朱德的那支一模一样。他见康克清挂着十响的大手枪，认为女同志用着不方便，另外送她一支精致的德国制造的小手枪。随朱德来的干部们，原来穿的都是晋南土布军装。卫立煌下令，为每位干部缝制了一套优质斜纹布料的灰色军装，对朱德带来的警卫连战士，则按第一战区司令长官部特务团的标准，每人发了套新衣新鞋。

5月16日上午，战地党政委员会冀察分会的委员们来看朱德。朱德同他们谈话时指出：华北敌军不包括伪军在内约有五六十万人，正在加紧修筑堡垒、公路和铁路，同时不断扫荡抗日根据地；但八路军游击队也很活跃，力量相当强大，在同日军进行着不懈的斗争。八路军的对策就是巩固和发展联合各党、各派、各阶层人民的抗日民族统一战线，团结起来，争取抗战的最后胜利。

在回答国共两党如何才能亲密合作时，朱德说，我们共产党当前是为民族解放而奋

※ 朱德非常喜爱体育运动，图为朱德（背对者）与战士一起打篮球。

斗，并没有自己的私利。凡是有共产党的地方，抗战就热烈；抗战热烈的地方，共产党的力量就大。可是，有的人对抗战的兴趣不大，却积极限共、防共、反共，限制八路军发展，不断制造摩擦，甚至利用汉奸队伍来反共。长此下去，国就要亡了。只有解决这些问题，取消妨碍抗战的东西，国共两党才能亲密合作，共同抗日，否则是没有出路的。

17日，朱德结束了在洛阳的会谈，乘火车经潼关去西安。他到达西安时，早几天从延安来西安的周恩来到车站迎接。自从中共六届六中全会结束以后，他们快有两年没有见面了。这次周恩来将要代替朱德去重庆同蒋介石谈判，两人深入地交流了情况和意见。

在西安期间，朱德拜会了陕西省政府主席蒋鼎文和三十四集团军总司令胡宗南。当时西安是连接前方、重庆和延安的枢纽，南来北往的干部常常在这里相会。西安设有八路军办事处，它虽是经过国民党当局同意设立的合法机关，但国民党特务机关在它周围安插了20多个监视点，有时还秘密绑架办事处的工作人员和来访人员。朱德来到这里后，教育工作人员要提高革命警惕性，保持革命气节，准备对付一切可能出现的突然事变，鼓励大家学会有理、有利、有节的斗争艺术。

5月24日，朱德一行离开西安回延安，同行的增加了茅盾夫妇和张仲实。为了把一批要去延安而滞留在西安的进步人士和青年带走，把一批国民党当局禁运而延安又急需的通讯器材也带去，朱德不坐小汽车而坐大卡车。他们一行由3辆卡车组成车队，共有40多人。滞留在西安的进步人士和青年大多穿了军装，充作朱德的随从。朱德是第二战区副司令长官、十八集团军总司令，他坐在第一辆卡车的司机旁边，国民党军队不敢盘查和阻拦。

第二天经过黄帝陵时，朱德提议前去拜谒。入口处有一牌坊，上书"轩辕黄帝陵"五个大字。大家抬级而上，来到黄帝陵前。驻守黄陵的卫兵连忙阻拦，说这里是国防重地，奉令不让参观。但黄陵管理处的负责人看到是十八集团军总司令前来，就特别通融，陪同参观。在黄帝陵前，朱德请茅盾向大家讲讲黄帝的故事。

茅盾讲完，朱德作了即席讲话，他风趣地说：刚才沈先生讲了历史上的黄帝，现在我再讲讲当代的黄帝——我们这些黄帝的胄裔。中华民族有五千年光辉的历史，然而近百年来我们这个民族却遭受了帝国主义的百般欺凌，被称作"东亚病夫"。现在这个古老的民族觉醒了，我们这些黄帝的子孙点燃了民族解放的烽火，全国人民正进行着神圣的抗日战争。抗日战争就是中华民族复兴的战争。我们一定要把这场战争进行到底，我们也一定能取得战争的最后胜利！现在有人想阻挠抗日战争的胜利进行，想妥协投降，这种人是黄帝的不肖子孙！

当天下午4时左右，车队通过最后一道国民党军队的关卡，进入陕甘宁边区。朱德在华北前线和敌后那样复杂的环境中指挥八路军坚持抗战已经近3年了。他们在敌后广泛发动民众，收复了大片国土，建立起晋察冀、冀中、冀南、平西、晋冀豫、晋西北、冀鲁边、冀鲁豫、鲁西北、鲁南、大青山等抗日根据地，创立抗日民主政权，广泛发展游击战争，抑留了侵华日军的大量兵力，使其无法开发并利用华北的丰富资源，大大提高了全国人民坚持抗战的信心和决心。八路军自身也从原来的3个师发展到有正规部队22万人，在全国人民中具有巨大威望。这一切，自然同朱德、彭德怀对八路军的领导是分不开的。

（胡玥）

授计七贤庄

八路军西安办事处的同志，向朱德请教"如何来对付敌人盯梢？"朱德沉思了片刻，对大家说，要懂得声东击西，懂得佯攻、迂回。给他来个明修栈道，暗度陈仓。

古城西安市有个七贤庄，因为八路军西安办事处设在那里，一下就闻名遐迩，成了人人关注的地方，同志、朋友、敌人都拥向这里。

八路军西安办事处，就设在城北西五路北街七贤庄一号。这是一座青砖灰瓦的大院群落，里面有大大小小十几个院子，离西安火车站很近，但又不在繁华热闹的大街上，可以说是闹中取静的一个好地方。

自从1936年12月，"西安事变"解决以后，中国共产党为了同国民党商讨共同抗日的有关事宜，就在这七贤庄设立了红军联络处。抗日战争爆发后，中国工农红军改编为国民革命军第八路军，红军联络处就改名为八路军西安办事处。叶剑英、林伯渠、董必武先后在这里主持过工作。周恩来、朱德、刘少奇、邓小平等都到这里指导过工作。

1940年5月，朱德又一次来到八路军西安办事处。这是他第三次来到七贤庄。

这次，他是风尘仆仆从华北抗日前线来的，是党中央让他回延安途经洛阳时同卫立煌谈判之后到西安的。

一列火车缓缓地开进西安火车站，站台上站满迎接客人的亲朋好友，都在翘首张望，寻觅着自己熟悉的面孔，招手欢迎。

火车刚刚停稳，朱德就出现在车门前，来欢迎他的人们一拥而上。他一眼就望见了周恩来和八路军西安办事处的主任伍云甫以及办事处其他同志，非常抱歉，惊奇地说：

"恩来同志，你怎么也来了！实在担当不起！"

"总司令，凯旋归来，理应迎接！"他们亲切握手，互致问候。自从中共六届六中全会结束，他们都天各一方，快有两年没有见面了，当然有说不完的话，这次周恩来要代替朱德去重庆同蒋介石谈判，两天前才从延安赶到西安。

国民党陕西省政府和当地驻军也派人来迎接，希望能住在他们那里。朱德婉言谢绝说：

"多谢各位，不再给人家添麻烦了。我还是住在七贤庄吧！到了办事处，就像回到自己家里一样，一切可以随便些。"

回到七贤庄八路军办事处，刚安排着住下，伍云甫就来向朱德汇报办事处的情况，希望总司令能给办事处的同志讲讲话。朱德满口答应了。

第二天上午，他在周恩来和伍云甫的陪同下，给办事处的同志讲话。他说：

"我们中华民族三年来的抗战，已为全世界殖民地人民争取解放斗争的历史，为反对侵略扩张的历史，写下了光辉的一页，证明我中华民族有充分的英勇和坚决，有足够的团结性和坚韧性，能够愈战愈强，直至最后战胜日本帝国主义。"

朱德着重介绍了抗战三年来八路军所取得的辉煌战绩：

"八路军三年来，进行大小战斗九百多次，毙伤日、伪官兵十六万人，缴获各种枪支五万多支，各种炮三百多门。当然，我们也作出了很大的牺牲，有三万多将士，为了中华民族的解放流尽了最后一滴血，我们应该永远记住他们！"

"三年来，我们曾在敌后建立和巩固了许多抗日根据地。我们曾在山东、山西、河北、察哈尔、绥远的三百七十五县中，收复过一百九十八个县城。直到现在，可以说华北没有哪一个县是在日寇的完全统治之下，在华北二百二十一万平方公里的土地上，我们活动的地区达到百分之八十。我们一定要坚持华北抗战，广泛地开展游击战争。华北历来就是反对外民族入侵的主战场，自古养成了一种爱国的伟大精神。常说的'燕赵自古多慷慨悲歌之士'，就是极好的证明。"

接着，朱德在介绍华北反"摩擦"斗争的情况时，说：

"从1939年底到1940年春，国民党顽固派发动了反共高潮。他们到处制造摩擦，残杀我八路军和抗日群众，一时间内战的阴云又笼罩着整个中国。我们按照毛主席的指示'人不犯我，我不犯人，人若犯我，我必犯人'开展斗争，前门打狼（日本帝国主义），后门

※ 西安八路军办事处的所在地——七贤庄。

拒虎（反共顽固派），坚持有理、有利、有节的原则，在团结中不放弃斗争，在斗争中求得团结，有力地打击了国民党反共顽固派的投降活动。听说你们在后方，也同样遭到国民党顽固派的骚扰、破坏和暗算，处境也很困难，斗争也很复杂。希望你们坚持下去，取得胜利！"

后来，在座谈中，办事处的同志们毫无拘束地提出许多问题，请朱德解答。

"如何来对付敌人盯梢？"办事处的同志问朱德。

这是八路军西安办事处最为头疼的一个问题。按理说，办事处是八路军的一个合法机关，国民党当局理应加以保护。但是，国民党中的顽固派却把它视为眼中钉、肉中刺，千方百计使用各种卑鄙手段，想把它赶走或除掉。他们把办事处对面的一幢小楼强行买去，不分白天黑夜，都有专人用望远镜监视着办事处，还公开宣布不准任何商人卖东西给办事处，同时在办事处的周围设立了二十多个特务据点，化装成小贩、修鞋的、拉洋车的、收破烂的，整天蹲在七贤庄一带专门盯梢。进来的、出去的一个也不放过，不仅记录在案，还要跟踪。

朱德沉思了片刻，回答说：

"大家都打过仗，懂得声东击西，懂得佯攻、迂回。我看对付国民党顽固派的盯梢、跟踪，也可以用佯攻的战术，给他来个明修栈道，暗度陈仓。他设了那么多点，你不让他盯着，能行吗？不行。那就让他盯着，你先给他个'假的'让他盯上，引开了他的视线，'真的'再出来，不是他就盯不上了吗？你出去一两个人，他能盯上，你出去七八个人，分散开了，不是他就盯不住了吗？他要死盯着你了，也没啥子关系，你以万变应其不变，搞点灵活机动，他就无法应付。比如，要去送文件，要去搞联络，你白天不去晚上去，晴天不去雨天去，不让他摸到规律。出去了，就由不得他了，他跟踪你，你不走大街走小巷，穿堂过屋，前门进后门出去，把'尾巴'甩掉。恩来同志是搞过长期的隐蔽斗争，这方面有着丰富的经验，应该向他学习！"

周恩来站起来说：

"总司令把隐蔽斗争和打仗联系起来，讲得非常深刻和实在。你们应该结合实际订出几条来，我相信你们一定会战胜各种破坏阴谋，取得更大的成绩。"

朱德语重心长地嘱咐大家：

"你们是在险恶环境之中，一不要惧怕，二不要麻痹，三要讲究斗争的策略和艺术。只要大家认清了顽固派的反动本质，时刻提高警惕，保持革命气节，做好应付一切可能出现的突然事变的准备，就可以做到万无一失，勇往直前。"

后来，朱德得知办事处交通科的一个姓贾的战士，因公外出，被特务秘密绑架了。办事处曾多次同国民党当局交涉、查寻，国民党当局矢口否认，至今仍无下落。他仔细分析了西安的情况后，觉得此事必须利用矛盾，才能探得虚实。西安是西北重镇，各种反动势力都在这里插了一脚，特务系统就有军统、中统，还有宪兵、警察，另有国民党的嫡系部队，地方的杂牌军等等，五花八门，应有尽有。朱德以拜访为名，亲自出面从旁探得情况，此事确系国民党当局所为。他便理直气壮地找上门去，指名道姓地向他们要人，迫使特务们不得不把人交出来，终于使小贾脱险，又回到办事处。

八路军西安办事处的同志，在朱德和其他领导人的亲切关怀下，逐渐学会了在复杂的环境中，开展政治斗争的方法，出色地完成了任务。

（刘学民）

与华侨的交往

在抗日战争战火纷飞的年代里,朱德一面指挥千军万马与日本侵略者鏖战,一面在戎马倥偬之际做了许多侨务工作,留下一段段令人难忘的佳话。

信函是交流思想感情、沟通联络的桥梁。抗战初期,在华北前线指挥杀敌的朱总司令,就是通过信函与远在海外的华侨建立起联系和交往的。

华侨有着高度的爱国热情,他们冲破国民党的限制和阻挠,在海外开展援助八路军抗敌的活动:一面捐款献物,一面向八路军写信鼓励和赞扬他们英勇杀敌。朱德对华侨的热情援助非常感动和重视,在紧张而激烈的战争间隙里尽可能亲自回信答谢。

1937年12月1日,北马来亚文化俱乐部等八个华侨团体各向八路军献旗一面,托华侨战地记者服务团团长曾圣提带回转交八路军,同时附信一封。信中对八路军全体将士"在西北战场浴血苦斗,舍身为国,或成仁,或取义,使暴敌欲略夺我每一寸土,必须付出重大代价"的"动天地泣鬼神之英勇精神""极表敬佩"。翌年2月,朱德以《告华侨同胞书》形式给马来亚华侨回信,信中说:"敝军全体将士对于诸位先生这种关怀祖国关怀敝军的高尚热忱,十分的感激与兴奋"。八路军全体将士将发扬"继续杀敌,为国牺牲的精神以慰诸位先生及全体海外同胞的殷念";"深盼我全体海外侨胞大家团结一致,一面努力援助国内抗战,同时加紧国际宣传"。朱总司令和侨胞互相慰勉,既增加了了解和友谊,更增加了共同抗日救国的勇气和决心。

1938年3月10日,妇女慰劳会菲律宾分会的华侨致函朱德总司令说:"公率三军,捍卫华北,捷报频传,侨众欣跃",并汇国币1万元购制雨具,为八路军将士杀敌之用。朱德、彭德怀及时发去回信,对她们的"厚意热情,无任感奋!"对海外侨胞"本毁家纾难之忱,拥护国军爱及敝路,全体将士,皆为之感动。"

一封封飞跃大洋、跨过群山充满激情的慰问信,表达了华侨对朱德及其领导的八路军英勇抗战的崇高敬意,表达了朱德和八路军指战员对爱国华侨寄予莫大的希望和信任、慰藉和鞭策。

朱总司令在战事火急、工作繁忙之际,给海外亲人复信答谢,及时向他们汇报八路军的抗敌战绩和政治主张,鼓励侨胞积极支持祖国抗战,激发他们的爱国热情,说明从抗战一开始,朱德总司令就很重视对海外华侨的争取和交往。

1940年3月,南洋著名爱国侨领陈嘉庚率领大规模的南侨慰劳团回国慰劳考察。5月31

※ 1940年3月,陈嘉庚率领"南洋华侨回国慰劳视察团"回国慰劳抗战军民,图为陈嘉庚(前中)、李铁民(前左一)、侯西反(前右一)等抵达延安时留影。

日,陈嘉庚、侯西反、李铁民三人冲破国民党蒋介石的重重阻挠,风尘仆仆地来到延安。他们受到延安各界的隆重欢迎,其热烈场面为小小的山城前所未有。

陈嘉庚莅延之际,恰好朱德从华北抗日前线刚刚返回延安,尘装甫卸。于是,闻名遐迩的八路军总司令与名冠南洋的爱国侨领的两双巨手得以有缘紧握在一起。朱德与陈嘉庚在延安进行了虽然为时短暂,但却有重大历史意义的交往。

6月1日下午,朱德和夫人康克清陪同陈嘉庚参观了延安女子大学。他们和学生们进行了亲切愉快的交谈,观看了学生们露天上课和居住的窑洞,参观了女大附设的缝纫、制鞋车间等。女大有二十多名南洋归侨女学生,朱总司令和她们有说有笑,问寒问暖,十分亲切。她们向陈嘉庚介绍了在延安愉快的学习生活和受到的亲切关怀。总司令和学员们欢快平等的相处情景深深映入了陈嘉庚的眼帘。

参观女大结束后,朱德又陪同陈嘉庚漫步在坎坷不平的黄土路上,他们一起来到杨家岭毛泽东的居室。这是一个普通的窑洞,屋里陈设十分简陋。他们和毛泽东进行了亲切而长时间的畅谈,并共进晚餐。"宴席"设在门外的露天场地上,十分俭朴,但大家都非常愉快。这首次与中共领袖共进的普通而盛情的晚餐,牢牢地印记在陈嘉庚脑海里。

晚餐后,毛泽东、朱德陪同陈嘉庚等来到中央党校内的中央大礼堂,一同参加"延安各界欢迎陈嘉庚先生晚会"。整个大礼堂没有一把椅子,所有座位都是钉在木桩上的长木板。毛泽东、朱德陪同陈嘉庚欣然坐下,毫无拘束地观看了使他耳目一新的精彩节目。晚会上愉快的欢声笑语久久地回荡在陈嘉庚的耳畔。

6月2日下午,朱德和陈嘉庚一道参加了抗大三分校举行的,欢迎从前线归来的总司令和从遥远的海外来延慰问的陈嘉庚一行,及纪念母校成立三周年大会。会前,学员们举行了一场篮球赛,朱德也参加了比赛。他龙腾虎跃地和小伙子们拼抢,先后投进四球。陈嘉庚张着嘴看呆了,脸上露出了笑容。

6月3日至7日,为陈嘉庚在延安随意活动的时间。他拄着手杖观看了延安市容,参观了居民区、商业区、新市场等;并由朱老总陪同前往距延安数十里的安塞钢铁厂参观,途中他们登上巍巍宝塔山,俯览延河水,眺望延安城……这期间,毛泽东、朱德又盛情邀请陈嘉庚到毛泽东的住处再次晤谈。毛泽东、朱德还两次到交际处看望陈嘉庚,与之交谈,并共进晚餐。在陕北这片黄土地上,中共领袖与海外华侨巨子之间埋下了友谊的种子。

6月7日晚,延安各界在中央大礼堂举行欢送陈嘉庚一行晚会,毛泽东、朱德、吴玉章等领导与各界代表千余人前来参加欢送会。在一片热烈的气氛中,朱德致欢送词:

"诸位先生来延九天,曾给了我们很多的指教,这是我们非常感激的。""我们坚持华北抗战,已经三年了。这三年来,我们历经千辛万苦,和华北广大民众在一块儿支撑了华北的抗战,从斗争的经验中,证明了只要我们坚持团结,坚持进步,我们一定能够胜利的。最不幸的是华北也发生了摩擦事件,然而我们相信这只是少数顽固分子'反共'、'防共'的结果,华北的最广大的军民,是坚决反对摩擦的……"

朱德最后说:"在陈嘉庚、侯西反、李铁民三位先生回去的时候,我们谨希望他们把我们的意思，传达给海外侨胞，敬祝诸位先生沿途平安和健康！"

朱德的欢送词表达了中国共产党领导下的抗日根据地军民的共同心声，博得了阵阵热烈的掌声。

陈嘉庚在延安虽然只逗留了九天，但这是他第一次同中国共产党打交道，与毛泽东、朱德等的交往给老人留下了十分难忘的印象。通过耳闻目睹，他亲身体验到：谣言代替不了事实，国民党的一套反共宣传是胡说八道。他对国共两党的认识发生了重大的转变。

抗日烽火硝烟弥漫，千万归侨儿女回国奔赴抗战前线。先后有七八百人跋山涉水来到延安战斗和学习过（约有三百人常在延安）。他们和中国共产党的领袖、将士们生活学习战斗在一起，时时受到亲切关怀，常常得到帮助教育，每个人都留下了一件件美好的、难以忘怀的往事。

一提起身经百战、赫赫有名的朱老总，初到延安的归侨都以为他是一个相貌威严、派头十足、脾气暴躁的将军，其滔滔不绝的演说几乎可以使大地燃烧……但一见面他们简直不敢相信——总司令没有架子，和蔼可亲，平易近人，是一个很普通的人；如果不是身着戎装，人们很可能把他当做中国农村的一位农民老大爷。

1940年底，马来亚华侨青年郭戈奇来到延安。他到延安的第一件事就是想以槟城《现代日报》记者的身份采访朱总司令。他把这个想法告诉朱德身边的工作人员，并托他把自己的名片转给朱德。他未曾想到，日理万机的朱德知道后当即在王家坪总部接待了他。警卫员把郭戈奇引进一间很普通的石窑洞办公室，朱德面带慈祥的笑容，热情地欢迎他来采访。郭戈奇走上前，向总司令敬个礼说：

"海外华侨对英勇善战的八路军、新四军致敬、问候！对朱总司令的雄才韬略和指挥作战有方表示敬佩！"

朱德说："共产党领导的八路军、新四军是人民的子弟兵，军队的天职就是保卫祖国的安全，在民族生死存亡之际，挺身而出，开进敌后抗日是义不容辞的。我身为军人，指挥部队抗日杀敌更是责无旁贷。海外侨胞热心爱国，努力捐献物资，支援祖国抗战，成千上万的华侨青年到延安，到革命根据地参加抗战，我们表示欢迎！"

"八路军、新四军在敌后，在日寇、国民党反动派和伪军三面夹击下，为什么能够生存、发展和壮大？"郭戈奇问。

朱德侃侃而答："我们共产党领导的八路军、新四军是人民的军队，来自老百姓。这个军队的唯一宗旨，就是为民族解放服务的，所以人民拥护我们。军队和人民的关系，好比鱼和水的关系，鱼在水中游，水深任鱼跃。"

郭戈奇又问："你们的军队武器从哪儿来呢？"

问到武器的来源，朱德笑了笑答："一靠自己造，二靠缴获敌人的。过去，蒋介石是我们的运输大队长，现在是日本鬼子了。"郭戈奇听了情不自禁地笑起来。

他们谈话间，参谋人员不时送来电报、文件，请朱老总处理。不知不觉一个多小时过去了，郭戈奇不忍过多地耽搁老总的宝贵时间，便起身告辞。朱德亲切地同他握手，送他到门口。这次访谈深深地铭刻在郭戈奇的脑海中。

延安的生活非常艰苦，这对于生活在国外条件优越的归侨来说是个严峻的考验。朱老总不但从政治上关怀教育归侨青年，还从生活上关心体贴他们。朱老总经常抽空深入到归侨中，参加他们开展的各项活动，并多次同归侨青年一起就餐，热情地同他们拉家常，问他们在延安生活习不习惯，想不想家？他还风趣地问大家："国民党反动派造谣说我一天要吃一个小孩，大家信不信？"一句话逗得大家哈哈大笑。延安的主食为小米，很少有面粉和大米，归侨吃不惯。朱老总曾多次亲自到食堂嘱咐炊事员给他们加菜，主食尽可能多增加一些米面。每到周末晚上，归侨青年在桃园俱乐部举行舞会，朱老总和叶剑英等领导人常来参加，和归侨青年们共享欢乐。

菲律宾归侨庄焰来到延安后，进中央党校学习并主编《党校生活》杂志，曾聆听过朱老总的报告。后来，庄焰和在延安做护士工作的闵自强小姐结婚。不久，庄焰被调到朱老总属下工作，和老总接触更多了，也得到了更多的关怀和教诲。1942年的一天，闵自强和另一位女同志同时分娩，当时王家坪只有一位医生，为了照顾两个产妇，这位医生深夜在两处来回奔波，惊动了整个王家坪。小闵生产后，朱老总亲自派人送去两只老母鸡，这是老总用自己劳动种的菜换来的。看到这两只老母鸡，庄焰夫妇不禁想到，已年过半百的朱老总，在极其艰苦的条件下指挥千军万马，衣、食、住、行，摸、爬、滚、打，处处和普通战士一样，生活上不搞特殊。炊事员有时给朱老总多炒一两盘菜，朱老总就提出批评，并规定每餐只准炒两小盘菜，有时可多一碗清汤；当后勤管理机关发放军装时，朱老总多次不领，而他身上经常穿着打补丁的衣服；朱老总嘱咐炊事员不要单独开灶，和战士同灶。

在边区，提起朱老总，人们还称赞他为侨务工作的模范。他不但是归侨青年的知己，而且还是党的侨务工作的主要负责人，经常参加归侨的集会和活动。

1940年9月，延安的归侨代表在杨家岭大礼堂开会，成立了延安华侨救国联合会（简称延安侨联），朱德因有事未能到会。1941年3月23日，延安侨联召开第二次大会，朱德、叶剑英、博古等领导人到会并作了讲话。当会议的主持者宣布开会，介绍了会议程序

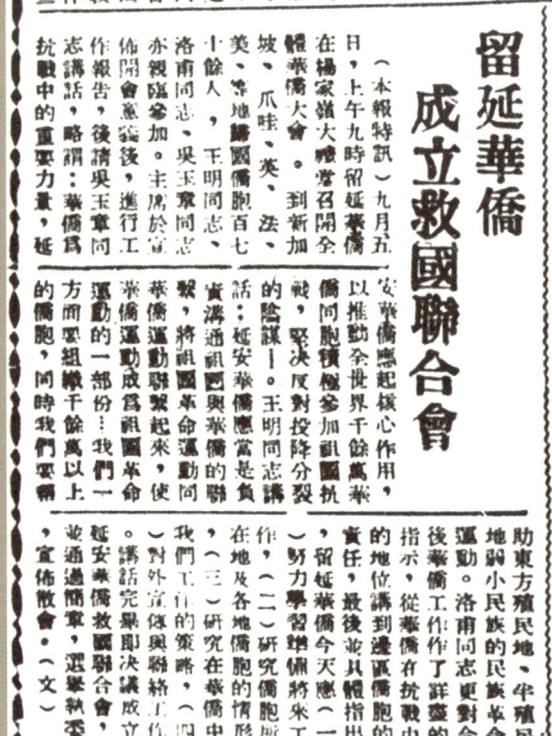

※ 延安华侨救国联合会成立的报道。

后，接着高声说，欢迎朱德等领导人出席会议并给大家讲话，会场顿时响起了热烈的掌声。朱德穿着一身褪了色的旧军服，健步登上讲台，在热情洋溢的讲话中，表示对广大侨胞抗战以来踊跃捐输和远自数千里外归国参战，拥护祖国抗战之热忱，备致钦佩之意。同时希望延安侨联今后努力做好两项工作：一、加强对海外侨胞的联系和宣传。二、欢迎华侨回来参加边区经济建设运动，并欢迎侨胞资本家向边区投资，边区政府一定保护他们的利益。朱德的讲话虽然简短，但含意深刻，实际上阐述了党的侨务政策。

同年10月5日，延安侨联召开第三次大会，内容为选举参议员及参加反法西斯大会代表，研究成立西北华侨实业公司等。朱德应邀出席会议，并作了重要讲话。他说："快要开幕的东方各民族反法西斯代表大会，有着重大的意义，侨胞与东方各民族的关系非常密切，华侨内又包括着各民族的优秀分子。因之华侨是反法西斯的重要力量。我们热望华侨在团结东方各民族反对法西斯上，能有最大的贡献。"又说："海外侨胞对于祖国的抗战建国事业，向来踊跃参加。我们希望延安华侨能与海外华侨建立密切联系，积极对各抗日根据地投资，开办实业，增加抗战力量。对于这些，我们不但热忱欢迎加以保护，而且愿意给予各种便利和帮助。我们更欢迎各种人才到这里来，给他们适当的岗位，让他们尽量发挥才能。"朱德对侨联筹办西北华侨实业公司很是称赞，并表示愿意赞助。

朱德是中共中央侨务工作的主要负责人。1941年9月26日，中共中央书记处决定朱德任中共中央党务研究室海外研究组组长兼中央华侨工作委员会书记。太平洋战争爆发的第二天，中共中央政治局决定在延安成立海外工作委员会（简称海委），由朱德任主任，叶剑英、黄华及一些归侨任委员；并决定将侨务委员会及党务研究室的海外研究组并入"海委"。"海委"成立后，从中央各部门抽调了三十九名归侨干部成立海外工作学习班，训练干部，准备将来派到各侨居地开展工作。朱德、叶剑英亲自领导学习班的学习工作。朱德对学习班的学习安排很关心，指示学员们要学习军事。根据这一指示，学习班安排了军事课，由朱老总亲自讲授。朱老总很重视研究有关欧洲战场、太平洋战场的情况和美国问题，要求学员们要做到对时局动向的研究和基本情况的研究相结合，经常组织时事座谈会，并强调从实际出发，调查研究国际国内问题。1942年7月10日，朱德致电周恩来说，为了培养党的海外工作干部，已在海外工作委员会领导下，设立海外工作研究班，请在重庆经常注意了解和收集有关海外和华侨团体的活动情况，并把有关这方面的书报、刊物及时送来延安。

后来由于时局的突变，东南亚大部分地区很快被日军侵占。朱德领导的"海委"及开办的海外工作学习班虽未能如愿以偿地把学员派到海外开展工作，但他对侨务工作及开展世界反法西斯统一战线工作的高度重视及其所做的努力，为后来党的侨务工作的发展奠定了良好的基础。

一位老作家把朱德那崇高品德和丰富的精神世界，比做宽阔、渊博、淳朴的大海，他以惊涛骇浪对待敌人；以宽厚、慈祥、平和对待人民。在那抗日战争战火纷飞的年代，朱总司令与华侨的交往，犹如这广阔无垠的大海涌起的无数个涟漪和浪花。

（任贵祥）

屯田军垦，开辟南泥湾

> 朱德说："由于敌人的围困封锁，边区遇到了严重的经济困难。摆在我们面前的是两条路：一条是坐以待毙；一条是自己动手，克服困难。走哪一条路呢？我看应当走自己动手，克服困难的路。"

自1939年秋，从华北敌后调回陕北绥德驻防的八路军第一二〇师第三五九旅，承担着阻止日军渡黄河以及国民党军封锁部队从南面进攻的双重任务。为了减轻边区人民的负担，又能从根本上解决第三五九旅面临着的粮食困难，朱德自然地想到了古代三国时期，

※ 为战胜严重经济困难，根据地军民开展大生产运动。图为八路军三五九旅在南泥湾垦荒。

曹操在今安徽省寿县即当时的芍陂实行军垦屯田的做法，主张在不妨碍部队作战和训练的前提下，实行屯田军垦。当时担任陕甘宁边区政府秘书长的李维汉回忆说："军队实行屯田是朱德倡导的。他从前线回延安后，非常关心部队的生产，主张以部队众多强壮的劳动力，投入到生产运动中去，以减轻人民的负担，密切军民关系，同时帮助边区的建设，也改善部队本身的生活。"朱德不仅提出屯田主张，还专门找到了一片荒地。胡乔木回忆说："朱总司令提出部队实行屯田的主张，并亲自到南泥湾踏勘，把它确定为部队的屯垦之地。"

南泥湾位于延安东南黄龙山地区，距离延安约45公里处，其东南方向的茶坊镇，与国民党顽固派军队占领的洛川连接。从战略地位上讲，南泥湾是延安的南大门。从生产角度上讲，这里有很大的开发价值。因为早在19世纪60年代以前，这里曾是一个土地肥沃和人口稠密的地方，只因后来回民大起义把这一带烧了，才逐渐变成一片荆棘丛生的豹、熊、狼和山鸡出没的荒野。朱德主张将第三五九旅移驻此地，一面驻防，一面开垦生产。

得到党中央和毛泽东的同意后，朱德把开垦南泥湾当做克服部队经济困难的一件大事来抓。1940年开春后，朱德带着警卫和几个身边工作人员以及其他相关人员，到南泥湾进行实地踏勘，掌握第一手资料以便解决开垦中可能出现的问题。当时在朱德身边任警卫班长的李树槐回忆说：

> 中央决定开垦南泥湾后，总司令带着王震同志和我们一起亲自到南泥湾勘察。原来我们打算只让总司令在森林四周看看就可以了，不让他进去，森林里净是小路，有的地方也没有路，而且那里的水有毒，不能喝，我们钻进去观察好了。但总司令不干，一定要亲自进去。他亲自带着干粮和饮水进去，在破窑洞里吃干粮喝自己带去的水。就这样，总司令带着我们，在不见天日的森林里，翻山越岭，踏遍了南泥湾每一个地方，亲自取得了南泥湾的第一手资料。当地老乡也说南泥湾是个好地方，土质好，能打粮食，但里边有妖怪，人住在里边就会粗脖子粗腿，会死亡。总司令是个唯物主义者，认为根本不会有妖怪这回事，但根据老乡的反映，加上实地观察，确实有些老乡粗脖子粗腿，这是不是因为喝了那里的水，中了毒的关系呢？那里的水又有什么毒呢？总司令为了弄清这个问题，要把水拿去化验。当时延安化验条件差，总部就把水送给周恩来去化验。我记不清是在重庆还是在西安化验了。化验结果证明那里的水确实有毒，原因是常年不见太阳，再加上腐草烂叶浸泡，人喝了就会得粗脖子粗腿病，甚至死亡。水一见太阳，干净了，妖怪也就跑了。问题弄清后，总司令就决定大干一场……

接着，朱德下达命令，将驻绥德的第三五九旅调到南泥湾。当时任第三五九旅副政治委员的王恩茂回忆说：

> "我当时在第一二〇师三五九旅任副政治委员。我们旅在1939年秋奉命从华北调回陕北绥德一带，担负守卫河防，保卫边区，保卫党中央的光荣任务。1940年春，遵照党中央、中央军委的指示，全旅就在绥德一带积极开展了自力更生、克服困难的生产运动。我们旅在绥德赶走了国民党顽固派、反共'摩擦专家'何绍南，并巩固了河防之后，按照朱总司令的命令，于1941年3月至1942年8月，分三批开赴南泥湾，开始了'背枪上战场，荷锄到田庄'的新的战斗生活。"

由扛枪打敌人转为扛锄头开垦荒地，一些战士的思想一下子转不过弯来。然而，当他们来到南泥湾，亲耳聆听了朱德的讲话后，懂得了开垦荒地的重要意义，一切思想顾虑都一扫而光。当时在第三五九旅第七一八团政治处工作的马兴，对朱德在部队开进南泥湾后的誓师大会上的讲话记忆犹新。他说：

……庄严而热烈的誓师大会开始了。我们真没有想到，由王震旅长陪同，出现在部队面前的，竟是举世闻名的朱德总司令，他要亲自指挥我们打响这一场屯田战斗！

朱总司令身穿灰色军大衣，走到队伍中间。他那魁伟的身姿，风尘仆仆的面容，慈祥有神的目光，加之部队有关他的传说之多，此时既富于神话式的传奇色彩，又给人以强烈的现实亲切感，因而像磁石一样吸引着全体指战员的注意力。

朱总司令对我们讲话了。他的声音并不十分洪亮，却坚定沉着，富于鼓舞力。他在揭露了蒋介石制造皖南事变流血惨案、祸国殃民的罪恶真相之后说道："我们九旅（指三五九旅）为什么要到南泥湾来？我八路军、新四军是最坚决的抗日先锋，蒋介石一不发饷，二不发粮，对我陕甘宁边区实行军事与经济封锁，不给我们吃的，不给我们穿的，要活活饿死我们、冻死我们。毛主席讲抗战分三个阶段，现在处于第二阶段，也就是相持阶段，日本鬼子搞三光政策，铁壁合围，斗争相当残酷，蒋介石配合日本鬼子的扫荡，对我们进行封锁，要把我们困死在这里，所以现在是抗战最困难的阶段。同志们说，我们怎么办？"大家在深思中正不知道如何是好，朱总司令接着指出："毛主席要我们自己动手，丰衣足食。我们参加革命前，不就是拿锄头吗？我们会做工，我们会种地，蒋介石几十万大军包围着我们，有什么用？毛主席要我们又会打仗，又会生产，又会做群众工作，蒋介石困不死我们，饿不死我们。你们在前方是英雄部队，就是为了保卫陕甘宁边区，保卫党中央，才把你们从敌后战场上调回来，一手拿枪杆，一手拿镢头，就在南泥湾安家。南泥湾是个好地方，有的是荒山，土质肥沃，一脚踏下去，踩得出油来，我们要在这里屯田，开窑洞，种庄稼，吃饱肚子，练好武艺，防止蒋介石搞突然袭击。我们的原则是：人不犯我，我不犯人；人若犯我，我必犯人。蒋介石手下有个胡宗南，他不打日本，专吃摩擦饭，打八路军。他不来摩擦，咱们就生产；他要进攻边区，咱们就给他点厉害瞧瞧！你们有没有信心？"

"有！"回答朱总司令的，是全体指战员的热烈誓言……

朱总司令满意地点头鼓励道："好！南泥湾就是你们的家，你们好好地安家立业吧！"

※ 1942年4月,朱德(右三)、贺龙(右四)在三五九旅旅长兼政委王震(右二)陪同下在南泥湾视察。

1941年6月,第七一八、七一九两团开进南泥湾,在开垦荒地工作即将结束时,朱德又给这两个团的领导写了一封长信,指示他们在目前农闲时要在畜牧业、运输业、手工业和商业四个方面抓紧工作。在畜牧业方面,要注意饲养家禽、家畜,使饲养的鸡、鸭、猪、犬、兔、牛、驴等,"由少到多,由无到有,不可忽视"。在运输业方面,应将牲口集中起来,组织大规模的运输队,到定边驮盐下来,或驮土货到上边去卖。在手工业方面,要建设手工厂、木厂、铁厂、农具厂、编物厂、食品厂、酱油厂等。"多做多开,不可大开,惟大车厂要大大的开,今后要做大车500辆至1000辆,卖给边区军政民,以广运输。"在商业方面,"商业要做,但不可大做,能和你们的农业、工业、运输业配合起来就行了。不可投机取巧,把资本放到不可靠的方面去。""对边区整个商业要有政策,不可看小利而失大利，眼光要大，组织要严密、统一。"最后，朱德希望他们抓紧工作，在生产运动中建立起永久的基础。

这以后，朱德每年都要抽出时间来到南泥湾，看望三五九旅和来到南泥湾参加开垦的中共中央、中央军委各属单位以及军委炮兵团所有指战员，继续做思想工作和指导解决生产中的实际问题。

1941年7月，朱德两次来到奉命开到南泥湾参加开垦生产的军委炮兵团，向干部战士们耐心讲述屯垦南泥湾的重大意义。他说："由于敌人的围困封锁，边区遇到了严重的经济困难。摆在我们面前的是两条路：一条是坐以待毙；一条是自己动手，克服困难。走哪一条路呢？我看应当走自己动手，克服困难的路。这是党中央、毛主席的号召，希望大家赶快行动起来，艰苦奋斗，自力更生，发展经济渡过难关。"朱德得知炮兵团缺乏生产工具，就批示边区政府为他们拨发了锄、镐、锹和铸铁等生产工具。为指导炮兵团修好一条从延安城南三十里铺直达南泥湾的公路，朱德亲自与炮兵团政委和具体执行修路任务的部队负责人一起徒步上山，察看公路路线。在察看过程中，他曾在山上的羊肠小道旁席地而坐，再一次交代任务，并详细讲述修筑这条公路对发展边区经济的重要意义，要他们一定要按政府的要求，按时圆满地完成任务。这期间，朱德发现干部和战士们还穿着从前方回来时的单衣，就要总后勤部尽快给部队解决棉衣。不久，全团每人都领到了一套新棉衣和边区生产的羊毛毯子。

1942年，部队全面开始以农业为主的生产劳动后，朱德时刻关心这里的生产，主动了解情况，解决问题。为帮助炮兵团搞好生产，建立家务，他亲自批示军委总后勤部拨给炮兵团十辆大马车，建立运输业。如同指示三五九旅一样，他还指示炮兵团搞一些商业，以繁荣延安的市场。炮兵团遵照他的指示在延安南关新市场开办了一个商店。商店开业前，朱德亲自命名其为"西北商店第三分店"。在朱德的具体指导下，炮兵团又建立了生产管理处，开办了以"新丰"命名的油坊、酒厂、面粉厂、木材厂和大车厂以及商店、饭馆等企业。

1943年，由南泥湾向延安运输粮食和物资呈现一派繁忙景象，一度出现运输工具严重缺乏的现象。朱德立刻决定把自己非常喜爱的坐骑让出来跑运输。当时在朱德身边担任警卫员的白昊回忆说："一天，朱总对我们说，'到管理局领一辆大车，把我的大青马套上跑运输。'""用总司令的坐骑跑运输，我们都想不通，大青马原是日军一个旅长的，在战斗中被我军缴获，成了朱总的坐骑。朱总非常喜爱这匹马，外出开会、作报告等都骑着它，有时还亲自到马房看看，亲手给它加料、提水。现在要用它来搞运输，我们怎会情愿？于是大家纷纷请求朱总不要用它来拉车，拉车的马我们另想办法找。可朱总却说：'大青马是匹好马，但它是战利品，现在南泥湾的东西拉不出来，用它拉也是理所当然。快去吧！'"

（庹平）

"宝贵意见"

> 陕甘宁边区政府主席林伯渠说："朱总司令最近曾到过我们边区各地、各工厂参观，贡献给我们很多宝贵意见，对于我们明年的生产建设是有很大作用的。"

太平洋战争前后，由于日军的封锁和灾荒，由于国民党军对陕甘宁边区进行重兵包围和封锁，由于皖南事变后国民党政府中止了对八路军一切正常的配给等原因，中国共产党领导的抗日根据地遇到了抗战以来最为严重的经济困难。各抗日根据地出现了粮食、医药、棉布、子弹、食盐以及其他日常用品奇缺的状况。军民以野菜、树叶充饥是常有的事，有的甚至连树皮都剥吃光了。在陕甘宁边区，一度到了几乎没衣穿，没油吃，没纸用，没菜吃，没鞋袜穿，冬天没有被盖的严重地步。

为解决各根据地面临的十分严重的经济困难，中共中央早在1939年2月2日在延安召开过生产动员大会，毛泽东在会上发出了"自己动手"的号召。但因经济困难到了极点，一年之内还不见大的成效。1940年5月，朱德从晋东南抗日前线回到延安时，虽然边区的财政经济建设取得了某些成绩，但财政收入仍然"入不敷出"，甚至"各机关、学校、军队几乎断炊"。朱德在军委机关看到的，是许多干部都因营养不良而面色苍白。

面临如此严重的经济困难，朱德深知必须采取重大措施，才能扭转局面。因此，他在协助毛泽东清理党内路线是非和指挥全国各抗日根据地的斗争的同时，还为彻底解决根据地的经济困难动脑筋，想办法。

那么，要采取什么样的措施才能扭转局面呢？朱德苦苦思考也得不到满意的答案。于是，他邀请正在延安的中共南方局常委董必武、延安自然科学院院长徐特立以及从事边区财政经济工作的几个负责人，一同到各地去调查研究工、农、商各业情况，以便从中找到答案。

※ "陕北江南"南泥湾第一次种上了水稻。

犹如指挥作战一样,朱德善于很快地确定正确的主攻方向。在许多需要解决的问题中,朱德抓住两个严重影响经济建设的问题,即资金严重缺乏及技术人员和熟练工人严重不足的问题,并提出了相应的解决办法。在解决资金的问题上,他主张首先充分开采陕甘宁边区境内五个产量很大的盐池,用盐换钱以积累资金,同时还应发展在边区占优势的羊毛业,双管齐下地解决资金严重缺乏问题。在解决技术力量问题上,他强调也要双管齐下,一方面"欢迎边区以外的熟练工人,到边区来工作",另一方面在边区内自己培养技术人员和熟练工人。朱德还围绕着这两个主要问题,进行全方位的思考,形成一个发展陕甘宁边区经济的构想,并通过不断公开发表文章等方式,一一贡献出来。中共陕甘宁边区中央局采纳朱德的意见,于1940年11月作出了《关于开展边区经济建设的决定》和《关于财政经济政策的指示》。陕甘宁边区政府主席林伯渠于12月3日在延安召开的生产动员大会上，热情洋溢地称赞朱德对发展边区经济的贡献，他说："朱总司令最近曾到过我们边区各地、各工厂参观过，贡献给我们很多宝贵意见，对于我们明年的生产建设是有很大作用的。"

（庹平）

领导军事高级干部的整风学习

1942年2月，全党整风正式开始后，朱德作为军事高级学习组的负责人，为领导好军事高级干部的整风学习，他不断深入了解情况，广泛听取党外各界人士的意见。

朱德回到延安后，党中央之所以把他留下来，其中一个最主要的原因，就是要他协助毛泽东清理党内路线是非问题。

党内的路线是非问题是什么呢？1935年的遵义会议和1938年党的六届六中全会，都只批判并纠正了王明的错误，而没有来得及在全党范围对党内历次"左"倾和右倾错误思想根源，进行深刻的总结。以往党内指导思想上存在的一些分歧继续存在，并且有新的发展，在一定程度上影响党的团结和战斗力。这就是当时党内最主要的是非问题。另外，在错综复杂和恶劣的战争环境里，因党的教育工作薄弱，新发展的数十万出身于农民和其他小资产阶级的党员，其头脑中不同程度存在的一些非无产阶级思想来不及克服，加以其马列主义理论水平不高，缺乏对真假马列主义的识别能力。

为了统一党的指导思想和提高全党的马列主义理论水平，中共中央、中央军委于1942年至1943年在全党全军范围内开展了一次普遍的整风运动。"主要目的是清算六届四中全会以后在党内长期占统治地位的'左'倾错误路线及其表现形式——主观主义、宗派主义和党八股。"延安整风运动分高级干部的整风和全党干部的普遍整风两个层次进行。整风的重点是高级干部，首先在中央领导层开展整风。

1941年9月10日至10月22日，中央政治局召开以讨论党的历史上特别是土地革命战争时期的路线问题，批判主观主义和宗派主义为主要内容的扩大会议，拉开了中央领导层整风运动的帷幕。会议的第一天，毛泽东作了主题报告，他强调要反对主观主义和宗派主义。朱德对主观主义和宗派主义危害革命的感受颇深，鲜明地支持毛泽东的观点。经过认真思考和准备后，他在第二天的会议上作了发言，围绕着主观主义和宗派主义对中国革命的危害，谈得很具体、很深刻。

在谈到主观主义问题时，朱德说：过去上级党组织要求红军攻打中心城市，要求打长沙、打袁州、打黄陂等，这都是主观主义的表现。当时共产国际派来的军事顾问李德来到中央革命根据地后，因受到中共中央的彻底信任，就完全不顾红军的传统和组织系统，独断地指挥红军乱打一气。由于他不以老部队为基础扩大红军，而是随便组织新部队，所谓扩大百万红军，结果，这些新部队不能打仗，长征时，大多在路上散掉了。中央红军被迫长征后，由于他的错误指挥，长征又成了一种搬家式的行动。长征前期，李德只是领着部队沿途逃跑，不敢同湖南军队打。那么，这种主观主义为什么会出现而且还如此的严重呢？朱德分析说：这主要是因为有一些知识分子不懂实际情形，拿着马列主义当招牌，随便批评坚持正确主张的老干部。因此，他强调指出：不切合实际的理论，便不是正确的理论。做什么事情总要从实际出发，就是战斗条令也要根据战场情况灵活运用，不顾实际是不能正确解决问题的。

在谈到宗派主义问题时，朱德谈了自己长征途中在甘南如何同张国焘作斗争的体会。他说：当时，针对张国焘独断专行，硬说党委会委员要服从书记，也就是西北局委员要服从他张国焘的做法，他严肃地提出，书记要服从委员会的决议，否则书记便要取消资格；这是组织原则问题。他就是用这个原则说服大家，同张国焘斗争的。朱德还结合军队中的其他实际，强调指出：军队中宗派主义的表现，主要是不敢用新干部，尤其是知识分子干部，不敢利用俘虏。不打破这种思想，不但部队难以发展，而且党的统一战线政策、三三制（指抗日战争时期，中国共产党在抗日根据地为调节各抗日阶级的政治利益而采取的政权形式，即在抗日根据地政权人员分配上，代表工人阶级和贫农的共产党员、代表小资产阶级的进步分子和代表中产阶级与开明士绅的中间分子各占三分之一）等都无法实行。

通过毛泽东和朱德等人对主观主义和宗派主义的批判，加以一些曾经在历史上犯过错误的同志，本着对中国革命高度负责的态度，在会上作了沉痛的检讨，与会者认识达到了一致，都认为1932年至1935年间的中央路线是错误的。但在评价六届四中全会的问题上，与会者的认识差距较大，尤其是王明强调六届四中全会的路线是正确的，说博古是苏维埃运动后期最主要的错误负责者，与他没有关系，还故意谈及其他许多人的"错误"，转移目标，把水搅浑来保护自己。会后，毛泽东等人对王明进行帮助，但王明不仅拒不认错，反而批评中央的方针政策。之后，他又一直借口有病，不参加中央政治局会议和中央领导

※ 1942年春,朱德和毛泽东同参加高级技术干部会议的代表合影。

层的整风会议。虽然这次政治局会议遭到了王明的干扰,但还是在初步统一中央领导层思想的基础上,对整风运动进行了具体部署,决定成立约300名领导干部参加的中央高级学习组,规定第一期时间为半年,以理论与实践统一为方法,先研究马列主义的思想方法与中国共产党20年历史的两个大的问题,然后研究马列主义与中国革命的其他问题,"以达克服错误思想(主观主义及形式主义),发展革命理论的目的"。不久,又在中央高级学习组之下,设立以朱德为组长的军事高级学习组。后来的整风运动中,朱德一直领导着军事高级干部的整风学习。

1942年2月,全党整风正式开始后,朱德作为军事高级学习组的负责人,为领导好军事高级干部的整风学习,他不断深入了解情况,广泛听取党外各界人士的意见。在4月底前后,他亲自邀请经济工作专家李强、陈振夏、苏井观、王斌、朱琏等20余人到军委机关召开了一次座谈会。担任座谈会记录的陈秉忱曾回忆这次会议说:"当时到会的人员中,有的是党外人士,思想比较动荡,对延安艰苦工作环境不适应,工作不安心,对领导机关和延安的某些现象不满,也有些意见。朱总司令预先了解一些情况,在主持会议中,一面宣传艰苦奋斗,一面启发诱导大家畅所欲言,认真听取大家的意见。会上大家反映了一些问题,对有的问题开展了热烈辩论。当有人反映从事经济工作的干部违法乱纪时,朱总司令十分严肃地插话,详细追根究底,指示有关部门进一步查实,严肃处理。"

1942年酷暑期间,年近花甲的朱德因操劳过度身体不适,来到南泥湾中央疗养院养病。这时,在陶宝峪从事开垦的军委炮兵团正按照中央的要求学习整风的22个文件。朱德非常关心他们的整风学习,不顾酷暑天气,抱病专程来到这里,为炮兵团部分干部讲述整风的重要意义。丁本淳回忆说:"朱总司令……不顾身心劳累和炎炎暑天,特地来到炮兵团为部分干部讲述了整风的重要意见,要求大家积极自觉地投入整风中去,把三风整顿好。"

1942年冬,整风运动实际上转入审干阶段。毛泽东密切注视着运动的发展,要求各级干部既要提高革命警惕性,对坏人坚决斗争,又要掌握政策,重在教育。但是,审查干部的实际工作并没有向毛泽东设想的方向顺利发展。胡乔木回忆说:"负责审干的同志往往把干部队伍不纯的状况作了过分严重的估计。一个时期,似乎'特务如麻,到处皆有',把一些干部思想上工作上的缺点和错误,或者历史上未交代清楚的问题,都轻易地怀疑成政治问题,甚至反革命问题……特别是在1943年7月15日,专门负责审干工作的中央总学委副主任、中央社会部部长康生在延安干部大会上作深入进行审干的动员报告,提出开展'抢救失足者运动'以后,混淆敌我界限的错误进一步扩大,造成大批冤、假、错案。审干运动实际上成了'抢救运动'。在延安,仅半个月就挖出了所谓特嫌分子1400多人,许多干部惶惶不可终日。"

但是,在朱德的亲自领导下,军委机关的审干工作却从来没有开大会,不仅没有出现乱批、乱斗、乱打人的现象,而且还保护了一些干部。当时任中共中央军委秘书厅、办公厅文书的陈秉忱回忆说:"在整风运动中……朱总司令坚持了'重证据、重调查、重表现'的原则,及时制止了在审干和'抢救'运动中过左的做法,军委机关的'抢救'运动只搞了一个晚上。从我亲身经历,深刻感到朱总司令在延安领导军委机关整风审干运动,工作深入细致、稳重、实事求是,严格掌握党的政策,没有伤害好人。"当时任中共中央军委高级参谋室参事的童陆生,还具体回忆了朱德在审干运动中如何保护干部的一个事例，他说：

> 有一件事给我留下很深的印象，至今难以忘怀。1942年，朱总在领导中央军委机关整风、审干运动中，工作十分严肃、认真、稳重，严格掌握党的政策，不错批、错斗一个人，当时军委机关所在地王家坪没有死一个人。我记得在审干中，有人怀疑高参室副主任白天是混进来的军统特务，提出要公开批斗。党组织指定我审查他的档案材料。我看过之后，认为说白天是特务，查无实据。一天，我正要去向朱总汇报这件事，正巧在下山的路上遇到了他。他听了我的汇报，立即指示不能这样干，如果整了白天，国民党的高级将领谁还敢来延安。白天当时思想上很苦恼，写了三首诗贴在窑洞口，大意是表明自己投靠共产党是为了革命，不是为了做官。朱总看了白天的诗，也和诗三首，原文我已记不得了，大意是勉励白天打消顾虑，积极投身革命，共产党是相信他的。这就使白天打消了思想顾虑，提出要公开批斗白天的人看到朱总表了态也就不再讲话了。高参室由于在朱总的直接领导下，整风、审干运动搞得很稳。

（庹平）

点名批评王明

朱德总结了在党领导下近二十年来的经历，批评抗战以来的王明路线的错误，指出：王明路线错误的实质，是要不要领导权，投降大地主大资产阶级。

朱德在认真领导军事高级干部整风学习的同时，还多次在高级干部会议上发言，鼎力协助毛泽东，为使全党的思想统一，为进一步巩固毛泽东在全党的领袖地位，做出了杰出贡献。

1942年10月19日至1943年1月14日，中共中央西北局召开高级干部会议，朱德在这次会上有两次发言，坚决同意"清算"中国共产党历史上所犯的"左"倾错误，并分析其产生的主要原因，明确提出中国共产党在20多年的奋斗历程中已经产生了自己的领袖，这个领袖就是毛泽东，全党要服从以毛泽东为领袖的一元化领导。

在谈到同意清算党的历史上的"左"倾错误时，朱德说："我们在过去犯的主要错误","就是'左'的幼稚病，在中国很长一个时候犯的就是这个东西","这一次清算了一下，很好"。他希望大家今后必须很好地学习马列主义，使那些冒充的马列主义、假招牌的马列主义非收起来不可，没有办法作怪。

在分析党的历史上"左"倾错误产生的主要原因时，朱德说：过去"左"倾机会主义是一种幼稚病，但又不简单是一个幼稚病的问题，还因为有些人为了争当领袖而要推翻已有的领袖，都想当中国的列宁。

在谈到毛泽东是中国共产党在20多年奋斗历程中产生出来的自己的领袖时，朱德强调说：他希望这些想争当领袖的人不要再争当领袖了，因为中国共产党在20多年的奋斗中，已经产生了自己的领袖，这个领袖就是在历史过程中锻炼出来的在中国和世界上都承认的中国共产党的领袖毛泽东。

在谈到如何服从党的领导问题时，朱德指出："服从组织有两个方面，一个是机械的，一个是自觉的。""如果自觉的话，对的要服从，不对的要讨论执行，再向上申诉抗议，提出问题来，但组织原则一定要服从，过去我们的军队就是这样的。"朱德的这些话，实际上是明确地强调要进一步巩固毛泽东在全党的领袖地位，全党要服从以毛泽东为领袖的一元化领导。

借口有病不参加中央政治局会议和整风会议的王明，一直在等待有利时机。1942年底，刘少奇回到延安。1943年3月，张闻天从农村调查归来。王明认为时机来了。他向他们宣传说，中央路线有错误，要他们出来主持公道。1943年5月，共产国际宣布解散，王明乘机继续宣扬国民党是民族联盟，实行的是民主政治等观点。这时，党中央正准备召开七大，为了进一步统一高级干部的思想，中央政治局决定按照1941年"九月会议"的方式，继续召开政治局扩大会议，讨论党的路线问题。鉴于王明认为抗战以来党的路线错了，这次会议着重讨论了抗战时期党中央的路线是非问题。在9月7日至9日的三天里，博古、林伯渠、叶剑英和朱德发了言。朱德在发言中，点名严厉批评了王明的错误。胡乔木回忆说：

朱老总总结了在党领导下革命近二十年来的经历，批评抗战以来的王明路线的错误，说：王明路线错误的实质，是要不要领导权，投降大地主大资产阶级。具体来说，就是不要政权，不要枪杆子，不要游击战争，不了解中国革命的特色就是靠游击战争来发展我们的力量；对党内，是站在共产国际立场来指挥中央，党内关系也采取统一战线一打一拉手段，因此，形成对外一切服从，对内"独立自主"的特点。朱老总还比较了新旧陈独秀主

※ 1943年11月26日，朱德在陕甘宁边区劳动英雄及模范工作者代表大会上讲话。

义的异同，指出：王明路线与陈独秀路线的相同点是，（1）都不要革命的领导权，甘愿让给资产阶级；（2）不要武装力量，又幻想革命成功，这完全是空想；（3）看不起无产阶级自己的力量，而把资产阶级的力量看得很强大；（4）忽视游击战争，陈独秀也骂红军是土匪；（5）怕统一战线破裂，打烂家当，其实无产阶级是没有家当的，有家当的是资产阶级，怕打烂就会产生投降心理。对两者的不同点，朱老总认为，王明有共产国际招牌，穿上马列主义的外衣，把人吓住了，老陈独秀主义则是反对共产国际的。

9月13日，毛泽东在会上发言，着重讲了"两个宗派"问题，把8月8日在中央党校第二部开学典礼大会上提出的"党内有两种宗派主义"的观点，再次展开阐述。他说的两种宗派主义，指的是教条主义的宗派主义和经验主义的宗派主义。他强调只有"反掉这两个东西，党就统一了"。因为"教条宗派穿了马列主义外衣，利用'国际'名义来称雄吓人，与经验宗派中的不正派人结合起来，危害最大"。10月6日，中央政治局又召开扩大会议。毛泽东在会上再次强调要反对两个宗派，并指出："整风学习的目的是打碎两个宗派，教条宗派是头，经验宗派是脚。教条宗派是经验宗派的灵魂，故克服前者，后者再加马列，事情就差不多了。"

在这次会议上，朱德作了重要发言，从谈自己的学习体会入手，深入批评"两个宗派"。后来，胡乔木详细地回忆了他这次发言的内容及其产生的重要影响，他说：

朱老总发言主要谈了自己的学习体会。他说：通过学习，客观地看那些文件，有些问题也容易搞通。王明的教条主义、投降主义现在看来很明显，他们只知道外国，不知道中国。现在看清楚了，我们也要外国，也要中国，从实际出发都对，从教条出发都错。经验主义者懂理论少，自然要做教条主义的俘虏。朱老总又继续说：毛主席办事脚踏实地，有魄力、有能力，遇到困难总能想出办法，在人家反对他时还能坚持按实际情况办事；同时他读的书也不比别人少，但他读得通，能使理论实际合一。实践证明，有毛主席领导，各方面都有发展；照毛主席的方法办事，中国革命一定有把握胜利。我们这次学习就要每人学一套本事，主要学好毛主席办事的本事。朱老总在党内是德高望重的忠厚长者，又与毛主席有着"朱毛不可分"的关系。他以这种特殊身份讲的这番话，对于政治局整风批判"两个宗派"，把全党认识统一到毛主席的思想和路线上来，发挥了重要影响。

通过延安整风运动，全党的马列主义理论水平提高了，在全面深入研究和批评王明的机会主义错误的基础上，巩固了全党对毛泽东不可争议的领袖地位的认识，因而在1944年5月21日召开的中国共产党第六届中央委员会扩大的第七次全体会议，在进行了11个月之后，起草、修改并原则通过了一个党的历史决议案。该决议案的第一部分指出："党在25年中产生了自己的领袖毛泽东同志，形成了一条同一切错误的路线和思想相区别的正确的路线和思想——毛泽东路线与毛泽东思想。"

由于朱德在延安整风运动中的重大贡献功不可没，毛泽东对他给予了很高的评价。薄一波回忆说："关于朱总的评价问题，在延安整风时，毛主席最后说，朱总是中国人民的领袖，伟大的战士。从旧民主主义到新民主主义，朱总是一个最伟大的人物。"

（庹平）

参加延安文艺座谈会

> 延安文艺座谈会先后开了三次，朱德都参加了，并在最后一次会议上发了言。毛泽东很赞同朱德的讲话。他做总结发言时说："其实总司令已经作了结论了。我的意见是和他的差不多的。"

1942年5月，朱德参加了毛泽东和何凯丰主持召开的延安文艺工作者座谈会，并在会上就一些争论不休的问题作了十分精彩的令与会者终身难忘的发言。

这次会议于1942年5月2日召开。

是日下午，杨家岭中央办公厅楼下会议室里聚集着100余名文艺工作者。他们是接到以毛泽东、何凯丰两人名义发的请柬，应邀而来的。请柬上写着这次开会的目的："交换对于目前文艺运动各方面问题的意见"。来到会议室，他们发现参加这次会议的，不仅有毛泽东，还有朱德、陈云、任弼时、王稼祥、博古等中央政治局委员，还有一些部门的负责人。不用说，这些文艺工作者都知道这个会议的重要性。会议是座谈的形式，一开始，毛泽东说了开场白，算是一个"引言"。毛泽东说话风趣、幽默，他说：我们有两支军队，一支是朱总司令的，一支是鲁总司令（指中国文化革命的主将鲁迅）的。接着，他根据文艺工作本身的任务和延安文艺界的状况，提出立场、态度、工作对象、转变思想感情、学习马列主义和学习社会五大问题，要大家讨论。与会者围绕着毛泽东提出的这五大问题发言。他们打开话匣子，有啥说啥，侃侃而谈。有的谈自己的见解，有的发表自己对别人意见的不同意见。为了让与会者都有发言机会，座谈会还于5月13日和16日又召开了两次。

这三次座谈会朱德都参加了，并且在最后一次会议上发了言。何其芳回忆说："先后开了三天座谈会，我记得朱总司令都是到了的。他和毛主席，和另外几位中共中央的同志坐在一个大的长方桌前，用心听着文艺界的同志们热烈的发言和辩论。"

前两次会议座谈时，有的文艺工作者不同意革命的作家也要来个思想转变；有的提倡新英雄主义，说自己不但要做中国第一个作家，而且要做世界第一个作家；有的觉得自己在延安怀才不遇，有点牢骚，借用古人的话说："生不用封万户侯，但愿一识韩荆州。"还有的文艺工作者埋怨延安的生活不好，远不如外面的大都市。这些话，朱德都认真地听在心里，同时觉得对这些有思想情绪的文艺工作者，应该用自己的亲身经历和体会来帮助他们。

※ 1942年5月，朱德（前排右五）、毛泽东（前排右八）同参加延安文艺工作者座谈会的人员合影。

　　第三次座谈会快要结束时，在毛泽东要作总结发言之前，朱德站了起来，他针对前两次会议上一些文艺工作者出现的一些思想观点和情绪，用很朴素的中国老百姓的语言，入情入理地谈了自己的体会。

　　在谈到文艺工作者也要有个思想转变时，朱德说：

　　哪里不要转变呵。岂但转变，我说就是投降。我原来不是无产阶级，因为无产阶级代表的是真理，我就投降了无产阶级。我投降无产阶级，并不是想来当总司令。我只是替无

产阶级打仗、拼命、做事。后来仗打多了，事情做久了，大家就推我做总司令。中国第一也好，世界第一也好，这不过是志愿，还是要给老百姓做事，将来由老百姓来推才行的。

在谈到文艺工作者要如何看待怀才不遇的问题时，朱德说：现在的"韩荆州"是谁呢？"韩荆州"就是工农兵嘛。所以，文艺工作者要看得起工农兵。你们要当中国第一也好，要当世界第一也好，都得由工农兵群众批准。

在谈到文艺工作者为什么要给共产党、八路军歌功颂德问题时，朱德说：共产党、八路军有功有德，为什么不该歌不该颂呢？

在谈到文艺工作者应当如何看待目前延安的生活艰苦这一问题时，朱德说：

有的同志觉得延安生活不好，太苦了。其实比起我们从前过雪山草地时候，这已经是天堂啊。有的同志说，外面大都市里吃的住的穿的东西比延安好。但是那再好，是人家的啊。延安的东西再不好，是我们自己的啊。

朱德的讲话，虽然说的是文艺工作者们要为人民服务和要改造自己的大道理，但由于深入浅出，生动有力，一点也不感到是说教，因而很有感召力，很受文艺家们的欢迎。参加过这次座谈的何其芳，后来谈了自己当时的深刻感受，他说：

听着这几句话，我内心的反应和波动却是颇为复杂的：

虽然我不像有的革命历史比较长久的文艺界朋友在这点上包袱那样重，觉得自己一开始写作就是很革命的了，根本无所谓转变；但也总以为自己一直是在追求真理的，到延安是自然的结果。总之，也没有很明确地认识这是从另一阶级到这一阶级，是一种阶级变化。而朱总司令这样的革命领袖却这样赤裸裸地说他也是投降，这就一下子打破了我自己那种可羞的、不必要的、知识分子的自尊心理，喜欢粉饰自己的心理，而认识了这样一个客观真理：是投降。转变也好，投降也好，从好的转到、投到坏的自然是耻辱，是堕落，但从坏的转到、投到好的又有什么需要遮掩的呢？这正是光荣，正是向上。而且，投降，朱总司令用的这个字眼，是何等通俗而又何等确切啊。投降，就是完全缴械。我们到延安，在延安工作，还不过是在政治上、组织上从另一阶级到这一阶级罢了。我们还要在思想上抛弃那些非无产阶级的思想，才是真正的完全缴械。当时内心的活动自然未必有今天写的这样明确，但是朱总司令的话的确给我以很大的认识与决心去甘愿向无产阶级缴械。这使我在以后的整风运动过程中减少了很多矛盾与苦恼。而且，当我缴了那些破破烂烂的小资产阶级的械之后，逐渐地我的手中就开始有了崭新的无产阶级的械。

毛泽东很赞同朱德的讲话。他做总结发言时首先说："其实总司令已经作了结论了。我的意见是和他的差不多的。"接着，他进一步阐述了文艺要为工农兵服务和如何服务的问题，希望文艺工作者积极投入整风运动，划清无产阶级和小资产阶级两种思想，革命根据地和国民党统治区两种区域的界限，毫不迟疑地同新的群众结合起来，克服"唯心论、教条主义、空想、空谈、轻视实践、脱离群众等等的缺点"，写出"为人民大众所热烈欢迎的优秀作品"。

（庹平）

讲解《论持久战》

在八路军总部给大伙讲毛泽东的《论持久战》时，朱德生动地把抗日军民比做灯芯，把日本侵略军比做灯油，说："别看日本鬼子貌似强大，最后总是灯芯把灯油熬干！"

1940年的一天，在八路军总部的小松林里，集合着许多八路军的军事干部，朱德正在给他们上军事课。他讲道："任何军事理论都不能机械地当公式来学习，只有那些怕打败仗的笨家伙们才会一成不变地去搬用外国的军事理论。"当他分析到游击战术适合中国当时的国情时，幽默地说："我们为什么不运用游击战术呢？世界上只有我们才可以称为游击博士。"从此，"游击博士"的称号不胫而走，朱德成为干部战士心目中极受尊敬的一位游击博士。

作为军人，朱德深知学习军事经验和军事理论的重要性。"将不知古今，乃匹夫之

※ 1938年5月,毛泽东在延安窑洞里写《论持久战》。

勇"的古训常激发他涉猎古籍,寻求历史的借鉴。1916年至1920年他在泸州驻防时曾读过不少古书,至今泸州市图书馆还收藏着1900多册他当年购置的经史子集。在这些书中,朱德最喜欢读《史记》、《三国志》、《孙子兵法》以及《曹刿论战》、《子鱼论战》、《烛之武退秦师》;贾谊的《治安策》;晁错的《守边劝农疏》、《言兵事疏》等名篇。他读史,惯于用军人眼光总结历史上军事成败的经验教训。他推崇曹操在危难之际大力施行屯田政策的魄力,认为这是曹操统一北方、战胜群雄的胜利之本。读史使朱德获得许多教益,1938年他在同安娜·路易斯·斯特朗交谈时曾说过:"学习运用游击战和多变的战法,我在中国1000多年前写的古典名著《三国志》里曾找到过最好的教材。"

朱德到德国后，为了学习外国的军事经验，特意买了一部德文版的第一次世界大战主要战役汇编，并请一位在德皇军中当过将军的男爵讲解战役的打法。以后又到苏联学习军事理论。他如饥似渴地涉猎古今中外的军事著作和作战经验，从孙子的《计篇》、《谋攻篇》，到克劳塞维茨的《战争论》；从秦穆公、晋襄公的"崤山之战"，曹操、袁绍的"官渡之战"，到英法两国之间的"百年战争"，法国和普鲁士之间的"普法战争"，以及俄国人民抵抗法国拿破仑军队入侵的"祖国战争"等等中外著名的战役都成为他研究学习的对象。但是朱德并不因袭套用书本经验，尤其是当他走上马克思主义道路，掌握了历史唯物主义和辩证唯物主义这一锐利武器后，更深刻、清醒地认识到：写在书上的作战经验是用鲜血换来的，应当格外珍惜，但是事物是变动的，情况是迁移的，决不容许用一成不变的老章法来指挥军队。他把我军的用兵主张精练地概括为"有什么枪打什么仗，对什么敌人打什么仗，在什么时间地点打什么时间地点的仗"。多年来，他就是运用这一原则领导我军走向胜利的。

1927年南昌起义失败后，朱德率领起义军余部2500多人向闽赣一带退却。当时，这支军队四面受敌，处境十分艰难。行军途中不断有人掉队、离队，到赣南安远时，全军只剩下700多人。在这危急关头，朱德意识到，如果不立即实行军事战略的转变，从正规战转为游击战，全军就有灭顶的危险。但是那时，这支部队的指挥员不少是从黄埔军校毕业出来的，学的是正规战那一套，很多战士参加过北伐战争，打的也都是正规战。因此要使部队实行战略转变，并非是一件易事。朱德一面耐心地给大家上军事课，讲战术问题，一面以连排为单位将部队分散出去打游击，通过实践总结经验。经过朱德多方面的努力，终于比较顺利地完成了这个转变，使我党培育的这部分革命精华得以保存和发展。1928年4月，当朱德率部上井冈山与毛泽东会师时，他带上去的部队和农军已经达到一万余人，为创建中国工农革命武装建立了不可磨灭的功勋。

当时间推进到1947年时，解放战争形势的发展与20年前恰成鲜明的对比，游击战已经不适应这一历史的转折了，夺取敌人盘踞的大中城市，打攻坚战，成为我军迫切需要解决的新课题。对于打攻坚战，朱德在理论上并不陌生，但他为了更好地领导我军完成从运动游击战到阵地战的转变，在我军攻打石家庄时，坚持深入前线亲自审问俘虏，调查敌人设

※ 1938年，毛泽东在抗大作《论持久战》报告。

防情况，组织部队反复练习攻坚战术，对作战的各种准备工作作了周密的部署。当参战部队运用朱德总结和创造的战法一举攻克石家庄后，朱德又花了4天时间，找了30多名参战人员谈话，写出了《打下石家庄的意义和经验教训》一文，使我军攻打大城市的第一个成功经验得以在各战场迅速推广，加速了解放战争的进程。朱德就是这样，在艰苦的革命年代，他不但能认真学习古今中外的军事理论和战略战术，而且能够不拘泥成法，运用所学理论探索中国革命战争的特殊规律，不断总结建军作战的实践经验，并重新上升到理论的高度。

朱德是一位求知欲望很强的人，他对新的知识，新的见解，总是保持着浓厚的兴趣。战争年代，他担负着我党我军繁重的领导职务，每天要批阅大量电文，研究作战方案，考虑军队建设，关注根据地人民的冷暖生计。但他丝毫不因此而放松学习。马背上，油灯下，行军途中，都是他的读书场所。他想方设法利用一切条件提高自己和部队的军事理论水平。抗日战争开始后，曾有一批国民党中高级将领陆续来延安投身革命，为了提高我军的战略战术和调动这部分人员的积极性，1942年中央军委成立了高级参谋室，由朱德亲自领导。在朱德组织下，高参室成立了战略研究会，每周举行一次战略战术讨论会。朱德总是第一个到会，坐在会议室里，抓紧会前时间或看书报文件，或与高参交谈。在开会中，他十分用心地听高参们发言，边听边记，认真学习。他还组织高参室编写了《中国军阀战争史》、《帝国主义德国的军事策略》等专题材料来教育部队。

由于朱德学多识广，学习融会贯通，因此常常能用浅显通俗的语言点明错综复杂的理论问题。当年，基层干部、战士和老乡们都很喜欢听他讲话，从他拉家常般的谈话中受到过很多启发。至今，山西武乡县砖壁村的老人们还记得，抗日战争时期朱德随八路军总部驻在这里时，给大伙儿讲解毛泽东的著作《论持久战》的情景。他生动地把抗日军民比做灯芯，把日本侵略军比做灯油，说："别看日本鬼子貌似强大，最后总是灯芯把灯油熬干！"他的讲述，使老乡们对抗战胜利的信心更足了。朱德曾用"喝汤"和"啃骨"不会是一样的动作来比喻打强敌与打弱敌的不同手段。为了使战士们认识到把战斗经验总结上升为战术理论的重要性，他启发大家说："你们的作战经验很多，但就像一大篓子钱，是散的；战术就是钱串子，可以把那些钱都串起来，用的时候，要用哪个，就拿哪个。不要把经验老是散着装在篓子里背着，成了包袱，用不上，有些经验，几千年来就有了，成了战术，成了理论，你们有的人还不知道，反而还骄傲，说战术是'教条'"。经他一讲，干部战士很快便领会了，掀起了学习的热潮。

（于俊道、张鹏）

与文艺家的交往

> 何其芳有幸在朱德身边工作了一段时间,他感慨地说:"那真是一段终生难忘的经历,我学到了许多许多书本上学不到的东西。"

文艺家是文艺创作的主体。对文艺的关心支持,最终必然落实到对文艺家的关怀和帮助,与他们交朋友,引导他们遵循党的主张去创作。朱德正是这样做的,留下了许多佳话。

1940年5月,著名作家茅盾在我党的帮助下,携全家逃出新疆军阀盛世才的虎口,来到西安八路军办事处,想转去延安参观。恰巧朱德也要去延安,便要茅盾随他的车队同往。为安全起见,行前还做了周密安排。对此,茅盾终生感念。

朱德对丁玲也有许多帮助,形成了很好的革命领导人与作家的关系。延安文艺座谈会后不久,丁玲找朱总司令看材料。因为朱德曾说过:"我那里战斗电报、英雄故事和前方材料有的是,你们来看么,看了好写东西。"朱德热情接见了她,并作出具体安排。几天时间,使丁玲大开眼界,深受感动,为日后的创作取得了宝贵的材料。而且,在以后许多集会和晚会时,丁玲与朱德还有不少接触,丁玲既把朱德当做党和军队的领导人,又把他当做忠厚长者,与之交谈,向他汇报和请教,受益匪浅。所以,丁玲说:朱老总对人平和亲切,一点架子都没有。

刘白羽是写报告文学的大作家,在延安、在前方与朱德有过不少接触。有时在创作上得到总司令的帮助指导,有时是随意交谈,都给刘白羽留下难忘的印象。后来,他写成《朱总司令在延安》一文,生动记述了朱德的感人风采。

朱德与国际著名诗人肖三的交往更多,更密切。1940年4月15日,《大众文艺》在延安创刊。9月1日,油印的《新诗歌》诞生。这两个刊物都由肖三担任主编。他向许多人约稿,其中包括朱德。不久,朱德就把他写的四首诗交给肖三,刊登在8月15日出版的《大众文艺》1卷4期上。9月间,朱德又把他新写的一首七绝亲自交给肖三,还笑呵呵地、谦虚地说:"丢丑!丢丑!"表现出极为亲切的友谊关系。肖三把这首诗和董必武、叶剑英、田汉、郭沫若的和诗,发表在12月1日出版的《新诗歌》第4期上。有时,朱德与肖三还讨论些诗歌方面的问题。

诗人何其芳对朱德的直接而具体的认识,是从延安文艺座谈会开始的。朱德的讲话使他由衷敬仰,特别是朱德结合自己的经历讲的那些话,更使他感动。在整风运动中他按照朱德讲的"投降"无产阶级的精神，清算了小资产阶级思想，使自己的精神和创作面貌焕然一新。后来，他写成《朱总司令的话》，表达了他对朱德的崇敬和感激。朱德也由此文知道何其芳是个坦诚、认真的人。到了1947年，朱德便点将何其芳做他的秘书，何其芳有幸在总司令身边工作了一段时间。何其芳曾说："那真是一段终生难忘的经历，我学到了许多许多书本上学不到的东西。"

此外，朱德还与访问延安的许多中外作家如范长江、赵超构、史沫特莱等有过交往宴谈，给他们许多帮助，留下了美好的印象。

（孙国林）

支持文艺活动

1943年春节，延安数十支秧歌队上街演出，朱德坐在广场上和群众一同观看。他说："今年的秧歌才像个为工农兵服务的样子，我喜欢看！"

抗战期间，只要朱德在延安，他总是热情地参与一些文艺活动，支持抗战文艺的发展。正如史沫特莱所说："在朱德的军人刚毅中，含有诗人的气质。对文艺的热心参与和支持，是朱总司令一个显著特点。"

鲁迅艺术文学院，是我党于1938年4月创办的一所高等艺术院校，是革命文艺的摇篮。与毛泽东一样，朱德对鲁艺的成长也倾注了不少心血。在鲁艺成立周年时，朱德出席了纪念会，观看演出并询问学院情况，

给全院师生以极大鼓舞。1940年6月9日，鲁艺举行成立二周年纪念大会，朱德应邀出席并讲话。他说："在前方，我们拿枪杆子的打得很热闹，你们拿笔杆子的打得虽然也还热闹，但还不够。这里，我们希望前后方的枪杆子和笔杆子亲密地联合起来。""打了三年仗，可歌可泣的故事太多了。但是，好多战士们英勇牺牲于战场，还不知道他姓张姓李，这是我们的罪过，而且也是你们文艺的罪过。"会后，朱德和其他中央领导人一起，参观了鲁艺的"战地写生画展"，并应要求与学生代表沙莱（解放后任湖北省歌剧院院长）合影。7月24日，朱德又应邀到鲁艺作了《三年来华北宣传战中的艺术工作》的专题报告，对于师生们认识和创作抗战文艺起到极大的推动作用。此后，鲁艺组成了文字、音乐、戏剧、美术等十几个工作团、演出队、创作组奔赴前方，创作了一批反映抗战、鼓舞

※ 鲁迅艺术学院秧歌队在演出《兄妹开荒》。

军民的好作品。有的文艺工作者为了民族解放，献出了宝贵的生命。1942年7月6日，鲁艺为十几位牺牲的同志开追悼会，朱德送的挽联悬挂在灵堂的显著位置。他写的挽词是：

> 从军杀敌，以笔当枪，
> 正义宣传参与政治战；
> 为国牺牲，血花齐洒，
> 英勇楷模是为艺术光。

1941年4月10日，八路军留守兵团政治部艺术学校（简称"部艺"）在延安成立。朱德对这所部队艺术学校格外关心，他出席开学典礼并讲话，为部艺的成长指明方向。他说："部队艺术要从打仗着手，方向要艺术。八路军天天打仗，离不开对敌人及群众的宣传。因此，部艺的学员应练习战斗的生活与宣传的才能。"他还说，打日本有两件武器不

※ 冼星海在延安指挥鲁艺学员练唱《黄河大合唱》。

能少,一是枪,二是笔,有了这两件武器,就一定能打败敌人。鲁艺就在你们身边,要向他们学习,学好艺术本领,用文章、歌曲、美术、音乐、戏剧作武器,参加抗战。在该校实验剧团排演《太平天国》时,朱德还亲自到校解答有关太平天国的历史问题,给以具体指导。

1942年10月10日成立的延安平剧研究院,兼有研究、整理、创作和演出职能,曾成功创演了《三打祝家庄》。朱德从一开始就对该院的筹建给以关心和支持,他专门题词祝贺:"宣扬中华民族四千余年的历史光荣传统。"以后,他又多次观看平(京)剧院的演出。李纶(《三打祝家庄》的编导之一)说:每当朱总司令来看戏时,全院人员就增添了动力。

朱德在百忙中,对青年艺术剧院(1941年9月成立于延安)的工作和演出也给以关心和支持。1944年6月,青艺编排了大型活报剧《开辟第二战场》。剧中有许多外国人物登场,要穿皮鞋,这成了演出的一大难题。剧院派吴映年等去向朱德求援,朱德二话没说,慷慨地把皮鞋交他们拿去用。后来,朱德又从战利品中为青艺搞到一些军事道具,支持演出活动。

朱德不仅关心专业文艺团体的活动，而且对群众业余文艺也给以关注。1941年4月，中央青委的一些人在延安大砭沟口青委所在地，办了一个大型手抄壁报，名曰"轻骑队"。它以杂文形式专门暴露延安的"阴暗面"，但往往失实、武断。朱德看后十分气愤，专门给轻骑队编委会去信，严肃指出它的编辑方针有问题，是方向性错误，必须加以纠正。后来，"轻骑队"根据朱德和各界意见，登报检讨了自己的错误。朱德有时还在寒风扬尘的露天广场，与群众一起观看演出。1943年春节，延安数十支秧歌队上街演出，展示出延安文艺座谈会后的新气象，朱德也坐在广场上和群众一同观看。演员见他被风沙迷眼，递上手帕让他擦。他摇摇手说："没关系，你们跳吧，今年的秧歌才像个为工农兵服务的样子，我喜欢看！"

（孙国林）

创作抗战诗歌

> 抗战期间朱德写了不少七言诗。七言诗中既有绝句、律诗，也有七古。他的诗用字造句极富功力，对仗韵律都很讲究，象征、比拟也很贴切形象，堪称精品佳作。

朱德是军人，也是诗人。他有统帅三军的本领，又有创作诗歌的才华。朱德在抗战时期创作诗歌约有30多首，保留下来的却只有十多首，其他则在战火中遗失。

朱德的诗具有阳刚之气，大都昂扬、激越、乐观，像高山一样挺拔，如怒涛一样澎湃，响彻着时代的风雷，其风格属于壮美、豪放一派。即使是借景抒情之作，那景物也变得刚劲雄壮。

从诗歌形式上看，抗战期间朱德多写七言诗。七言诗中既有绝句、律诗，也有七古。朱德的诗用字造句极富功力，对仗韵律都很讲究，象征、比拟也很贴切形象，堪称精品佳作。

此间，朱德诗作的题材以抗战为母题，再分作战斗、生产、民众、记游等子题。正面描写抗战的《太行春感》，1939年春作于太行山八路军总部。此时日寇占领广州、武汉，国民党军纷纷溃败，共产党则领导军民进行抗日游击战。朱德用"远望春光镇日阴、太行高耸气森森"形象地概括这种现实。末尾"驱逐倭儿共一樽"展现出必胜的理想。同年写的《寄语蜀中父老》，则是反映八路军战士英勇战绩的。1940年5月写的《出太行》，气势恢弘，广为流传。首句"群峰壁立太行头"突兀雄奇；尾句"此行当可慰同仇"涵盖军民，读来令人感奋。朱德还写了许多唱和诗，如和董必武、和郭沫若等，都表现出宽广的胸怀和时代的强音。《赠友人》不写私情而写抗战的民族之情，境界高远。

《游南泥湾》是一首别具一格的五言古体游诗，长36句，180言，而且一韵到底。这首诗是1942年7月10日，朱德与徐特立、谢觉哉、吴玉章、续范亭等五老，同游南泥湾归后写成的。对"陕北江南"和军垦伟业极尽赞美之情。诗中写了水田新稻、平川嘉禾、牛羊肥壮、绿树鸟鸣，还写了新辟的市场、成排的窑洞。全诗格调明丽欢快，闲适从容。"熏风拂面来"、"明月挂树杪"、"散步咏晚凉"、"青流在怀抱"，这些优美的诗句透视出总司令情感世界的另一面：他既有叱咤于疆场的刚烈，也有欣赏美景的柔情，刚与柔统一于一身。在这首记游诗的引领下，另外四老都写出和诗，盛赞南泥湾这颗大生产运动的硕果。

抗战期间，朱德既有对抗战文艺的论述，又有丰富的文艺实践，包括了文艺活动、关心作家以及诗歌创作。只有了解了他"文"的一面，才称得上全面、真正地认识了朱总司令。

（孙国林）

"南泥湾政策"

> 南泥湾变成了陕北的好江南，朱德赋诗一首："屯田仅告成，战士粗温饱。农场牛羊肥，马蔺造纸俏。小憩陶宝峪，青流在怀抱……熏风拂面来，有似江南好……"

在朱德的具体指导下，开垦南泥湾的全体指战员用自己辛勤汗水，换来了可喜的收获。到1943年，共收获小米约206万公斤、土豆和南瓜约44万公斤，还养猪产肉约20万公斤。部队按照在华北缴获的日军伙食单来增加部队的食物，吃饱后还余下40万公斤粮食。他们把剩下的粮食归还给政府原来的预支数外，拨出一部分投资到合作社。第三五九旅不仅大规模耕作，还有自己的各种工匠，办有纺织厂、裁缝铺、榨油厂和食品加工厂，工厂

※ 1945年，朱德和叶剑英等在南泥湾观看延安联防司令部炮兵主任、神炮手赵章成（左一）的射击表演。

每个人都掌握一门技艺。随着生产规模的扩大，到1944年，每个士兵由原来耕作约6亩地发展到可耕作约30亩地，可收获粮食约530公斤。部队还发展饲养业，每一个人养有一头奶牛或小公牛，每二人养一头猪，每一个士兵养一头绵羊或山羊。鸡、鸭、兔是各自喂养的。昔日蒿蓬塞路、鸟兽纵横的南泥湾，终于变成了陕北的好江南。正如朱德当时赋写的一首诗所说："……去年初到此，遍地绵荒草。夜无宿营地，破窑亦难找。今辟新市场，洞房满山腰。平川种嘉禾，水田栽新稻。屯田仅告成，战士粗温饱。农场牛羊肥，马蔺造纸俏。小憩陶宝峪，青流在怀抱……熏风拂面来，有似江南好……"

朱德在指导各抗日根据地开展轰轰烈烈的大生产运动的同时，自己还身体力行地在王家坪和他的警卫员、炊事员等组织了一个生产小组，亲自动手种了三亩多地的蔬菜，西红柿、白菜、萝卜、南瓜、黄瓜、菠菜、莴苣、豆角、辣椒等在他的地里应有尽有。他每天早晨起来和晚饭后，一般都要带领其生产小组到菜地浇水、翻土、施肥、移苗、绑架。菜都长得很好，自己吃不完，就送给食堂让大家改善生活。有一次，在王家坪桃林招待美军观察组时，就用朱德和总部机关生产的西红柿、瓜果来招待客人。这些客人吃到鲜嫩可口的西红柿和黄瓜，赞不绝口地说："西红柿原为南美产品，在欧美属上等水果蔬菜，没有想到这种果菜，竟然在中国荒凉的陕北也长得这么好，并且是世界上赫赫有名的朱总司令生产的，真是奇迹。"

由于朱德的极力倡导和推行，党中央的屯田军垦政策即"南泥湾政策"与朱德的名字永远联在一起并永远载入史册。当时，延安《解放日报》曾发表一篇《积极推行"南泥湾政策"》社论，高度赞扬朱德对开垦南泥湾的贡献，指出：

朱总司令从前方回延后，竭力提倡边区军队进行工业、农业、运输各方面的生产工作，以丰富的劳动，投入有用的活动，以减轻人民的负担，改善部队生活，密切军民关系，帮助边区建设。朱总司令这种克服物质困难，支持长期抗战的远大打算，在三年以前，有些人曾是不了解的。为了实行这一正确主张，朱总司令不但苦口婆心，作了许多解释，并且亲自踏勘南泥湾，亲自组织南泥湾的开辟工作。当时，南泥湾是空无人烟的地方，那里鸟兽纵横，蒿蓬塞路。当朱总司令去踏勘的时候，晚上只能找到一个茅棚住宿。但是，经过披荆斩棘，耕耘种植，今天的南泥湾，已成了"陕北江南"。于是，"南泥湾政策"成了屯田政策的佳名，而这个佳名永远与朱总司令的名字联系在一起。

第三五九旅带了头，其他根据地部队从1942年以后，也都相继实行了"南泥湾政策"。各根据地都因当地的战斗情况而异，方法不尽一致。在晋绥根据地，由一支部队播种的地，常常因该部队转移而由另一支刚好调到这个地方的部队或者是老百姓收割。每支部队的目标是为自己生产够吃两个月的粮食，尽可能多地生产自己需要的布和制服。军队在一个地方不论呆多久，都必须自己修建营房，如果被敌人毁了，要自己重建。在晋冀豫根据地，部队在贫瘠的太行山上开垦了大片的荒地。在山东抗日根据地，部队在1943年解决了自己的物资供应，折算当时的币值为5615.6万元，约合每个正规士兵1000元。在冀中平原，那里没有山区可以隐蔽，到处在不断地打游击战，但每一个士兵每年必须种一亩地。他种的庄稼如果自己不能管理收割，就由附近村里的小分队或民政部门负责。这有利于增添整个地区的粮食储存。在华中抗日根据地，1943年，新四军有一个旅因开垦了54648亩土地，收了将近182万公斤稻子而出了名。在行军途中的所有新四军，如果适逢农忙季节又没有遇到敌情，就必须帮助他们宿营的村子至少干三天农活。

部队参加大生产，加速了根据地经济面貌改观的进程。农民的负担减轻了，有的地区平均每个居民减税19元。根据地军民基本上达到了"丰衣足食"。1944年6月，几个外国记者随中外记者西北考察团到各根据地考察了5个月，行程约800余公里，大概经过100多个村镇，没有见到一个乞丐，有人穿打补丁的衣服，但绝不破烂，也没有看到一个农民或士兵显得营养不良。

中国共产党领导的大生产运动取得了巨大的成功，各根据地终于逐渐地把经济严重困难的包袱甩掉，轻装上阵地与日伪军展开英勇的搏斗。

（庹平）

一座墓碑和一段佳话

北京八宝山革命公墓。

郁郁葱葱的松树林中，矗立着一块青灰色的大理石墓碑。这座墓碑，记载着一段动人的往事。

1937年1月，美国女作家、记者艾格妮丝·史沫特莱从上海来到延安。早在1929年，她作为《法兰克福报》的记者首次踏上中国的土地，就结识了鲁迅、宋庆龄等一批知名人士。1934年，她根据中国革命者提供的材料，写成《中国红军在前进》一书，首次向全世界介绍了中国工农红军英勇作战的实况。两年后，史沫特莱将视线移向中国的西北，因为那里聚集着刚刚胜利完成从中国的东南向西北转移的二万五千里长征的工农红军。

史沫特莱到达延安的当天晚上，就迫不及待地会见了朱德。

后来在她的一本书里写道："围绕着他的名字，人们编织着上千种传说。因此，初到延安时，我以为见到的将是一个坚强英勇、脾气暴躁的人物，其滔滔不绝的论断几乎可以使森林燃烧的钢铁般的革命者。"可是见面之后，她对朱德有了新的印象。在她的书中她是这样刻画朱德的：他"既不丑陋，也不漂亮；更不会使人获得任何英勇、暴躁的感觉。圆头，剪得短短的黑发间杂着白发，前额很宽，而且略微隆起，颊骨也颇突出。一对有力

※ 史沫特莱在访问新四军军部期间,在泾县章家渡与新四军军医处卫训班学员合影。

的上下颚,衬着大嘴,在堆满欢迎的笑容时,露出洁白的牙齿,鼻子宽短,面色黝黑。看起来完全是一副普通面貌"。

"要不是因为他身穿制服的话,很容易把他当做中国哪个村子里的农民老大爷而忽略过去。"

他们二人在第一次见面中有以下的对话:

"你来延安准备做些什么事呢?"朱德打量着远道而来的史沫特莱,微笑地问道。

"我希望你把一生的经历讲给我听。"史沫特莱的回答坦率而诚恳。

"为什么呢?"朱德听罢颇为惊讶。

"因为你是一个农民。在中国,每十个人中就有八个是农民。而迄今为止,还没有一个农民向全世界谈到过自己的经历。如果你把身世都告诉我,也就是中国农民第一次开口了。"史沫特莱郑重其事地解释道。

"我的生平只是中国农民和士兵生平的一部分,并没有特殊的地方。这样吧,你先到各处走走,和别人谈谈,再作决定吧!"朱德谦逊地笑着说。

第一次接触,朱德给史沫特莱留下深刻的印象。她接受了朱德的建议,在延安采访了朱德的许多部属,搜集了不少富有传奇色彩的事迹,足以作为她创作的素材。然而,她仍然决定要直接采访朱德,撰写他的传记。在史沫特莱的一再要求下,朱德答应向他讲述自己的往事。

这时,正值日寇加紧侵华活动的严重时刻,延安也处于紧张状态中。朱德终日忙碌着,因而只能利用晚上时间与史沫特莱交谈,而且每个星期只能抽出两三个晚上的时间。

遗憾的是,卢沟桥的战火中断了史沫特莱的采访。8月,朱德奉党中央之命,率领八路军开赴山西抗日前线。在抗战炮火的震撼中,史沫特莱背起行装,辗转跋涉,历尽艰辛,终于在10月23日到达八路军总部所在地——五台县南茹村。

在采访中,史沫特莱更加深了对朱德的认识,她从朱德的坎坷经历中,看到了中国的志士仁人身上那种救国救民的不屈精神。在她发往外界的通讯中,字里行间充满着深深的敬佩之情。她在日记中写道:"朱德的大名使敌人听了胆战心惊,这是不难理解的。可是,我觉得在我所认识的人当中,他是最和蔼、最温和的一个人。他为人质朴坦率,绝不傲慢自大。他虽然已经五十开外,但头脑仍很机敏、活跃,他好学心切,逢人不耻下问。在任何情况下,他处处大公无私,不为个人利益所左右,这些品德为他赢得了他所统帅的八路军全军的爱戴。"

1938年的元旦刚过,日寇向山西增兵的消息不断传来,形势更加严峻。朱德考虑到部队经常要转移、作战,于是,决定请史沫特莱离开山西。他和彭德怀一同劝说史沫特莱服从总部的决定。

"不管你们到哪儿,我也要去!"史沫特莱执拗地不愿离去。

"你到汉口去,可以做很多事情。"朱德耐心地劝导着。

"我在八路军里度过的日子是我有生以来仅有过的最愉快的日子。只有在八路军里,我才找到了精神上的安宁。"史沫特莱动情地说。

"一场新的战役就要开始,我们需要不停地转移,我们将会遇到极大的困难,弄不好

"你可能会被打死的。"彭德怀在一旁劝道。

"你们死在哪儿,我也死在哪儿,埋葬在哪儿!"史沫特莱的态度依然十分坚定。

"还是走吧,以后再回来,我看用不了多长时间,你一定能回来的。"朱德继续耐心地劝说着。

"既然你们把话说到这种地步,那我只好走了。"史沫特莱终于无法控制自己的情感,伤心地哭了起来。

朱德竭力安慰着史沫特莱,还说要为她开一个欢送会。史沫特莱心情沉重地走出房门,久久不能摆脱难以言状的痛苦……

第二天,史沫特莱在警卫战士的护送下,依依不舍地告别了朱德,告别了这片曾让她振奋不已的土地。

这一年,史沫特莱把这次西北之行的感受、见闻以日记体、书信体写成《中国在反击》一书,在美国出版。

1941年,史沫特莱因病返回美国治疗,她把访问朱德的记录稿带在身边,准备完成她在中国采访过程中最重要的一项工作。

远在太平洋西岸的朱德始终没有忘记这位诚挚、热情的美国朋友,他在1944年8月14日的信中,兴奋地告诉史沫特莱:"在你离华期间,中国已经发生了很大的变化。陕甘宁边区的农业和纺织业的生产取得很大的成绩,和国民党区比较,边区的人民可以保证吃得好些,穿得也好些。我军在前方仍很艰苦,但又收复了1941、1942年被日军占去的土地,抗日根据地比以前扩大并且更加巩固……在中国,正像在世界各地一样,潮流是朝着人民胜利的方向前进的。如有可能,我们希望你能再到中国来,同我们多住一个时期。"

疾病缠身的史沫特莱多么希望能够回到大洋彼岸的那一片热土,然而,由于身体等多方面的缘故,终未如愿。

1945年夏天,史沫特莱开始撰写朱德的生平传记,为了使写作素材更加翔实,她又给朱德写信索取资料。几个月后,她终于收到了朱德的来信及资料。朱德在信中写道:"我很感激地了解到,你想花费一些精力写我的生平。应当说,我的生平仅反映了中国农民和士兵生活的非常之少的一部分。是否值得你花费时间,我表示怀疑。由于你那样地坚持并已着手写作,我也只能答应所求。随函附上尚未发表的刘白羽先生所写的《朱德传》的部分草稿、《长征》故事两卷以及我从抗日战争到目前为止的部分写作。倘需其他材料,我将乐于照办。"

在僻静、安宁的耶多庄园里,史沫特莱辛勤地笔耕着。当时和她比邻而居的日本女作

※ 1937年6月,毛泽东、朱德在延安接受美国进步女作家艾格妮丝·史沫特莱的采访。后来,她根据采访资料写成《伟大的道路——朱德的生平和时代》一书。

家石垣绫子后来回忆说,史沫特莱把朱德寄来的镶有毛泽东和朱德相片的别针装饰在房间里的壁炉架上,旁边放着一个花瓶,瓶中插着一些楠树枝。原来,朱德的家乡盛产楠木,史沫特莱就向朋友要来这些楠树枝,用来体验朱德幼年生活的环境气氛,从这件小事可以看到她认真细致的写作态度。

但是,时隔不久,史沫特莱便中止了写作。她在写给朱德的信中说:"现在我们所有的人都在尽最大的努力为中国工作,但是因为目前在美国进行这一工作是很艰苦的。我将去美国许多城市讲演,也就是说,在一段时间里,我将中断好几个星期写书的工作。"

史沫特莱的报道和讲演,引起了美国国内反共的麦卡锡主义者的仇视和嫉恨。从1947年到1949年,她不断受到盯梢、诬陷,迫使她不得不经常变换住所。然而,在冷战年代的艰难环境中,她没有放弃预定的目标,终于在1949年1月完成了《朱德传记》的第一卷初稿,书名定为《伟大的道路》。2月,美国联邦调查局指控她是"苏联间谍",进一步加剧了对她的迫害,《伟大的道路》一书的出版也遭到刁难、阻挠。但是她并没有屈服,仍然坚定不移地从事着正义的事业。这年10月，当她从广播中听到中华人民共和国成立的消息后，兴奋不已，难以抑制的喜悦使她决意再赴中国。她怀着无比激动的心情，给朱德写信："我已经知道新的中国政府终于成为现实，世界再也不会是老样子了。我活到亲眼看见我最大的愿望实现了……假如哪一天我能重返中国，我一定要亲一亲它的土地。"

深秋时节，史沫特莱终于摆脱了国内反共狂潮的围攻，来到英国伦敦。她计划在那里完成《伟大的道路》一书的修订工作，而后再前往中国进行第二卷的写作。她在和朋友的聚餐时真诚地表示："我是一个美国人，但我是忠于中国的……中国人民是非常善良的人民，他们俭朴、勤劳和勇敢，他们的毫无虚饰的真挚的友情，以及他们的领导人的动人的个性、智慧和远见，都使我不能不对中国产生深厚的感情……倘若有一天我终竟能成为中国籍的公民，将是一生中最大的荣耀。"

可是，长期生活的清贫和精神的抑郁，使她患了胃癌，不得不住进医院治疗。1950年5月16日，终因手术无效，史沫特莱永远闭上了她那热烈、真诚的双眼。

史沫特莱逝世的消息传到中国，朱德痛心疾首，他为失去一个忠诚的美国朋友感到十分难过。出于信任与敬重，史沫特莱在遗嘱中写道："我特别要求将我的遗体火化，把骨灰运交朱德将军，请他把它埋葬在中国的土地上……我希望我的骨灰能和许多中国革命烈士放在一起……我写作所得款项均请交给中国人民解放军总司令朱德将军，他可以运用这笔款子，把它用在建设一个强大和自由的中国上。"

1951年5月16日，正是史沫特莱逝世一周年的祭日，朱德遵从史沫特莱的遗愿，将她的骨灰安葬在北京八宝山革命公墓，和许许多多的革命先烈共眠在一起，实现了她生前要重返中国的夙愿。

（姚建平）

"他简朴得像个农民"

"他浑身沾满尘土，穿着蓝灰色的衣服，简朴得像个农民。"这就是斯特朗初次见到朱德时的印象。

1937年底，安娜·路易斯·斯特朗看到埃德加·斯诺写的《红星照耀中国》一书，使她对中共领导人及其领导的军队产生了浓厚的兴趣。作为一名记者，她敏锐地感到，必须

※ 1937年5月，朱德和美国记者海伦·福斯特·斯诺（即尼姆·韦尔斯）在延安。

及时地抓住这一重要题材。于是，她决定亲赴中国西北部那片令人神往的土地进行采访。

飞机降落在汉口的机场上。当时日寇发动全面侵华战争后不久，汉口曾成为中国的战时首都。斯特朗看到，江岸、街道和铁路沿线挤满了成千上万的难民，这与她十年前到汉口的情形相比，更加混乱，令人不堪入目。

1938年1月，斯特朗在朋友的帮助下，从汉口来到山西临汾——阎锡山的司令部所在地。此刻，对她来说，最迫切的希望就是尽早到达八路军总部。所以，阎锡山的热情款待没有引起她的兴趣。

几天后，一辆老式的福特卡车载着斯特朗，沿着汾河北上，经过数小时的颠簸，终于抵达汾河西岸离洪洞县城十多华里的马牧村。

"我们欢迎你的到来。"朱德伫立在寒风中等候着斯特朗。

斯特朗跨出车门,望着走上前来的朱德,顿时惊诧不已,简直不敢相信眼前这个敦厚、朴实的人竟是八路军总司令。"他浑身沾满尘土,穿着蓝灰色的衣服,简朴得像个农民。"这就是斯特朗初次见到朱德时的印象。

"你们是在政府统一的指挥下还是作为政府的同盟军在前线作战的?"在一幢普通的民房里,斯特朗开始了对朱德的采访。

"我们是政府的正规部队,是第二战区的一部分,我的顶头上司就是你已经见到的第二战区司令长官阎锡山。"朱德诙谐地说道。

"那么,你们是怎样对日作战的?"斯特朗接着问道。

"我们可以打阵地战,也可以打运动战。但在目前对日作战中,由于是在敌后作战,所以我们采用的是游击战术。我认为,拯救中国的希望主要在于华北的游击部队,不仅是我们,还包括自愿组织起来的广大农民。"朱德坦率地阐述着自己的看法。

"你认为中国军队能够很快赢得这场战争的胜利吗?"斯特朗继续提问。

"我不能说很快就取得胜利,我们的战略前提是进行持久战,以便赢得战争的胜利。为了达到这一目的,我认为不仅要教育和组织部队,而且要教育和组织人民。同时要组织人民改善他们的生活条件。"朱德充满信心地回答着。

谈话一直持续到深夜,气氛平静而又坦诚。

在马牧村的日子里,斯特朗听到不少有关朱德的传说。有人告诉她,朱德神通广大,耳听八方,眼观六路,他只要用扇子轻轻一拂,便能将敌人驱散,就像秋风扫落叶似的。斯特朗明白,这种传说虽已被演绎为神话,但她相信,朱德的确是一个有胆识的军事将领。她的翻译告诉她,朱德将军虽然是统领全军的总司令,但是,他却丝毫没有官架子,他常常和农民、士兵在一起,无所不谈,关系十分融洽。这一番话,使斯特朗证实了她对朱德的最初印象。尽管这里每天都是粗茶淡饭,她反倒觉得比阎锡山那里的美味佳肴还要可口。

十天的时间很快就过去了。斯特朗在与朱德的短暂接触中,对朱德以及八路军有了更进一步的认识。她认为,共产党军队在朱德总司令的领导下,坚持持久抗战,实行"人民战争"的战略战术,并且正在取得胜利。

这年4月,斯特朗结束了在中国的采访,临行前她在给朱德的信中写道:

亲爱的朱德先生：

现在已经是深夜二时，我这几天都是夜晚两点钟睡觉，早上七点钟起床。明天早上我又要赴香港，我太疲倦了，不能给你写封长信……但是，在我离开中国武汉之前，我不能不给你说几句话，以表示我对八路军同志们为我们共同的目的而献身的事业的敬佩，为着中国的自由，也为着全世界的自由……中国的同志有一种艰苦奋斗的真诚，有一种对同志炽灼的热情……这在世界上其他地方是无法得到的。

我很幸福，因为我在一个世界上，在一个世界的运动之中，那中间，有中国的同志们，也有你……

斯特朗

时光流逝，当斯特朗再次见到朱德时已经是九年之后。九年间，中国发生了重大的变化，它不仅取得了抗日战争的胜利，而且一度出现向和平民主新阶段发展的趋势。

1946年11月的一天，斯特朗踏上了延安的黄土地，她见到久别重逢的朱德总司令，倍感亲切。

她到延安后不久，恰逢朱德60岁生日。

"为什么没有让我参加庆寿会？"斯特朗为没有接到请帖询问她的翻译。

翻译摇摇头，表示不清楚。

"你们的活动我一定要参加。"斯特朗坚持要翻译去联系。

斯特朗终于如愿以偿，她拿着深红色的请帖高高兴兴地"赴宴"去了。

祝寿会上洋溢着一派喜悦的气氛。毛泽东称赞朱德是"人民的光荣"。周恩来在致词中说："亲爱的总司令，你六十年的奋斗，已使举世人民公认，你是中华民族的救星、劳动群众的先驱、人民军队的创造者和领导者……你的革命历史，已成为二十世纪中国革命的里程碑。"

席间，斯特朗向毛泽东表示，延安的生活使她感到很愉快，特别是参加今天的庆寿会，更使她感到异常兴奋。

毛泽东微笑着对斯特朗说，朱德总司令已在这里度过好几个寒冬，他的年龄同蒋介石一般大，而蒋介石已是鬓发俱白，朱德却只有几根灰发。斯特朗也笑了起来："朱德一直住在延安的窑洞里，生活是艰苦的。而蒋介石却在南京过着养尊处优的安逸生活。"毛泽东听罢，爽朗地笑着，他反诘道："我就不相信蒋介石过得那么安逸。"斯特朗明白毛泽东此话的含义，她相信，共产党的军队是一定能够战胜蒋介石的军队的。

平静而愉快的生活因为国民党军队的进攻而告结束。当斯特朗获知党中央要离开延安的消息后，她决定要随同共产党的军队一起行动。但是，朱德的到来却使她感到特别的沮丧。

"我们考虑到你的安全，决定要马海德先生护送你去北平。"朱德谨慎地向斯特朗宣布了党中央的意见。

斯特朗听罢，顿时惊呆了，她的眼眶里滚动着泪花。

"你的年纪大了，行动不方便。而且更重要的是你的任务是写作，部队经常要转移，没有固定的地方。你在这种条件下不可能从事写作，更不可能发表任何东西。"朱德同情地劝慰道。

斯特朗听了朱德的这番话，更加无法控制自己的情感，止不住痛哭起来。朱德尽力安慰着，在一旁的周恩来也劝慰她。第二天，斯特朗恢复了平静，又像往日一样活跃起来。

1947年2月14日，斯特朗带着对延安的眷恋，带着对中共领导人的深情，也带着她和朱德的珍贵留影，依依不舍地踏上前往北平的途程。她坚信，终究有一天，她还会见到朱德总司令和他的同事们。

（姚建平）

"我曾期望与您联合作战"

> 史迪威去世前几个月曾对女儿史文思说："我真想扔掉手中的铁锹，到那边去找朱德，扛起来福枪，和他并肩作战。"史迪威的遗言情真意切。

1987年7月6日，北京人民大会堂的会见厅里一批中外人士在亲切地交谈着，气氛十分和谐、友好。

这一天，正是朱德逝世11周年的纪念日。他的遗孀、全国政协副主席康克清和来中国进行友好访问的史迪威将军后裔代表团相聚在一起，共叙友情。

约瑟夫·W.史迪威生前是美国三星上将。早年毕业于美国西点军校，20年代初来中国学习，后曾在驻华美军中任职，十分熟悉中国的情况。1942年1月，受美国总统罗斯福派遣，再次来到中国，担任中国战区美国陆军司令官，同时兼任中国战区总司令蒋介石的

※ 约瑟夫·W.史迪威（1883—1946），美国佛罗里达州巴拉特卡市人。1904年西点军校毕业，参加过第一次世界大战，担任过美国驻华大使馆武官。

参谋长。1943年，任东南亚盟军最高司令部副总司令。1944年奉调回国。两年后，因患癌症病逝于美国佛罗里达州的家中。

会见中，史迪威的女儿史文思深情地对康克清说，她的父亲在去世前几个月曾对她讲："我真想扔掉手中的铁锹，到那边去找朱德，扛起来福枪，和他并肩作战。"史迪威的遗言情真意切，使听者无不为之感动，也不能不使人想起四十多年前发生在中国的那一场反抗日本侵略者的战争。

1941年12月，日军轰炸美军在太平洋的军事基地——珍珠港，引发太平洋战争。美、英、法等国对日宣战。不久，史迪威奉命来到中国，随即率部进入缅甸对日作战。在缅甸的一个多月时间里，他所率领入缅作战的国民党军队纪律松懈，指挥官无能，又不听从他这个外国人的调遣，致使十万之众的队伍连遭失败，损失惨重。蒋介石为此与他有了芥蒂。

史迪威回到重庆后，向蒋介石建议成立一支训练有素的新军，蒋不予理会。他只是希望被美国政府授权掌管援华物资分配的史迪威能多提供物资援助给他，而史迪威却偏偏提出要改造中国军队，要反攻仰光。这既成了蒋介石企图用这些物资装备嫡系部队以消灭共产党军队的障碍，又成了蒋、宋、孔、陈四大家族恣意分赃的障碍，为此蒋介石多次向罗斯福总统提出将史迪威调回美国但均未得应允。在史迪威眼中，国民党军队的士兵是好的，连排长还可以，营长就差了，团长师长没有一个好的。

相反，八路军、新四军英勇抗战的事实却给史迪威留下极为深刻的印象。他看到，占中国军队极小部分的八路军、新四军将士不仅抵御着日军的疯狂进攻，而且在配合国民党军阻止日军在太平洋南下的作战中发挥了重要作用。1944年7月，在他的建议下，美国派出了以美军上校戴维·D.包瑞德为组长的美军观察组飞抵延安，观察组的任务就是了解敌后战场的八路军、新四军的作战情况。

朱德和毛泽东、周恩来等十分热情地接待了包瑞德及观察组其他成员，朱德还多次向他们介绍八路军、新四军的状况以及对日作战情况。包瑞德在延安期间，无论是看到的，还是听到的，都给他留下难忘的印象。后来，他在向记者谈到朱德时赞不绝口，他说：他所见到的朱德将军，的确令人钦佩，他同一张口就向美国索要飞机、坦克的国民党将军们是多么不同，朱德将军始终强调的是依靠人民的力量战胜日本侵略者。

史迪威在对待中国国内的问题上，一直坚持中立和公允的态度，他在得到赴延安美军观察组的报告后，对共产党军队的状况有了进一步的认识，他敦促蒋介石应与其他抗日军队合作抗日，加强内部团结。他认为，在抗日这一点上，中共的军队和蒋介石的军队应当给予同样的军事援助。

1944年9月，由于史迪威和蒋介石的分歧日益加大，在蒋介石的强硬要求下，罗斯福总统权衡再三，终于决定召回史迪威。10月，史迪威在即将离开中国之前写信给朱德。信中十分诚恳地表示，"我谨向您，共产党武装部队首脑，为我们今后不能在对日作战中同您合作深表遗憾。您在对我们共同的敌人作战中发展了卓越的部队，我曾期望与您联合作战，但现在此事已成泡影，祝您战斗顺利并取得胜利。"同时，史迪威还寄去一件皮夹克，以表示对朱德的敬意。

远在延安的朱德接到来信后，也为史迪威的离任感到惋惜。尽管他和史迪威未曾谋面，但是，道义上的共同点使他加深了对史迪威的认识和理解。

两年后，当朱德获知史迪威病逝的消息，他专门致电史迪威的夫人，称"史迪威将军的死，不但使美国丧失了一个伟大的将军，而且使中国丧失了一个伟大的朋友。中国人民将永远记得他对于中国抗日战争的贡献和他为建立美国公正对华政策的奋斗，并相信他的愿望终得实现"。

会见即将结束，康克清握住史文思的手亲切地说，希望她以后能再来中国，并且为继续增进中美两国人民间的友谊作出应有的努力。

（姚建平）

纪念柯棣华大夫

> 朱德为柯棣华陵墓题词："生长在恒河之滨，斗争在晋察冀；国际主义医士之光，辉耀着中印两大民族。"

在抗日战争期间，无数国际友人来到中国，支持中国人民进行抗战。他们在各个抗日根据地同中国人民共同作战，甚至为了中华民族的抗战事业，献出了宝贵的生命。

1939年11月23日，朱德致电加拿大共产党党员、著名外科大夫诺尔曼·白求恩的家属和加（拿大）美（国）援华委员会，对白求恩大夫逝世表示哀悼和慰问。电文中说：白求恩在为八路军伤员施行手术时，割破手指，感染破伤风，不幸于11月13日逝世。白求恩在八路军服务两年，功绩卓著，深得全军爱慕。

诺尔曼·白求恩，伟大的国际主义战士，加拿大共产党党员，著名的胸外科医师。1890年生于加拿大安大略州北部小镇雷文斯特，多伦多大学医科毕业。1936年曾率医疗队去为进行反法西斯斗争的西班牙人民服务。1938年1月，白求恩受加拿大和美国共产党的派遣，率加美援华医疗队来到中国。在西安，朱德接见白求恩一行医疗人员，朱德还与白求恩一起筹划在五台山开办医院事宜。略作休整后，医疗队积极准备北上。经过数千里的旅程，3月31日，医疗队终于到达革命圣地延安，毛泽东亲切接见了白求恩一行。

5月1日，白求恩前往晋察冀边区。在极端困难的情况下，白求恩以高度的国际主义精神，对八路军进行医疗救护工作。他还编写医学教材，著有《游击战争中野战医院的组织和技术》及一本关于游击战争中医疗工作的著作。这是白求恩在反法西斯战争中医疗工作经验的结晶，也是世界医学史上熠熠闪光的一页。他在一次为伤病员施行急救手术时，受伤的手指被细菌侵入而感染恶化，终因医治无效，于1939年11月12日在河北省唐县黄石

※ 1939年12月24日,朱德在山西武乡县追悼国际主义战士白求恩大会上致悼词。

口村逝世。逝世前,他在遗书中向聂荣臻司令表示:"我在这里十分快乐,我唯一的希望就是能多有贡献。"

1939年11月17日,晋察冀边区党政军领导机关和驻地群众为白求恩举行了隆重的殓殡典礼。21日,中共中央发出唁电和对白求恩家属的慰问电。23日,朱德通令全军举行壮烈哀悼。12月1日,延安各界举行追悼大会。毛泽东主席送了花圈,亲笔写了挽词:"学习白求恩同志的国际精神,学习他的牺牲精神、责任心与工作热忱。"

在无限怀念白求恩的日子里,1939年12月21日,朱德接待了白求恩式的国际主义战士柯棣华大夫等印度友人。朱德怀着对白求恩的无限敬意,对他们说:"白求恩同志为中国人民的解放事业献出了宝贵生命。他在弥留时刻还满怀信心地祝愿中国人民取得革命胜利。我们要不打败日本帝国主义,便对不起白求恩和一切热情帮助我们的同志。"

在吃饭前,朱总司令问起柯棣华的情况。柯大夫说,1938年8月,由队长爱德、副队长卓克、队员巴苏、木克和他组成的医疗队，远洋航行，到了广州，再到武汉。1939年1月22日，医疗队冲破了国民党的重重阻挠，踏上了奔向延安的大道。为了表示对中国人民的热爱，他们每一个人都在自己名字后面加上一个"华"字。当延安大批干部奔赴敌后开展游击战争时，柯棣华和巴苏华、爱德华也强烈要求到敌后去，为八路军的伤病员服务。临行前，毛泽东主席亲自出席了欢送会，对他们亲切勉励，嘱咐他们先到晋东南见朱德总司令，然后到晋察冀找白求恩同志。他们没想到白求恩牺牲在抗日前线，怀念与敬重之情油然而生。

朱德同他们进行了亲切的交谈，向他们介绍了敌后战场的概况和八路军游击战争的主要经验，还专门安排柯棣华、巴苏华随一二九师的一个团参加战斗，以便他们深入地观察抗战形势。1940年4月，朱德回延安前夕，派部队护送柯棣华到晋察冀军区。柯棣华到了晋察冀军区以后，继续以高度的热情忘我地工作了两年多。1941年1月，任白求恩国际和平医院首任院长。1942年8月，柯棣华和郭庆兰爱情的结晶诞生在白求恩国际和平医院。刚开始大家商量着，给孩子起了个乳名叫"白生"。后来，聂荣臻得知了这个消息，经过认真推敲，建议他们取中、印人民友谊的意思，给孩子取名叫"印华"。柯棣华夫妇非常感激聂荣臻司令员，欣然同意这个富有意义的名字。

1942年12月9日，柯棣华积劳成疾，不幸病逝于河北省唐县的白求恩国际和平医院。12月30日，延安各界召开了追悼柯棣华大会。毛泽东主席送了亲笔挽词："印度友人柯棣华大夫远道来华，援助抗日，在延安华北工作五年之久，医治伤员，积劳病逝，全军失一臂助，民族失一友人。柯棣华大夫的国际主义精神，是我们永远不应该忘记的。"朱德在会上致悼词并宣读祭文，他诚挚地说："柯棣华知道：印度人民的解放是和中国人民的解放斗争息息相关的。他因此把中国的抗战当成自己的事业。他是把生命献给中国的第二位外国朋友。"后来，朱总司令为柯棣华陵墓题词："生长在恒河之滨，斗争在晋察冀；国际主义医士之光，辉耀着中印两大民族。"

朱德又在延安《解放日报》上发表了《纪念柯棣华大夫》一文。他在文中说：

"柯棣华大夫不避艰险，坚持在中国战争最剧烈最残酷的敌后，执行印度人民的委托。这种崇高的国际主义献身精神，是印度人民的委托。这种崇高的国际主义献身精神，是印度民族精神的伟大表现，值得一切反法西斯人民、一切殖民地半殖民地人民珍重与发扬的。"

※ 1939年12月21日，朱德在山西八路军总部会见印度援华医疗队成员爱德华（左三）、柯棣华（左五）和德国医生汉斯·米勒（左二）等。

1943年春，日寇对晋察冀边区发动了大规模的扫荡。考虑到郭庆兰母子的安全，朱德从延安发来电报，命令把郭庆兰和印华安全护送到延安。按照聂荣臻的安排，郭庆兰脱了军装，化装成老百姓。司令部又专门安排了6名秘密交通员担任护送任务，郭庆兰带着8个月的印华上路了。

他们一路跋山涉水，历尽艰辛。在路上，郭庆兰生病了，她就把护送她们母子的随行人员叫到床边叮嘱他们："我如果实在走不动了，你们一定要去延安，把孩子亲自交给朱总司令，算是我的任务完成了。"1943年12月初，郭庆兰带着印华，历经8个月长途跋涉，终于到达延安。

（胡玥）

给远方女儿的信

> 朱德在信中写道："你在战争中应当一面服务，一面读书，脑力同体力都要同时并练为好。中日战争要比苏德战争要迟些结束。望你好好学习，将来回来做些建国事业为是。"

在抗战烽火岁月，朱德指挥千军万马在同侵略之敌进行艰苦卓绝的斗争。随着时间的流逝，他不时在思念着远在万里之遥的女儿。1943年10月，朱德和康克清在百忙当中给女儿朱敏写了一封信，并寄上了两张相片。夜深人静之时，在窑洞的灯光下，朱德在给女儿写信。父爱如山，他把对女儿的思念化作殷切的期望：

"你在战争中应当一面服务，一面读书，脑力同体力都要同时并练为好。中日战争要比苏德战争要迟些结束。望你好好学习，将来回来做些建国事业为是。"

这封从延安寄往莫斯科国际儿童院的信，在国际邮路上辗转一段时间，盖着"邮路中断，无法投递"的戳子原封不动地退了回来。此时，中国的抗日战争进入最艰苦的阶段，苏联的卫国战争也异常残酷。朱德对康克清说："自己家的事再大也是小事，还是等战争结束以后再说吧。"康克清深知朱德对女儿的思念之情，她又何尝不惦念远在异国他乡的朱敏。善良慈爱的她一直都在关心朱德的一双儿女，视如己出。母爱的光辉，使她赢得儿女的爱戴与尊敬。

朱敏1926年生于莫斯科，朱德只有这一个女儿。女儿生下不久，朱德就回国投身革命大潮。朱敏回国后，在四川外婆的抚养下长大。直到1940年12月，已经14岁的朱敏第一次来到延安，回到日夜思念的父亲身边。父女相见，百感交集。战争阻断了骨肉亲情，阻隔了天伦之乐，天各一方，彼此分离。整整14年，父女才得以相见，朱敏再也控制不住思念的泪水。朱德慈爱地为女儿擦干眼泪，朱敏分明看到父亲的眼睛也湿润了。

两个月后，朱敏不得不与父亲告别，和毛泽东的女儿李敏等一起踏上了去异国他乡求学之路。临别之际，朱德依依不舍地拉着女儿的手，亲切地说："你到了苏联，一定要好好学习，努力掌握专门知识。等打完仗，国家就需要建设，那时我们会需要很多建设人才，爹爹等你回来建设新中国！"朱敏带着父亲殷切的希望与深深的牵念，离开战火纷飞的祖国，离开了慈爱的父亲。泪水在康克清的心里奔流，她不忍心看到再一次的骨肉分离。他们久久地目送着朱敏离去，直到从他们的视线消失。

几个月后，朱敏因为身体不好被送到白俄罗斯的夏令营疗养。她做梦也没有想到，德

※ 朱敏原名朱敏书，朱德元帅唯一的女儿，1926年生于莫斯科，未满周岁时回到四川成都。1940年11月，14岁的她由重庆八路军办事处护送到延安。1941年2月，朱敏被送到苏联莫斯科第一国际儿童院学习。1949年进入莫斯科列宁师范学院学习。1953年毕业回国，回国后一直在北京师范大学任教。

国法西斯向苏联发动闪电般的进攻，一天之间她就落入了法西斯的魔掌，过上了九死一生的集中营生活。在充满死亡气息的孤儿院里，朱敏过着地狱一样的生活。斯大林格勒保卫战胜利的那天，她又成了纳粹的一名小囚徒，被送进德国集中营……

在延安的朱德完全知道这场战争的残酷，但万万没有想到女儿进了德国法西斯的集中营。由于新疆军阀盛世才转向反共，延安与莫斯科的秘密通道中断。女儿音信杳无，他只能把对女儿的思念之情深深藏在心底。

1943年，苏联卫国战争取得胜利的转折。这时，莫斯科国际儿童院把在战争中死亡和失散孩子的名单送到了斯大林的案头，其中就有中国八路军朱德总司令的女儿。这引起斯大林的关注，他给在前线指挥战斗的朱可夫元帅发去一封电报，要他在解放南方城市时，特别要注意查找朱德总司令的女儿。然而，直到收复了苏联最后一个城市，也没找到朱德女儿的下落。斯大林决定暂不把这个情况报告给中国共产党，又一次将继续寻找的命令下

※ 朱德与女儿朱敏。

达到攻占柏林的部队。

直到1945年,战争结束后,苏联政府把朱敏的音讯告诉他时,朱德才知道女儿的情况。于是,朱德立即写去一封信,希望女儿能够原谅他。他之所以没有向苏联方面询问她的情况,是因为苏联当时也处在战争灾难之中,他怎么能为个人的事情去麻烦苏联政府呢。出了集中营的朱敏,已在苏联红军的关照下回到莫斯科。这时,她已考上列宁师范学院。在大学的第一个暑假,朱敏才回国探望阔别十年的父母亲。这时,新中国已经成立了。

朱德抚摸着女儿的头发,亲切地说:"你回来了,很好嘛!我们国家正处在建设时期,需要大批的人才。你要把自己学到的知识,贡献给社会主义建设事业。"

(胡玥)